Medjugorje

die 90er Jahre

Botschaften und Informationen

Tonband-Telefondienst

Jeden Monat ab dem 26. die neue Botschaft:

Deutschland	Solingen:	02 12 / 20 08 79
	Köln:	0 21 33 / 9 37 55
	Roetgen:	0 24 71 / 84 03
	Berlin:	0 30 / 77 39 11 45
	Paderborn:	0 52 51 / 93 04 74
	Karlsruhe:	0 70 83 / 92 20 80
	Ulm:	0 73 02 / 89
	Oberaudorf:	0 80 33 / 1 97 00
	Passau:	08 51 / 7 19 06
	Moosburg:	0 87 61 / 614 07
	München:	0 89 / 77 54 59
	Bad Bocklet:	0 97 08 / 6 02 85
Schweiz	Habschwanden:	0 41 / 480 03 72
Österreich	Wien:	02 22 / 15 91
Luxemburg	Luxemburg:	00 352 / 44 61 93

Internet

Französisch:	http://www.beatitudes.org/edm/
Englisch:	http://www.childrenofmedjugorje.com
	http.//www.medjugorje.org
Spanisch:	http://www.fcpeace.com/noti_esp.htm
Polnisch:	http://www.polbox.com/m/medjug
Deutsch:	http://www.medjugorje.hr/ulazakge.html

Informations-Zentrum MIR (Pfarrei): http://www.medjugorje.hr

Schwester Emmanuel

Medjugorje
die 90er Jahre

Der Triumph des Herzens!

Parvis-Verlag
CH-1648 Hauteville / Schweiz

Wenn hier der Ausdruck «die Muttergottes erscheint...» u.ä. verwendet wird, wollen weder Autor noch Herausgeber dieses Buches damit dem Urteil der Kirche über die Authentizität der Erscheinungen in Medjugorje vorgreifen. In diesem Buch werden nur persönliche Überzeugungen wiedergegeben, sowie die Darstellungen der Zeugen der gegenwärtigen Ereignisse von Medjugorje.

Autor und Herausgeber veröffentlichen dieses Buch mit dem Ziel, über die Ereignisse von Medjugorje zu informieren, und sie unterwerfen sich dem Urteil der Kirche, sobald es gefällt ist.

Dieses Buch ist auch in anderen Sprachen erhältlich:

Französisch:	Editions des Béatitudes – Burtin – F-41600 Nouan-le-Fuzelier, Fax (33) 2 54 88 97 73, Tel. (33) 254 88 97 73, E-mail: ed.beatitudes@hol.fr
Italienisch:	Editrice Shalom, 57 bis, via San Giuseppe, 600020 Camerata Picena (Ancona), Italien, Fax (39) 0717 450 140, Tel. (39) 0717 450 440
Niederländisch:	Uitgeverij Tabor, Dampoortstraat 168, B-8310 St.-Kruis - Brugge; Belgien, Fax (32) 50 37 00 19, Tel. (32) 50 36 06 37
Spanisch:	Libreria Spiritual, Quito, Ecuador, Fax (593) 2 561 445 oder Ed. Bienaventurenzas, Mexiko, Fax (52) 244 58 415
Englisch:	Queenship Publishing, P.O. bos 42028, Santa Barbara, CA 93140-2028 USA, Tel. 1 (88) 647 9882, Fax 1 (805) 957 1631
Polnisch:	Wydawnictwo Ksiezy marianow, Warszawa, Polen, Fax (48) 22 651 90 55
Portugiesisch:	Ed. Loyola – Sao Paulo – Brasilien, Fax (55) 61-63 42 75
Libanesisch:	Publications Daccache, Beirut, Libanon, Tel./Fax (961) 33 85 952
Rumänisch:	Ed. Adoremus, Bucarest, Tel./Fax (40) 1 22 33 237
Ungarisch:	Nyolc Boldogsag Katolikus Köszösség, Tel. (36) 93 356-113, Fax 93 356-344
Slowakisch:	Vydavatel'stvo Serafin, Bratislava, Tel. (421) 754 43-2159, Fax 754 43-4342
Japanisch:	P. A. Quenouelle, Oaza Sendai, Japan, E-mail: aitohikari@i.bekkoame.or.jp
Chinesisch:	Br. Michaël Sia, Miri, Malaysia, Tel. (60) 85 42 14 55, E-mail: stjoe@pc.jaring.my
Koreanisch:	Paul Choi, Diamond Bar, USA, Tel. 1 (909) 861 7106, Fax 861 2697
Thailändisch:	In Vorbereitung: Bangkok, Fax (66) 2 532 23 78

Französischer Originaltitel: «Medjugorje, les années 90»

Gedruckt in der Schweiz
ISBN 3-907523-88-1

Das Zeugnis eines Bischofs

Medjugorje! Das dauert jetzt schon über 15 Jahre und ist noch immer nicht zu Ende! Die Seher haben noch immer Erscheinungen und erhalten dabei «Botschaften». Die Ereignisse sind noch nicht abgeschlossen. Deshalb kann die Kirche noch kein endgültiges Urteil fällen. Sie bemüht sich aber um eine gründliche und unvoreingenommene Untersuchung all dessen, was sich dort ereignet.

Und wenn das alles vom Teufel käme? Dann wäre er ein armseliger Dummkopf, der in seine eigene Falle geraten ist. Denn dann würde er sein eigenes Werk zerstören und gegen seine eigene Bosheit und Ungerechtigkeit angehen. Dagegen entfaltet ganz Medjugorje einen wahren Feldzug der Rückkehr zu Gott. Es geht um eine Welt, die ihren Frieden aus dem Frieden Gottes schöpft.

Aber ist sie nicht ein bißchen zu geschwätzig, diese «Jungfrau vom Balkan»?, erdreisten sich ironische Kommentare zu fragen. Sie stehen im Verdacht, Augen zu haben und nicht zu sehen und Ohren zu haben und nicht zu hören. Es ist ganz klar, daß in diesen Botschaften eine starke und mütterliche Frau spricht. Sie will ihre Kinder nicht verhätscheln, sondern sie erziehen, ermahnen und ihre Verantwortung für die Zukunft unseres Planeten wecken: *«Ein Großteil von dem, was geschehen wird, hängt von euren Gebeten ab.»*

Was für ein Gebet? Es geht nicht um Frömmelei, sondern um ein Leben in Freude! Um eine Entscheidung zu Verzicht und Askese, die die Macht der Auferstehung in der Nachfolge ihres Sohnes freisetzt. Um eine unbedingte Entschlossenheit gemäß des Heiligen Geistes. Es geht vor allem darum, den Glauben *«nicht in Worten oder Gedanken, sondern durch das Vorbild»* zu leben. Das ist nichts neues; neu ist nur die außerordentliche Dringlichkeit, mit der wir aufgerufen werden, das neue Gebot der Gottes- und Nächstenliebe in die Tat umzusetzen. Die Liebe zu Gott und zum Nächsten sind untrennbar miteinander verbunden. Es geht um Umkehr. In allen Lebensbereichen.

Dazu leitet mich dieses Buch «Triumph des Herzens» an. Schwester Emmanuel gibt uns darin ein kraftvolles Zeugnis, das sich auf das Glaubensbekenntnis der Osternacht stützt: die Absage an Satan und seine Verführung, das Ernstnehmen des Wortes Gottes, des Credos, der Sakramente und des Lebens. Dies alles verbunden mit dem Fasten und dem Rosenkranz.

Wir müssen lernen, Zeit für Gott zu haben, damit Zeit und Raum umgestaltet werden vor dem Heiligsten Antlitz dessen, der da ist, war und kommen wird. Gott ist die Zukunft der Menschen. Durch Zeichen bezeugt Er selbst heute in einem unablässigen Herzensaustausch zwischen Jesus und Maria das Werk des Heiligen Geistes. Manche Zeugnisse haben mich zu Tränen gerührt. Auch für Sie können sie zu einer sprudelnden Quelle der Gnade werden! Beten Sie. Lassen Sie sich versöhnen. Lieben Sie. Handeln Sie.

In meiner Diözese hatte ich bereits einige bemerkenswerte Kehrtwendungen durch das Wirken der Gospa bemerken können. Auf einen inneren Ruf hin wollte ich mich dann selbst an die «Quelle» begeben...

Mitten im Winter reiste ich mit der ganzen Last meiner zwanzig Jahre Dienst als Bischof heimlich nach Medjugorje. Verzeihung und Dank! Während des Aufstiegs zum Krizevac lag ich mehrmals tränenüberströmt auf den Knien. Und in meiner Brust schlug ein sanftes und demütiges Herz, das nicht das meine war! Was war das? Mein Gott! Nicht mehr ich lebe... Im Alter von 53 Jahren fuhr ich mit der Kraft eines neuen Herzens und eines neuen Geistes nach Hause, der Kraft für einen Auftrag für den ich glühe, und der mich andererseits auch trägt. Es ist Freude und Hoffnung, Gerechtigkeit und Friede. Dies geschieht mit Maria. Davon lege ich heute Zeugnis ab.

Welchen Sinn hat dieses Buch? Es stellt einen Baustein im «Mosaik Medjugorje» dar, einen Aufruf, einen Weg der Umkehr. Deo gratias, Magnificat!

Monseigneur Gilbert Aubry[1]
Bischof der Insel La Réunion

Am 15. August 1997,
dem Fest Mariä Himmelfahrt

---

1 Siehe im Anhang den Brief, den der Vatikan an Monseigneur Gilbert Aubry im Mai 1998 gesandt hat bzgl. Medjugorje.
Dokument: siehe Seite 433.

Ich bin sicher, daß dieses Buch unserer Schwester Emmanuel sehr viel Gutes bewirken wird. Denn ihre unermüdliche Arbeit, ihre Bücher und Vorträge, die den Triumph des Unbefleckten Herzens Mariens beschleunigen sollen, sind von zahlreichen Zeugnissen über Bekehrungen begleitet.

Ohne freilich dem Urteil der Kirche bezüglich der Ereignisse von Medjugorje vorgreifen zu wollen, kann man doch erkennen, daß wir einer beispiellosen marianischen Erweckung beiwohnen, einer Art Ausdehnung der Erneuerung im Heiligen Geist. Die demütigen Herzen werden von dieser biblischen Botschaft berührt und wenden sich den Sakramenten zu. Hunderttausende Männer und Frauen beginnen zu fasten und den Rosenkranz zu beten. Alle diese Früchte haben die Gemeinschaft der Seligpreisungen dazu bewogen, sich in den Dienst der Pilger zu stellen, damit diese Früchte erhalten bleiben und zum größeren Heil der Kirche beitragen.

Ephraïm,
Diakon und Gründer
der Gemeinschaft der Seligpreisungen

Kurze Darstellung der Ereignisse von Medjugorje

Im Herzen der Herzegowina, im ehemaligen Jugoslawien, liegt am Fuß zweier Hügel, dem Krizevac und dem Podbrdo, ein kroatisches Dorf von tausend Einwohnern. Daher bezieht es auch seinen Namen: Medjugorje — «zwischen den Bergen». Dort findet man eine ausschließlich bäuerliche Bevölkerung, die mehr schlecht als recht von der harten Arbeit des Tabak- und Weinanbaus lebt. Die politische Situation ist bedrückend, denn die Miliz der Kommunisten ist überall gegenwärtig. Die Pfarrei wird von einem leidenschaftlichen Franziskaner betreut, dem Pater Jozo Zovko.[2]

Am 24. Juni 1981, dem Fest des Heiligen Johannes des Täufers, des Vorläufers Jesu, geschieht das, was das Leben des ganzen Dorfes verwandeln sollte: Einige Jugendliche *sehen* auf dem kleinen Weg, der zum Podbrdo hinaufführt, eine leuchtende Frauengestalt. Diese *Dame* hält ein Kind in ihren Armen. Am 25. Juni kommt sie wieder und gibt sich zu erkennen: «Ich bin die selige Jungfrau Maria.» Die Gruppe der sechs Seher besteht nun endgültig aus folgenden Jugendlichen: Marija Pavlovic, Vicka Ivankovic, Mirjana Dragicevic, Ivanka Ivankovic, Ivan Dragicevic und Jakov Colo.

Die Gospa (kroatischer Name für Unsere Liebe Frau) erscheint von nun an jeden Tag und gibt den Kindern Botschaften für sie selbst, für die Pfarrei und für die ganze Welt: es sind Botschaften des Friedens, der Umkehr und der Liebe, die die Menschheit, die sich von Gott entfernt hat und in der Finsternis wandelt, zu seinem Herzen zurückbringen wollen. Seit 1987 werden diese Botschaften monatlich gegeben. Außerdem vertraut die Gospa jedem Seher Geheimnisse an, die zu einem von ihr festgelegten Zeitpunkt durch einen Priester, den der Seher auswählt, bekanntgegeben werden.

2 Von ihm gibt es eine interessante Cassette: «*10 Jahre Medjugorje*», Diakonia (Nr. 58).

Pater Jozo ist sehr bald von der Echtheit der Erscheinungen der Jungfrau überzeugt, da er sie selbst einmal in der Kirche sieht. Doch nachdem sich der Bischof von Mostar, Msgr. Zanic, zunächst zu den Erscheinungen bekannt hatte, erklärt er nun, daß es sich dabei um eine Erfindung der Franziskaner handle. So entsteht eine Spaltung, die bis heute andauert. 1986 übergibt Msgr. Zanic Kardinal Ratzinger einen negativen Bericht über die Erscheinungen, aber letzterer entzieht ihm die Urteilsbefugnis und setzt eine neue Untersuchungskomission ein, die sich unter dem Vorsitz von Monsignore Komariza (Banja Luka) aus mehreren jugoslawischen Bischöfen konstituiert. Diese Kommission befaßt sich mit den Erscheinungen, und ihre Arbeit ist noch nicht abgeschlossen. Im April 1991 anerkennt sie Medjugorje offiziell als Ort des Gebetes und gestattet die Verehrung: private Pilgerfahrten sind erlaubt. Am 21. August 1996 legt Dr. Navarro Valls, der Sprecher des Heiligen Stuhls, die Position des Vatikans klar dar: «Jeder, der will, kann sich nach Medjugorje begeben und sich von Priestern begleiten lassen.»

Seit dem 25. Juni 1981 sind über 20 Millionen Pilger nach Medjugorje gekommen, um dort zu beten und sich zu bekehren. Sie haben damit aus diesem Ort eines der meistbesuchten Heiligtümer der Welt gemacht.

Vorwort

In jener Nacht gleicht der steinige Weg, der den Hügel hinunter führt, eher einem Lichterfluß, der Tausende von zitternden Kerzenlichtern unter dem Sommerhimmel führt. Es ist fast Mitternacht, die Mutter Gottes ist soeben auf dem Podbrdo erschienen und nun strömen Tausende von Pilgern hinunter ins Tal von Medjugorje, um in ihre Quartiere zurückzugehen.

In dem geradezu unentwirrbaren Durcheinander von Taxis, Autobussen und Fahrzeugen aller Art, läßt sich auf einmal der Schrei eines Kindes aus der Menge vernehmen.

Der Kleine ist erst drei Jahre alt und brüllt. Seine Eltern wundern sich. Er war ganz brav gewesen, bis zu dem Augenblick, in dem er begriff, daß alles vorbei war und er jetzt ab ins Bett sollte. Er wehrt sich dagegen, ins Taxi einzusteigen, und dicke Kummertränen kullern über seine Wangen.

— Es ist spät, mein Schatz! Auf, wir müssen heim! erklärt ihm seine Mutter.

— Ich will nicht! fleht er und sträubt sich aus Leibeskräften.

— Warum denn nicht? Wir können dich ja nicht alleine hier lassen...

Aber der Kummer des Kleinen wird nur noch größer, und er findet gar keine Worte mehr, um ihn auszudrücken. Die Eltern verstehen gar nichts mehr und versuchen es mit Ruhe und Güte:

— Hör mal, was sollen wir denn mit dir machen, wenn du nicht nach Hause willst?

— Ich will wieder zurück!

— Aber wohin denn zurück, mein Schatz?

— Da hinauf!

— Da hinauf auf den Hügel? Aber warum denn? Es ist doch alles vorbei!

— Ich will sie wiedersehen! Ich will sie wiedersehen!

— Wen wiedersehen?

— Die Dame!

Jene Nacht wurde eine lange Nacht für diesen kleinen Franzosen, der die erste «geistige Nacht» seines Lebens lebte! Gesehen haben und nun nicht mehr sehen... Doch in seinem untröstlichen Kummer sagte er mehr über Medjugorje aus als alle Bücher zusammen!

Denn Medjugorje ist genau das: Ein Ort, an dem die Herzen brennen, weil sich dort der Himmel täglich öffnet, um seine große Gabe des Feuers der Liebe auszugießen. Maria ist der überströmende Kelch der Liebe! Worte sind zu schwach, um das auszudrücken.

War ein weiteres Buch über Medjugorje nun wirklich nötig? Weder Vicka, noch Jakov, noch Mirjana halten viel von Büchern, wieso sollte ich dann etwas davon halten? Jesus hat nie etwas geschrieben, außer ein paar Worten in den Sand, von denen er sicher sein konnte, daß sie bald wieder verwischt würden...

Ich halte nicht viel von Büchern über Medjugorje, aber ich glaube an das Wirken des Heiligen Geistes. Ich halte nicht viel von Fernsehreportagen über die Seher, aber ich glaube an das Herz Mariens und an den Liebesplan, mit dem sie auf die ihr eigene, immer überraschende Weise die Kinder zum Vater zurückführen will.

Ich halte nicht viel von gelehrten Interviews auf den Titelseiten der Zeitungen, wenn es darum geht, die Welt zu verändern, aber ich glaube an jene, die schweigen und die — von den Menschen unerkannt — Gott so sehr lieben, daß sie ihm darin ähnlich werden.

Ich glaube an die Kraft der Kinder, die sich noch nicht ausdrücken können, aber die mit ihrer Unschuld und ihrem unausgesprochenen Leiden die Welt im Gleichgewicht halten.

«*Das Gebet mit dem Herzen lernt man nicht aus Büchern* — sagt uns die Heilige Jungfrau in Medjugorje — *man lernt es nicht durch studieren. Man lernt es, indem man es lebt!*» Was mich an der Persönlichkeit der Jungfrau Maria am meisten begeistert, das ist eben dieser ganz menschliche Realismus. Eine echt jüdische Mutter!

Ich möchte niemanden schockieren, und doch muß ich in aller Schlichtheit eingestehen, daß es ganz klar ist, daß die Heilige Jungfrau selbst mich gebeten hat, dieses Buch zu schreiben. Sie tat es mit einem Nachdruck, dem ich mich nicht entziehen konnte. Ich habe mich monatelang dagegen gewehrt und versucht, sie auf der Gefühlsebene zu einer Sinnesänderung zu bewegen: «Sieh doch die vielen Stunden, die ich in deinen Anliegen beten könnte anstatt am Schreibtisch zu hocken...» Doch es half nichts. Ihre Bitte pochte in sanftem aber festem Rhythmus unablässig an mein Herz, so lange... daß Sie dieses Buch nun in Händen halten können!

Denn wir müssen die Botschaften, die Maria uns in Medjugorje gibt, mit allen Mitteln verbreiten. Sie will, daß alle ihre Kinder auf der ganzen Welt diese Botschaften erfahren, und davon sind wir noch weit entfernt. Ob sie eine neue Sammlung ihrer Botschaften wünschte? Doch Sammlungen haben immer ein großes Manko: solche Auflistungen haben etwas Kaltes an sich. Oder sollte es ein Kommentar zu den Botschaften werden? Viele Zeitschriften veröffentlichen solche Kommentare, und einige davon sind wirklich hervorragend. Es gibt also keinen Grund, ihnen noch weitere hinzuzufügen.

Nein — die Gospa wollte, daß ich eine «Eheschließung» bekanntgebe: Gott hat zwei Dinge verbunden, und der Mensch hat nicht das Recht, sie zu trennen: es handelt sich um das Wort, das von oben kommt, und um die Verwandlung, die dieses Wort im menschlichen Wesen bewirkt. Denn die Worte, die die Gospa jeden Monat an uns richtet, haben nur den Sinn, ihr Wirken und ihr wunderbares Handeln in den Herzen und im Leben ihrer Kinder zu begleiten. Sprechen und Handeln sind bei ihr untrennbar verbunden!

Ich sollte also die Arbeit eines kleinen Schriftgelehrten tun, der einerseits die Botschaften wiedergibt und andererseits auch die ergreifendsten Zeugnisse über das Wirken Mariens zusammenfaßt.

Im Evangelium werden ja auch nicht nur die Worte Jesu aufgelistet, sondern in dem Kontext wiedergegeben, in den hinein sie gesprochen wurden. Dank dieser Zeugnisse sehen wir, wie Jesus lebte, können wir ihm auf dem Berg hinauf folgen und hinein in das Boot des Zebedäus, kennen wir die Verschiedenheit derer, die ihn umgaben, ergötzen wir uns über die Persönlichkeit des Petrus oder über die Liebe der Maria von Magdala, erfahren wir tröstlich die Schnitzer des einen oder anderen Apostels...

Auch in Medjugorje hat die Jungfrau Maria einen ganz speziellen menschlichen Hintergrund ausgewählt für den Empfang, die Verbreitung und das Leben ihrer Botschaften... Es ist unerlässlich, in diesen konkreten Kontext einzutreten, wenn man die Botschaften mit dem Herzen verstehen will und derjenigen begegnen will, die jeden Tag mit ihrem Leib, ihrem Lächeln, ihren Tränen kommt, um ihre ganz konkreten, ganz kroatischen, ganz bäuerlichen und ganz normalen Kinder zu sehen und zu berühren. Und durch sie will sie auch uns in unserem ganz menschlichen Leben, in unseren alltäglichen Freuden und Sorgen erreichen.

Jeder monatlichen Botschaft folgt also ein Kapitel, das von einem Ereignis berichtet. Die schönsten Zeugnisse sind natürlich die einfachsten, wie auch jenes von Hunderten von Pilgern, die uns schreiben: «Ich habe dort nichts besonderes gesehen oder gefühlt, aber als ich nach Hause zurückgekehrt war, da habe ich begonnen zu beten, zu lieben und Gott den ersten Platz in meinem Leben einzuräumen. Ich lebe jetzt aus einer tiefen Freude und mein Leben wird nie mehr sein wie vorher...»

Aber ich habe hauptsächlich andere, etwas außergewöhnlichere Erfahrungen geschildert, denn sie dienen als Beispiel und verdeutlichen, wie unsere Mutter auf tausenderlei verschiedene Weisen handelt. Sie benützt nämlich die Elektronik mit derselben Selbstverständlichkeit wie die Sterne des Himmels oder den Kummer eines Kindes, wenn es darum geht, uns ihre Liebe zu zeigen. (Ich habe manchmal die Namen verändert, wenn die betreffenden Personen mich gebeten hatten, anonym zu bleiben.) Diese parallelen Berichte sind nicht immer chronologisch geordnet, sondern gleichen eher impressionistischen Pinselstrichen, die Liebe und Bewunderung für diese wunderbare Frau wecken, die «Maria von Nazareth», «Maria von Medjugorje» heißt.

Dieses Buch deckt die 90er Jahre ab (und es wird noch weitergehen, so Gott will), da ich im Dezember 1989 in diesem Dorf angekommen bin.

Ich wurde gefragt: «**Triumph des Herzens** — ja, aber wessen Herz?»

Es handelt sich natürlich um das Herz Mariens, ihr Unbeflecktes Herz, das hier mehr als anderswo von Sieg zu Sieg eilt. Denn im Vergleich zu allen anderen Dörfern der Welt stellt Medjugorje sozusagen die Ferse Mariens dar, die in dieser unserer Zeit den Kopf der Schlange zertritt. Es handelt sich aber auch um das Herz Jesu, die einzige Quelle und das einzige Ziel der Siege Mariens. Und schließlich handelt es sich auch um die Herzen von uns Sündern, und um Ihr Herz, der Sie dieses Buch lesen; denn es gibt keinen Schatten, kein Leid, keine geheime Verzweiflung, die die Königin des Friedens nicht in Ihnen berühren möchte, damit Sie — genauso wie François, Karine, Colette... von denen in diesem Buch die Rede ist — in Ihrem tiefsten Inneren die Erfahrung machen, daß die Macht der Liebe in wirklich jeder Situation siegt, unter der Bedingung, daß Sie ihr Ihr Herz öffnen.

Schwester Emmanuel
Gemeinschaft der Seligpreisungen
Bijakovici, den 18. November 1996

Das Jahr 1990

Botschaft vom 25. Januar 1990

«Liebe Kinder! — Heute lade ich euch ein, euch von neuem für Gott zu entscheiden und Gott vor alles andere und über alles zu stellen, damit Er in eurem Leben Wunder wirken kann, und damit euer Leben von Tag zu Tag zur Freude mit Ihm werde. Deshalb, meine lieben Kinder, betet und laßt nicht zu, daß Satan in eurem Leben durch Mißverständnisse, durch Einander-nicht-Verstehen und Nicht-annehmen-Wollen wirkt. Betet, damit ihr das Geschenk des Lebens in seiner Größe und Schönheit verstehen könnt. Danke, daß ihr meinem Ruf gefolgt seid.»

Für Raphael die dreifache Dosis bitte!

Es wird schon dunkel, und weit und breit gibt es kein Staßenschild, das den Weg zu diesem abgelegenen Dorf mit dem unaussprechbaren Namen weisen würde! Existiert es denn überhaupt? Was soll ich eigentlich hier? Ich bin immerhin ein ehemaliger Ganove, der vom Heiligen Geist aus heiterem Himmel bekehrt und durch Untertauchen in einer protestantischen Freikirche wiedergetauft wurde. Raphael, der Katholen-Kritiker, im Land der Rosenkranzbeter... Wenn mich der Pastor sehen würde... Aber ich wollte eben wissen, was es damit auf sich hat.

— OK, sagte ich also zum Herrn, die Katholen haben den Heiligen Geist[3], auch wenn sie auf den Knien vor Gipsstatuen liegen. Aber ich will, daß Du mir diese Geschichte mit den Marienerscheinungen erklärst!

Nach Ars, Kurs auf Rom und Medjugorje, ohne Zeitplan, ohne Programm. Wir sind allesamt einer evangelischer als der andere,

---

3 Zu diesem Thema empfehlen wir die Cassette: «Wer bist du, Heiliger Geist», von Y. Villedieu, Diakonia (Nr. 6).

außer Pierre, einem Geschäftsmann mit dicken Depressionen. Er glaubt nichts und hat schon zwei Selbstmordversuche hinter sich. Ich habe ihn mitsamt seinen zwei Sprößlingen einfach mitgenommen, damit er sich während unserer Abwesenheit nicht noch einmal das Messer reinrennt. Ich werfe einen Blick in den Rückspiegel: er diskutiert ganz zufrieden mit Alex, dem mennonitischen Professor (einem protestantischen Fundamentalisten). Catherine, eine *Tochter Luthers,* diskutiert mit meiner Frau über die neueste Mode.

An einer Straßenbiegung tauchen die zwei Türme dieser hellen Kirche auf, die am Rande eines Dorfes steht, das wie aus dem Boden geschossen vor uns liegt.

— Hier gibt's ja überhaupt nichts, kein Hotel, keine Kneipen, nicht einmal ein Geschäft... 2000 Kilometer, bloß für diese Kirche mitten in den Feldern!

Pierre meckert vor sich hin. Ein Bauer leiht uns ein paar Quadratmeter Schatten, damit wir unsere Zelte aufstellen können. Wegen der Kommunisten darf man nicht auffallen. Genau hier oben steht dieses riesige, weithin sichtbare monolithische Kreuz. Wir richten uns ein, die Bauern teilen ihr Wasser mit uns, obwohl auf dem Grund der Brunnen nur noch eine dünne Wasserschicht steht. Es hat seit Monaten nicht mehr geregnet.

Das ganze Tal ist wie in ein seidenes Licht getaucht. Die Zeit scheint stehenzubleiben über der pastelfarbenen Himmelskuppel, die auf den umgebenden Bergen ruht. Am nächsten Tag sitze ich nachmittags in der Kirche und lese in der Bibel. Plötzlich merke ich, wie hinter mir Aufregung entsteht. Jemand ruft etwas auf kroatisch, die Leute wirbeln mit Kreuzzeichen herum und drängeln fast am Ausgang. Ist da irgendein Verrückter? Ich folge den andern nach draußen. Ich gehe auch hinaus. Etwa fünfzig Leute stehen da und schauen zum Kreuz am Kricevac hinauf. Ich reiße meine Augen auf und schaue in ein gleißendes Licht, das auf über einem Kilometer um das Kreuz herum kreist. Der Himmel tanzt um das Kreuz herum; es ist, wie wenn ohne Ende Sonnen von einem unbeschreiblichen Blau aufgingen und gleich wieder verschwänden. Dabei ist an dieser Stelle keine einzige Wolke am Himmel, und die Sonne steht auch ganz woanders, so daß sie uns nicht blenden kann. Jetzt kommt es also, ich bin durchgedreht! Bloß woanders hinschauen, sich nur nicht beeinflussen lassen! Um mich herum ist alles normal. Dort drüben schnuppert ein Hund an einem Baum. Ein kurzer Blick zum Himmel, wo der Lichtertanz noch eine ganze Zeit weitergeht. Völlig perplex gehe ich zu unserem Zelt zurück.

Am dritten Tag picknicken wir im Schatten der Bäume und unterhalten uns ausgesprochen angeregt. Pierres Kinder spielen an einem Weinberg.

— He! Kommt her, es dreht sich!

Der kleine Michel stampft neben mir mit den Füßen auf. Niemand beachtet ihn. Er zerrt an meinem T-Shirt. Ich habe die Nase voll und stehe auf.

— Was ist denn los?

— Schau, sie dreht sich!

Er richtet seinen kleinen Zeigefinger direkt auf den Berg. Ich trete aus dem Schatten der Bäume und schaue zum Kreuz hinauf. Mein erster Gedanke: eine Halluzination! Das riesige Kreuz dreht sich um sich selbst! Vergeblich reibe ich mir die Augen, schaue auf meine Sandalen, denke an meine Firma, hebe eine Handvoll Erde auf, das Kreuz dreht sich immer noch, und zwar immer schneller. Es wird durchsichtig und verschwindet sogar.

Dabei fühle ich mich sonst ganz wohl und klar im Kopf! Ich rufe Alex, den Professor, nur so ganz beiläufig, ohne ihn zu erschrecken oder was zu sagen. Nur eine undeutliche Geste.

— Siehst du was, Alex?

Er verzieht das Gesicht, wie Louis de Funès es nicht besser gekonnt hätte, und seine Brille rutscht bis zur Nasenspitze vor.

— Das darf doch nicht wahr sein, das Kreuz dreht sich ja!

— Halt den Mund, sag ja nichts.

Ich rufe die anderen, ohne etwas zu sagen, und bald bestaunen wir alle sieben fast eine Viertelstunde lang (wir haben auf die Uhr geschaut!) dieses Phänomen.

Aber das ist noch nicht alles! Pierre hat eine lange Narbe auf dem Bauch von dem Messer, das er sich in den Leib stoßen wollte, nachdem seine Frau ihn verlassen hatte. Beim Zelten laufen wir oft mit nacktem Oberkörper herum. Jetzt kommt er zu mir, sein Mund ist vor Staunen weit geöffnet.

— Schau!

Die Narbe ist praktisch verschwunden!

Diese Zeichen, das wird mir alles zuviel! «Nein Herr, ich kann nicht zu Maria beten, ich kann nicht Gebete aufsagen wie eine Erzählung, die man hundertmal wiederholt! Mach, daß ich bei einer Erscheinung in der Kapelle dabeisein kann. Ich weiß, daß das den Ordensleuten vorbehalten ist, aber du kannst es machen.»

An jenem Abend warte ich in der Nähe der Kapellentür. Ein Franziskaner hält Wache. Ich bete in meinem Herzen. Jemand zieht mich am Ärmel. Es ist der Mönch. Er sagt mir etwas, was ich nicht verstehe und schiebt mich in die Kapelle. Als die Seher ankommen, sitze ich in der ersten Reihe. Ich bete zu Gott, er möge mich vor dem Teufel beschützen: die Seher beginnen das Ave Maria zu beten. Unauffällig beobachte ich die Leute, die sich in dieses Gebet vertiefen. Da tut es auf einmal einen Schlag, und die Seher fallen in einer perfekten Synchronisation auf die Knie. Mir tun schon nur vom Zuschauen die Kniescheiben weh! Jetzt beginnen die ersten, den Sehern die Hände auf die Schultern zu legen. Ich lege meine Hand auf Vickas Arm.

In einem Buch habe ich gelesen, daß die Seher in Extase völlig schmerzunempfindlich und gleichzeitig tonnenschwer werden. Niemand achtet auf mich, und so beginne ich, Vicka aus Leibeskräften in den Arm zu zwicken. Keinerlei Reaktion. Was soll's, Fakire stechen sich ja auch Nadeln in den Körper. Also probiere ich, sie wegzuschieben, erst ganz vorsichtig — denn es würde ja ganz schön blöd aussehen, wenn wir beide plötzlich auf dem Bauch lägen. Nichts tut sich... Ich halte mich gut fest, drücke den Po auf die Fersen. Vicka betet ganz gerade aufgerichtet, sie müßte leicht aus dem Gleichgewicht zu bringen sein. Ich probiere, sie mit der ganzen Kraft meiner 80 Kilo wegzuschieben — und es wird zur Begegnung mit dem Übernatürlichen. Es ist, als wollte ich einen Steinblock versetzen, dabei habe ich ein junges Mädchen vor mir. Mich schaudert... hier geschieht wirklich etwas...

Ich hole mein Fernrohr aus der Tasche und fühle den Frieden hier so stark, daß man ihn mit Händen greifen könnte. Ich bitte Gott von neuem, mich zu bewahren, denn vielleicht gehe ich ja am Wesentlichen vorbei. Und dann bete ich zum ersten Mal in meinem Leben zu Maria:

— Wenn du hier bist, wenn du den Plan Gottes erfüllst, dann zeig es mir. Ich will sicher sein!

Ich hebe die Augen zu jener Stelle oberhalb des Tisches, der die Seher so fasziniert.

Dort erscheint ein Licht, wie ein Sonnenstrahl, der durch ein Fenster fällt, aber vom Durchmesser eines jungen Baumes, und ich sehe, wie dieser Strahl langsam zu mir herabkommt und in mein Herz eindringt. Sobald der Strahl meine Brust berührt hat, spüre ich, wie alle meine Befürchtungen sich auflösen und verschwinden. Noch nie zuvor habe ich eine so tiefe Fülle erfahren. Mein ganzes Wesen schmilzt in einem Strom von sanfter Liebe dahin. Nichts mehr existiert für mich außer dieser Zärtlichkeit, die mich ganz umhüllt. Dort hätte ich sterben mögen, aus reiner Liebe...

Meine aktive Erinnerung setzt auf dem kleinen Weg, in der Nähe unserer Zelte wieder ein. Alex schaut mich an und sagt mit gerunzelter Stirn:

— Was ist denn mit dir los? Man könnte meinen, daß dein Gesicht Licht ausstrahlt.

Drei, ja, drei Monate habe ich gebraucht, um wieder auf den Boden der Realität zurückzukehren. Drei Monate, in denen es so einfach war zu beten, zu lieben, zu sterben.

Ich war mit der Kirche, mit Maria und mit mir selbst wieder versöhnt. Pierre hat sich bekehrt und ist Verantwortlicher einer christlichen Jugendgruppe geworden.

Preiset den Herrn.

Botschaft vom 25. Februar 1990

«Liebe Kinder! — Ich lade euch zur Hingabe an Gott ein. In dieser Zeit wünsche ich besonders, daß ihr den Dingen widersagt, an die ihr euch gebunden habt, die aber eurem geistlichen Leben schaden. Deshalb, meine lieben Kinder, entscheidet euch vollkommen für Gott und erlaubt Satan nicht, daß er in euer Leben eintritt durch jene Dinge, die euch und eurem geistlichen Leben schaden.

Meine lieben Kinder, Gott bietet sich euch in Vollkommenheit an. Ihr könnt Ihn nur im Gebet entdecken und erkennen, deshalb entscheidet euch für das Gebet! Danke, daß ihr meinem Ruf gefolgt seid!»

Ich bin der zweite Pfarrer von Ars

An jenem Morgen halte ich in Medjugorje einen Vortrag für französische Pilger in dem kleinen Videosaal, der an die Anbetungskapelle angrenzt. Nachdem ich ausführlich über die Heiligkeit gesprochen hatte, zu der Maria die Welt aufgerufen hat[4], sagte ich mir: «Sie brauchen jetzt ein schlagendes Beispiel, das sie nicht so leicht wieder vergessen!» Da fiel mir eine Anekdote über den Pfarrer von Ars ein (einem französischen Heiligen, der Patron der Priester geworden ist).

— Ihr kennt alle den heiligen Pfarrer von Ars[5] und wißt, in welchem Maß er die größten Sünder anzog und sie dann zu Gott zurückführte. Seine Heiligkeit war groß, und die zahlreichen Siege, die er in den Seelen errang, ärgerten den Teufel ganz fürchterlich. Daher quälte er den heiligen Pfarrer oft, um ihn von seiner Mission abzubringen! Sogar bei Nacht hielt er ihn mit seiner Boshaftigkeit vom Schlafen ab und versuchte, sein Bett anzuzünden... usw. Eines Tages, als der heilige Pfarrer ihm wieder einmal eine große Zahl von Seelen entrissen hatte, konnte Satan sich nicht mehr beherrschen und vertraute ihm in seiner Wut sogar ein Geheimnis an: «Wenn ich in ganz

4 *«Ohne die Heiligkeit, liebe Kinder, könnt ihr nicht leben*, sagte sie. *Ich bin hierher gekommen, um jeden von euch zur vollkommenen Heiligkeit zu führen.»*

5 Siehe das Buch: «Der Pfarrer von Ars, Johannes Vianney», von W. Hünermann, Tyrolia-Verlag, 12. Auflage 1993, oder der Dokumentarfilm (Video) von Leander Prinz: «Der heilige Pfarrer von Ars», Augustinum-Verlag.

Frankreich nur drei solche wie dich fände, so könnte ich hier keinen Fuß mehr hineinsetzen!»

Drei große Heilige wie der Pfarrer von Ars hätten also genügt, um Satan an seinem unheilvollen Treiben in Frankreich zu hindern? Was für eine unvorstellbare Macht hat also die Heiligkeit eines einzigen Menschen! Ein einziger Heiliger vermag mehr für sein Volk und die Welt zu tun als der Präsident Frankreichs! Das Problem war nur, daß es in Frankreich keine zwei weiteren Heiligen gab, die diesen Schutz hätten bewirken können.

Dann zielte ich wieder auf die Gruppe, die vor mir saß:

— Wer von Euch ist bereit, zu diesen zwei fehlenden Heiligen zu werden?

Allgemeine Betroffenheit... Niemand war auf einen solchen Aufruf gefaßt! Da ich auf ihre Reaktion wartete und klar war, daß ich nicht weitermachen würde, bevor nicht jemand den Finger gehoben hätte, meldeten sich plötzlich zwei kleine Hände in der ersten Reihe als Freiwillige.

— Ich, Schwester, ich!

— Und ich auch!

Zwei kleine Mädchen im Alter von sieben und acht Jahren nahmen die Herausforderung an! Sie würden die zwei Heiligen werden, die Frankreich noch braucht. Ich mußte ein paar Mal schlucken, um die Tränen zurückzuhalten... Es müssen also Kinder sein, die mit ihrem ganzen kleinen, reinen Herzen antworten!

Am Ende des Vortrages erkläre ich ihnen, wie man heilig wird, wie sehr sich die Gospa über ihren Entschluß freut. Und wie sie ihnen Tag für Tag helfen wird, ohne sie jemals im Stich zu lassen. Denn ihr großzügiges JA ist wertvoll, unendlich wertvoll für sie. Zusammen fassen sie den Vorsatz, die Botschaften zu leben und sich dabei gegenseitig zu unterstützen. Dann gingen sie nach Hause...

Drei Jahre später halte ich in der Nähe von Nizza (Frankreich) einen Vortrag. Eine große Menschenmenge war versammelt. Während ich das Mikrophon ausprobiere, um zu sprechen zu beginnen, spüre ich, wie eine kleine Hand an meinem Skapulier zieht. Ich drehe mich um und sehe ein zehnjähriges Mädchen, das über das ganze Gesicht strahlt und sagt:

— Erkennen Sie mich, Schwester? Ich bin der zweite Pfarrer von Ars!

Wie könnte ich das vergessen! Wieder steigen mir Tränen in die Augen, und ich habe Mühe, sie zurückzuhalten.

— Ist ja toll! antworte ich schnell.

— Und die da, Schwester, erkennen Sie die auch? Sie ist der dritte Pfarrer von Ars!

Die beiden Schätzchen hatten ihr Versprechen der Gottesmutter gegenüber allen Widerständen zum Trotz gehalten. Und nun, drei Jahre später, teilten sie mir das ganz stolz mit!

— Es ist schwer, vor allem in der Schule, sagt mir die eine nach dem Vortrag. Da lachen uns viele aus. Aber wir lassen uns das nicht gefallen, weil wir spüren, daß die Jungfrau Maria uns hilft, das ist super!

Ach ja, was ich sie noch fragen wollte: neulich hat mich so ein Kerl einfach vor versammelter Mannschaft fertig gemacht, und richtig boshaft auch noch. Glauben Sie, daß ich die Krone der Märtyrer bekommen werde?

Das Himmelreich gehört den Kindern und denen, die ihnen ähnlich sind! Die kleine Sophie schreibt mir immer noch. Sie denkt, daß sie zum Klosterleben berufen ist. Beten wir alle für sie!

Botschaft vom 25. März 1990

«Liebe Kinder! — Ich bin mit euch, auch wenn ihr euch dessen nicht bewußt seid. Ich möchte euch vor all dem beschützen, was euch Satan anbietet, und wodurch er euch vernichten möchte. Wie ich Jesus in meinem Schoß getragen haben, so möchte ich auch euch, meine lieben Kinder, zur Heiligkeit hintragen.

Gott möchte euch retten und sendet euch Botschaften durch Menschen, die Natur und durch viele Dinge, die euch nur helfen können zu begreifen, daß ihr die Richtung eures Lebens ändern sollt. Deshalb, meine lieben Kinder, begreift auch die Größe des Geschenkes, das Gott euch durch mich gibt, daß ich euch mit meinem Mantel beschütze und zur Freude des Lebens führen darf. Danke, daß ihr meinem Ruf gefolgt seid!»

Das Treffen am Blauen Kreuz

Wie so oft sitzen wir um einen riesigen Topf Spaghetti, den Marija gekocht hat, während sie erzählt...

— Es ist unglaublich, was manche Führer für Geschichten über die Ereignisse der ersten Tage erfinden. Zum Beispiel hat mich doch glatt ein Pilger gefragt, ob es wirklich die Gospa war, die die Farbe ausgesucht hat, um das Blaue Kreuz anzustreichen. Stell dir das mal vor!

Das klingt ja schon mal gut, sagte ich mir, da werden wir noch allerhand neues erfahren...

— Das mit dem Blauen Kreuz — fährt sie fort — fing alles an, nachdem die Miliz dem Volk verboten hatte, auf den Hügel zu steigen. Wir (die Seher) sind dann auf einem anderen Weg hinaufgegangen, und plötzlich ist uns dort die Gospa erschienen. Das war völlig unerwartet! Wir haben gebetet und gesungen, während die Miliz uns zum selben Zeitpunkt suchte. Sie durchkämmte in großer Wut das ganze Gebiet, kam ganz nahe an uns vorbei, aber sie war wie von Blindheit geschlagen: sie sah uns nicht! Sie hörte auch nicht unser Singen. Es war unglaublich, sie liefen herum und unterhielten sich, wie wenn wir nicht da wären, dabei sangen wir, nur ein paar Meter von ihnen entfernt.

Von diesem Tag an ist uns die Gospa sehr oft dort erschienen, und die Miliz hat uns nie gefunden. Für uns war das ein bißchen wie ein Zufluchtsort. Eines Tages hat jemand dort ein Kreuz aufgestellt und es blau angestrichen. Da begannen wir zu sagen: «Wir gehen zum Blauen Kreuz.» Aber es war bestimmt nicht die Gospa, die die Farbe ausgesucht hat...!

Der kleine Michael beginnt zu weinen, und Marija steht auf, um ihn zu stillen. Für Marija gehört das alles zusammen: die Gospa sehen, ein Kind stillen, wie sie es gerade tut... Sie wechselt mit jener Selbstverständlichkeit zwischen dem einen und dem anderen hin und her, wie es für die reinen Herzen so bezeichnend ist.

— Wenig Pilger kennen das Blaue Kreuz, aber man sollte ihnen empfehlen, zum Beten dorthin zu gehen, fügt sie noch hinzu. Es ist ein Ort, den die Gospa erwählt hat.

Ja, Marija hat recht. Das Blaue Kreuz gehört zu den für die Mutter Gottes typischen Orten: da ist nichts! Nichts besonderes, meine ich. Diese Hochburg der Erscheinungen (immerhin einige hundert!) liegt nur einige Meter bergaufwärts neben der Straße, die um den Hügel herumführt und entspricht ganz der Bescheidenheit der hiesigen Landschaft: ein paar Steine, die aus der roten Erde herausschauen, ein paar Büsche, die zu mager sind, als daß sie Schatten spenden könnten, ein paar Dornensträucher, dank derer man nicht ungestochen davonkommt, und am Boden fast keine Stelle, die eben genug wäre, daß man sich hinknien könnte, ohne sofort wieder das Gleichgewicht zu verlieren!

Maria hat nie aufgehört, zum Blauen Kreuz zu kommen, denn Ivans Gebetsgruppe findet sich noch oft dienstags und freitags abends an diesem Ort zusammen. Ich war persönlich Zeugin großer Gnaden, die an diesem Ort Pilgern und auch mir selbst zuteil wurden (wenn mir etwas auf dem Herzen lastet, gehe ich dorthin und kehre immer mit Frieden im Herzen zurück).

Eines Abends versammelt sich eine große Menschenmenge zusammen mit Ivan vor dem Blauen Kreuz, und inbrünstige Gebete steigen zum Himmel empor. Plötzlich schweigt alles, denn die Mutter Gottes steht vor uns und die große Stille der Erscheinung breitet sich aus. Das bleibt drei Minuten lang so, bis plötzlich das Geräusch eines

Steingerölls die Stille durchbricht. Geflüster, Unruhe dort links... Was ist geschehen?

Ein ganz junges Mädchen erzählt mir die ganze Geschichte. Als ungläubige und natürlich auch nicht praktizierende Französin, lebt sie wie alle jungen Leute ihres Alters ohne sich groß um diesen fernen Gott zu kümmern, von dem ihr niemand viel erzählt hat. Und was ist mit dem Religionsunterricht? Der war schnell vergessen! Nur die Großmutter geht sonntags noch in die Messe. Aber die muß man machen lassen, sie ist ja alt, das ist eben ihre Leidenschaft, es lohnt sich nicht, sich deshalb mit ihr anzulegen...

Doch eines Tages beschließt die Großmutter mit dem Bus nach Medjugorje zu fahren, obwohl sie nicht besonders gesund ist. Aber sie besteht darauf. Und sie schlägt ihrer Enkelin vor, sie zu begleiten; die Abmachung sieht folgendermaßen aus:

— Ich zahle dir die Reise, du wirst sehen, Jugoslawien ist ein wunderschönes Land, und im Gegenzug kümmerst du dich um mich.

Das Traumbild Jugoslawien zieht, der Handel ist perfekt!

An jenem Abend begleitet Valérie ihre Großmutter zum Blauen Kreuz. Sie weiß, daß all diese Leute da beten und darauf warten, daß die Heilige Jungfrau erscheint... Aber sie selbst erwartet gar nichts. Das sind doch alles nur Märchen! Die Großmutter bleibt stehen, weil sie sich nicht hinknien kann. Das junge Mädchen dagegen ist zwischen lauter Leuten eingezwängt, die ihr die Sicht versperren. Kaum daß sich die Stille ausgebreitet hat, sieht Varlérie schon die Heilige Jungfrau. Sie schaut und schaut... ja, es ist wirklich die Heilige Jungfrau. Sie ist da, sie ist gekommen, sie lächelt mit einem Lächeln, das nicht von dieser Welt ist. Zwei Minuten vergehen, da beschließt das junge Mädchen, sie noch genauer anzuschauen und steigt auf einen Stein, der da an einem Mäuerchen lehnt. Unmöglich, sich leiser Ausrufe der Bewunderung zu enthalten. Da merkt die Großmutter, daß ihre Enkelin «etwas sieht», und versucht — unglücklicherweise — ihr auf den Stein zu folgen... Dabei löste sie das Steingeröll aus und beide fielen von dem Stein herunter.

— Als ich mich wieder aufgerichtet hatte, erzählt mir das Mädchen, war die Heilige Jungfrau weg, und alles war vorbei.

Fast schuldbewußt fügt sie hinzu:

— Aber Sie müssen mir doch sagen können, Schwester, warum sie gerade mir erschienen ist und nicht jemandem anderen, wo Sie doch alle zum Beten dorthin gegangen sind?

— Vielleicht genau deshalb. Du warst die einzige, die nicht gebetet hat und nichts erwartete. Sie hat dich schon seit langem gesucht, und gestern abend war es ihr Wille, daß du sie findest. Sie ist deine Mutter, du kannst sicher sein, daß sie dich nicht mehr losläßt!

— Ich werde sie auch nicht mehr loslassen! Wenn Sie gesehen hätten, wie schön sie war, Schwester!

Botschaft vom 25. April 1990

«Liebe Kinder! — Heute lade ich euch ein, daß ihr die Botschaften, die ich euch gebe, ernsthaft annehmt und sie lebt. Ich bin mit euch, liebe Kinder, und wünsche, daß jeder von euch meinem Herzen immer näher kommt. Deshalb, meine lieben Kinder, betet und sucht den Willen Gottes in eurem täglichen Leben. Ich wünsche, daß jeder von euch den Weg der Heiligkeit entdecke und auf ihm wachse bis in die Ewigkeit hinein. Ich werde für euch beten und bei Gott für euch Fürsprache halten, damit ihr die Größe dieses Geschenkes begreift, das Gott mir gibt, daß ich bei euch sein kann. Danke, daß ihr meinem Ruf gefolgt seid!»

Frankreich ist berufen

Im Alter von 14 Jahren ließ eine kraftvolle Eingebung sie nicht mehr los: «Frankreich retten.» Eine Seele wie Johanna von Orléans. Ihr Name ist Florence de Gardelle. Aber diese schrullige Jugendliche erwies sich als eine der flatterhaftesten, denn Florence teilte Gott bald den Platz zu, den ihm die erdrückende Mehrzahl der Franzosen zuweist, nämlich den letzten. Oder genauer gesagt, überhaupt keinen Platz. Sie nahm die Sitten und Gebräuche ihrer Familie an. Gott? Kenne ich nicht!

Später heiratet sie Bernhard, der jeden Sonntag in die Kirche geht, und der sie dort auch dabei haben möchte, «für die Kinder», wie er sagt. Sie betet dort nicht, sondern erfüllt diese lästige Aufgabe, indem sie mit Ungeduld auf das «Ite missa est» wartet, um endlich wieder davon zu können. Was füllt ihr Leben aus? Tanzen, Bridgespielen, Theater, also nichts böses, aber... der Geist der Welt eben. Die Kinder sind wahrlich nicht besonders glücklich.

Florence ist eher schüchtern und fällt nicht gern auf, aber sie hat eine gute Stelle bei IBM und kümmert sich um... Wir werden sehen! Mitte November 1987 trifft sie ihre Freundin Rosemonde, die gerade aus Jugoslawien zurück ist, und ihr von ihrer Reise nach Medjugorje erzählt. An diesem Tag gelingt der Gospa der erste Durchbruch bei den Gardelles. Florence stürzt sich auf das Buch, das Rosemonde ihr dagelassen hat: «Medjugorje, Berichte und Botschaften» von Pater Laurentin. Sie verschlingt es! In derselben Nacht noch hat sie es ausgelesen. Vor dem Morgengrauen noch hat sie die Gewißheit: «Ich muß dort sofort hin! Egal wie!» Der Ruf ist unwiderstehlich!

In den folgenden Tagen sucht sie unermüdlich... kein Priester kann ihr Auskunft geben. In den Zeitungen steht nichts, kein Reisebüro kennt diesen Ort.

— Wie bitte? Medjugorje? Nein, diesen Namen finde ich nirgends.

Aber Florence läßt sich nicht entmutigen, und Anfang Dezember kommt sie mit einer kleinen Gruppe in Medjugorje an.

In dem kroatischen Haus gibt es keine Heizung, man friert drinnen genauso wie draußen, und in der Kirche ist es auch nicht besser. Es regnet fünf Tage lang ununterbrochen. Florence und ihre Gruppe irren ohne Führer durch die Gegend. Die Zeit scheint endlos lange, und sie schlagen sie mit Spaziergängen durch den Schlamm tot... Kurzum, alle fragen sich, was sie in diesem Kaff hier suchen! In ihrer Naivität hatte Florence angenommen, daß sie die Heilige Jungfrau sehen würde. Seit vier Tagen schon wartet sie ungeduldig auf sie, aber nichts tut sich. Am letzten Tag beschließt sie, zu Marija zu gehen und schließt sich mit ihren Freunden einer Gruppe von Amerikanern an, die zum Glück einen Termin mit der Seherin vereinbart hatten. Es regnet in Strömen, und alle drängen sich in Marijas winzigem Hof. Der Dolmetscher hält schützend einen riesigen Regenschirm über die Seherin. Florence ist von Marijas Bericht völlig fasziniert! Als die Gruppe sich wieder zerstreut, kann sie sich nicht von der Stelle rühren, sie ist wie festgenagelt!

Es wird schnell dunkel, es ist in der Abenddämmerung. Wie üblich will Marija die kleine Treppe hochgehen, die zu ihr nach Hause führt, als sie plötzlich auf einer Stufe innehält. Sie dreht sich zu Florence um, die sie doch überhaupt nicht kennt und erklärt ihr frei heraus:

— Die Gospa sagt, daß nicht viele Franzosen hierher nach Medjugorje kommen, aber daß Sie, die Sie hierher gekommen sind, viele Gnaden erhalten werden. Wenn Sie nach Hause zu Ihren Familien zurückkehren werden, werden Sie große Gnaden erfahren, weil Sie berufen sind!

Mit diesen Worten verschwindet sie im Haus. (Noch heute klingt Florence jedes einzelne Wort, das Marija gesagt hatte, in den Ohren, wie wenn sie es gerade eben vernommen hätte.)

Florence und ihre Freunde sind völlig verblüfft. Nachdem sie schon von den Botschaften, die Marija übermittelt hatte, zutiefst berührt worden waren, werden unsere armen Franzosen, die in diesem Meer von Amerikanern, Deutschen und Italienern reichlich verloren sind, mit einer eigenen Botschaft bedacht! Florence fängt an zu weinen und sagt gar nichts mehr. Noch immer in Tränen besteigt sie am nächsten Tag das Flugzeug. Bernard erwartet sie in Nizza am Flughafen.

— Und, wie war´s? fragt er im Auto.

Und Florence, die sonst so schweigsam ist, stürzt sich in einen höchst erstaunlichen Bericht über die Heilige Jungfrau, über Marija, über die Botschaften, über dieses einzigartige Erlebnis des vorherigen Abends... Bernard erkennt seine Frau nicht wieder! Sie war so redselig geworden, daß er kein einziges Wort unterbringen konnte! Während ihres Berichts erlebt Florence von neuem die ganze Fülle von Gnaden, die sie bei Marija empfangen hatte, diesen unbeschreiblichen Friedensstrom, der unser Herz erfaßt, bis es beinahe vor Glück zerspringt. Während sie ihre Erfahrungen mitteilt, fließen ihre Tränen in Strömen. Als das Auto vor dem Haus stehenbleibt, ist keiner von beiden fähig auszusteigen. Jetzt kommen auch Bernard die Tränen, und dieses sonst eher zurückhaltende Paar erlebt etwas völlig Ungewohntes. Lange Zeit noch sitzen sie weinend nebeneinander; an jenem Tag gelingt der Gospa der zweite Durchbruch bei den Gardelles.

Florence war völlig verwandelt zurückgekehrt. Jetzt kann sie nicht mehr schweigen. Sie ist nicht wiederzuerkennen! Bei jeder Gelegenheit erzählt sie von Medjugorje und niemand entgeht ihrem Bericht. Am erstaunlichsten ist, daß niemand sie für übergeschnappt hält. Alle, Gläubige wie Atheisten, hängen an ihren Lippen... Die Gnade strömt und berührt die Herzen. Die gesellschaftlichen Veranstaltungen werden zugunsten von Treffen über Medjugorje geopfert und die Mutter Gottes beginnt, in Nizza Spuren zu hinterlassen. Leute, von denen man es am allerwenigsten erwartet hätte, sagen plötzlich: «Da wollen wir auch hin!» Bis zu dem Tag als Gaëtan, der widerspenstigste aller Dickköpfe, der seine Frau bei jedem ihrer Vorstöße für Medjugorje eiskalt abblitzen ließ, als Gaëtan also, der unbeugsame Nein-Sager vorschlägt: «Florence, sollten wir nicht einen Bus organisieren?»

Gaëtan hat also damals die Pilgerfahrten aus dem Südwesten Frankreichs eingeleitet, denn Florence brauchte diese Unterstützung, um das Ganze ins Rollen zu bringen. Überall in den Familien, die von Medjugorje berührt werden, häufen sich die «Fioretti»-Berichte. Und die Gospa geizt nicht mit Wundern: Heilung von Drogenabhängigkeit und Alkoholismus, Wiedervereinigung geschiedener Paare, Versöhnungen, bis hin zur Lösung banaler materieller Probleme!

Ein Jugendlicher, der seinen Eltern viel Sorgen bereitete, machte eines Nachts die Fliege: zwei Wochen fürchterliche Ängste für seine Eltern, die nicht wissen konnten, daß ihn seine Flucht nach — Medjugorje geführt hatte! Nach zwei Wochen Aufenthalt dort, hatte er keinen Pfennig Geld mehr. Er bittet also Leute, die auch nach Frankreich zurückwollen, ihn im Auto mitzunehmen. Nur, diese armen Leute sind auch nicht viel besser dran als er, sie haben gerade noch genug Geld, um einmal vollzutanken. Also beten sie und fahren los... Eine Tankfüllung hätte normalerweise höchstens bis Zadar gereicht, aber sie kamen damit bis an die Loire, wo sie zu Hause waren! Heute bereitet sich der junge Mann auf das Priestertum vor.

Bertrand, Florences Sohn, war häufiger in der Disco als in der Kirche anzutreffen. Eines Tages teilt ihm seine Mutter mit, daß sie nach Medjugorje fahre.

— Ich hätte auch Lust mitzukommen!

— Ja aber, Bertrand, in Medjugorje gibt es keine Discos...

Doch als es an die Abreise geht, steht Bertrand bereit. In Medjugorje irrt er dann wie eine arme Seele umher, bis er Pater Jozo sprechen hört und die Gegenwart der Heiligen Jungfrau fühlt (das war das erste Aha-Erlebnis). In der letzten Nacht beschließt er, mit einem Freund zusammen auf den Krizevac hinaufzusteigen.

Beim Kreuz angekommen gibt es ein neues Erlebnis: er sieht drei Lichtblitze.[6] «Ich werde nie mehr Angst haben!» sagt er am nächsten Tag zu seiner Mutter.

6 Die Seher sehen immer diese drei Blitze kurz vor der Erscheinung. Ana, Vickas Schwester, sieht diese Blitze auch.

Die Schwägerin von Florence ist auch ganz verwandelt. Sie hat nur noch eines im Sinn: die Heilige Jungfrau bekannt zu machen. Sie organisiert einen Charterflug nach Medjugorje. Und ihre mondänen Diners? Die werden in Video-Diners umgewandelt, bei denen ihre Gäste 60 Minuten lang Medjugorje entdecken können, bevor sie an den Tisch gebeten werden!

Eine der schönsten Früchte ist das Aufblühen von Berufungen. Die «Busse nach Medjugorje» sind ganz erstaunliche Keimzellen für Berufungen geworden! Florence hatte den Herrn von der Gefühlsseite her zu packen gewußt. Gleich am Anfang hatte sie ihm gesagt:

— Bei jeder Busfahrt versucht der Teufel, uns Knüppel zwischen die Beine zu werfen, du weißt, wie hart es manchmal ist, gegen ihn zu kämpfen. Aber Du kannst Dich auf mich verlassen, ich lasse mich nicht entmutigen. Aber im Austausch dafür bitte ich dich um vier Berufungen in diesem Bus!

Und sie erhält, worum sie bittet! Wenn es mehrere Busse sind, erhöht sie den Einsatz. Inzwischen kann man die Seminaristen und anderen Berufungen, die in Medjugorje aufgekeimt sind, schon gar nicht mehr zählen. Übrigens haben diese heiligen Bestechungsmanöver, die den Frauen der Bibel alle Ehre machen, inzwischen Nachahmer gefunden, und der Herr erweist sich als gefügiger Geschäftsmann...

Ich glaube, daß diese neuen «Meister der Bestechung» einen einträglichen Job gefunden haben!

Und die Moral von der Geschichte? Inzwischen sind die Franzosen in Medjugorje die zahlreichsten Pilger. Jedesmal wenn ich mir dies in Erinnerung rufe, treten mir Tränen in die Augen, denn ich erkenne darin das Leuchten einer Auferstehung für mein Land, wie sie Marthe Robin[7] 1936 Pater Finet gegenüber prophezeit hatte:

«Wegen seines Stolzes wird Frankreich sehr tief fallen, viel tiefer noch als andere Länder. (...) Es wird nichts mehr geben. Aber in seiner Not wird es sich an Gott erinnern und zu ihm rufen, und **die Heilige Jungfrau selbst wird kommen, um das Land zu retten**.

Dann wird Frankreich seine Berufung als älteste Tochter der Kirche wiederentdecken, es wird zum Ort der umfassendsten Ausgießung des Heiligen Geistes werden und wieder Missionare in die ganze Welt aussenden.»[8]

Könnte man in dieser «Heiligen Jungfrau, die Frankreich» aus seiner tragischen «spirituellen Wüste»[9] «retten wird», nicht die Gospa von Medjugorje erkennen?[10] Was könnte dies anderes als das herrliche Werk der Königin des Friedens sein? Sie stellt das Wesen der französischen Christenheit von innen wieder her, das vom Prinzen der Lüge und von geheimen Gesellschaften dadurch unterhöhlt wird, daß sie die Gebote Gottes in aller Legalität zu Fall bringen.

---

7 Marthe Robin (siehe Fotoheft) stammte aus dem Departement der «Drôme» (Frankreich), dem alten Kulturland der Gallier und Römer bei Lyon. Sie lebte auf dem Bauernhof ihrer Eltern ganz im Verborgenen, doch mit der Ausstrahlung einer Katharina von Siena. Über 50 Jahre lang lebte sie völlig ohne Nahrung und — was ein Novum darstellt — ohne Schlaf; sie trug die Stigmata, wobei sie jeden Freitag am Passionsleiden des Herrn teilnahm. Wie der Pfarrer von Ars hatte sie z.T. sehr massive Nachstellungen und Quälereien des Teufels zu erdulden. Zum Trost und zur Stärkung erschien ihr die Muttergottes. Durch ihr Gebet und ihre Initiative ist in ihrem Dorf das erste *Foyer de Charité* entstanden, ein Werk, das sich noch zu ihren Lebzeiten über die ganze Erde ausbreitete. Als sie 1981 starb, berichtete das französische Fernsehen ausführlich über ihren Tod, den viele Franzosen als nationalen Verlust empfanden.
Wenn Sie noch mehr von dieser außerordentlichen Mystikerin wissen möchten, lesen Sie das Buch: «Marthe Robin, Das Kreuz und die Freude», von R. Peyret, Christiana-Verlag, 2. Auflage 1988. Sehr interessant zu lesen auch: «Marthe... das eine oder andere, was ich von ihr weiß...», von Bruder Ephraim, Vier-Türme-Verlag, 1992.

8 Marthe prophezeite 1936 auch noch, daß der Kommunismus und die Freimaurerei zu denjenigen lügnerischen Irrtümern gehören, die durch das Eingreifen der Heiligen Jungfrau untergehen würden. Sie erinnerte oft an die erhabene Berufung Frankreichs und daran, wie sehr es der Heiligen Jungfrau am Herzen liegt. «Von Frankreich sind tausende von Missionaren in die Welt hinausgezogen, und das wird in Zukunft auch wieder so sein! Frankreich wird wiederauferstehen, wenn seine jungen Leute wieder den Mut haben, ihren Glauben zu bekennen.» Sie werden die Vertrauten Mariens sein, wie Louis-Marie Grignion de Montfort so treffend gesagt hat. Eine Anekdote verdient es, hier angeführt zu werden:
Am 25. März 1966 hatte die Hl. Jungfrau selbst ein kleines Buch dieses Heiligen auf Marthes Bett gelegt: «Das Geheimnis Mariens», und ihr gesagt: *«Das ist das Buch, das ich auf der ganzen Welt verbreiten will.»* Nach der Aussage von Marcel Clement war Pater Finet äußerst erstaunt, weil niemand Marthes Zimmer betreten hatte.
— Was ist das, mein Kind?, fragte er sie.
— Das war die Mama, Pater, hatte Marthe ihm darauf geantwortet.
Das «Geheimnis Mariens» finden Sie in dem Buch: «Das Goldene Buch der vollkommenen Hingabe an Jesus durch Maria», Kanisius-Verlag. Es ist auch separat erhältlich unter dem Titel: «Das Gnaden-Geheimnis Mariens», Miriam-Verlag, 1983.

9 Im Oktober 1993 sagte mir Marija, nachdem sie von ihrer Hochzeitsreise nach Frankreich zurückgekehrt war: «Für uns war es ein Trauerspiel, Frankreich zu sehen! Eure Kirchen sind leer und staubig, der Glaube ist dort tot! Die Kirchen, die instandgehalten werden, sind zu Museen umfunktioniert worden, es gibt kein Gebet mehr! Aber ich sehe, daß die Gospa euch zahlreich nach Medjugorje ruft. Hier wird sie Frankreich bekehren!»

10 Ich schimpfte sie ein bißchen: «Wenn du an einen Ort der geistlichen Erneuerung gegangen wärst, anstatt inkognito in irgendwelche Kirchen zu gehen, dann hättest du Wunder erlebt!» (Marija ging jeden Tag für ihre Erscheinung in eine Kirche. So ist die Gospa unter anderem in der Kirche «Sacré-Cœur» auf dem Montmartre und in «Notre-Dame de Paris» erschienen.)
Natürlich ohne damit das bedeutende Werke der Foyers de Charité (von Marthe Robin auf Grund von Privatoffenbarungen gegründet), und das der neuen Gemeinschaften ausschließen zu wollen.

Die Gospa hat noch viele Überraschungen für uns auf Lager, denn nun wird nichts mehr die Verwirklichung ihres Plans für unser Land aufhalten. Der Teufel wollte es vernichten, indem er die Liebe zu Gunsten des Stolzes vertrieb. Die Gospa ist gerade dabei, es wieder zum Leben zu erwecken, indem sie die Herzen auferstehen läßt. Dies können unsere Augen heute schon bezeugen.

Botschaft vom 25. Mai 1990

«Liebe Kinder! — Ich lade euch ein, euch mit Ernst zu entscheiden, diese Novene zu leben. Weiht die Zeit dem Gebet und dem Opfer! Ich bin mit euch und möchte euch helfen, in Entsagung und Abtötung zu wachsen, damit ihr die Schönheit der Menschen begreifen könnt, die sich mir auf besondere Weise schenken.

Liebe Kinder, Gott segnet euch von Tag zu Tag und wünscht die Veränderung eures Lebens. Deshalb betet, damit ihr die Kraft habt, euer Leben zu ändern! Danke, daß ihr meinem Ruf gefolgt seid.»

Die neun Nachtwachen am Podbrdo

An diesem Abend erzählt Marija einmal wieder aus der Zeit der allerersten Erscheinungen:

— Die Gospa bat uns oft, in ihren Anliegen und für die Pläne, die sie gerade verwirklichen will[11] zu beten. Eines Tages bat sie uns, für etwas ganz Wichtiges eine große Novene zu beten, und sie lud das ganze Dorf ein, zwischen 2 und 3 Uhr morgens zum Beten auf den Hügel zu kommen, und dies neun Nächte lang. Ein Großteil der Dorfbewohner hat dieser Bitte entsprochen. Die Jungfrau erschien uns (Sehern), und in der neunten Nacht geschah etwas Unglaubliches. Während wir die Erscheinung hatten, sahen die Dorfbewohner die Sterne vom Himmel fallen! Sie fielen alle auf die Stelle, an der die Gospa stand, so wie wenn ihre Gegenwart wie ein Magnet auf die Sterne wirkte. Die Sterne glitten an ihr hinunter, bildeten eine Art Mantel aus Licht um sie her, und fielen dann zur Erde. Beim Berühren des Bodens sprangen sie wieder zum Himmel auf und vermehrten sich ins Unendliche. Als die Dorfbewohner die Sterne vom Himmel fallen sahen, bekamen sie große Angst, und einige begannen zu schreien[12] und sagten: «Jetzt ist es soweit, das ist das Ende der Welt,

---

11 Vicka sagte mir einmal, daß die Gospa ihre Pläne in der Regel für sich behält, ihr aber manchmal erklärt, worum es geht.

12 Wie in Fatima am 13. Oktober 1917.

der Weltuntergang!» Sie bekamen solche Angst, daß sie die ganze Nacht auf dem Hügel blieben, um zu beten.

Aber wir Seher hatten von all dem nichts gesehen, denn während der Erscheinung war die Gospa wie immer, und wir sahen weder den Himmel, noch die Sterne noch sonst etwas aus unserer Umgebung. Nach der Extase haben uns die Dorfbewohner alles erzählt.

Da waren wir ganz glücklich, denn zu jener Zeit waren wir ständig in Gefahr, ins Gefängnis gesteckt zu werden. So sagten wir uns: «Es ist gut so, denn wenn wir dann im Gefängnis sind, kann das ganze Dorf an unserer Stelle Zeugnis davon ablegen, was die Gospa hier wirkt. Sie hat jetzt neue Zeugen!»

Botschaft vom 25. Juni 1990 (9. Jahrestag der Erscheinungen)

«Liebe Kinder! — Heute möchte ich euch für alle Opfer und Gebete danken. Ich segne euch mit meinem besonderen mütterlichen Segen! Ich rufe euch auf, daß ihr euch alle für Gott entscheidet, und daß ihr von Tag zu Tag Seinen Willen im Gebet entdeckt. Ich möchte euch alle, liebe Kinder, zur vollkommenen Umkehr einladen, damit in euren Herzen Freude sei. Ich bin glücklich, daß ihr heute in so großer Anzahl hier seid. Danke, daß ihr meinem Ruf gefolgt seid!»

Tetkas Geschöpfe

Tetka begann im Alter von sieben Jahren, Schafe zu hüten und gab diesen Beruf auch ihr Leben lang nicht mehr auf. Sie gehört zu dieser edlen und soliden Rasse, die sich die Gospa hier in Medjugoje ausgesucht hat, und deren Glaube ganz ungeteilt ist, weil Gott für sie Gott ist. Ihr Herz schwingt im ständigen Gleichklang mit der Schöpfung und dem Schöpfer. Sie kennt jedes ihrer vierzig Schafe beim Namen, genauso wie sie jeden Stein, jeden Busch, und jeden Winkel im Tal von Medjugorje kennt. Auch heute treffen wir sie wieder auf einem Stein in Richtung Sivric an; sie spinnt Wolle im Rhythmus des Rosenkranzes und hat gleichzeitig ein wachsames Auge auf ihre Herde. Jeden Abend, wenn es Zeit zur Messe ist, macht sie sich ganz schön, um auf den kleinen roten Wegen voller Steine, die sich zwischen den Feldern entlangschlängeln, in die Kirche zu gehen. Nichts kann sie daran hindern, weder Glatteis noch der «bura», dieser eiskalte, fürchterlich stürmische Winterwind, noch die Gluthitze des Hochsommers; denn ihr wahres Obdach ist der Himmel, und ihre wahre Sicherheit ist ihr Weg mit Gott.

Ich genieße immer ihre Gesellschaft, und allein ihr leuchtendes Gesicht könnte uns genügend deutlich machen, warum die Gospa dieses Dorf auserwählt hat. Keine Theologie, keine spitzfindige Sprache, keinerlei Bücherwissen, aber Jahrhunderte demütigen Horchens auf die leise Stimme Gottes im Herzen. Denn für dieses Volk, das die

Täler der Herzegowina mit seinen Tränen und seinem Blut getränkt hat, ist Gott der einzige große Freund, der einzige wahre Freund, dessen Credo den Lehren Mohameds und Marx' standgehalten hat.

An ihrer Seite lerne ich mehr über Gott als in Klöstern, denn alles wird einfach und klar. Wie alle Kroaten dieser Gegend spricht sie über die zartesten Dinge mit einer Lautstärke als wollte sie eine Ansprache an eine Armee in Kampfordnung halten; das gehört zu ihrem Charme! Der Andrang der Pilger auf ihrem Gebiet hat nichts an ihren Gewohnheiten geändert. Es gibt zwar manches, was sie an diesen Ausländern seltsam findet, aber ich verdächtige sie, daß sie Gott dankt dafür, die glücklichste aller Frauen zu sein, weil sie ihre Schafe hüten kann fernab von einer Welt, die rechts und links nicht mehr unterscheiden kann.

Sie lebt mit ihren Neffen Petar, Anka und Mladen zusammen, die meine großen Freunde sind. Eines Tages sagt mir Petar:

— Sister, einige von den Schafen sind krank. Sie werden sterben, und wir befürchten, daß die ganze Herde angesteckt ist...

Ich bin betrübt über diese Nachricht und will ihm gerade mit zwei nichtssagenden Worten meine Trauer zum Ausdruck bringen, als mir ein überwältigender Geistesblitz kommt. Mir fiel eine Botschaft der Gospa ein, in der sie uns bittet, «allen Geschöpfen ihren besonderen und mütterlichen Segen zu übermitteln» (25.12.88). Ich hatte mich oft gefragt, was sie unter «alle Geschöpfe» wohl verstehe? Schließt sie auch die Tiere ein?

Für diese Familie war es eine Katastrophe, alle ihre Tiere zu verlieren, und ich hatte keine Zeit, über exegetischen Analysen zu brüten... Ich mußte schnellstens handeln.

— Petar, stieß ich hervor, um ihn zu provozieren, die Lösung für dein Problem findest du einmal mehr bei der Gospa, in ihrer Botschaft über den «besonderen und mütterlichen Segen...»

Doch Petar schaut mich nur verständnislos an!?

Ich war mir sicher, daß er diese ganze Botschaft nicht kannte! Es wäre aber zu schade gewesen, diese Gelegenheit zu versäumen, ihn ein bißchen aufzuziehen. Deshalb konnte ich es mir nicht verbeißen, in empörtem Tonfall zu fragen:

— Was? Du, ein Kroate, der in Medjugorje geboren ist, kennst diese Botschaft nicht? Muß da erst eine Ausländerin kommen, um dir zu sagen, was *Eure* Gospa *Euch*, in *Eurer* Sprache, in *Eurem* Dorf gesagt hat?

An seinem Lächeln konnte ich sehen, daß ich ins Schwarze getroffen hatte, und daß er die besagte Botschaft, die ich ihm nun verraten sollte, niemals mehr vergessen würde.

— Sie hat gesagt: «... *Heute gebe ich euch meinen besonderen Segen. Bringt ihn zu jedem Geschöpf, damit es Frieden hat! Danke, daß ihr meinem Ruf gefolgt seid.*»

Und da wo sie von «*Geschöpfen*» spricht, schließt sie ganz sicher auch die Tiere[13] ein. (Ich nahm mir fest vor, das von Marija noch überprüfen zu lassen!) Das heißt, daß du jetzt zu deiner Herde gehst und betest, daß sie den Segen der Gospa bekommt...

Petar schaut wieder ganz entgeistert!?

Ich war mir sicher, daß das nicht zu seinen Gewohnheiten gehörte, und so einfach ändert man die Gewohnheiten von Bauern der Herzegowina nicht!

---

13 Es gab eine Zeit, wo Christus mehr Platz hatte in den Herzen der Menschen, und wo die Bauern ihre Felder genauso segneten wie ihr Vieh. An den drei Tagen vor Himmelfahrt konnte man auf dem Land Prozessionen sehen. Der Pfarrer ging voraus, die Dorfbewohner hinterher, und sie sangen ihrem Schöpfer und segneten das Ackerland. Ganz offensichtlich bittet uns die Gospa, diese schöne Tradition wieder aufzunehemen. Man kann damit auch unser Land von mehr oder weniger zweifelhaften Praktiken befreien, die den alten Segen ersetzt haben, ich meine damit Heiler aller Art und Menschen, die über Gaben und Kräfte verfügen.
Dazu muß man wissen, daß viele dieser Praktiken ihren Ursprung in der Hexerei haben (auch wenn die betreffende Dame eine Marienstatue von Lourdes in ihrem Wohnzimmer stehen haben sollte), und daß manche «Heilungsgaben», über die der eine oder andere Heiler verfügt, von Satan selbst stammen, wenn man die Kette durch ein paar Generationen hindurch zurückverfolgt. Man muß auch wissen, daß Satan ein Zerstörer ist, der einem nichts erspart. In Wirklichkeit verlagert seine Gabe die Krankheit nur auf einen anderen Teil des Wesens, damit man an ein Wunder glaubt, vor allem aber damit die Gesundheit des Herzens und der Seele untergraben wird. So wird man dem Anschein nach von einem kranken Knie geheilt, aber leidet seltsamerweise an nächtlichen Angstzuständen oder an einer plötzlichen Unfähigkeit, seinen Ehepartner zu ertragen. Die Seele wird nach und nach gefangengenommen, auch wenn es diesem oder jenem Körperteil vorläufig besser geht.
Die jahrhundertealten Gebete der Kirche und die Segnungen, die sie uns anbietet, sind Schätze, die uns für unsere Bedürfnisse zur Verfügung stehen. In Medjugorje legt die Heilige Jungfrau uns ans Herz, daß wir uns ihrer bedienen sollen, zum Beispiel sollen wir Weihwasser benützen und geweihte Gegenstände bei uns tragen.
Wenn wir zu heidnischen Bräuchen unsere Zuflucht nehmen, so laufen wir die große Gefahr, den Feind in unser Leben zu bringen...

— Sister, mir ist es lieber, wenn du das machst. Du bist eine Schwester, da funktioniert das sicher besser!

Abgemacht! Ich versprach ihm am Nachmittag mit meinen Brüdern und Schwestern wiederzukommen. Zur abgemachten Zeit holte Tetka ihre Tiere aus dem Stall, und die sechs Ausländer fingen an zu beten! Es war das erste Mal, daß ich beim Gebet solche Wollknäuel vor mir hatte statt Menschen, aber ich spürte die Freude des Schöpfers mitten unter uns, und alles ging mit kindlicher Schlichtheit vor sich. Ich erklärte Petar, daß die Gospa kein spezielles Gebet oder Ritus für diesen Segen vorgegeben hatte, daß man also mit dem Herzen beten könne wie man wolle.

Man muß zugeben, daß die kranken Schafe alle ganz schnell gesund wurden, und daß die Herde die letzten Jahre nie mehr von einer Krankheit heimgesucht worden ist. Petar und Tetka haben wohl weiterhin im geheimen (denn in solchen Dingen sind sie sehr schamhaft) den Segen der Königin des Universums an ihre Tiere weitergeleitet.

Botschaft vom 25. Juli 1990

«Liebe Kinder! — Heute lade ich euch zum Frieden ein. Als Königin des Friedens bin ich hierher gekommen und möchte euch mit meinem mütterlichen Frieden bereichern. Liebe Kinder, ich liebe euch und möchte euch alle zum Frieden führen, den nur Gott gibt und der jedes Herz bereichert. Ich rufe euch auf, Träger und Zeugen meines Friedens in dieser friedlosen Welt zu werden. Der Friede soll in der ganzen Welt, die friedlos ist und sich nach dem Frieden sehnt, zu herrschen beginnen. Ich segne euch mit meinem mütterlichen Segen. Danke, daß ihr meinem Ruf gefolgt seid.»

Onkel Victor verheimlicht uns etwas

Es ist im Frühling 1995. Onkel Victor hat wirklich keine Lust, seine Frau nach Medjugorje zu begleiten. Er will lieber im Garten arbeiten. Dazu kommt noch, daß die fromme Ginette seit ihrer ersten Wallfahrt vor einem Jahr ihn ununterbrochen bedrängt, daß er sich zu Füßen der Gospa bekehren solle. «Ich soll mich bekehren? Sonst noch was...?» Ginette ist eine tatkräftige Frau, und so hat sie eines Tages ein Haus ausfindig gemacht, das zum Verkauf freisteht. Es ist kleiner als ihr bisheriges und daher für sie im Ruhestand viel besser geeignet. Warum sollten sie nicht umziehen?

Seinen geliebten Garten aufgeben, das kommt nicht in Frage! Diesmal hat Onkel Victor die Nase voll! Egal: dann geht er doch lieber auf Ginettes Erpressung ein: «Wenn du die Wallfahrt mit mir machst, dann verspreche ich dir, daß wir nicht umziehen!» Sein Garten ist schon ein Opfer wert! Wohl oder übel (genauer gesagt also übel) willigt er ein, seine Frau auf die Wallfahrt zu begleiten. Aber was für eine Wallfahrt auch noch! Nach Bosnien-Herzegowina!

— Bei uns gibt es Lourdes, Paray-le-Monial, Lisieux... wieso mußt du jetzt unbedingt nach Bosnien-Herzegovina fahren! Wieso nicht gleich nach Ost-Kasachstan oder in die Sierra Nevada, wenn du schon dabei bist...!?

Mutig besteigt er mit der Pilgergruppe aus Nantes den Reisebus. Zum Glück ist der Reiseleiter verständnisvoll und hat Humor, so daß er sie nicht gleich mit endlosen Andachten und Gebeten erschlägt. Er kennt seine Pappenheimer: auf der Hinfahrt nicht zu viel Gebet und Fasten, denn Leute wie Onkel Victor gibt es immer wieder, und er weiß, daß die Gospa andere Tricks hat, um sie ins Herz zu treffen. Dort angekommen hält sich der Onkel etwas im Hintergrund und beobachtet den Ablauf des Geschehens, nicht ohne hin und wieder eine kleine Bemerkung zu landen, um auf sich aufmerksam zu machen und die Reaktion seiner Umgebung zu provozieren. Aber er geht ganz brav überall mit hin und nimmt ohne zu viel zu schimpfen an der täglichen Messe, dem Rosenkranz, dem Kreuzweg, dem Besuch bei den Sehern und sogar am letzten Tag auf dem Erscheinungshügel teil.

Ginette ist ganz erstaunt, sie hatte ja schon das Schlimmste befürchtet! Sie ist ganz erleichtert, daß die Heilige Jungfrau ihre Gebete ein bißchen zu erhören scheint. Vor der Abreise macht sich Ginette aber doch einige Gedanken: Onkel Victor ist komisch, gar nicht wie sonst... und wider jede Erwartung erklärt er seiner verblüfften Frau: «Nächstes Jahr würde ich gerne wieder hierher kommen!»

Da liegt etwas in der Luft! Ginette wartet gespannt, beobachtet ihn, nimmt alles unter die Lupe, überwacht ihn... sie wagt nicht, viele Fragen zu stellen, aber es kribbelt ihr in den Fingerspitzen. Kaum zu Hause angekommen, geht Onkel Victor ans Telefon und lädt seine Kinder für den kommenden Sonntag ein: er habe ihnen allen zusammen etwas mitzuteilen, erklärt er.

Ginette scheint nicht das Recht zu haben zu erfahren, worum es sich handelt, bevor nicht auch die Kinder da waren. Alle möglichen Gedankengebäude gehen ihr durch den Kopf, und sie wird immer hilfloser. Um so mehr als der Onkel sich verändert hat: er fährt sie nicht mehr beim geringsten Anlaß an, er ist nachdenklich und schweigsam, und sogar sein Garten hat nicht mehr dieselbe Bedeutung wie zuvor. Es ist klar, daß er irgend etwas ausbrütet.

Ginette versteht gar nichts mehr! In der Familie war doch immer sie für Gespräche zuständig gewesen, und jetzt muß sie ihren Ärger hinunterschlucken und sich fragen: «Was kann er den Kindern bloß zu sagen haben?»

Nichts funktioniert mehr so wie früher. Einer Freundin vertraut sie sogar folgendes an: «Was haben wir dem lieben Gott nur angetan, um das zu verdienen?» Sie weint den ganzen Tag.

— Warum denn?, fragt die Freundin, war die Pilgerreise denn kein Erfolg?

— Doch, doch, natürlich... im Gegenteil!

Und sie erklärt, daß sie diesmal aus Freude und Dankbarkeit weint!

Aber auch die Nachbarn fragen sie:

— Was ist denn mit Ihrem Mann passiert? Man erkennt ihn nicht mehr wieder!

Sogar ihre siebenjährige, schelmische Enkelin nagelt ihren Opa eines Tages in einem Zimmer fest und fragt ihn ganz ernst: «Opa, sag mir doch — nur mir alleine — was mit dir los ist? Bist du auf den Kopf gefallen? Du bist gar nicht mehr so wie früher...»

Auch bei Tisch hat sich alles geändert. Onkel Fernand hatte früher nie Hunger, er nahm keine feste Nahrung zu sich und lehnte jeden Bissen ab. Nur Flüssiges nahm er zu sich. Nichts außer Flüssigem ging runter! Doch jetzt hat er seinen Appetit wiedergefunden und ißt mit Freuden, was seine glückliche Frau ihm vorsetzt.

Am auffälligsten ist aber, daß er, der immer zurückgezogen in der Einsamkeit seines Gartens gelebt hatte, seiner Frau nun vorschlägt, sie hierhin und dorthin zu fahren, wenn sich die Gelegenheit bot oder wenn er ihr dadurch behilflich sein konnte...

Eines Morgens beim Aufstehen platzt Ginette heraus:

— Victor, was ist los? Früher haben wir Tage damit verbracht, uns zu streiten. Jetzt sprechen wir gar nicht mehr miteinander! Und überhaupt, was kannst du schon den Kindern zu sagen haben!?

Was Onkel Fernand den Kindern zu sagen hat, ist nämlich der Schlüssel zu seiner unglaublichen Veränderung!

Doch zunächst muß ich noch erklären, daß die Familie zwei Jahre zuvor durch ein großes Unglück erschüttert und zerrissen worden war. Das Herz eines jeden einzelnen von ihnen war im Schmerz gebrochen. Guy, einer der Söhne von Victor und Ginette, und selbst Vater einer kleinen Tochter, war im Alter von 31 Jahren bei einem tragischen Unfall ums Leben gekommen.

An jenem Morgen erklärt Victor seiner Frau:

— Erinnerst Du Dich, am letzten Tag in Medjugorje, als ihr auf dem Erscheinungsberg wart? Ich war wie immer ganz hinten. Plötzlich sah ich vom Dorf im Tal her eine kleine Wolke mit einem leuchtenden Rand aufsteigen. Das Leuchten war so stark, daß ich meine Augen nicht mehr abwenden konnte. Außer dieser Wolke war der Himmel ganz klar! Du erinnerst Dich, es war wunderbares Wetter! Dann stieg diese Wolke nach und nach bis zur mir auf den Hügel hinauf. Zu meinem großen Erstaunen hielt sie etwa einen Meter über dem Boden, genau vor mir an! Im Inneren dieser Wolke sah ich zwei Personen, oder besser gesagt einen Schatten und eine Person. Ich konnte das Gesicht dieses Schattens nicht erkennen... frag mich nicht, wer das gewesen sein könnte, ich habe keine Ahnung. Aber die zweite Person, die mit einer Art weißem Schleier bekleidet war, das war... das war...

Onkel Victor kann die Tränen nicht mehr zurückhalten... und sie hindern ihn daran, weiterzusprechen. Aber die Mutter hatte schon verstanden, und Onkel Victor bestätigt ihr wie ein Hauch:

— Es war Guy, unser Sohn! Er war ganz lebendig! Außerdem hat er mit mir gesprochen! Er hat gesagt: «Papa, ich bin Guy, dein Sohn, der dich nicht vergißt. Ich bin glücklich. Sage allen, daß sie für den Frieden beten sollen... vor allem meinem Bruder, meinen Schwestern und meiner Tochter.» Ich sah, daß seine Füße den Boden nicht berührten. Nachdem Guy mit mir gesprochen hatte, hob sich die Wolke wieder und stieg zum Himmel empor.

Nun hatte Onkel Victor sein Geheimnis preisgegeben...

— Warum hast Du mir das nicht sofort erzählt?, fragt ihn seine Frau im Innersten erschüttert.

— Ihr hättet mich für verrückt gehalten!

Am darauffolgenden Sonntag vernahmen nun die Kinder diese Botschaft des Himmels. Alle waren zutiefst betroffen! Um so mehr, als sie von Opa, dem ungläubigen Miesepeter, gekommen war.

Mutter Ginette aber, die weit über ihre Erwartung hinaus erhört worden war, sagt noch immer täglich:

— Mein Gott, was haben wir getan, um eine solche Gnade zu verdienen!?

Botschaft vom 25. August 1990

«Liebe Kinder! — Heute möchte ich euch einladen, daß ihr die Botschaften, die ich euch gebe, ernsthaft annehmt und sie ins Leben umsetzt. Ihr wißt, meine lieben Kinder, daß ich mit euch bin, und daß ich euch alle auf dem gleichen Weg in den Himmel führen möchte, der für diejenigen schön ist, die ihn im Gebet entdecken. Deshalb, meine lieben Kinder, vergeßt nicht, daß ihr diese Botschaften, die ich euch gebe, in eurem täglichen Leben verwirklichen sollt, damit ihr dann sagen könnt: Ich habe die Botschaften angenommen und versucht, sie zu leben. Liebe Kinder, mit meinen Gebeten zum himmlischen Vater schütze ich euch. Danke, daß ihr meinem Ruf gefolgt seid!»

Ivankas Mutter

Am 24. Juni 1981 war Ivanka die erste von den sechs Kindern, die die Dame auf jenem Weg sah, der sich am Fuß des Podbrdo entlangschlängelt, als sie mit Mirjana im Weiler von Bijakovici spazierenging.

Sie war auch die erste, die ihr am nächsten Tag Fragen stellte, denn sie hatte gerade vor zwei Monaten ihre Mutter verloren:

— Sie ist bei mir, antwortete ihr die Dame. Du mußt nur gehorchen und dir keine Sorgen machen.

Wenig später bereitete ihr die Heilige Jungfrau zu ihrem Geburtstag die Überraschung, ihr zusammen mit ihrer Mutter zu erscheinen. Ivanka war zutiefst beeindruckt zu sehen, wie schön ihre Mutter war. So schön, wie sie niemals zuvor gewesen war!

Aber es sollte nicht bei dieser einen Überraschung bleiben, denn am 25. Juni 1991, kurz nach der Geburt des kleinen Josip, erschien die Gospa wieder mit Ivankas Mutter[14] (das ereignete sich insgesamt fünf Mal). Als Ivanka ihre Mutter diesmal wiedersah, konnte sie ihren Augen kaum glauben: ihre Mutter war noch viel, viel schöner geworden, unfaßbar schön!

Woher kam diese Verwandlung?

---

14 Die Gospa brachte sie wie im Bild mit und nicht, wie bei Jakov und Vicka, indem sie sie wirklich an den Ort der Erscheinung versetzt hätte.

Marija gibt uns Antwort auf diese Frage. Als die Gospa ihr den Himmel und die tiefe Seligkeit der Auserwählten zeigte, erklärte sie ihr, daß die Heiligen im Himmel immer glücklicher werden! Diese Steigerung der Seligkeit hat mit der unendlichen Größe Gottes zu tun. Gott ist so groß, daß man nie an ein Ende damit kommt, ihn noch tiefer zu erkennen. Mit jeder neuen Erkenntnis Gottes, wächst auch unsere Liebe, und mit der Liebe die Schönheit. Deshalb hatte Ivankas Mutter noch an Schönheit gewonnen, als sie das zweite Mal zu ihr kam.

«Ich bin schön, weil ich liebe», hatte die Heilige Jungfrau Jelena Vasilj geantwortet, als diese über so viel Schönheit staunte. «Wenn ihr schön sein wollt, müßt ihr lieben.»

Im Himmel kann nichts unbeweglich und starr sein, denn die Liebe beinhaltet die ununterbrochene Bewegung des Austausches, wie er sich im Schoß der Dreifaltigkeit ereignet. Der Himmel sprüht vor Lebendigkeit.

Das spricht auch aus einer anderen Erfahrung, von der Marija erzählt:

Während die Seher vor der Gospa beteten, bemerkte Marija, daß das Gesicht der Heiligen Jungfrau sich verwandelte, da sie immer glücklicher aussah. Es war, als erfülle sie das leiseste Gebet mit neuer Freude. Und mit jeder neuen Freude gewann ihr Gesicht noch an Schönheit und an strahlendem Glanz. Da fragte Marija sie:

— Warum siehst du schöner und glücklicher aus, wenn ich bete?

— Weil bei jedem «Ave», das du betest, meine Freude größer wird.

Und nach und nach prägte sich diese Freude Mariens auch in Marijas Herzen ein.

Wir können diese Steigerung der Seligkeit schon auf dieser Erde in unserem Herzen einleiten, denn jedes wahre Gebet schafft in unserem Wesen bereits einen Durchbruch zum Himmel. Wollen Sie schön sein? Die Gospa hat Ihnen den Schlüssel dazu gegeben, und ihre Kosmetik ist über jede Konkurrenz erhaben!

Botschaft vom 25. September 1990

«Liebe Kinder! — Ich rufe euch zum Gebet mit dem Herzen auf, damit euer Gebet ein Gespräch mit Gott sei. Ich wünsche, daß jeder von euch mehr Zeit Gott widmet. Satan ist stark und will euch vernichten und auf viele Arten betrügen. Deshalb, meine lieben Kinder, betet jeden Tag, damit euer Leben für euch selbst gut sei und für alle, denen ihr begegnet. Ich bin mit euch und beschütze euch, wenn auch Satan meine Pläne vernichten will und die Wünsche des himmlischen Vaters, die Er hier verwirklichen möchte, aufhalten will. Danke, daß ihr meinem Ruf gefolgt seid.»

Die Gospa sammelt Pendel

— Schwester, Schwester!

Brigitte reist heute ab, ihr Bus wartet schon auf sie! Was kann sie mir denn Wichtiges zu sagen haben, um so zu mir zu laufen?

— Nur ganz kurz, eine gute Nachricht, flüstert sie mir außer Atem zu. Morgen, wenn Sie auf den Hügel gehen, dann gehen sie zu dem großen Steinhaufen unter dem Kreuz und heben Sie den schwarzen Stein ganz links hoch... Darunter werden Sie mein Pendel finden... Ich habe es dort gelassen, es ist vorbei...!

— Und was soll ich damit machen? frage ich sie lachend.

Ihr Bus hupt schon, und so ruft sie mir nur noch im Weglaufen zu:

— Lassen sie es dort, es ist für die Gospa!

Ein Pendel mehr, sage ich mir während ich ihr nachschaue. Die Gospa besitzt eine der schönsten Pendelsammlungen der Welt, wer hätte das gedacht!

Das erinnert mich an eine lustige Geschichte: Eine Gruppe von 60 Pilgern hatte fünf Tage in Medjugorje verbracht, und die Gnade hatte in ihren Herzen wirklich Wunder gewirkt. Alle waren zur Beichte gegangen, sogar die hart Gesottenen, und die Gospa konnte mit dem Ergebnis wirklich zufrieden sein.

Das Problem war nur, daß niemand mit dem Coup von Pater Luciano, einem italienischen Franziskaner, gerechnet hatte, der ungewollt ein Tohuwabohu in die Gruppe brachte.

— Sprechen Sie doch ein bißchen über die Bibel, hatte ihn Geneviève B. ganz unschuldig gebeten.

Am letzten Abend hängt die ganze Gruppe an seinen Lippen, denn für sie ganz neue Erkenntnisse kommen aus seinem Munde. Nach einem Kommentar zum ersten der «Zehn Gebote»[15] (Du sollst keine anderen Götter verehren), stürzt er sich in eine fesselnde Beschreibung der Götzen, die unsere heidnische Welt anbietet, und auf die sich die Menschen heute in völliger Unkenntnis einlassen. Alles wird behandelt! Einige Pilger beginnen, unruhig auf ihren Stühlen hin und her zu rutschen, keiner entkommt der Schärfe des Wortes Gottes. Alle ihre kleinen und großen Götzen werden hell beleuchtet, und man wird der Sache auf den Grund gehen müssen...

Damit hat Pater Luciano in einen Ameisenhaufen gestochen! Aber das Beste kommt erst, als er in den Raum ruft:

— Hat zum Beispiel jemand von Ihnen ein Pendel?

Alle schauen sich an, zögern, werden unruhig, ein peinliches Schweigen breitet sich aus, bis plötzlich eine der frömmsten Klosterschwestern ein Pendel aus der Tasche zieht und sagt:

— Ja! Ich!

59 Augenpaare richten sich auf sie, und fangen an zu lachen. Ihre Beherztheit ermutigt auch die Zögerlichsten, und zahlreiche Pendel werden eines nach dem andern aus den Taschen gekramt. 60 Pilger und fast genauso viele Pendel!

Dies wurde eine sehr, sehr lange Nacht, die längste der ganzen Pilgerreise, denn es gab etwa 50 Beichten vor dem Abflug am nächsten Morgen. Und wer kassierte auch diesmal die Pendel ein? Die Gospa!

Einer plötzlichen Eingebung folgend hatte Pater Luciano bei einem der empfindlichsten Punkte unserer Gesellschaft ins Schwarze getroffen, und wie ein guter Hirte hatte er seine Schafe von einer verschmutzten und schädlichen Quelle getrennt, um sie an jene

15 Für den Juden sind Gebote nichts negatives, sondern schenken immer das Leben. Es handelt sich um die Zehn Worte, die das Leben geben und den Tod verhindern.

wunderbare Lebensquelle anzuschließen, die sich im Wort Gottes offenbart.

— Das ist ganz einfach, erklärte er vor jener schlaflosen Nacht mit vielen Absolutionen, der Mensch will immer Erkenntnis gewinnen. Doch nur Gott gibt die wahre Erkenntnis, die zum Leben und zur Liebesvereinigung mit Ihm führt. Aber Satan ist schlau, er nützt diesen Wunsch des Menschen nach Erkenntnis aus und bietet ihm etwas an, was der Erkenntnis ähnlich sieht: er vermittelt ihm Wissen. Schon in der Genesis begegnet uns sein listiges Vorgehen: «Wie! Gott hat euch verboten von dieser Frucht zu essen! Nein, im Gegenteil! Eure Augen werden sich öffnen und ihr werdet die Erkenntnis besitzen! Ihr werdet wie Götter werden!» Bei einer solchen Verführung und Anziehungskraft ist Eva bereit, ihre Einheit mit Gott zugunsten der «Erkenntnis» aufzugeben. Sie ißt von der Frucht, und im selben Moment kommt der Tod in die Welt! Heute ist es noch genauso. Satans alte List ist wirksamer denn je. Das Wort Gottes in der Bibel ist klar wie Quellwasser, wenn es um die Vergöttlichung, um «Auskünfte» spiritistischer Art geht.[16] All das ist Gott ein Greuel. Es gibt zahlreiche Bibelverse, in denen Gott sein Volk vor den Wegen des Todes warnt, auf die es sich jeweils im Kontakt mit den heidnischen Völkern begibt.

In Bezug auf das Pendel und ähnliche Gegenstände, die einem Wissen vermitteln sollen, findet sich die klarste Aussage in Hosea 4,12, wo Gott den Priestern und dem Volk vorwirft, ihn, den lebendigen Gott, um einer Entwürdigung willen preiszugeben: «Mein Volk befragt sein Götzenbild aus Holz, von seinem Stock erwartet es Auskunft. Ja, der Geist der Unzucht führt es irre. Es hat seinen Gott verlassen und ist zur Dirne geworden.»

Pater Luciano geht noch weiter:

— Man hat es geschafft, euch einzutrichtern, daß eine Kugel aus Pappmaché, ein Ring an einer Schnur oder ein Stück Holz Auskünfte auffangen könnten, die zu eurem Wohlergehen beitragen! Wer bewegt denn euer Pendel? Der Magnetismus, der auch meinen Kompaß bewegt, wenn er den Norden anzeigt. Deshalb benütze ich

16 Dtn 18,9-12.

meinen Kompaß ja auch nicht, um einen Menschen zu finden, der zu mir paßt, oder das Glück oder meine Schlüssel. Aber was bewegt dann das Pendel? Wie kann eine Pappmaché-Kugel mir als Wegweiser auf dem Weg zu Gott dienen? Der heilige Johannes gibt vier Bedingungen an, wenn man im Licht wandeln will: mit der Sünde brechen, das Gebot Gottes halten (das Liebesgebot), sich vor der Welt und dem Antichristen in acht nehmen (1 Joh 3-4).

Wenn jemand Auskünfte über sein Glück will (Geld, Herz, Erfolg, «Sea, sex and sun»...), dann kann man ganz objektiv aus Erfahrung feststellen, daß Herzensangelegenheiten mit dem Pendel mißlingen. Was die Gesundheit anbetrifft... wenn es funktionieren würde, würde es von der Krankenkasse ersetzt. Mit dem Geld kann man Erfolg haben, aber durch wessen Hilfe? Muß man dann womöglich den Preis schrecklicher Ängste oder von Selbstmordgedanken zahlen? Nur Gott gibt umsonst. Als Kind des Vaters genügt es mir zu denken, daß der, der das Pendel bewegt, meinen Vater beleidigt; dann brauche ich weder Erklärungen noch Beweise, um es zu unterlassen, einfach weil ich meinen Vater nicht beleidigen will. Ich liebe ihn, und ich liebe Seine Vorsehung. Pendel oder Vorsehung... Sie haben die Wahl!

Heutzutage gibt es eine Jagd auf Information um jeden Preis. Satan flüstert uns seit dem Garten Eden denselben Schwindel ins Ohr: «Du mußt alles wissen[17], komm zu mir, denn dein Gott verheimlicht dir etwas.» Nein! Verkauft nicht eure Seele, tauscht nicht euer ewiges Leben gegen diese falsche Erkenntnis ein. In Jesus besitzen wir alles, er ist der Weg, die Wahrheit und das Leben. «Das ist das ewige Leben: dich, den einzigen wahren Gott, zu erkennen und Jesus Christus, den du gesandt hast (Joh 17,3).

Wenn die Gospa bittere Tränen weint und sagt: «Ihr habt die Bibel vergessen», dann deshalb, weil sie ihre geliebten Kinder sterben sieht. Diese Tränen sind der Schrei einer Mutter, die sieht, wie der Zerstörer sich ihrem Kind nähert und es verführt, weil dieses Kind das Schwert des Wortes Gottes nicht bei sich hat, mit dem es den Teufel niederstrecken könnte.

---

17 Daher kommen die modernen Fallen wie die Sophrologie, die Scientologie, die Anthroposophie usw., die ein von der Bibel weitgehend losgelöstes Wissen anbieten.

In jener Nacht verwandelte sich für die Pilger ihr zuvor kostbarer Schatz in einen Abschaum. In den folgenden Jahren kamen mehrere von ihnen nach Medjugorje zurück, und alle bezeugten, wie sehr dieser «Verzicht» sie befreit hatte. Das Pendel war für sie unbemerkt zu einem Götzen geworden und hatte sie versklavt. Aber die Gospa hatte diese Bindung gelöst!

Anders gesagt, wenn Sie ein Pendel besitzen, so sind Sie eingeladen, die große Sammlung der Gospa hier in Medjugorje zu bereichern. Sie hat schon welche in allen Farben!

Botschaft vom 25. Oktober 1990

«Liebe Kinder! — Heute rufe ich euch auf, in besonderer Weise zu beten, Opfer zu bringen und gute Taten für den Frieden in der Welt zu vollbringen. Satan ist stark und will mit allen Kräften den Frieden zerstören, der von Gott kommt. Deshalb, liebe Kinder, betet mit mir in besonderer Weise um den Frieden. Ich bin mit euch und möchte euch mit meinen Gebeten helfen und euch auf dem Weg des Friedens führen. Ich segne euch mit meinem mütterlichen Segen. Vergeßt nicht, die Botschaften des Friedens zu leben! Danke, daß ihr meinem Ruf gefolgt seid!»

Vicka und Jakov sind verschwunden!

1981 lebten die Seher noch alle im selben Ortsteil von Bijakovici, am Fuß des Podbrdo. Damals ging die Miliz erbarmungslos gegen sie vor, nahm sie in Polizeigewahrsam und versetzte ihre Familien in ständige Angst. Sie waren ständig bedroht, denn es war ein schlimmer Verstoß gegen das Regime, die Gospa zu sehen, und die Staatsautorität spaßte nicht mit solcherlei Vergehen.

Eines Nachmittags war es Jakov und seiner Kusine Vicka gelungen, der allgemeinen Überwachung auf die ihnen eigene Weise zu entwischen. Sie kamen aus Citluk zurück und beschlossen, in das Haus zu gehen, das Jakov mit seiner Mutter bewohnte, weil sie Hunger hatten.

Die Pilger, die Mirjana oder Ivan zu Hause besucht haben, kamen an dieser Elendshütte vorbei, oder zumindest an dem, was davon noch übrig ist.[18]

---

18 Inzwischen ist aus dieser Hütte eine echte Ruine geworden. Das Dach ist eingestürzt, und die Wände sehen auch nicht besser aus. Manche Pilger haben Steine oder einige Ziegel als Andenken mitgenommen, kurzum, diese Reste der Vergangenheit sind in Gefahr, ganz zu verschwinden. Das wäre sehr schade! Aber dieses Flurstück ist ein Gemeinschaftsbesitz von acht Besitzern, und jeder hat etwas anderes vor. Marija hat mir gesagt: «Man müßte es wieder herrichten und ein Museum daraus machen. Man kann doch nicht ein Haus einfach verschwinden lassen, in dem so wunderbare Dinge geschehen sind! In Lourdes kann man ja auch das Haus der Familie Soubirous besichtigen! Du solltest bei den Pilgern die Gewohnheit einrichten, dieses Haus besichtigen zu gehen, ihnen erklären, was dort geschehen ist, und sie dort zum Beten einladen... Wenn man nichts unternimmt, dann ist in einem Jahr überhaupt nichts mehr übrig, und dann ist es zu spät.»

Jaka[19], Jakovs Mutter, war mehr als arm, und die beiden lebten in zwei winzigen Zimmern ohne fließendes Wasser, in der Primitivität, die für Medjugorje charakteristisch war *vor den Erscheinungen der Heiligen Jungfrau.*

Man schlief auf dem Boden, ohne Heizung, man wußte, was Hunger heißt, man arbeitete bis zur Erschöpfung auf den Tabakfeldern, und wenn man krank wurde, mußte es dennoch gehen, denn niemand außer Gott konnte einem da helfen...

Vicka und Jakov kamen außer Atem im Haus an und verkündeten Jaka, daß sie Hunger hätten. Dann gingen sie in das andere Zimmer, während Jaka ihnen ein karges Mahl bereitete. Zehn Minuten später ruft sie nach ihnen... keine Antwort! Es war genau 15.20 Uhr. Sie geht in das andere Zimmer ... niemand da! Das Blut stockt ihr in den Adern, denn es ist unmöglich, daß die beiden das Haus verlassen haben, ohne daß sie sie gesehen hätte. Vergeblich ruft sie sich jede Minute in Erinnerung, die seit der Ankunft der beiden vergangen ist, aber es hilft nichts, es bleibt unbegreiflich... sie müßten da sein! Im übrigen hat sie sie doch gerade noch reden gehört. Vor Angst wird ihr ganz schwindelig. Die Miliz... aber es ist doch ganz unmöglich, daß die Miliz sie geholt hat, ohne daß sie es bemerkt hätte. Verstört geht sie hinaus und trifft Ivans Mutter, die gerade den kleinen Weg herunterkommt.

— Hast Du Jakov und Vicka gesehen?

— Nein!

Nun geht sie selber den Weg hinauf und fragt die andern Nachbarn. Sie geht bis zu Vickas Eltern.

— Oh nein... sagt Zlata, Vickas Mutter, und schüttelt den Kopf.

Sehr schnell verbreitet sich das Gerücht, daß Jakov und Vicka verschwunden sind. Die Herzen sind bedrückt, denn die Einwohner von Bijakovici betrachten die Seher als ihre eigenen Kinder und hüten sie wie ihren Augapfel.

---

19 Sie sollte ein Jahr später sterben, und Jakov wurde mit zwölf Jahren Waise. Er wurde dann von seinem Onkel Filip Dragicevic aufgenommen und lebte von da an unter seinem Dach, bis zu seiner Hochzeit mit Anna-Lisa im April 1993.

Wie sollte man hier nicht an Maria und Joseph in Jerusalem erinnert werden, die mit bangem Herzen ihren kleinen zwölfjährigen Ieshoua suchten...?

Die Minuten vergehen... die Kinder haben sich wirklich in Luft aufgelöst, Vickas Mutter weiß es bestimmt: sie sind nicht hier vorbeigekommen. Im übrigen ist niemand ihnen begegnet. Jaka geht todunglücklich nach Hause zurück. Sie geht in der Küche auf und ab, dann geht sie in das leere Zimmer nebenan, wo die beiden zuletzt gewesen waren, in der völlig absurden Hoffnung, sie zu finden und aus diesem Alptraum zu erwachen. Aber nein, da ist niemand! Sie schiebt die beiden Teller mit dem kaltgewordenen Essen herum, setzt den alten Topf wieder auf den Herd, während ihr ununterbrochen die schlimmsten Gedanken durch den Kopf gehen, die mütterliche Phantasie ersinnen kann.

Auf dem Balkan ist die Überlieferung der Vorfahren reichhaltig genug, so daß man auf Horrorfilme verzichten kann. Sie geht hinaus und setzt sich unter den kleinen Baum neben dem Haus. Da wollte sie auf sie warten... Da hat sie plötzlich, genau um 15.50 Uhr, den Eindruck, ein Geräusch zu vernehmen. Sie traut ihren Ohren nicht, denn das Geräusch kommt aus dem Haus!

— Jakov, bist du's?

— Ja, antwortet Vicka, die immer schneller ist als die andern, während sie mit Jakov zusammen das Magnifikat fertigbetet, das immer am Ende der Erscheinungen folgt.

Dann springt Jakov überglücklich hinaus und ruft seiner Mutter zu:

— Mama, Mama! Wir sind im Himmel gewesen! Wir haben den Himmel gesehen!

— Den Himmel!? Nein... das ist nicht möglich! Ich kann nicht glauben, daß ihr im Himmel gewesen seid!

Was war also geschehen...?

Botschaft vom 25. November 1990

«Liebe Kinder! — Heute rufe ich euch auf, Werke der Barmherzigkeit mit Liebe und aus Liebe zu mir und zu euren und meinen Brüdern und Schwestern zu tun. Liebe Kinder, alles, was ihr für die anderen tut, tut es mit großer Freude und Demut Gott gegenüber.

Ich bin mit euch und bringe Tag für Tag eure Opfer und Gebete Gott für die Rettung der Welt dar. Danke, daß ihr meinem Ruf gefolgt seid.»

Und dann hat sich das Dach geöffnet...

«Jakov, erzähle uns, wie das war...», bitten die Pilger.

— Die Gospa kam und nahm uns mit. Aber Vicka war dabei, fragen Sie sie, sie wird es Ihnen erzählen...

(Jakov ist ein sehr zurückhaltender, sehr verschwiegener Junge geblieben; selbst seiner Frau Anna-Lisa gibt er nur tröpfchenweise die Schätze weiter, die die Gospa ihm mitteilt.)

Vicka hingegen läßt sich nicht zweimal bitten, wenn es darum geht, über ihre «Reise ins Jenseits» zu berichten:

— Wir haben nicht damit gerechnet, sagt sie, die Gospa kam in das Zimmer während Jakovs Mutter uns in der Küche das Essen kochte. Dann schlug sie uns vor mitzukommen, um das Paradies, das Fegefeuer und die Hölle zu sehen. Wir waren ganz überrascht, und so auf die Schnelle haben weder Jakov noch ich ja gesagt.

— Nimm doch lieber Vicka mit, antwortete dann Jakov. Sie hat viele Geschwister, während ich allein mit meiner Mutter lebe. (In Wirklichkeit zweifelte er daran, daß man von einer solchen Expedition lebend zurückkehren könne!)

— Ich hingegen fragte mich: «Wo werden wir sein? Wie lange wird das dauern?», fügte Vicka hinzu. Aber schließlich gingen wir auf ihren Vorschlag ein, weil wir sahen, daß die Gospa uns mitnehmen wollte. Und dann waren wir dort.

— *Dort,* fragte ich Vicka, aber wie seid ihr denn dort hingekommen?

— Sobald wir ja gesagt hatten, öffnete sich das Dach, und wir waren dort!

— Seid ihr mit eurem Leib hingegangen?

— Ja, so wie wir jetzt hier sind! Die Gospa nahm Jakov an die linke und mich an die rechte Hand, und wir sind mit ihr zusammen weggegangen. Als erstes hat sie uns das Paradies gezeigt.

— Und dann wart ihr auf einmal so mitten im Himmel?

— Aber nein!, sagt mir Vicka, wir sind durch die Tür gegangen.

— Was für eine Tür?

— Na ja, eine ganz normale Türe! Hinter der Türe sahen wir den heiligen Petrus, und die Gospa hat die Türe aufgemacht...

— Der heilige Petrus? Wie sah er denn aus?

— Ja, so wie er auf Erden ausgesehen hat!

— Was heißt das?

— So ungefähr 60 oder 70 Jahre alt, nicht sehr groß aber auch nicht klein, er hat graue, ein bißchen krause Haare und ist ziemlich stämmig...

— Und es war nicht er, der euch die Tür geöffnet hat?

— Nein, die Gospa hat die Tür allein geöffnet, ohne Schlüssel. Sie war es auch, die mir sagte, das sei der heilige Petrus, er selbst hat nichts gesagt, wir haben uns nur so gegrüßt, ganz einfach.

— Schien er nicht erstaunt zu sein, daß ihr da wart?

— Nein, warum auch? Weißt du, wir waren ja mit der Gospa gekommen...

Vicka erzählt das alles, als ob es sich um einen Familienspaziergang hier in der Umgebung handle, den sie gerade gemacht hätte. Sie empfindet keine Trennung zwischen den «Dingen von oben» und denen der Erde. Sie fühlt sich inmitten dieser anderen Welt ganz zu Hause und ist sogar über manche meiner Fragen erstaunt. Merkwürdigerweise ist ihr nicht bewußt, daß ihre Erfahrung einen Schatz für die Menschheit darstellt, und daß die Sprache des Himmels, die ihr so vertraut ist, für unsere moderne Gesellschaft und für uns «Nicht-Seher» ein Fenster auf eine ganz andere Welt öffnet.

— Das Paradies ist ein großer, unbegrenzter Raum. Dort ist ein Licht, das es hier auf Erden nicht gibt. Ich habe viele Menschen gesehen und alle waren sehr, sehr glücklich. Sie singen und tanzen...

Sie sprechen miteinander auf eine Weise, die es hier auf Erden nicht gibt. Sie kennen sich von innen her. Sie tragen lange Gewänder in drei verschiedenen Farben. Aber diese Farben sind nicht so wie die der Erde. Sie ähneln dem Gelb, dem Grau und dem Rot. Es waren dort auch Engel bei ihnen. Die Gospa hat uns alles erklärt: «*Seht, wie glücklich die Menschen hier sind*, sagte sie uns. *Ihnen fehlt nichts!*»

— Aber Vicka, kannst du mir dieses Glück beschreiben, das die Auserwählten im Himmel leben?

— Nein, ich kann es dir nicht beschreiben, weil wir auf der Erde keine Worte haben, um das auszudrücken. Ich habe die Glückseligkeit der Auserwählten selbst empfunden. Ich kann dir nichts darüber sagen, ich kann es nur in meinem Herzen leben.

— Hast du da nicht Lust bekommen, dort zu bleiben und gar nicht mehr auf die Erde zurückzukommen?

— Doch, antwortet sie lächelnd. Aber man darf nicht nur an sich selbst denken! Weißt du, unsere größte Freude ist es, die Gospa glücklich zu machen!

Und wir wissen ja, daß sie uns noch einige Zeit auf der Erde haben will, damit wir ihre Botschaften weitergeben. Es ist eine große Freude, diese Botschaften mitzuteilen! Solange sie mich dafür braucht, bin ich bereit! Wenn sie mich dann mitnehmen will, bin ich dazu genauso bereit! Das ist ihr Plan, nicht meiner...

— Konnten die Auserwählten im Himmel dich auch sehen?

— Natürlich haben sie uns gesehen! Wir waren ja bei ihnen!

— Wie sahen sie aus?

— Sie waren etwa 30 Jahre alt. Sie waren unendlich schön. Niemand war zu groß oder zu klein. Es gab keine dünnen, dicken oder gebrechlichen Menschen. Alle waren ganz harmonisch.

— Wie kommt es dann, daß der hl. Petrus älter aussah und wie auf der Erde gekleidet war?

Sie hält kurz inne... eine solche Frage war ihr noch nie in den Sinn gekommen.

— Das ist eben so! Ich sage dir, was ich gesehen habe!

— Wenn euer Körper ganz mit der Gospa im Himmel war, dann war er also gleichzeitig nicht mehr auf der Erde in Jakovs Haus?

— Nein, natürlich nicht! Unser Körper war aus Jakovs Haus verschwunden. Alle haben uns gesucht! Das Ganze hat 20 Minuten gedauert.

Hier enden die Details, die Vicka in Bezug auf den ersten Teil berichtet. Das Wichtigste für sie ist diese unbeschreibliche Glückseligkeit des Himmels, dieser ungeteilte Friede, der uns mit Gewißheit verheißen ist, von denen sie schon eine Vorahnung bekommen hat. Intellektuelle Köpfe können wohl über diesen Bericht nachdenken und diskutieren, den Vicka im Rohzustand geliefert hat. Aber abgesehen davon, daß Jakov der zweite Zeuge für diesen Bericht ist, findet sich das offensichtlichste Zeichen dafür, daß Vicka im Himmel war in dieser himmlischen Freude, die aus ihrem ganzen Wesen auf diejenigen ausstrahlt, denen sie begegnet. Wer könnte die Tausenden von Menschen aufzählen, die nur durch ihr Lächeln zur Hoffnung zurückgefunden haben?

Botschaft vom 25. Dezember 1990

«Liebe Kinder! — Heute rufe ich euch auf, besonders um den Frieden zu beten. Liebe Kinder, ohne Frieden könnt ihr die Geburt des kleinen Jesus weder heute noch in eurem alltäglichen Leben erfahren. Deshalb bittet den Herrn des Friedens, daß Er euch mit Seinem Mantel beschützt, und daß Er euch hilft, die Größe und die Wichtigkeit des Friedens in euren Herzen zu begreifen. So werdet ihr den Frieden aus euren Herzen in der ganzen Welt verbreiten können.

Ich bin mit euch und halte bei Gott für euch Fürsprache. Betet, denn Satan möchte meine Pläne des Friedens zerstören. Versöhnt euch und helft mit eurem Leben, daß der Friede auf der ganzen Welt zu herrschen beginnt. Danke, daß ihr meinem Ruf gefolgt seid!»

Ich komme nicht ins Fegefeuer!

Wenn ich vor Pilgergruppen über die Botschaften und vor allem über die Gnaden spreche, die Maria in Medjugorje schenkt, dann stelle ich ihnen gerne folgende Fangfrage:

— Wer von Ihnen glaubt, daß er sicher ins Fegefeuer kommen wird?

Das Resultat erweist sich als katastrophal... Fast alle heben den Finger! Wenn sie sich bereits am Ende ihrer Pilgerreise befinden, sage ich ihnen ohne Umschweife — aber doch mit einem Lächeln:

— Das ist ja kläglich oder sogar noch schlimmer! Sie haben nichts von den Botschaften der Gospa verstanden, Sie müssen noch drei Tage länger bleiben.

Dann greife ich auf Vickas Zeugnis zurück; die Pilger entspannen sich nach und nach und geben gern ihre alten Vorstellungen von der Unabwendbarkeit auf. Am Schluß des Vortrags zeigt ein neuer Test, daß niemand mehr vor hat, sich im Fegefeuer aufzuhalten. Gott sei Dank...!

Doch nun zu Vickas Bericht:

— Nach dem Paradies hat uns die Gospa ins Fegefeuer mitgenommen. Das ist ein sehr düsterer Ort, und wir konnten fast nichts sehen, weil da so etwas wie ein grauer, sehr dichter Rauch war, der wie Asche aussah. Man fühlte, daß viele Menschen dort waren, aber man konnte wegen diesem Rauch ihre Gesichter nicht erkennen. Aber man konnte ihre Seufzer und ihre Schreie hören. Es sind sehr viele dort, und sie leiden sehr. Man hörte auch so etwas wie Zusammenstöße, als ob die Menschen aneinanderstoßen würden. Da sagte uns die Gospa:» *Seht wie diese Menschen leiden! Sie warten auf eure Gebete, um in den Himmel zu kommen.»*

Später hat sie uns noch mehr über das Fegefeuer erzählt. Es hat mich erstaunt zu erfahren, daß es dort auch Gott geweihte Personen gab, Klosterschwestern und sogar Priester. Ich fragte die Gospa, wie es denn möglich sei, daß geweihte Personen ins Fegefeuer kommen. Sie antwortete mir: «*Ja, diese Menschen hatten sich Gott geweiht. Aber ihr Leben war lieblos. Deshalb sind sie im Fegefeuer.*»

Bevor wir das Fegefeuer verließen, legte die Gospa uns noch einmal sehr ans Herz, «*jeden Tag für diese Seelen zu beten*».

Ich fragte Vicka:

— Hast du in dir selbst die Leiden dieser Menschen gefühlt, wie Du die Glückseligkeit der Erwählten im Himmel gefühlt hast?

— Gleich im ersten Moment gab uns die Gospa eine besondere Kraft, eine Gnade, um es dort auszuhalten. Ohne diese Kraft hätten wir es gar nicht ausgehalten, denn es ist etwas ganz anderes, ob man sich das Fegefeuer vorstellt, oder ob man es erlebt! Wenn ich heute an diese Seelen denke, dann fühle ich eine tiefe Traurigkeit, und ich bete für sie, weil ich natürlich gern hätte, daß alle in den Himmel kommen. Aber gleich im ersten Augenblick haben wir diese Kraft gespürt, die nicht von der Erde ist. Es war eine einmalige Gabe für diese Situation.

Der Besuch im Fegefeuer läßt sich in ganz wenigen Worten zusammenfassen, aber das Wesentliche ist darin enthalten. Später hat die Heilige Jungfrau noch in vier Botschaften an diese Wirklichkeit des Fegefeuers erinnert[20], die nicht nur die Lehre der Kirche bestätigen,

---

20 Siehe im Buch «Worte des Friedens, Die Botschaften Mariens in Medjugorje», Parvis-Verlag, die Seiten 89, 93, 98 und 169. Dort weist die Heilige Jungfrau auf die verschiedenen Stufen des Fegefeuers hin. Einige sind nahe an der Hölle, einige schon nahe am Himmel. Durch unsere Gebete für diese Seelen erwerben wir uns Fürsprecher, die uns in unserem irdischen Leben beistehen.

sondern auch das Zeugnis gewisser heiliger Mystiker, die eine ähnliche Erfahrung wie Vicka und Jakov[21] gemacht hatten.

In der Zeit zwischen 1981 und 1984 haben die Seher die Gospa manchmal über das Schicksal einzelner Verstorbener befragt, worauf sie ihnen antwortete: *«Er ist mit mir»* oder: *«Man muß für ihn beten.»* So hatte Jakov die Freude, am 5. September 1983 zu erfahren, daß seine Mutter schon im Himmel sei. Sie war am selben Tag gestorben.

— Vicka, was war deiner Meinung nach in Jakas Leben so gut, daß sie so schnell in den Himmel gekommen ist? fragte ich.

— Aber das ist doch ganz einfach! Sie machte all die kleinen, alltäglichen Dinge mit Liebe, mit ihrem ganzem Herzen! Gott hat jedem eine Aufgabe anvertraut. Du schreibst Bücher, ich spreche zu den Pilgern... Wir müssen sie mit dem Herzen erfüllen, das ist es, was diese Aufgabe groß macht! Gott verlangt nicht, daß man einen Berg nimmt und ihn woanders hinsetzt. Die kleinen Dinge des Alltags sind groß für ihn. Viele Leute sind kompliziert... nein, Jaka hat nichts besonderes getan.

Aber Gott hat ihr großes Herz gesehen![22]

Auf eine ausdrückliche Bitte der Gospa 1984 hin, ist nun die «Zeit der privaten Auskünfte» vorbei. Dennoch habe ich während des jüngsten Krieges den Gesprächen mit Vicka hin und wieder entnommen, daß die Gospa ihr Angaben über diesen oder jenen kroatischen Soldaten der Gegend machte, der an der Front gefallen oder vermißt war. Zu jener Zeit waren die Pilger nicht sehr zahlreich, so daß Vicka viel Zeit damit zubrachte, die Familien, die vom Krieg betroffen waren, zu trösten. Eines Abends sagt sie mir: «Einige unserer Männer sind verschwunden. Während der Erscheinung haben "wir" viel darüber geredet, und jetzt muß ich schnell zu ihren Familien gehen... du verstehst schon, sie warten in großer Besorgnis.» Ich wollte Vicka nicht weiter ausfragen, aber diese einfachen Worte sprechen schon Bände.

---

21 Die heilige Catharina von Genua, die selige Mariam von Betlehem, der heilige Pfarrer von Ars, die heilige Margareta Maria Alacoque, die selige Sr. Faustyna...

22 Auf dieselbe Frage hat Jakov geantwortet: «Sie war eine gute Christin! Sie hat die Gebote Gottes ernst genommen und alles, was Gott von uns will. Das hat sie jeden Tag treu gelebt.»

Für uns hier auf Erden ist es nicht das Wichtigste zu wissen, ob diese oder jene Person, die uns nahestand, noch im Fegefeuer oder schon im Himmel ist. Das Wichtigste ist zu begreifen, was für ein wertvolles Geschenk uns die Gospa mit ihrer Schule der Liebe in Medjugorje sozusagen auf einem Silbertablett anbietet. Wer sich in ihre Lehre begibt kommt nicht ins Fegefeuer![23] Auf keinen Fall!

Unsere Entscheidung, heilig zu werden, entspricht völlig dem Plan Gottes für unser Leben; das hat nichts mit Stolz zu tun, wie man öfters sagen hört. (Oder aber die Kleine Theresia, die selige Sr. Faustyna und der heilige Pfarrer von Ars waren stolz!)

Die Gospa hat ihre Botschaften mit sicheren Mitteln gespickt, mit Hilfe derer man direkt in den Himmel kommt, und wer danach lebt, fühlt in seinem Innern bereits die Glückseligkeit des Himmels. Das hat nichts mit dieser Freude zu tun, die aus menschlicher Zufriedenheit entsteht, wenn alles gut geht, sondern das ist diese ganz göttliche Freude, die selbst inmitten von Prüfungen erhalten bleibt. Ich zitiere gern jene Worte, die Maria 1986 zu Jelena Vasilj sprach:

«Wenn ihr euch mir ganz hingebt, dann werdet ihr den Übergang von diesem Leben in das andere Leben gar nicht merken. Ihr werdet schon auf Erden beginnen, das himmlische Leben zu leben.»

Aber unsere Reise mit Vicka ist noch nicht beendet...

---

23 Heutzutage werden in nur wenigen Pfarreien die Grundwahrheiten über das Leben nach dem Tod gelehrt. Das verleitet die Pfarrangehörigen dazu, ihre Verstorbenen zu vernachlässigen oder, schlimmer noch, sich von falschen Lehren verführen zu lassen, wie der des «Nichts nach dem Tod» oder der Reinkarnation. Diese Unwissenheit erzeugt oft Ängste. Um dieses Manko auszugleichen, habe ich eine Audiocassette über das Fegefeuer gemacht, und die Tatsache, daß sie seit Jahren ein Bestseller ist, ist bezeichnend! Auf deutsch heißt sie: «Wenn der Tod uns scheidet». Des weiteren gibt es zwei Cassetten von P. Rainer Meyer zum selben Thema: «Das Fegefeuer: Ort der Barmherzigkeit» und «Die Seelen im Fegefeuer, und unser Umgang mit dem Übernatürlichen»; alle erhältlich bei Diakonia, in Rees.

Rückblick auf 1990

2. Februar: Während Mirjana mit der Heiligen Jungfrau in den USA für die Ungläubigen betet, erhält sie folgende Botschaft:

«Ich bin seit neun Jahren mit euch, und seit neun Jahren möchte ich euch sagen, daß Gott, euer Vater, der einzige Weg, die einzige Wahrheit und das wahre Leben ist. Ich will euch den Weg zum ewigen Leben zeigen. Ich will eure Verbindung zu einem tiefen Glauben sein.

Nehmt euren Rosenkranz und versammelt eure Kinder, eure Familie um euch. Das ist der Weg, der zum Heil führt. Geht euren Kindern mit gutem Beispiel voran; geht denen, die nicht glauben, mit gutem Beispiel voran. Ihr werdet auf dieser Erde das Glück nicht finden und auch nicht in den Himmel kommen, wenn eure Herzen nicht rein und demütig sind, und wenn ihr nicht das Gebot Gottes erfüllt.

Ich komme, um euch um eure Hilfe zu bitten: vereint euch mit mir, um für die zu beten, die noch nicht glauben. Ihr helft mir nur ganz wenig. Ihr habt wenig Liebe und Zuneigung euren Nächsten gegenüber; dabei hat Gott euch die Liebe gegeben, er hat euch gezeigt, wie ihr den anderen vergeben und sie lieben sollt. Darum sollt ihr euch versöhnen und eure Seelen reinigen. Nehmt euren Rosenkranz und betet ihn. Nehmt mit Geduld all eure Leiden an. Denkt immer daran, daß Jesus mit Geduld für euch gelitten hat.

Laßt mich eure Mutter, eure Verbindung zu Gott und zum ewigen Leben sein. Drängt euren Glauben nicht den Ungläubigen auf. Zeigt ihnen euren Glauben durch euer Beispiel und betet für sie. Meine Kinder, betet!»

25. März: Sr. Emmanuel gründet die Vereinigung «*Die Kinder von Medjugorje*». Ihr Ziel ist es, die Botschaften Mariens mit allen Mitteln zu verbreiten. Diese Vereinigung wurde 1991 in Deutschland gegründet. Weitere Auskünfte sind zu beziehen über Mathilde Holtmann, Erblandstraße 4, D-48327 Saerbeck, Tel. 02574 / 1675.

25. Juni: Jährliche Erscheinung für Ivanka. Sie hatte gerade ihr zweites Kind Josip geboren und die Heilige Jungfrau sagt ihr: *«Ich danke euch, daß ihr das Leben schenkt, um neues Leben zu ermöglichen.»*

31. Juli: Zweites Festival der Jugendlichen, das von Pater Tomislav Vlasic, auf die Initiative des Engländers Ernest William hin geleitet wird.

21. Oktober: Der Präsident der Untersuchungskommission, Monsignore Komarica, feiert die Abendmesse. Gemäß der Sitten und Gebräuche der Kirche stellt dies eine Anerkennung des Kultes und der Wallfahrten dar. «Ich komme im Namen der jugoslawischen Bischofskonferenz und aller Bischöfe», sagte er in seiner Predigt (in Medjugorje werden alle Predigten aufgezeichnet), «und andere Bischöfe der Kommission werden auch hierher kommen, um eine Messe zu feiern» (was dann auch geschah). «Die Kommission erkennt die guten Früchte des Gebetes und der Bekehrung von Medjugorje an.»

23.-24. Oktober: Marija Pavlovic ist mit Msgr. Hnilica und Pater Orec, dem Priester von Medjugorje, in Moskau. Die Heilige Jungfrau erscheint ihr in einer Kirche, in der eine große Menschenmenge in Tränen versammelt war, «wie in den ersten Tagen der Erscheinungen», bezeugte Marija.

Das Jahr 1991

Botschaft vom 25. Januar 1991

«Liebe Kinder! — Heute, wie nie zuvor, lade ich euch zum Gebet ein. Euer Gebet sei ein Gebet um den Frieden! Satan ist stark und möchte nicht nur Menschenleben zerstören, sondern auch die Natur und den Planeten, auf dem ihr lebt. Deshalb, liebe Kinder, betet, damit ihr euch durch das Gebet mit dem Gottessegen des Friedens schützt. Gott hat mich unter euch gesandt, damit ich euch helfe. Wenn ihr das wollt, so nehmt den Rosenkranz. Schon allein der Rosenkranz kann in der Welt und in eurem Leben Wunder wirken.

Ich segne euch und bleibe mit euch, solange es Gott will. Ich danke euch, daß ihr meiner Gegenwart hier die Treue bewahren werdet, und ich danke euch, denn eure Antwort dient dem Guten und dem Frieden. Danke, daß ihr meinem Ruf gefolgt seid!»

Existiert die Hölle überhaupt?

Vicka hat niemals Theologie studiert, und es ist höchst unwahrscheinlich, daß sie es je einmal tun wird. Dennoch treffen sich Theologen gern mit ihr, und ich hatte die Gelegenheit, mehrere von ihnen dabei zu begleiten. Sie kommen oft sehr berührt und wie «wieder zurechtgerückt» zurück. Denn hier schildert ihnen eine kleine Bäuerin ohne Bildung in wenigen Worten und mit dem Selbstbewußtsein eines Menschen, der die Glaubenswahrheiten «mit Händen» berührt hat, das, was sie in langen Jahren des Studiums gelernt haben. Manchmal korrigiert sie sie sogar. Auf diese Weise werden sie zum Wesentlichen zurückgebracht. Wenn ich für einen Theologen übersetze, und er sich in Fragen stürzt, die nichts mehr mit dem Kern des Glaubens zu tun haben, dann weiß ich schon vorher, was Vicka (und die anderen fünf Seher) antwortet:

— Ach, darüber hat uns die Gospa nichts gesagt.

Es stellt sich auch heraus, daß die sechs Kinder, die sie als «Seher» ausgewählt hat, keinerlei theologisches Interesse haben. Ist das Absicht? Am Anfang meines Aufenthaltes in Medjugorje konnte ich nicht umhin, einige der Seher zu fragen: «Bist du denn nie auf die Idee gekommen, die Gospa dieses oder jenes zu fragen?» (Das betraf Dinge, die ich sehr interessant gefunden und gern über Jesus oder Maria gewußt hätte.)

— Nein, warum denn? antwortete mir Vicka ganz erstaunt. Weißt du, wenn die Gospa uns etwas Wichtiges zu sagen hat, dann sagt sie es uns von sich aus. Wir stellen ihr keine Fragen, denn wenn sie uns zu irgendetwas von selbst nichts sagt, dann ist es auch nicht wichtig...

Das ist eine Aussage, die man im Dorf Medjugorje leichter rechtfertigen kann als in den Gängen unserer Universitäten...! Vermutlich beabsichtigt die Heilige Jungfrau dies, um die Grundlagen der Glaubenswahrheiten wieder in den Mittelpunkt zu stellen, die unser Leben als Christen unterstützen, und ohne die alles zusammenbrechen würde. Schließlich leben wir in einer Zeit, in der alles zusammenbricht!

Wer glaubt denn heute noch daran, daß es die Hölle gibt? Wer kann den Gläubigen noch erklären, wieso man Gott in der Messe bittet: «... entreiße uns der Verdammung und leite uns zu deinen Auserwählten...»[24] oder in anderen Gebeten: «Bewahre uns vor dem Feuer der Hölle…»[25]

In Medjugorje hat die Gospa diesen Punkt sofort zu Beginn ihres Erscheinens eindeutig klargestellt, und da sie weiß, daß Worte allein oft nicht genügen, hat sie uns «gezeigt», woran wir zu glauben haben... Sie hat gezeigt, was wirklich existiert. Sie will uns aus unserer Unwissenheit, aus den verschwommenen Vorstellungen unserer Umgebung befreien, denn im geistlichen Kampf ist die Unwissenheit die Waffe der Besiegten.[26]

— Nach dem Fegefeuer, fährt Vicka fort, hat uns die Gospa die Hölle gezeigt. Das ist ein grauenvoller Ort. In der Mitte ist ein großes Feuer, aber das ist kein Feuer, wie wir es auf der Erde kennen. Wir

---

24 Eucharistisches Hochgebet Nr. 1.
25 Gebet des Engels in Fatima (1917).

haben ganz normale Leute gesehen, wie man sie auf der Straße sieht, die sich selber in dieses Feuer stürzten. Niemand hat sie hineingestoßen. Sie tauchten verschieden tief in dieses Feuer ein. Als sie wieder herauskamen, sahen sie wie wilde Tiere aus, die ihren Haß und ihre Auflehnung herausschrien und Gott lästerten... Es fiel uns schwer zu erkennen, daß es sich noch um menschliche Wesen handelte, so sehr waren sie verändert und verunstaltet.

Das alles machte uns große Angst, und wir verstanden nicht, wie diesen Menschen so etwas Schreckliches geschehen konnte. Zum Glück beruhigte uns die Gegenwart der Gospa. Wir sahen sogar ein sehr schönes junges Mädchen, das sich in das Feuer stürzte. Danach glich sie einem Monster.

Die Gospa erklärte uns dann, was wir da sahen und sagte:

«Diese Menschen gehen aus eigenem Willen in die Hölle. Es ist ihre eigene Wahl, ihre Entscheidung. Habt keine Angst! Gott hat jedem die Freiheit gegeben. Auf Erden kann sich jeder für Gott oder gegen ihn entscheiden. Es gibt Menschen auf der Erde, die immer alles bewußt gegen Gott und gegen seinen Willen tun. Diese Menschen beginnen, die Hölle in ihrem eigenen Herzen zu leben. Und wenn die Stunde des Todes kommt und sie nicht bereuen, dann geht dieselbe Hölle weiter.»

— Gospa, fragten wir daraufhin, können diese Menschen die Hölle eines Tages wieder verlassen?

— *Die Hölle hört niemals auf, diejenigen, die dort sind, wollen nichts mehr von Gott wissen, sie haben frei gewählt, fern von Gott zu sein, für immer! Gott kann niemanden zwingen, ihn zu lieben.*

26 Sogar im Schoß der Kirche gibt es Menschen, die die Existenz der Hölle leugnen. Pilger haben mir folgendes berichtet: «Mein Pfarrer hat mir gesagt, daß es die Hölle nicht gibt, und daß man an so etwas heutzutage nicht mehr zu glauben braucht...» In solchen immer häufiger auftretenden Situationen müssen wir sanft aber bestimmt antworten: «Pater, ist das ihre persönliche Meinung, oder sind das die Glaubensinhalte der Bibel und der großen Tradition der Kirche?» Sowohl das Alte und das Neue Testament sowie das Lehramt der Kirche sagen uns, daß es die Hölle gibt.
Siehe «Katechismus der Katholischen Kirche»: «Die Lehre der Kirche sagt, daß es eine Hölle gibt und daß sie ewig dauert» (§ 1035); «Die Aussagen der Heiligen Schrift und die Lehren der Kirche über die Hölle sind eine *Mahnung* an den Menschen, seine Freiheit im Blick auf sein ewiges Schicksal *verantwortungsvoll* zu gebrauchen. Sie sind zugleich ein *eindringlicher Aufruf zur Bekehrung*» (§ 1036). Niemand wird von Gott dazu vorherbestimmt, in die Hölle zu kommen; nur eine freiwillige Abkehr von Gott (eine Todsünde), in der man bis zum Ende verharrt, führt dazu. Bei der Eucharistiefeier und in den täglichen Gebeten ihrer Gläubigen erfleht die Kirche das Erbarmen Gottes, der «nicht will, daß jemand zugrunde geht, sondern daß alle sich bekehren» (2 Petr 3,9) (§ 1037).

Nun spiele ich den Advocatus Diaboli, um Vicka in die Enge zu treiben.

— Aber wenn Gott gut ist, macht es ihm dann nichts aus, seine Kinder für immer einfach verloren gehen zu lassen? Warum macht er nicht zum Beispiel eine Absperrung vor die Hölle, oder warum nimmt er nicht all die in seine Arme, die sich in das Feuer stürzen wollen, um sie davon zu überzeugen, daß sie doch lieber zu ihm als zum Teufel gehen sollten? Dann würden sie ihren Irrtum einsehen!

— Aber Gott tut alles, um uns zu retten! Alles! Jesus ist für jeden von uns gestorben, und seine Liebe ist für jeden einzelnen so groß. Er lädt uns ständig ein, näher zu seinem Herzen zu kommen, aber was kann er bei jemandem machen, der von seiner Liebe nichts wissen will? Nichts! Liebe läßt sich nicht erzwingen![27]

Danach ist dieser Ausflug beendet. Nach unserer irdischen Zeitmessung hat er 20 Minuten gedauert, aber für Vicka und Jakov war die Zeit stehengeblieben, sie waren unserer räumlich-zeitlichen Begrenzung enthoben worden. Am Schluß vertraut ihnen die Gospa einen Auftrag an:

«Ich habe euch das alles gezeigt, damit ihr wißt, daß es das gibt, und damit ihr den anderen davon erzählt.»

— Und wie seid ihr zu Jaka zurückgekommen? frage ich sie.

— Genauso! Wir sind über das Dach ins Haus zurückgekommen und waren dann wieder im Zimmer![28]

27 Diese Worte sind so schwerwiegend und ernst, daß ich mich bemüht habe, sie noch einmal bei Vicka und Jakov nachzuprüfen, bevor das Buch in den Druck ging.

Botschaft vom 25. Februar 1991

«Liebe Kinder! — Heute lade ich euch ein, daß ihr euch für Gott entscheidet, denn die Entfernung von Gott ist die Frucht des Unfriedens in eurem Herzen.

Gott ist der Friede selbst; deshalb nähert euch Ihm durch euer persönliches Gebet, und dann lebt den Frieden in eurem Herzen. So wird der Friede aus eurem Herzen wie ein Fluß in die ganze Welt strömen.

Sprecht nicht vom Frieden, sondern macht Frieden! Ich segne jeden von euch und jede eurer guten Entscheidungen. Danke, daß ihr meinem Ruf gefolgt seid!»

Ein stiller Segen

Vor zehn Jahren versank Sonja in der Depression. Weder die Liebenswürdigkeit ihrer Familie, noch ärztliche Behandlung vermochten sie aus diesem Abgrund zu befreien. Man befürchtete das Schlimmste, denn Selbstmordgedanken hingen in der Luft, und die Lösung

---

28 Anmerkungen:
1. Der bekannteste «Besuch in der Hölle» war der von Theresa von Avila. Aber auch den Seherkindern von Fatima zeigte die Mutter Gottes 1917 die Hölle. Danach wurden es die Kinder nicht mehr müde, für die Sünder Opfer zu bringen (siehe: «Schwester Lucia spricht über Fatima», Christiana-Verlag, 6. Auflage, 1996). Auch die französische Mystikerin Marthe Robin erzählte von ihrem beeindruckenden Besuch in der Hölle an der Seite der Heiligen Jungfrau (noch nicht veröffentlicht).
1936 erzählt die selige Sr. Faustyna aus Polen über ihre eigene Erfahrungen: «Heute habe ich in Begleitung eines Engels die Hölle besucht. Das ist ein Ort großer Qualen, und er ist sehr groß! Von allen Qualen, die ich gesehen habe, ist die größte der Verlust Gottes... Ich wäre bei der Betrachtung all dieser Leiden gestorben, hätte mich die Allmacht nicht gestärkt! Der Sünder soll wissen, daß er durch das leiden wird, was er als Sünde begangen hat. Und das auf ewig. Ich schreibe dies auf das Geheiß Gottes hin auf, damit niemand sagen kann, daß "keiner dort gewesen sei", und daß "niemand weiß, wie es dort ist"! Ich, Sr. Faustyna, war auf das Geheiß Gottes hin in den Abgründen der Hölle, um zu bezeugen, daß es die Hölle gibt! (...) Ich habe festgestellt, daß die Hölle mit Seelen bevölkert ist, die auf Erden nicht glaubten, daß die Hölle existiert. Seitdem bete ich noch viel inständiger für die Sünder.» (Siehe das «Tagebuch der Schwester Maria Faustyna Kowalska», § 741, Seite 250, Parvis-Verlag, 4. Auflage 1996.)
2. Im Januar 1983 fragte Pater Tomislav Mirjana, ob viele Menschen in die Hölle kommen.
«Das habe ich vor kurzem die Gospa gefragt, antwortete Mirjana, und sie hat mir gesagt, daß heute die meisten ins Fegefeuer kommen, ein noch größerer Teil geht in die Hölle, und ganz wenige nur kommen direkt in den Himmel! Sie hat mir auch gesagt, daß die, die in die Hölle kommen, aufgehört haben, in irgend einer Weise positiv von Gott zu denken. Sie lästern Gott mehr und mehr und sind selbst zu einem Teil der Hölle geworden. Sie haben die Wahl getroffen, nicht erlöst zu werden.»

einer Behandlung mit Psychopharmaka schien zu unmenschlich. Die Familie hatte alles versucht...

Bis zu dem Tag, als eine Gruppe von Freunden nur auf einen Sprung bei Sonja vorbeischauen. Unter ihnen ist Eric, ein Pilger aus Medjugorje, der Sonja nicht kennt. Zutiefst betroffen von dem Ausmaß ihres Leidens, gibt er ihr stillschweigend den besonderen mütterlichen Segen der Heiligen Jungfrau, ohne jemandem etwas davon zu erzählen. Dann bricht die Gruppe wieder auf, und man verspricht einander, in Kontakt zu bleiben.

Einige Monate später trifft Eric einen Freund aus dieser Gruppe und erkundigt sich nach Sonia.

— Ach, das weißt du gar nicht? Stell dir vor, sie ist wieder völlig fit! Eine eindrucksvolle Besserung, völlig unerwartet! Und weißt Du, was sie erzählt hat?

«Es ist ganz komisch, von dem Tag an, an dem ihr mich besucht habt, habe ich gefühlt, wie das Leben zurückkam, es war wie wenn jemand auf einen Knopf gedrückt hätte, und innerhalb eines knappen Monats war ich wieder fit.»

Dieses Zeugnis von Eric erinnerte mich an das von Bertrand, einem Krankenpfleger aus Paris, der seine Arbeit haßte: jeden Tag sah er Jugendliche ohne jeglichen geistlichen Beistand an Aids sterben, und er selbst empfand einen tiefen Schmerz darüber, ihnen nicht helfen zu können. Denn in diesen großen Krankenhäusern werden aus wirtschaftlichen Gründen Pflegestellen eingespart, so daß das Personal kaum Zeit hat, die nötigste Pflege zu verrichten, bevor sie in das nächste Zimmer eilen.

«Das ist mehr als unmenschlich, sagte er mir, das ist kriminell. Man hat kein Recht, Sterbende so zu behandeln!»

Bis zu dem Tag, an dem Bertrand in Medjugorje den vielzitierten besonderen Segen der Gospa entdeckt... Ein Jahr später kommt er wieder und ist nicht mehr wiederzuerkennen:

— Es ist super! Die Gospa hat die Lösung für mich gefunden. Wenn ich bei der Pflege eines Aidskranken fürchterlich pressieren muß, dann gebe ich ihm stillschweigend den besonderen mütterlichen Segen der Gottesmutter und habe dann die Gewißheit, daß

Maria selbst ihn bei seinem Übergang begleiten wird. Einmal ist ein todkranker Aidspatient sogar geheilt worden!

Um was für einen Segen handelt es sich? Man muß sich auf das beziehen, was Marija auf dem Hügel und in den monatlichen Botschaften[29] dazu gesagt bekommen hat. Ich erinnere mich, daß sich eines meiner ersten Gespräche mit Marija im Dezember 1989 um das drehte, was sie den «besonderen mütterlichen Segen» nannte. Damals hatte ich noch keine Ahnung von der kroatischen Kultur und dem «Stil» der Gospa, so daß ich völlig unangebrachte Fragen stellte:

— Marija, was für einen Unterschied gibt es zwischen den verschiedenen Segen, die die Heilige Jungfrau hier gibt? Einmal ist von ihrem *«Feierlichen Segen»* (15.8.85) die Rede, ein anderes Mal von ihrem *«mütterlichen Segen»* (19.12.85), oder es heißt: *«Ich segne euch mit dem Segen Gottes»* (25.6.87) oder dem *«Segen der Freude»* (25.7.88), und schließlich ist da dieser besagte *«besondere mütterliche Segen»,* von dem sie will, daß wir ihn allen Geschöpfen bringen. Kannst du diese Unterschiede erklären?

Zu meiner großen Enttäuschung war die Antwort gleich null:

— Ich weiß nicht, die Gospa hat nichts darüber gesagt.

(Wie man durch schmieden das Schmieden lernt, so lernt man leben, indem man mit den Sehern zusammen ist, und nicht indem man ihnen Fragen stellt...)

Wenn man mir eine Frucht anbietet, dann nehme ich sie, bedanke mich und esse sie. Ob das nun ein Apfel, eine Banane oder eine Orange ist... jede Frucht nährt meinen Organismus, ohne daß ich jetzt genau weiß wie. Entscheidend ist, daß ich mich ernährt habe. Mit den Gaben Gottes ist es genauso, wenn auch auf andere Art. Er gibt mir das, was für mich gut ist, und ich kann es nehmen oder lassen. Wenn ich es nehme weiß der Schöpfer, auf welche Weise diese

---

29 Die Seher nehmen es sehr genau mit den Zeugnissen, die sie geben. Jeder von ihnen spricht nur über die Botschaften, die er persönlich erhalten hat. Marija ist die einzige, mit der die Gospa über diesen besonderen mütterlichen Segen gesprochen hat; es ist also nutzlos, den anderen Sehern dazu Fragen zu stellen, denn sie werden nur antworten: «Die Gospa hat mir nichts darüber gesagt.» Das gleiche gilt für das Thema Krankheit, zu dem Vicka Botschaften erhalten hat, und die anderen werden nicht an ihrer Stelle darüber sprechen. Wenn ein Seher sagt: «Die Gospa hat nichts über ... gesagt», dann gilt das nur für ihn selbst. Diese Haltung verschafft der Wahrhaftigkeit ihrer Zeugnisse große Sicherheit.

Gabe in mir gemäß seiner göttlichen Gesetze Frucht bringen wird. Das genügt. Ich ruhe im Frieden und vertraue ihm. Am Gründonnerstag hat Jesus nicht gesagt: «*Versteht und eßt*», sondern: «*Nehmt und eßt.*»

Wenn die Heilige Jungfrau in Medjugorje einen besonderen mütterlichen Segen gibt, so nehme ich ihn mit Dankbarkeit an. Wenn sie mich bittet, diesen Segen allen Geschöpfen weiterzugeben, so gebe ich ihn weiter. Wenn sie mir keine besondere Anleitung gibt, so verzichte ich darauf und gebe ihn mit dem Herzen weiter. Eines Tages hat mir Marija anvertraut, daß sie selbst diesen besonderen mütterlichen Segen in aller Einfachheit gibt, zum Beispiel mit folgenden Worten: «Ich habe den besonderen mütterlichen Segen von der Gospa bekommen. Und so gebe ich ihn dir weiter.»

— Hat dir die Gospa gesagt, das so zu machen?

— Sie läßt uns die Freiheit. Du kannst alle Gebete verwenden, die du willst, aber du mußt mit dem Herzen beten.

— Legst Du dabei die Hände auf?

— Nein, das hat die Gospa nicht empfohlen.

— Kannst du den Segen auch einer ganzen Gruppe weitergeben?

— Nein, nur einer einzigen Person auf einmal.

Wenn unser Herz aufmerksam ist, dann zeigt uns die Heilige Jungfrau selbst diejenigen, die wir segnen sollen, habe ich festgestellt. Bei Ungläubigen oder bei Menschen, die jedes Gebet ablehnen, können wir diesen Segen stillschweigend weitergeben. Dann kommen alle möglichen Gnaden auf diese Menschen herab, wie Frieden, Freude, Bekehrung...

Am Ende der 80er Jahre ging in der Begeisterung über diese neue Entdeckung der Gaben Gottes durch Maria alles gut. Aber die besten Dinge können schlecht werden, wenn der Mensch mit seiner Sünde kommt und auf sein Konto schreibt, was göttlichen Ursprungs ist. Das Göttliche läßt sich nicht einstecken, läßt sich nicht verkaufen und auch nicht gemäß unserer armseligen menschlichen Maßstäbe verwalten. Vor allem in Amerika gab es Verirrungen. Ein Freund Marijas wollte mit Hilfe von Broschüren, Vorträgen und einem automatischen Telefondienst ein «Apostolat des besonderen mütterlichen Segen Mariens» aufbauen. Zum Glück wurde Marija durch ein Wort der Gospa darüber informiert und bat ihn, das Ganze sein zu lassen. Ich selbst habe französische Wünschelrutengänger erlebt, die ihre Gruppe ganz durcheinander brachen und mich baten: «Schwester, ich will von Ihnen diesen besonderen Segen bekommen.» Ich lehnte dies ab und erklärte, daß dieses Geschenk nichts mit magnetischer Energie und noch weniger mit Magie zu tun habe, wie man sie sich unter Menschen weitergibt.[30]

Dies alles ist typisch für Satan, der versucht, die Schätze Gottes, die Maria uns schenkt, umzuleiten und sie für seine boshaften Absichten zu benützen. (In solchen Fällen gab ich den Segen stillschweigend.)

Heute ist die Situation nach wie vor heikel. Denn einerseits ist Marija sich ganz sicher: die Gospa hat uns wirklich gebeten, ihren Segen weiterzugeben, andererseits hat der Feind wirklich Unkraut in das schöne Feld von Medjugorje gesät. Was mich betrifft, so glaube ich, daß wir einmal mehr in der Bibel eine Lösung finden: *«Lest die Heilige Schrift*, sagt uns Maria, *dort könnt ihr die Botschaft finden, die den Sinn meines Kommens erklärt.»*

Die Wurzel des hebräischen Wortes *Berakhah* (Segen) enthält das Wort «Knie». Man kniet vor Gott, man wirft sich vor ihm nieder. Das davon abgeleitete Wort *Berakhot* bedeutet «Geschenk, Gnade, Friede». Die griechischen und lateinischen Ausdrückte haben einen Großteil dieser wunderbaren Bedeutung des Segens verloren. Nachdem ein Kind geboren ist, landet es auf dem Schoß seiner Mutter, und dort bekommt es seine ersten Geschenke. *Bene Dire...*[31] (lateinisch), das ist gut, aber wo ist der Schoß geblieben? Wo ist in diesem Ausdruck die Zärtlichkeit der Mutter, des Vaters geblieben, die das Beste ihres Herzens dem Kind, das sie auf ihrem Schoß liebkosen und trösten, weitergeben?

Wenn man den Namen Gottes lobt und ihm dankt, dann ruft man die Geschenke und die Gnaden Gottes auf die Welt herab. An erster Stelle steht die vertikale Beziehung Gott — Mensch (Satan möchte alles auf die Horizontale reduzieren). Die Gospa schöpft in Gott den

---

30 Wegen der ständigen Zunahme der «Wünschelrutengänger» und anderer Menschen, die zweifelhafte Kräfte benützen, ist es ratsam, sich nicht die Hände von Menschen auflegen zu lassen, die man nicht kennt. Zu diesem Thema gibt es eine interessante Cassette: «Heilung und Heiler», von Y. Villedieu, Diakonia (Nr. 40).

31 Gutheißen, Gutes sagen, loben...

Segen und die Geschenke, die sie uns gibt. «*Ich segne euch mit dem feierlichen Segen, den Gott mir hier gewährt*», sagt sie am 15. August 1985. Wer in der Bibel wie Abraham einen besonderen Segen erhalten hat, der ist selbst für andere Träger dieses Segens: «*Durch dich sind gesegnet alle Völker der Erde.*» — «*Ich werde den segnen, der dich segnet*» (Gen 12,3).

Seit der Schöpfungsgeschichte segnet Gott den Menschen und gibt ihm die Macht, die ganze Schöpfung, Pflanzen und Tiere zu segnen, um ihnen die Wohltaten zukommen zu lassen, die er selbst von Gott erhalten hat (Gen 1,28).

Auch Noah gibt den besonderen Segen Gottes an seine Söhne weiter, damit sie eine neue, im Geist Gottes erneuerte Menschheit begründen (Gen 9,1).

Die Patriarchen geben einen unwiderruflichen Segen an ihre Söhne weiter, die dann erfüllen, wozu dieser Segen sie bestimmt hatte. Dieser Segen ist ganz real für all ihre Nachkommen wirksam (Gen 48,18 und 49,28).

Aaron, Mose, David und Salomon, die Hirten des Volkes, geben den Segen Gottes auf sehr greifbare Weise weiter. Es gibt dafür Zeremonien, heilige Versammlungen, Worte, Gesten und Liturgien.

Maria von Nazareth wird selbst von Elisabeth, von Simeon im Tempel gesegnet... Bei der Feier des Sabbat segnete Joseph, der Gerechte, seinen Sohn Jesus mit einer Formel, die an den Segen für Benjamin und Manasse aus früherer Zeit erinnert. (Der Vater Mariens segnete sie mit der Formel für Rahel und Lea, die den Mädchen vorbehalten war.)

All das war ein wesentlicher Bestandteil des Lebens der Heiligen Familie wie auch des ganzen jüdischen und später jüdisch-christlichen Volkes. Der Familienvater muß seinen Kindern den von Abraham, Isaak und Jakob erhaltenen göttlichen Segen von Geschlecht zu Geschlecht weitergeben.

Wie die Bibel uns lehrt, ist ein Segen auch eine eschatologische Gnade, denn derjenige, der segnet, ruft das Kommen des Messias herab. Und kommt denn Maria in Medjugorje nicht genau darum, um ihre Kinder auf die zweite Ankunft ihres Sohnes vorzubereiten, wie Johannes der Täufer es bei seiner ersten Ankunft getan hat? Das

Datum des 24. Juni (Fest des heiligen Johannes des Täufers), das sie für ihre erste Erscheinung ausgewählt hat, hat einen tiefen Sinn. Um auf diese Wiederkunft vorbereitet zu sein, brauchen wir ihren besonderen mütterlichen Segen.

Im Geiste der Bibel wird ein Segen, der weitergegeben wird, immer reicher, es findet eine Ausweitung und Vergrößerung statt. Ich gebe und erhalte das Hundertfache, das ist die Dynamik des Reiches Gottes. Wer nicht segnet läuft Gefahr, die Gabe Gottes verkümmern zu lassen und zu vergeuden.

Die Gospa bittet uns, ihre Botschaften zu leben weiterzugeben und zu bezeugen. Warum hat sie die Weitergabe des Segens hinzugefügt? Weil das Zeugnis den Segen nicht ersetzt, er verkörpert eine ganz andere Wirklichkeit. Die Gospa bittet die Eltern, ein Vorbild zu sein, Frieden zu bringen, aber sie bittet sie auch, ihre Kinder zu segnen. Das ist unumgänglich für das Wachstum des Kindes. Denn das Zeugnis allein vermittelt nicht den Schutz, den ein Segen bewirkt. Das Zeugnis vermittelt auch nicht den *Bund*, den Gott mit Abraham und Moses am Sinai geschlossen hat.

Das Zeugnis übt einen guten Einfluß aus, es wirkt anziehend. Der Segen übt eine unsichtbare Wirkung aus: Maria, zum Beispiel, schöpft in dem, was Gottes ist, um es uns zu geben, und das verwandelt unsere Seele unmittelbar, viel mehr als wir uns dessen bewußt sein können.

Bei jeder ihrer Erscheinungen segnet die Königin des Friedens die Seher und diejenigen, die sich im Gebet um sie versammelt haben. Und für die «Nicht-Seher» ist der Segen nicht geringer! Ich habe kein Diplom in marianischer Theologie und muß mich mit den Mitteln behelfen, die mir zur Verfügung stehen; und so sage ich mir folgendes: «Sie kommt und sieht die krasse Armut meiner Seele, sie liebt mich, sie trägt in sich die schönsten Schätze Gottes, sie ist meine Mutter, sie hat mehrere Möglichkeiten zu segnen... was wird sie also tun? Ich glaube, daß sie mir heute den bestmöglichen Segen geben will, und zwar aus reiner Liebe. Und ich nehme ihn ganz und gar an, ohne Fragen zu stellen, denn ich weiß, daß die Gewalttätigen das Reich Gottes an sich reißen.»

Botschaft vom 25. März 1991

«Liebe Kinder! — Auch heute lade ich euch ein, das Leiden Jesu im Gebet und in der Einheit mit Ihm zu leben. Enscheidet euch, Gott, der euch diese Tage der Gnade geschenkt hat, mehr Zeit zu widmen. Deshalb, liebe Kinder, betet und erneuert auf besondere Weise die Liebe zu Jesus in euren Herzen. Ich bin mit euch und begleite euch mit meinem Segen und meinen Gebeten. Danke, daß ihr meinem Ruf gefolgt seid!»

Der gekreuzigte Jesus

Die Heilige Jungfrau erwählt vor allem Ungläubige und Kinder, um sich zu offenbaren. Doch vergangenen Monat wurde ein irischer Priester innerlich zutiefst erschüttert: er beschließt, den Kreuzweg zu beten und steigt dafür allein auf den Krizevac.

Bei der 12. Station angelangt betet er vor dem Bild des gekreuzigten Jesus, als das Gesicht Jesu plötzlich lebendig wird. Von den Schlägen verschwollen und blutüberströmt wendet Jesus sein Haupt von rechts nach links, wie ein Verwundeter, der seine Schmerzen nicht mehr erträgt. In seinem Blick, mit dem er den Priester anschaut, liegt eine unergründliche Liebe und Traurigkeit. Es ist ein stillschweigender Verzweiflungsschrei, der mehr Wirkung zeitigt als jeder Donnerschlag.

Der Schreck ist zu groß, der Priester wendet seinen Blick ab, um nichts mehr zu sehen, sein Herz schlägt zum Zerspringen, er fragt sich, ob er nicht verrückt geworden sei... Als er seinen Blick wieder auf das Kreuz richtet, bewegt sich Jesus noch immer und schaut ihn noch immer an. Diesmal beginnt eine lange Kontemplation zwischen dem gekreuzigten Hohenpriester und diesem Priester unserer gekreuzigten Welt.

Sein ganzes Wesen bebt, als letzterer den Berg wieder hinuntersteigt und zu seinen Freunden zurückkehrt. Diese erkennen ihren Priester nicht wieder, so viel Milde und Güte liegen jetzt in seinem Blick. Sie beten zusammen und der Segen, der von ihm ausgeht, verbreitet sich wie ein friedvoller und starker Strom.

— Die heutige Welt ist abnorm, sagt er, die Wunden Jesu sind unerträglich geworden.

Dann erst beginnt er zu erzähen... Er wird nie wieder derselbe sein:

«Das Antlitz Jesu hat sich meinem Herzen eingeprägt wie ein Siegel im Wachs.»

Botschaft vom 25. April 1991

«Liebe Kinder! — Heute lade ich euch alle ein, daß euer Gebet ein Gebet mit dem Herzen sei. Jeder von euch soll Zeit für das Gebet finden, so daß ihr im Gebet Gott entdeckt.

Ich wünsche nicht, daß ihr über das Gebet redet, sondern daß ihr betet. Jeder Tag soll mit einem Dankgebet, Gott gegenüber, für das Leben und für alles, was ihr habt, erfüllt sein. Ich wünsche nicht, daß euer Leben im Gerede vergeht, sondern preist Gott durch Taten!

Ich bin bei euch und danke Gott für jeden Augenblick, den ich mit euch verbringe. Danke, daß ihr meinem Ruf gefolgt seid!»

Ich bin's, Paul!

«Wie geht das, *mit dem Herzen beten*?», das ist nach wie vor eine häufige Frage bei den Pilgern, und sie sind dann ganz erleichtert, wenn sie die große Schlichtheit von Medjugorje kennenlernen und dabei merken, daß sie es ohne zu wissen schon konnten. Sie kommen mit intellektuellen Fragen an und reisen mit einem soliden Sinn für die Realität wieder ab, wie ihn die Kinder haben, diese ganz Kleinen, denen die Geheimnisse des Reiches Gottes offenbart werden.

Neulich hat uns ein französischer Priester in der Kirche von Medjugorje das Gebet mit dem Herzen wunderbar veranschaulicht, indem er uns von einem Lokalbericht aus Paris erzählte:

Paul verbrachte die meiste Zeit im Freien, und er hatte eine große Vorliebe für die Kirche St. Jakob, an deren Eingangstor er um Almosen bettelte. Die Weinflasche war ihm eine treue Begleiterin, und die Leberzirrhose und andere Krankheiten fraßen an ihm. Seine Gesichtsfarbe ließ nichts Gutes ahnen, und die Leute dieses Wohnviertels warteten nur noch darauf, daß er von heute auf morgen nicht mehr da wäre, jedoch ohne sich besonders für ihn zu interessieren.

Doch da war eine gute Seele der Gemeinde, Frau N. Sie war sehr traurig darüber, ihn so fürchterlich allein zu sehen und hatte daher öfters mit ihm gesprochen. Sie hatte auch bemerkt, daß Paul in der Früh seinen Stammplatz am Eingangsportal eine zeitlang verließ und in die (chronisch leere) Kirche ging. Dort setzte er sich auf einen Stuhl in der ersten Reihe, direkt vor den Tabernakel. Einfach so... ohne etwas zu tun.

Eines Tages fragte sie ihn:

— Paul, ich habe schon gesehen, daß du oft in die Kirche gehst. Was machst du denn dort, wenn du eine Stunde dort sitzt, einfach so, ohne etwas zu tun? Du hast weder einen Rosenkranz noch ein Gebetbuch, manchmal nickst du sogar ein bißchen ein... Was machst du da? Betest du?

— Wie sollte ich denn beten können! Seit der Zeit, als ich ganz klein im Religionsunterricht war, habe ich alle Gebete vergessen! Ich kann keines mehr! Was ich da mache? Das ist ganz einfach: ich gehe zum Tabernakel, dort wo Jesus ganz allein in seinem Kästchen ist und sage ihm: «Jesus! Ich bin's, Paul! Ich komme dich besuchen!», und dann bleibe ich noch ein bißchen, damit halt jemand da ist!

Frau N. bringt keinen Ton heraus. Sie vergißt das nicht; die Tage vergehen, einer gleicht dem anderen. Aber was kommen mußte kam, und Paul war eines Tages vom Eingangsportal verschwunden. War er krank? Vielleicht gestorben? Sie erkundigt sich, und findet seine Spur im Krankenhaus wieder. Sie geht ihn besuchen. Dem armen Paul geht es sehr schlecht, er hängt an lauter Schläuchen und hat diese für Sterbende so typische graue Gesichtsfarbe. Die ärztliche Prognose könnte nicht schlechter sein.

Am nächsten Tag kommt sie wieder und ist schon darauf gefaßt, die traurige Nachricht zu bekommen... Aber nein! Paul sitzt ganz aufrecht in seinem Bett, ist frisch rasiert, hat einen lebendigen Blick und sieht völlig verwandelt aus! Ein Ausdruck unbeschreiblichen Glücks strahlt aus seinem leuchtenden Gesicht.

Madame N. reibt sich die Augen... doch, er ist es wirklich!

— Paul! Das ist unglaublich! Du bist ja auferstanden! Du bist nicht mehr derselbe, was ist nur mit dir passiert?

— Na ja, es war heute morgen, da ging es mir gar nicht gut; und dann habe ich plötzlich jemand hier am Fußende meines Bettes stehen sehen. Er war schön, unbeschreiblich schön... das kannst du dir gar nicht vorstellen! Er lächelte mich an und sagte: *«Paul! Ich bin's, Jesus! Ich komme dich besuchen!»*

«Mit dem Herzen beten» — das heißt so zu Gott zu gehen, wie man ist, mit allem, was man hat. Und wenn man nichts hat, dann ohne alles zu ihm zu gehen. So wie die arme Witwe im Evangelium hat Paul Jesus wohl mehr getröstet als viele andere...[32]

32 Siehe das Buch: «Betet meinen Sohn mit dem Herzen an», von P. Slavko Barbaric, zu beziehen bei: Gebetsaktion Medjugorje, Postfach 18, A-1153 Wien; und: «Zeit für Gott, Führer für das innere Gebet», von Pater J. Philippe, Parvis-Verlag, 1994.

Botschaft vom 25. Mai 1991

«Liebe Kinder! — Heute lade ich euch alle ein, die ihr meine Botschaft des Friedens gehört habt, daß ihr sie ernsthaft und mit Liebe im Leben verwirklicht. Viele sind es, die glauben viel zu tun, indem sie über die Botschaften reden, sie aber nicht leben. Ich lade euch, liebe Kinder, zum Leben ein und zur Veränderung all dessen, was in euch negativ ist, damit sich alles zum Positiven und zum Leben wandle.

Liebe Kinder, ich bin mit euch und wünsche jedem von euch zu helfen, daß er lebe und die Frohe Botschaft im Leben bezeuge. Ich bin hier, liebe Kinder, um euch zu helfen und um euch in den Himmel zu führen. Im Himmel ist Freude; durch sie könnt ihr ihn jetzt schon leben. Danke, daß ihr meinem Ruf gefolgt seid!»

Ich stand mit einem Fuß in der Hölle und wußte es nicht einmal!

Alle Bewohner von Medjugorje kennen Patrick, einen englischsprachigen Kanadier, der jeden Tag zusammen mit seiner Frau Nancy an dem dreistündigen Gebet in der Kirche teilnimmt, und der während der langen Predigten auf kroatisch wie ein Engel den Rosenkranz zur göttlichen Barmherzigkeit oder die Gebete der hl. Brigitta betet.[33]

Auch ich meinte ihn zu kennen, bis er mir eines Tages seine Geschichte erzählte...

— Ich bin 56 Jahre alt. Ich war dreimal verheiratet. Zweimal habe ich mich scheiden lassen (beidesmal wegen meiner außerehelichen Beziehungen). Bevor ich auf die Botschaften von Medjugorje stieß, besaß ich nicht einmal eine Bibel. In Kanada arbeitete ich in der Automobilindustrie, und dreißig Jahre lang war mein einziger Gott das Geld. Ich kannte alle Tricks, um meine versteckten Ersparnisse zu erhöhen. Als mein Sohn mich fragte: «Papa, was ist das, Gott?» hielt ich ihm eine 20-Dollar-Note hin und sagte: «Da hast Du Deinen Gott! Je mehr du davon hast, desto näher bist Du bei Gott.»

33 Diese Gebetbüchlein sind beim Parvis-Verlag erhältlich.

Ich hatte keinerlei Verbindung zur Kirche und auch keinen Glauben, obwohl ich katholisch getauft war. Ich lebte mit Nancy zusammen ohne verheiratet zu sein, aber das erschien uns normal, denn alle machten es so. Sieben Jahre später beschlossen wir zu heiraten. Ich organisierte eine super Hochzeit auf einem Berg und hatte sogar einen Hubschrauber gemietet..., es war eine bürgerliche Trauung, das Orchester spielte New-Age-Musik...

Sechs Wochen später sagt mir Nancy:

— Ich habe gar nicht den Eindruck, verheiratet zu sein!

Als ich ihr unsere Heiratsurkunde unter die Nase hielt, antwortete sie mir:

— Nein, ich fühle mich nicht verheiratet. Mama ist nicht gekommen, und wir sind nicht in die Kirche gegangen.

— Einverstanden, sagte ich ihr, wenn dich das glücklich macht, dann gehen wir eben in die Kirche.

Bei dieser Gelegenheit erfuhr ich, daß meine erste Frau 20 Jahre zuvor die Annulierung unserer Ehe beantragt und erhalten hatte... Es gab also kein Hindernis für eine kirchliche Trauung mit Nancy. Die kirchliche Trauung fand einige Zeit später in der Kirche des «*Unbefleckten Herzens Mariens*» statt, der einzigen Kirche in Kanada, die diesen Namen trägt! Langsam aber sicher begab sich die Heilige Jungfrau auf den Weg in mein Leben...

Vor der Trauung mußte ich beichten gehen, es war eine Beichte ohne Herz. Nancy und ich beteten nie zusammen, wir gingen nie in die Messe, wir machten überhaupt nichts in dieser Richtung, aber wir hatten eine katholische Heiratsurkunde... Meine vier Kinder (drei Söhne und eine Tochter) lebten alle ein schwieriges, ja sogar katastrophales Leben (Alkohol, Drogen, auch Scheidung...), aber das beunruhigte mich nicht besonders. Wer hat schon keine Probleme mit seinen Kindern?

Bei einem Umzug fand ich ein Päckchen wieder, das uns Nancys Bruder vor langer Zeit einmal aus Kroatien geschickt hatte (er ist selbst Kroate). Offen gestanden hatte niemand jemals dieses Päckchen wirklich geöffnet. Nancy legte es mir in die Arme und sagte: «Mein kleiner Heide von Ehemann, wenn das jemand wegwirft, dann du! Dann hast du es auf dem Gewissen!»

Es war an einem Samstag Abend. Ich erinnere mich noch ganz genau an den Augenblick, als ich das Päckchen öffnete. Es enthielt die ersten Botschaften aus Medjugorje, die Nancys Bruder sorgfältig für uns auf englisch übersetzt und aufgeschrieben hatte. Ich zog ein Blatt aus dem Päckchen und las zum ersten Mal eine Botschaft aus Medjugorje. Und die allererste Botschaft, die ich in meinem Leben las, lautete: *«Ich bin gekommen, um die Welt zum letzten Mal zur Bekehrung aufzurufen!»*

Und genau in jenem Augenblick, geschah etwas in meinem Herzen. Das dauerte keine Stunde, nicht einmal zehn Minuten, es geschah innerhalb eines Augenblicks. Mein Herz schmolz dahin, und ich begann zu weinen. Es war mir unmöglich aufzuhören, die Tränen rannen in einem ununterbrochenen Strom über mein Gesicht. Noch nie hatte ich so etwas wie diese Botschaft gelesen. Ich wußte überhaupt nichts über Medjugorje, nicht einmal, daß es dieses Dorf gab! Ich kannte keine einzige der Botschaften. Das einzige, was ich lesen konnte, war: *«Ich bin gekommen, um die Welt zum letzten Mal zur Bekehrung aufzurufen!»*, und ich wußte, daß das mir galt, ich wußte, daß die Heilige Jungfrau gerade zu mir persönlich sprach! Die zweite Botschaft, die ich las, lautete: *«Ich bin gekommen, um euch zu sagen, daß Gott existiert!»* Ich nehme an, daß ich noch nie in meinem Leben an Gott geglaubt habe, bevor ich diese Botschaft las. Sie machte alle Dinge wahr! Die ganze katholische Lehre, die mir als Kind vermittelt worden war, war WIRKLICHKEIT! Es war kein Märchen oder keine schöne Geschichte mehr, die jemand erfunden hatte. Die Bibel war Wirklichkeit geworden![34]

Nun war keine Rede mehr davon, diese Botschaften wegzuwerfen, ich machte mich daran, jede einzeln bis zur letzten zu lesen! Ich konnte dieses Buch nicht mehr aus der Hand legen, und eine Woche lang hatte ich es trotz des Durcheinanders des Umzugs immer bei mir. Ich las es immer wieder, und die Botschaften drangen immer tiefer in mein Herz und meine Seele ein. Ich hatte den Schatz der Schätze gefunden!

---

34 Siehe das Buch: «Jesus ist der Messias», von P. Emiliano Tardif und J. Prado Flores, Vier-Türme-Verlag, 3. Auflage, 1991.

Während des Umzugs erfuhr ich von einem Marianischen Wochenende in Eugene (USA), zwei Tagesreisen von uns entfernt.

— Da gehen wir hin, sagte ich Nancy.

— Und das Haus...?

— Egal!

Dort traf ich Tausende von Menschen, die alle der Heiligen Jungfrau gegenüber und der Art, wie sie zu unserer heutigen Welt spricht, dasselbe empfanden wie ich. Alle hatten Bücher über Medjugorje, über Fatima, über Don Gobbi... Das hatte ich noch nie erlebt!

Während der heiligen Messe gab es ein Heilungsgebet. Pater Ken Roberts sagte:

«Weiht eure Kinder dem Unbefleckten Herzen Mariens!»

Ich stand immer noch in Tränen auf, denn ich hatte seit meiner ersten Botschaft von Medjugorje nicht aufgehört zu weinen, und sagte zu Maria:

— Selige Mutter, nimm meine Kinder! Ich bitte dich inständig darum, denn ich war ein erbärmlicher Vater! Ich weiß, daß du es besser machen wirst als ich.

Und ich weihte ihr meine Kinder. Das berührte mich zutiefst, denn ich wußte wirklich nicht mehr was ich mit ihnen machen sollte. Ihre Leben war schon völlig zerstört. Aber nach diesem Wochenende wurde in unserer Familie alles anders. Pater Ken Roberts hatte gesagt:

— Verzichtet auf das, was euch am liebsten ist!

Ich hatte Nancy sehr lieb, und Kaffee... So beschloß ich, auf Kaffee zu verzichten!

Die Botschaften von Medjugorje waren die große Gnade meines Lebens. Sie haben mich völlig verwandelt. Ich hätte meine Scheidungsserie weiterführen können, ich hatte Unmengen Geld. Aber jetzt ist für mich schon der bloße Gedanke an Ehebruch ausgeschlossen. Die Liebe, die die Heilige Jungfrau Nancy und mir geschenkt hat, ist unglaublich, sie ist eine Gnade Gottes.

Mein Sohn, der drogenabhängig war und mit 16 Jahren von der Schule geflogen war, bekehrte sich, er ließ sich taufen und denkt nun daran, Priester zu werden. Wenn in einer Familie jemand den ersten Schritt tut, dann tut die Gospa das Übrige. Und das stimmt! Wenn nur ein Familienmitglied von einer Botschaft aus Medjugorje berührt wird, dann verändert sich nach und nach die ganze Familie. Mein anderer Sohn, der bekanntermaßen ungläubig war, kam letztes Jahr nach Medjugorje und fand dort den Glauben (Beichte, erste hl. Kommunion...). Meine anderen Kinder und meine Eltern sind schon auf dem richtigen Weg, auch wenn es nicht immer leicht ist...[35]

Acht Tage nachdem ich die Botschaften entdeckt hatte, sagte ich zu Nancy:

— Wir fahren nach Medjugorje!

Seit 1993 wohnen wir hier. Wir kamen ohne alles an. Nach drei Tagen hatte die Heilige Jungfrau ein Haus und Arbeit für uns gefunden. Nancy übersetzt für Pater Jozo. Während mein Leben jetzt darin besteht, den Pilgern zu helfen und die Botschaften mit allen nur erdenklichen Mitteln zu verbreiten. Ich liebe die Jungfrau Maria unsagbar, sie hat mir das Leben gerettet. Ich stand mit einem Fuß in der Hölle und wußte es nicht einmal!

35 *«Solange ein Sünder in seiner Sünde verharrt, hält er mich wie gefesselt, wie auf das Kreuz genagelt. Doch sobald er sich bekehrt, löst er mich sofort los, und ich falle so, als sei ich tatsächlich gerade vom Kreuz abgelöst worden, mit meiner ganzen Gnade und Barmherzigkeit auf ihn, wie seinerzeit auf Joseph von Arimathäa, und ich liefere mich seinem Gutdünken aus, so daß er mit mir tun kann, was er will»* (Jesus an die heilige Mechtild).

Botschaft vom 25. Juni 1991 (10. Jahrestag der Erscheinungen)

«Liebe Kinder! — Heute, an dem großen Tag, den ihr mir geschenkt habt, möchte ich euch alle segnen und euch sagen: Das sind Tage der Gnade, solange ich mit euch bin! Ich möchte euch lehren und euch helfen, den Weg der Heiligkeit zu gehen.

Es sind viele Menschen, die meine Botschaft nicht begreifen und das, was ich sage, nicht ernsthaft annehmen wollen; aber deshalb rufe ich euch und bitte euch, daß ihr in eurem Leben und auch im alltäglichen Leben meine Gegenwart bezeugt.

Wenn ihr betet, wird Gott euch helfen, den wahren Grund meines Kommens zu entdecken. Deshalb, meine lieben Kinder, betet und lest die Heilige Schrift, damit ihr durch die Heilige Schrift die Botschaft für euch durch mein wiederholtes Kommen entdeckt! Danke, daß ihr meinem Ruf gefolgt seid!»

Die 24 Stunden der Gospa

Eines Tages befand ich mich auf dem Berg: ich bete dort gern ausgiebig vor der Erscheinung der Heiligen Jungfrau, weitab von der Menschenmenge, um sie in meinem Herzen zu empfangen. Die Erscheinung findet hier um 17.40 Uhr (Sommerzeit: 18.40 Uhr) statt.

An jenem Tag sagte ich zur Heiligen Jungfrau:

— Nachdem ich weiß, daß du in 24 Stunden wiederkommst, werde ich mir ein Geschenk für dich ausdenken. Und morgen kann ich es dir dann schenken.

Aber was für ein Geschenk? Da kam mir die Idee, daß ich mich selbst in einem ganz konkreten Punkt überwachen könnte. Seit dem Alter von 14 Jahren habe ich die schlechte Angewohnheit, mir die Lippe wundzubeißen, manchmal solange, bis es blutete. Es war ein Tick, den ich nicht loswerden konnte. Ein Hautarzt hatte mir gesagt, daß ich auf diese Weise große Gefahr laufe, Krebs zu bekommen (mit schnell wuchernden Metastasen). Trotz dieser Warnungen machte ich weiter, es war einfach stärker als ich. Also versprach ich der Muttergottes folgendes:

— 24 Stunden lang werde ich mich wirklich anstrengen und nicht auf meiner Lippe herumbeißen, aber ich bitte dich, hilf mir!

Unser Rendez-vous am nächsten Tag kam: es hatte funktioniert! All die (sehr zahlreichen) zerstörerischen Versuchungen hatte ich abgewehrt, und die Heilige Jungfrau hatte mir dabei sehr geholfen. Nun schenkte ich ihr mit großer Freude ihr Geschenk. Da kam mir der Gedanke, mir ein neues Geschenk für sie auszudenken, einen neuen Sieg in einem bestimmten Punkt, den ich 24 Stunden lang überwachen würde. Warum nicht noch einmal dasselbe? Das tat ich, und sie bekam ihr Geschenk. Eine Woche lang hielt ich es bei jedem Rendez-vous gleich. Was geschah danach? Nach sieben Tagen war der Tick vollkommen verschwunden. Er war weg, es war vorbei, ich dachte nicht einmal mehr daran! Die Heilige Jungfrau hatte meinen Körper und mein Nervensystem berührt, sie hatte das Übel an der Wurzel ausgerissen. Meine Freude und meine Dankbarkeit waren sehr groß.

Doch damit ist die Geschichte noch nicht zu Ende! Während ich der Heiligen Jungfrau dankte, gab sie mir im Gebet zu verstehen, daß sie das, was sie für mich getan hatte, für jedes ihrer Kinder tun wollte. Da fielen mir ein paar ihrer Worte wieder ein, die wie eine Erleuchtung für mich waren:

«Sobald ihr mich braucht, ruft mich! Wenn ihr Schwierigkeiten habt oder etwas braucht, kommt zu mir. Gott hat mir erlaubt, euch jeden Tag mit Gnaden zu unterstützen, um euch gegen das Böse zu verteidigen. Liebe Kinder, erlaubt Gott, in eurem Leben Wunder zu tun!

Da wurde mir auch klar, daß wir an einem unermeßlichen Gnadenkapital vorbeigelebt hatten, und daß wir noch meilenweit davon entfernt waren zu begreifen, in welchem Maß die täglichen Besuche Mariens uns helfen können. Wir hatten in Unbedachtsamkeit dahingedöst! «*Nein, liebe Kinder, ihr begreift nicht die Bedeutung meines Kommens!*», sagt uns die Heilige Jungfrau. Und Vicka fügt hinzu:

«Was die Gospa hier in Medjugorje macht, ist noch nie zuvor woanders geschehen und wird auch nirgendwo mehr geschehen. Es ist einzigartig in der Geschichte.»

Doch es ist noch nicht zu spät! Ich stelle verblüfft fest, wie sehr das Volk Gottes glücklich ist über diese gute Nachricht der täglichen Besuche der Gospa. Was für ein Erstaunen und was für eine Freude bei den Gemeindepriestern, die ihre Kirche brechend voll sehen, wenn sie Zeugen von Medjugorje einladen. Und diese ganze Menschenmenge will auch nach drei oder vier Stunden Zeugnissen und Gebeten noch nicht nach Hause zurückkehren! Ist dies nicht ein erschütterndes Zeichen des unermeßlichen Durstes des Volkes nach konkreter Berührung mit dem Herzen seiner Mutter, das so lebendig, wirklich, heilsam, mitleidend und unsagbar zärtlich ist?

Ja, das Volk Gottes ist glücklich, seine Mutter wiederzufinden. In Medjugorje läßt sich der Himmel berühren wie nie zuvor. Wenn die Heilige Jungfrau erscheint, sehen die Seher sie dreidimensional, so wie man einen normalen Menschen auf Erden sieht. Sie können ihr die Hand geben, die küssen, die können an ihrem Schleier ziehen, wenn sie sie um eine Gnade bitten, sie können mit ihr lachen und weinen. Sie ist ganz real verkörpert, sie ist lebendig und unendlich schön.

— In den fünfzehn Jahren, in denen wir sie nun täglich sehen, sagt Marija, haben wir uns noch immer nicht daran gewöhnt, jeden Tag ist es eine noch größere Freude.

Heißt das aber, daß der Anteil für uns «Nicht-Seher» und «Nicht-Hörer», die wir keine tägliche Ekstase haben, während der wir mit der Königin des Himmels sprechen könnten, geringer und erbärmlich lächerlich wäre?

Ganz im Gegenteil! Hier finden wir die Grundlage der Gabe Gottes in Medjugorje: da, wo ich bin, so, wie ich bin, als armer Sünder ohne Charisma, kann ich dieselben Gnaden des Himmels bekommen, wie wenn ich Vicka, Marija, Ivan, Mirjana, Jakov oder Ivanka hieße...

Ich habe bei den Sehern nachgefragt, die oft zu hören bekommen: «Was für ein Glück hast du doch, die Heilige Jungfrau zu sehen! Was muß das für eine Glückseligkeit sein! Ach, wenn mir das auch so ginge...» Ich habe Vicka ausgehorcht:

— Vicka, bekommst du besondere Gnaden, wenn du die Gospa siehst?

— Ja, die Heilige Jungfrau hat gesagt, daß sie uns Gnaden gibt, wie sie sie noch nie zuvor in der Menschheitsgeschichte gegeben hat.

— Und ich, die ich nichts sehe, bekomme ich also weniger Gnaden als du als Seherin, wenn ich mein Herz ganz weit aufmache?

— Aber nein, wenn du dein Herz öffnest, dann gibt sie dir dieselben Gnaden wie mir, das hat sie gesagt! Wir sind nicht besser als die anderen... Die Gospa hat es sehr gern, daß man nach Medjugorje kommt, weil sie dort eine Oase des Friedens geschaffen hat, in die sie uns einlädt. Aber wenn du wirklich nicht kommen kannst und dort, wo du bist, dein Herz zum Zeitpunkt der Erscheinungen ganz weit öffnest, bekommst du natürlich dieselben Gnaden wie wir Seher.

Die Schlußfolgerung ist also ganz einfach: Die Besuche Mariens und das wunderbare Gnadenkapital, das sie uns schenken, sind nicht einigen wenigen Auserwählten vorbehalten. Vielmehr sind sie für jeden von uns gedacht, für Sie als Leser, für Ihre Familie, für all jene, die die innersten Türen ihres Herzens bei dieser Gelegenheit öffnen.

Um 18.40 Uhr, wenn die Heilige Jungfrau vom Himmel herabkommt, um mit den Menschenkindern zu sprechen und zu beten, können diejenigen, die dies wünschen, ein paar Minuten einhalten, da, wo sie gerade sind, um Maria ganz bewußt zu empfangen, in Einheit mit Medjugorje und mit den Tausenden von Menschen überall auf der Welt, die dieses Rendez-vous bereits einhalten (manche Wecker läuten sogar um diese Zeit!). Und dann werden für sie von Tag zu Tag, von den einen 24 Stunden bis zu den nächsten, so bemerkenswerte Dinge geschehen, daß auch mehrere Bücher ihre Zeugnisse nicht fassen könnten. Es ist wirklich eine Freude für mich, jeden Tag mein Herz in das Herz meiner Mutter versenken zu können und mir dabei sicher zu sein, daß sie 24 Stunden später wiederkommen wird, daß es für mich fortan keine Einsamkeit mehr gibt, daß ich jeden Tag eine Kusine Elisabeth bin, die ausrufen kann: *«Wer bin ich, daß die Mutter meines Herrn zu mir kommt!»*

Welche Freude, ihr jeden Tag ein kleines Geschenk bringen zu können, sich mit ihr auf eine kleine, ganz konkrete Sache zu einigen, in der ich mich selbst überwinden, in der ich mich bekehren werde. Wenn ich von den Zigaretten, vom Alkohol oder von Pornozeitschriften versklavt bin... 24 Stunden kann ich doch darauf verzichten.

Wenn ich meine Frau schlage... 24 Stunden lang kann ich damit aufhören! (und umgekehrt).

Ich weiß, daß ich zu schwach bin, um so ein Versprechen für drei Monate zu geben. Es reicht nicht einmal für einen Monat. Aber 24 Stunden... das ist gerade im Bereich des mir Möglichen. Das weiß sie nur zu gut, deshalb sagt sie oft:

«Von Tag zu Tag wird die Liebe in euch wachsen. Ich bin mit euch, um euch zu helfen, sie bis zur Vollendung zu verwirklichen.»[36]

«Von Tag zu Tag» ist ihr Leitmotiv; 24 Stunden sind ihre Zeiteinheit. Auch Mutter Teresa lenkt unser Augenmerk auf dieses «heute» als Brennpunkt der Gnade: «Gestern ist vorbei, morgen noch nicht da. Ich habe nur den heutigen Tag um zu lieben.»

Bei jeder ihrer Erscheinungen nimmt Maria unser Herz in Besitz, um ihm ihre unaussprechliche Schönheit einzuprägen... *«Ich bitte euch, mir euer Herz zu geben, damit ich es verwandeln kann und es meinem Herzen ähnlich werde»*, sagt sie.

Sie nimmt unser kleines Geschenk, das wir ihr am Vortag versprochen haben, mit dem Durst der Liebe auf. Dann verwirklicht sie in uns eine unerhörte Arbeit: *«Ich will euch von den Folgen eurer früheren Sünden reinigen, ich will euch mit meinem mütterlichen Frieden reich machen.»*

Diejenige, die da zu mir kommt, ist die *Frau, die der Schlange den Kopf zertritt.* Es ist diejenige, vor der die Mächte der Hölle und alle Dämonen erzittern, denn sie ist die Unbefleckte, und sie hat die Gnade erhalten, Satan zu besiegen.

Bei jedem meiner Rendez-vous mit ihr nehme ich diejenige auf, die stärker ist als das Böse, das in mir wohnt. Sie reißt es mit seiner Wurzel aus.

Wir leiden alle überall unter einem grausamen Mangel an guten Exorzisten. Mit der Zunahme der bewußten und unbewußten satanistischen Praktiken, werden immer mehr Menschen von den Mächten der Finsternis fürchterlich gequält. Und da ist nirgends jemand, der sie aufnehmen, anhören, ihnen helfen könnte. Niemand weiß Bescheid. Es herrscht gähnende Leere!

---

36 Zu diesem Thema gibt es folgende Cassette: «Die Schule der Liebe», von C. Auboyneau und Sr. Emmanuel, Diakonia (Nr. 84).

Darauf gibt jetzt unsere Mutter Antwort. Sie überläßt ihre Kinder nicht dem traurigen Schicksal, das der allgemein verbreitete Atheismus ihnen vorbehielt. Während dieser Rendez-vous mit der Königin des Friedens ereignen sich die schönsten Exorzismen wie von selbst. Was ein Psychiater in zehn Jahren nicht erreicht, das schafft Maria. Sie ist Königin!

«Euer Leiden ist auch mein Leiden.» (April 1992).

«Liebe Kinder, ihr vergeßt, daß ich euch um Opfer bitte, um euch zu helfen und um Satan zu vertreiben» (Sept. 86).

Zudem ist dieses Kommen Mariens ein wirkungsvolles Gegenmittel gegen die Verwirrungen des New Age, in dem die Fleischwerdung Gottes geleugnet wird. In Medjugorje entdeckt man die Wirklichkeit des geistlichen Lebens. Maria ist keine «Segelfliegerin» ohne Bodenkontakt, sondern sie führt uns unter dem Blick des Lebendigen Gottes (und nicht einer unpersönlichen Energie) in das konkrete Leben ein. Das ist eine große Befreiung angesichts des New Age, das jeden Tag neue Menschen «ohne festen Gott»[37] hervorbringt.

37 Dieses Zeugnis ist vollständig zu hören auf der Cassette: «Die 24 Stunden der Gospa», von Sr. Emmanuel, Diakonia (Nr. 91).

Botschaft vom 25. Juli 1991

«Liebe Kinder! — Heute rufe ich euch auf, für den Frieden zu beten! In dieser Zeit ist der Friede auf besondere Weise bedroht, und ich erbitte von euch, daß ihr das Fasten und das Gebet in euren Familien erneuert.

Liebe Kinder, ich wünsche, daß ihr den Ernst der Situation begreift, und daß ihr begreift, daß viel von dem, was geschehen wird, von eurem Gebet abhängt. Aber ihr betet wenig!

Liebe Kinder, ich bin mit euch und rufe euch auf, daß ihr ernsthaft zu beten und zu fasten beginnt, wie in den ersten Tagen meines Kommens. Danke, daß ihr meinem Ruf gefolgt seid!»

Seit 10 Jahren Alkoholikerin

Kurz nachdem ich wieder gesund war, lud man mich ein, in den USA über Medjugorje zu sprechen. Es war unmöglich, meine Entdeckung über die «24 Stunden der Gospa» für mich zu behalten! Nachdem ich ihnen alles genau erklärt hatte, sagte ich den 5000 Amerikanern, die mir zuhörten: «Schicken Sie mir dann Ihre Zeugnisberichte!» Der allererste Brief, den ich daraufhin erhielt, erschütterte mich:

«Ich war im letzten September bei ihrem Vortrag in Pittsburgh. Ich bin 30 Jahre alt. Als ich zu ihrem Vortrag kam, war ich seit mehreren Monaten Witwe und mein Leben war zur Hölle geworden. Ich ertrug es nicht, daß mein Mann nicht mehr da war. Seine Stimme nicht mehr zu hören, noch seine Schritte im Haus, ihn nicht mehr zu sehen, nicht mehr mit ihm zu sprechen, das alles war für mich eine solche Qual, daß ich nicht mehr leben wollte. Der Schmerz der Einsamkeit und die Verzweiflung des Herzens erdrückten mich, und nur mein eigener Tod konnte ein Ausweg sein. Ich hatte also beschlossen, Selbstmord zu begehen, und ich frage mich heute noch, warum ich zu Ihrem Vortag gegangen bin.

Ich habe mir nur eine einzige Sache gemerkt, denn noch nie zuvor hatte ich die Erscheinungen unter diesem Blickwinkel betrachtet: die Heilige Jungfrau kommt mich besuchen, mich ganz persönlich, in meinem Haus, in meiner derzeitigen Situation...! Ich beschloß also vom nächsten Tag an die «24 Stunden der Gospa zu halten». Als die Stunde des Besuchs Mariens kam, bin ich buchstäblich in ihre Arme gefallen (auch ohne sie zu sehen) und habe so an ihrem Herzen eine ganze zeitlang geschluchzt. Ich konnte ihr kein anderes Geschenk anbieten als meine grenzenlose Verzweiflung, und ich wiederholte nur ständig: «Nimm meine Hoffnungslosigkeit, nimm mein zerbrochenes, kaputtes Leben! Ich kann nicht mehr!»

Schwester, Sie werden es mir vielleicht nicht glauben, aber ich sage Ihnen die Wahrheit: ich weiß nicht, wie es geschehen ist, aber heute bin ich die glücklichste Frau der Welt geworden. Ich bin glücklich über mein Schicksal! Die Heilige Jungfrau hat ihre eigene Freude in mein Herz gegossen und mir meine Verzweiflung genommen. Ich bin von einer unglaublichen Liebe zu ihr ergriffen! Sie ist unglaublich, sie ist wirklich Mutter! Ihr eigenes Herz ist in mir, und ich kann Ihnen gar nicht sagen, wie sehr ich jetzt mein Leben liebe...»[38] (Patricia).

In Frankreich versäumte ich keine Gelegenheit, davon zu erzählen. Eines Tages kam eine Dame zu mir nach Medjugorje, die drei Monate zuvor bei meinem Vortrag in Toulouse gewesen war. Ihr ganzer Pilgerbus wußte schon Bescheid über ihr Wunder, das sie mir eilig mitteilen wollte:

«Ich bin 60 Jahre alt und war seit zehn Jahren Alkoholikerin. Daher hatte ich auch schwerwiegende gesundheitliche Probleme. Meine Familie ging mehr und mehr kaputt, vor allem meine Kinder litten sehr, weil ich ihnen das Leben zur Hölle machte. Aber es war stärker als ich. Ich hatte eine Entziehungskur nach der anderen gemacht, und sogar ein Gebetskreis hatte mehrmals für mich gebetet. Aber nichts half, der Weißwein... war eben der Weißwein!

Als ich hörte, wie Sie von der Gospa geheilt worden waren, bin ich auf eine Idee gekommen. Erinnern Sie sich noch, wie wir während des Vortrags ein paar Minuten gebetet hatten? Zum Zeitpunkt der Erscheinung, um 18.40 Uhr, haben wir uns innerlich gesammelt. Ich sagte mir: "Das ist der Moment! Wenigstens einmal kannst du Maria doch ein Geschenk machen!" So habe ich ihr versprochen, während

38 Dieses Zeugnis ist für Psychiater und deren zahlreichen Patienten von Interesse.

der nächsten 24 Stunden keinen Tropfen Alkohol zu trinken. Das war etwas, wozu ich unfähig war, und das wußte ich auch. Aber Sie haben gesagt, daß Maria uns helfen würde, unser Versprechen zu halten. Und es hat funktioniert! Es war sehr, sehr hart: ich sah ständig Gläser mit Weißwein vor meinen Augen defilieren, und ich mußte mich ganz gewaltig anstrengen, wegen meines Versprechens. Am nächsten Tag war ich wirklich glücklich, ihr mein Geschenk zu bringen. Gleich nach der Erscheinungsstunde mußte ich Freunde besuchen, und natürlich bot man mir zu trinken an. Weißwein! Ich nahm das Glas, aber schon beim ersten Schluck mußte ich mich zusammennehmen, um ihn nicht wieder auszuspucken: der Wein ekelte mich an! Schwester, seit jenem Tag trinke ich nicht mehr, und es kostet mich nicht einmal mehr Überwindung.[39]

Und das schönste daran ist, daß die Heilige Jungfrau jetzt in meiner Familie reihenweise Menschen zu bekehren beginnt» (Jeannine).

Was die Entziehungskuren und die Psychologen in zehn Jahren nicht geschafft haben, hat die Gospa in 24 Stunden geschafft! Und wen hat sie in dieser Familie als Apostel für ihren Sohn ausgesucht? Diejenige, die am meisten Schaden angerichtet hatte!

---

39 Jeannine erlitt sechs Monate später einen Rückfall, aber dank des Gebetes war sie nach wenigen Tagen wieder trocken.

Botschaft vom 25. August 1991

«Liebe Kinder! — Auch heute rufe ich euch zum Gebet auf; jetzt wie niemals zuvor, seitdem sich mein Plan zu verwirklichen begonnen hat!

Satan ist stark und möchte die Pläne des Friedens und der Freude verwirren und euch zu verstehen geben, daß mein Sohn nicht stark in Seinen Entscheidungen sei. Deshalb rufe ich euch alle, liebe Kinder, daß ihr noch stärker betet und fastet. Ich rufe euch zur Entsagung für neun Tage auf, so daß mit eurer Hilfe alles verwirklicht werde, was ich durch die Geheimnisse, die ich in Fatima begonnen habe, verwirklichen möchte.

Ich rufe euch, liebe Kinder, daß ihr jetzt die Wichtigkeit meines Kommens und den Ernst der Situation begreift! Ich will alle Seelen retten und sie Gott darbringen. Deshalb beten wir, daß sich alles gänzlich verwirkliche, was ich begonnen habe. Danke, daß ihr meinem Ruf gefolgt seid!»

Die «Pravda» enthielt die Wahrheit!

Fatima! Es ist das erste (und einzige) Mal, daß die Gospa in einer Botschaft von einem anderen Erscheinungsort spricht. Und das sieben Jahre nachdem Johannes Paul II., «der liebste ihrer Söhne», dasselbe getan hat. Doch gehen wir erst noch einmal sieben Jahre zurück.

Es ist der 20. März 1984. Msgr. Pavol Hnilica, ein alter Freund von Karol Wojtyla, befindet sich bei Mutter Teresa in Indien und unterhält sich mit ihr über den Plan des Heiligen Vaters, Rußland und die gesamte Welt feierlich dem Unbefleckten Herzen Mariens zu weihen, worum Unsere Liebe Frau in Fatima gebeten hatte. Dieser Plan sollte am 25. März, also fünf Tage später, verwirklicht werden.

— Wie schade, daß ich am 25. nicht in Moskau sein kann, sagt er zu Mutter Teresa. So wird niemand vor Ort sein, um Rußland zu weihen!

Doch dann beschließt der Bischof, alles dran zu setzen, um an besagtem Tag in Moskau zu sein.

— Ja, gehen Sie hin! Hier, nehmen Sie meinen Rosenkranz. Ich werde für Sie beten!, sagte Mutter Teresa mit dem ihr eigenen Feuer.

— Aber... da ist die Grenze... es wird praktisch unmöglich sein hinüberzukommen!

— Die Heilige Jungfrau wird Ihnen die Türen Rußlands öffnen!

Wie durch ein Wunder bekommt der Bischof sein Visum. Er macht sich den Glauben Mutter Teresas zunutze, nimmt ihren Rosenkranz an sich und begibt sich auf die Reise. Wie zu erwarten ist der russische Zollbeamte ein wahrer «eiserner Vorhang». «Hier kommen Sie nicht weiter», sagt er zu den beiden Reisenden (Pater Leo begleitete den Bischof) und gab auf Russisch die kräftigsten Ausdrücke aus dem Wörterbuch kommunistischer Flüche von sich. Die beiden anderen geben nicht nach und warten. Es hat 15 Grad minus. Eifrig werden Rosenkränze gebetet. Jede Stunde versucht der Zollbeamte seinen Chef anzurufen, aber die Gerätschaft funktioniert nicht. Beim Morgengrauen schreit er sie verdrossen an: «Haut ab, ich will euch nicht mehr sehen!»

Die Gospa hatte auf ihre Art die Türen Rußlands geöffnet...

Am 24. März erreicht der Bischof den Kreml. Er begibt sich in jene zweckentfremdete Kirche, die vom Regime ironisch in: «Museum des Atheismus»[40] umbenannt worden war, und in der das Volk unter dem Deckmantel der Besichtigung von Kunstwerken heimlich die Ikonen verehrt.

Sein Herz schlägt zum Zerspringen, denn für einen ehemaligen Häftling der kommunistischen Lager, grenzt dieses Ereignis an ein Wunder. Er kauft sich die *Pravda* und stellt sich hinter einen ehemaligen Altar. In der Zeitung hat er den Text von Johannes Paul II. für die Weihe der Welt versteckt...

(Als Pavol Hnilica heimlich zum Priester geweiht wurde, erhielt er den Auftrag, sich um die Länder unter kommunistischer Herrschaft zu kümmern. Der Bischof, der ihn weihte, sagte ihm: «Dein Missionsfeld geht von Berlin über Moskau bis nach Peking.» Es ist das erste Mal seit dreißig Jahren, daß er einen Fuß auf russischen Boden setzt!)

Das Herz eines Hirten könnte vor Ergriffenheit zerspringen, aber, Vorsicht!, man beobachtet ihn... Um die Aufmerksamkeit nicht auf

---

40 An eben diesem Ort, dem Ex-Museum des Atheismus, erschien die Gospa im Oktober 1990 einer Menschenmenge, die unter Tränen zusammen mit Marija Pavlovic dort betete.

sich zu ziehen, tut er so, als sei er völlig in die Lektüre der *Pravda* vertieft, während er in Wirklichkeit dieses erhabene Gebet der Weihe an die Mutter Gottes richtet.

— Was für ein guter Kommunist, denken sich wohl die übrigen Besucher, wie aufmerksam er die *Pravda* liest!

Man muß ja auch zugeben, daß die *Pravda* an jenem Tag — einmal ist keinmal — tatsächlich die Wahrheit enthielt!

Der Bischof zelebriert in seinen Hosentaschen die Eucharistie gemäß einem Ritus, den er in den Gefangenenlagern gelernt hatte, und macht sich dann aus dem Staub. Was für eine Freude! Er hatte diese Weihe in Einheit mit allen Bischöfen der Welt vollzogen, wie es die «Dame» von Fatima gewünscht hatte! Ein unwiderrufliches Blatt in der Geschichte des Kommunismus war nun gewendet.

Als er nach Rom zurückkommt lädt ihn Johannes Paul II. zum Frühstück ein. Ein Frühstück, das drei... Stunden dauern sollte! Der Bischof erzählt, wie er es geschafft hatte, genau zu der Zeit im Kreml zu sein, zu der der Papst die Welt dem Herzen Mariens weihte. Zutiefst bewegt ruft der Heilige Vater aus:

— Die Heilige Jungfrau hat dich an ihrer Hand geführt!

— Nein, Ihre Heiligkeit, sie hat mich auf ihren Armen getragen.

Daraufhin fragt der Heilige Vater:

— Bist du schon nach Medjugorje gefahren?

— Nein, Heiligster Vater, davon hat man mir im Vatikan abgeraten!

Johannes Paul II. wischte diesen Einwand mit einer Handbewegung weg.

— Fahre inkognito hin, und dann erzählst du mir, was du gesehen hast.

Daraufhin nimmt er ihn in seine Bibliothek mit und holt ein Buch von Pater Laurentin heraus. Er liest ein paar Botschaften der Gospa vor und erklärt:

— Siehst Du, Pavol, **Medjugorje ist die Fortsetzung von Fatima! Die Verwirklichung von Fatima!**

(Einige Jahre später wird er ihm sagen: **«Die Welt heute hat den Sinn für das Übernatürliche verloren, aber in Medjugorje findet sie es im Gebet, im Fasten und im Bußsakrament wieder.»**)

Seit dieser Zeit ist dieser Bischof ein großer Verteidiger Medjugorjes geworden. Der Papst fragt ihn regelmäßig: «Was gibt es Neues von Medjugorje?»

Am 25. März 1994 kam er nach Medjugorje, um den 10. Jahrestag jener Weihe der Welt an Maria zu feiern.

Es scheint als sei der Papst auf übernatürliche Weise über Medjugorje aufgeklärt worden. Er vertraute Bischof Hnilica an, daß die Heilige Jungfrau von Fatima ihn beim Attentat vom 13. Mai 1981 vor dem Tod bewahrt hatte. (40 Tage später erschien die Gospa zum ersten Mal in Medjugorje. Zwischen diesen beiden Ereignissen liegt also die Dauer einer Fastenzeit!) Damals machte er seinem Freund folgendes, wunderbare Geständnis:

— Warum hat sie mich nur gerettet? Nach drei Monaten zwischen Leben und Tod hatte ich begriffen, daß die **einzige Möglichkeit, die Probleme der Welt und der Kirche zu lösen, in der Bekehrung Rußlands besteht, wie es die Botschaft von Fatima sagt.** Die einzige Lösung besteht darin, **die Botschaft von Fatima zu leben und zu verwirklichen...**[41]

Wenn Medjugorje Fatima verwirklicht, dann haben wir eine große Hoffnung. Wir wissen, daß der Papst all seine Hoffnung auf die marianischen Gruppen setzt und besonders auf die von Medjugorje, weil er bei ihnen eine große Treue zur Kirche, zum Gebet, zum Fasten, zu den Sakramenten... findet.

Und wie könnte man hier nicht an die große Freude von Sr. Lucia selbst denken, die seit 1917 unablässig die Heilige Jungfrau sieht, und der Maria heute erzählt... was sie in Medjugorje tut![42]

---

41 Zum Thema Fatima können Sie folgende Cassette hören: «Fatima – Medjugorje» von Sr. Emmanuel, Diakonia (Nr. 105).
Wir empfehlen Ihnen auch den Spielfilm von D. Costelle: «Die Erscheinungen in Fatima», der als Video beim Parvis-Verlag erhältlich ist.

42 Diese Tatsache wurde von Pater Salinho, dem Neffen von Sr. Lucia, berichtet, der Salesianer in Portugal ist. Natürlich sind diese Erscheinungen Teil des privaten mystischen Lebens von Sr. Lucia. Deshalb wird es zu ihren Lebzeiten keine offizielle Verlautbarung dazu geben. Es ist ein Glück, daß Johannes Paul II. in so enger Verbindung mit Sr. Lucia steht.

Botschaft vom 25. September 1991

«Liebe Kinder! — Heute rufe ich euch alle auf besondere Weise zum Gebet und zur Entsagung auf. Denn jetzt — wie nie zuvor — will Satan der Welt sein schändliches Gesicht zeigen, durch welches er immer mehr Menschen auf den Weg des Todes und der Sünde hin verführen will. Deshalb, liebe Kinder, helft, daß mein Unbeflecktes Herz in der Welt der Sünde zu herrschen beginnt. Ich bitte euch alle, daß ihr die Gebete und Opfer für meine Anliegen darbringt, damit auch ich sie Gott für das, was am Nötigsten ist, darbringen kann. Vergeßt eure Wünsche und betet, liebe Kinder, für das, was Gott wünscht und nicht für das, was ihr wünscht. Danke, daß ihr meinem Ruf gefolgt seid!»

Herr, laß ihn aufhören!

Eines der gemeinsamen Leitmotive von Fatima und Medjugorje ist es, dem Unbefleckten Herzen Mariens zu helfen, über eine Welt der Sünde zu siegen. *«Eine Welt der Sünde»* ist der milde und erträgliche Ausdruck, den Maria hier verwendet, um das Böse zu bezeichnen, das es zu besiegen gilt. Aber weder in Fatima noch in Medjugorje hat sie die Seherkinder geschont, sondern ihnen das furchtbare Grauen gezeigt, das die unbekehrten Sünder erwartet: die Hölle. Und welches Heilmittel schlägt sie vor? Durch die Weihe an ihr Herz in ihrem Unbefleckten Herzen zu leben und so Mit-Erlöser mit ihrem Sohn zu werden. Sich für die Sünder aufzuopfern, damit keiner von ihnen mehr der Barmherzigkeit Gottes widerstehen kann, sondern sich, im Gegenteil, bekehrt, solange es noch Zeit ist.[43]

Der Herr gab mir eines Tages eine meisterliche Lektion über den Geist des Opfers, die eindrücklicher für mich war als die Lektüre von 50 Büchern. Eines Morgens ging ich in die englische 10-Uhr-Messe, die von einem amerikanischen Priester gelesen wurde, der in Medjugorje auf der Durchreise war. Bis zur Predigt ging alles sehr gut. Dann aber ging alles schief, denn der Priester begann eine Rede, in der ich

43 Unsere Liebe Frau hat damals den Kindern in Fatima gesagt: «Viele Seelen gehen nur deshalb in die Hölle, weil niemand für sie betet und Opfer bringt!»

vergeblich den Bezug zum Evangelium suchte, oder ganz einfach den Bezug zu Gott. Er reihte lyrisch-philosophische Erwägungen aneinander, Gott schien in seinem Horizont überhaupt nicht vorzukommen. Zudem dauerte die Predigt eine Ewigkeit...!

Die Nacht davor hatte ich wenig geschlafen; ich begann, mich aufzuregen und schaute auf die Uhr. Ich hätte das Ganze von der positiven Seite sehen sollen...

— Jesus, mach doch etwas!, schrie ich innerlich zum Herrn. Laß ihn aufhören! Aber mach, daß er vorher wenigstens einen Satz sagt, der meine Seele nähren könnte.

Zu meinem großen Erstaunen beendete der Priester seine Predigt ganz unvermittelt und ging ruhig zu seinem Platz zurück. Aber bevor er sich hinsetzte, wurde er wie von einem elektrischen Strom berührt, ging schwungvoll zum Mikrophon zurück und sagte:

— Oh, entschuldigen Sie, ich habe vergessen, Ihnen eine sehr wichtige Sache zu sagen: das Einzige, was im Leben wirklich der Mühe wert ist, wirklich das Einzige, ist, sich für das Heil der Seelen zu opfern.[44]

Dann ging er an seinen Platz zurück.

— Jesus! sagte ich zutiefst bestürzt, ich habe deine Botschaft hundertprozentig kapiert!

---

44 Diese «Sache» ist ganz besonders die Sache Christi, und man kann sie nur von ihm, durch die Gnade der Teilhabe bekommen. Eines der schönsten Beispiele, die ich dafür kenne, ist Marthe Robin.
Während Jesus sie in den 30er Jahren auf die Gründung der «Foyers de Charité» vorbereitete, bat er sie unter anderem, sich für die Wiedergutmachung für alle Entweihungen und Schändungen, die von so vielen Priestern begangen werden, aufzuopfern. Er gab ihr zu verstehen, daß er seit langem eine Seele gesucht hatte, die einverstanden wäre, die ganze Menschheit vor Gott zu vertreten, eine Seele, der er die unermeßlich große Gnade geben könnte für den Vater und für ihn zu leben und sich unablässig für sie kreuzigen zu lassen. Marthe schenkte ihm täglich neu ein absolutes Ja. Jesus vertraute ihr an, daß es nur ganz wenige Seelen gebe, die er in dieser Weise mit seinem ganzen Geheimnis vereinigen könne, die bereit seien, sich vorbehaltlos seinem Willen auszuliefern, um zur vollkommenen Vereinigung mit seinem Vater und ihm selbst zu gelangen. Und Jesus sagt ihr diesen bedenkenswerten Satz: «Alle scheuen zurück, wenn ich insistiere...» (Dieses Zitat habe ich von Pater Bondallaz, einem engen Freund von Marthe, der schon zum Vater heimgegangen ist.)

Botschaft vom 25. Oktober 1991

«Liebe Kinder! — Betet, betet, betet!»

Noch eine Geschichte einer Seele

— Auf Wiedersehen, Georgette. Wenn ich dich in Medjugorje treffen sollte, dann sei nicht beleidigt, wenn ich deinen Reisepaß sehen will... nur um sicher zu sein, daß du es auch wirklich bist!

Mit diesen Worten habe ich Georgette letztes Jahr in Montreal verlassen. Die Geschichte mit dem Paß ist ein Scherz zwischen uns, der auf ihr Konto geht: sie erscheint manchmal als Bilokation in Medjugorje! Ob ihr «zweiter Körper» auch einen Paß hat...?

Georgette mag es nicht, wenn man über sie spricht, sie möge mir vergeben...

Georgette Faniel ist 1915 in Montreal geboren, wo sie heute noch ist und ein verborgenes Leben in intensivem Gebet führt. Schon im Alter von sechs Jahren machte Jesus sie zu seiner Vertrauten und spricht zu ihr sowohl in ihrem Herzen, als auch so, daß sie ihn mit ihrem physischen Ohr vernimmt. Damals denkt sie, daß alle so wie sie die Stimme Jesu hören und erzählt nichts von ihren Erfahrungen. Später hört sie dann auch die Stimme des Vaters, des heiligen Geistes und die der Jungfrau Maria. Seit dem Alter von sechs Jahren leidet sie an einer Krankheit, unter der sie mehr und mehr leiden wird, bis sie schließlich invalide wird: ihre «himmlischen Begleiter» helfen ihr, dieses Kreuz in Frieden zu tragen und ihr Leiden mit dem Leiden Jesu zu vereinen.[45]

Georgette lebt auch mit den Engeln, die ihr ganz konkret in ihren materiellen und häuslichen Aufgaben — manchmal mit viel Humor — helfen. Mehr als einmal kam es vor, daß sie eine Arbeit erledigt vorfand, obwohl sie selbst sie wegen starker Schmerzen nicht hatte beenden können... Das hatten dann die Engel übernommen!

1950 erhält sie die Wundmale Jesu und erleidet seine Passion.

45 Zu diesem Thema gibt es folgende Cassette: «Fruchtbares Leiden», von Y. Villedieu, Diakonia (Nr. 51).

Ich will hier nicht all die erstaunlichen Ereignisse des mystischen Lebens von Georgette erzählen, dafür bräuchte es mehrere Bände! Aber es gibt ein Schlüsselereignis, das ganz bestimmt alle Medjugorje-Freunde erfreuen wird: am Karfreitag 1985 hatte Georgette sich dem Ewigen Vater als Liebesopfer angeboten. Da bat der Herr sie um etwas Einzigartiges, das ihre völlige Hingabe noch um ein Vielfaches vertiefte: «*Ist sie bereit, ihr Leben, alle ihre Leiden und ihre Gebete aufzuopfern, damit die Wahrheit der Erscheinungen von Medjugorje anerkannt werde?*»

Georgette hatte durch ihren Seelenführer, Pater Girard, von Medjugorje erfahren. Seitdem «arbeitet» sie Tag und Nacht (sie schläft nur eine Stunde) im Interesse von Medjugorje, indem sie sich für die Seher, die Franziskaner der Gemeinde, den Ortsbischof und natürlich alle Gemeindeglieder und Pilger aufopfert.

Wann immer die Seher oder die Franziskaner zu einer Mission in Kanada sind, versäumen sie es nicht, Georgette zu besuchen, die zu ihrer geistlichen Familie gehört. Sie kennt Medjugorje besser und genauer als manche, die dort geboren sind! Dabei ist sie durch ihren Gesundheitszustand an ihr Haus gefesselt und kann nicht nach Medjugorje reisen. Die Bilokation ist für sie wie für Sr. Faustyna oder Pater Pio die Lösung, die Gott anbietet!

Ich selbst bin zutiefst davon überzeugt, daß die außerordentliche Fruchtbarkeit von Medjugorje auf der ganzen Welt diesen Seelen zu verdanken ist, die sich in der Verborgenheit ihres Zimmers aufopfern und bis zum Blut gegen die Mächte der Finsternis kämpfen und so vom Herzen Gottes die wertvollsten Siege erlangen: Georgette gehört ganz besonders zu diesen Seelen.

Jeden Tag fühle ich ihre Gegenwart, und wenn ich eine Aufgabe für die Gospa zu erfüllen habe, dann trägt mich ihre Unterstützung, und wir arbeiten wie ein Tandem zusammen. Ich weiß auch, daß sie alle Beleidigungen gegen die Königin des Friedens, alle Machenschaften, die gegen Medjugorje angezettelt werden, unsere Gleichgültigkeit den Botschaften gegenüber, unsere Spaltungen und unsere Lauheit heftig, bis zur Agonie fühlt.

Georgette ist über die fundamentale Rolle, die Johannes Paul II. für Medjugorje spielt, aufgeklärt worden, und sie verfolgt innerlich, wie auf einem mystischen Bildschirm, den großen Kampf um das Heil der Menschheit, der in Medjugorje ausgetragen wird. Doch lassen wir sie selbst zu Wort kommen:

— Seitdem der Ewige Vater mich gebeten hat, meine Leiden und Gebete für Medjugorje aufzuopfern, tobt Satan viel mehr als früher gegen mich.

(Schon vorher ließ er sie nie in Ruhe und versuchte, sie körperlich zu ersticken und mit allen Mitteln zu vernichten. Vor allem wiederholt er ihr ständig, daß sie verdammt sei, daß sie ihr Leben lang nur gelogen habe, und daß sie sogar ihren Seelenführer angelogen habe in Bezug auf Satan.)

Georgette erlebt, wie die hl. Therese, die Gnade der Herzdurchbohrung.

— Das ist wie ein brennender Feuerpfeil, der das Herz durchbohrt. Der Schmerz ist sehr intensiv. Ich fühle dann, daß meine Seele unaufhörlich danken soll, während Jesus mein Herz verwundet. In diesen Augenblicken herrscht eine sehr große innere Freude in meiner Seele. Die größten Freuden der Welt verblassen neben dem, was ich in mir empfinde. Diese Verwundung macht mich dem gekreuzigten Jesus ähnlicher, weil ich meinen Willen mit dem des Vaters vereine wie Jesus es sein ganzes Leben lang, und vor allem am Kreuz getan hat.

Der Vater bittet mich diese Wunden für den Heiligen Vater, für die geweihten Seelen, für die Priester in Medjugorje und für die Seher aufzuopfern, damit sie vor ihren sichtbaren und unsichtbaren Feinden beschützt werden, und für die Bischöfe von Ex-Jugoslawien und all diejenigen, die unser Gebet brauchen. Das mache ich mir zur Aufgabe. Seitdem ich Medjugorje kennengelernt habe, bete ich und opfere mein Leiden dafür auf, daß die Authentizität der Erscheinungen so schnell wie möglich anerkannt werde. Ich opfere sie auf, damit die Botschaft der Königin des Friedens überall wahrheitsgemäß verbreitet werde.

Eines Tages, nachdem ich dafür gebetet hatte, daß die Erscheinungen anerkannt werden und die Hindernisse verschwinden, sah ich die Jungfrau Maria weinen. Ich war überzeugt, daß sie wegen der Situation von Medjugorje weinte. Wenn ich sie über die geweihten Seelen weinen höre, dann ist das ein Schluchzen wie bei einem körperlichen

Schmerz. Im Fall von Medjugorje hörte ich kein Schluchzen. Sie weinte reichlich, aber in aller Stille und mit der Würde einer Mutter und Königin. Sie bittet um unser Gebet für die Priester von Medjugorje und für die Priester, die diesen gesegneten Ort besuchen, für die Pilger und die Seher, damit sie dem treu bleiben, worum sie sie bittet.

Mit sehr großem Nachdruck bittet sie uns darum zu beten, daß die Kirche durch die Macht des Heiligen Geistes die Authentizität der Erscheinungen in Medjugorje anerkennt. (...)

In meinen Gebeten erzähle ich dem Ewigen Vater über Maria, die Königin des Friedens. Das bereitet ihm Freude, denn alles, was die Mutter Jesu betrifft, tröstet ihn. Ich bitte ihn vor allem darum, daß die Botschaften der Jungfrau Maria unbescholten bleiben, damit alles mit Zuverlässigkeit und Wahrheit dargestellt werde.

Für mich ist Maria die unsichtbare Gegenwart in der Welt, die den Frieden bringt; der Heilige Vater Johannes Paul II. ist die sichtbare Gegenwart, die diesen Frieden erbittet. Diese Botschaft des Friedens wird dann der Welt durch den Friedensboten Johannes Paul II. gebracht.[46]

Georgette ist eines der herrlichsten Schmuckstücke von Medjugorje. Wenn Sie sie einmal im Himmel treffen werden, brauchen Sie sie nicht mehr nach ihrem Paß zu fragen. Ich glaube, daß die Königin des Friedens selbst Ihnen erzählen wird, was ihr diese kleine Dame in dem blauen Morgenmantel dort in Montreal bedeutet hat...

---

46 Diese Worte habe ich selbst aus Georgettes Mund gehört. Sie sind auch in einem anderen Buch festgehalten: «Marie, Reine de la Paix, demeure avec nous», éd. Paulines, 1987. Dieses Buch ist nicht auf Deutsch erhältlich.

Botschaft vom 25. November 1991

«Liebe Kinder! — Auch diesmal rufe ich euch zum Gebet auf. Betet, damit ihr begreifen könnt, was euch Gott durch meine Gegenwart und durch die Botschaften, die ich euch gebe, sagen möchte. Ich möchte euch alle immer näher zu Jesus und Seinem verwundeten Herzen bringen, damit ihr Seine unermeßliche Liebe begreifen könnt, die sich für jeden von euch geschenkt hat. Deshalb, liebe Kinder, betet, damit aus euren Herzen eine Quelle der Liebe zu jedem Menschen zu fließen beginnt — auch zu jenen, die euch haßen und verachten. So werdet ihr mit der Liebe Jesu das ganze Elend in dieser traurigen Welt besiegen können, die ohne Hoffnung für diejenigen ist, die Jesus nicht kennen.

Ich bin mit euch und liebe euch mit der unermeßlichen Liebe Jesu. Danke für alle Opfer und Gebete! Betet, damit ich euch noch mehr helfen kann! Eure Gebete sind mir notwendig. Danke, daß ihr meinem Ruf gefolgt seid!»

Das Gebet vom 2. des Monats

Nach dem zu schließen, was Mirjana uns berichtet hat, sind die «Ungläubigen» wie Magneten, die die Übel der Menschheit anziehen. Gut zu wissen... denn wenn man diese Magneten abschafft, dann haben die Übel keine oder weniger Angriffsmöglichkeiten auf unserer Erde!

Wenn die Pilger Mirjana, diese friedvolle und strahlende junge Frau daherkommen sehen, rechnen sie nicht damit, aus ihrem Mund eine beeindruckende Liste der modernen «ägyptischen Plagen» zu vernehmen, die wir den Ungläubigen verdanken. Denn jeder hat mindestens einen Ungläubigen in seiner Familie...

— Die Gospa sagt, daß *«das Böse, das heute auf der Welt geschieht wegen der Ungläubigen geschieht. Die Kriege, die Spaltungen, die Selbstmorde, die Drogen, die Scheidungen, die Abtreibungen... all das geschieht durch die Ungläubigen.»* Die Gospa nennt sie nicht *«Ungläubige»*, sondern *«die, die die Liebe Gottes noch nicht kennen»*. Sie liebt sie, weil sie ihre Mutter ist, aber sie leidet viel wegen ihnen. Sie bittet uns, jeden Tag für sie zu beten. Wenn Sie nur ein einziges Mal die Tränen sehen könnten, die wegen der Ungläubigen über ihr Gesicht laufen, würden Sie sich sofort entschließen, jeden Tag für sie zu beten. Mit jedem Gebet wischen Sie ihre Tränen ab. *Die Gospa bittet um unsere Hilfe, denn durch unser Gebet können wir sie verändern.*

Mirjana ist überaus feinfühlig. Sie hat es abgelehnt, die Hölle zu sehen. Sie war von der kurzen Vision des Fegefeuers so schockiert, daß sie zu Maria sagte: «Das genügt mir! Die Hölle möchte ich nicht sehen.»

— Die Gospa bittet uns, in unseren Gebetsanliegen die Ungläubigen an die erste Stelle zu setzen. Für sie zu beten heißt für unsere Zukunft zu beten, für die Zukunft unserer Kinder und für ihre Sicherheit... Seit 1987 kommt die Gospa am 2. jedes Monats, um mit mir in diesem Anliegen zu beten.[47] Manchmal bleibt sie sehr lange! Sie hat mich Gebete für die Ungläubigen gelehrt, die sonst nur Vicka noch kennt. Ich kann Ihnen jetzt noch nicht sagen, um was für Gebete es sich dabei handelt, aber später dann.

Die Gospa sagt, daß es sogar in den Kirchen viele Ungläubige gibt; zum Beispiel diejenigen, die aus Gewohnheit kommen oder um andere zu treffen, aber nicht um Gott zu begegnen.

Und Mirjana fügt hinzu:

— Es ist schrecklich, sein ganzes Leben ohne Gott zu leben und im Augenblick des Todes zu merken, daß man das Wesentliche versäumt hat; denn wir haben nur ein Leben! Wenn wir diesen Menschen helfen wollen, müssen wir sie zuerst lieben und dann für sie beten. Alles übrige macht die Gospa. Das habe ich in Sarajevo ausprobiert, wo ich von vielen ungläubigen Studenten umgeben war. Ich sagte der Gospa: «Ich tue meinen Teil, Du mußt jetzt den Deinen tun!»

Dieser Aufruf wird viel zu wenig beachtet, möge er doch heute ein Echo in unseren Herzen finden! Möge unser Teil nicht fehlen an dem Tag, an dem jeder von Gott den Lohn für seine Werke erhält, die im Feuer geprüft wurden.

---

47 Mirjana erklärt, daß die Heilige Jungfrau den 2. jedes Monats nicht zufällig gewählt hat. «Man wird den Sinn dieser Wahl verstehen, wenn die Geheimnisse offenbart werden; dieser Tag wird eine große Bedeutung haben», sagt sie.

Pilger aus Südfrankreich haben mit Freude angefangen, der Gospa eine bedeutende Hilfe für die Ungläubigen zu schenken: sie haben in ihrer Kirche «das Gebet des 2. des Monats» eingeführt. Eine ausgezeichnete Initiative!

Gleich am Anfang konnten sie feststellen, wie sehr ihr Gebet Gott erfreute, denn er ermutigte sie spürbar dazu und tut dies auch weiterhin:

— Folgendes ereignete sich am 2. Juli während eines Gebetes, nachdem wir aus Medjugorje zurückgekommen waren, erzählt Jean-Pascal. Wir waren erschüttert über die Botschaft, die Mirjana am 18. März 1990 bekommen hatte: «*Ich komme, um euch um eure Hilfe zu bitten: vereinigt euch mit mir im Gebet für die, die nicht glauben. Ihr helft mir sehr wenig! Ihr habt wenig Barmherzigkeit oder Liebe...*»

Wegen der Ferienzeit waren wir nur zu fünft, aber um so entschlossener, der Heiligen Jungfrau zu helfen! An diesem Abend hatten wir über zwei Stunden lang gebetet, Lobpreis, Fürbitten für die Ungläubigen... usw. Plötzlich riechen drei der Anwesenden einen ganz zarten Duft, obwohl sich in der Kirche keine Blumen befanden. Wir beschließen, am 2. August wieder zum selben Gebet zusammenzukommen, und dann an jedem 2. des Monats. Am 2. September waren wir etwa 30 Leute. Nach einem Sprachengesang hat eine Frau eine Vision, ohne etwas davon zu sagen: die Heilige Jungfrau steht in einem herrlichen Kleid da und aus ihrem Herzen ergießen sich Ströme von Wasser über die ganze Versammlung und über die ganze Welt, wie um sie zu waschen. Gleichzeitig bemerkt diese Frau, daß viele den Kopf heben und flüstern: «Hörst du das Wasser? Was ist das? Da muß irgendwo ein schlimmer Rohrbruch sein!»

Zweimal werden die Anwesenden durch dieses laute Geräusch von wasserfallartig fließendem Wasser vom Gebet abgelenkt. Manche sprechen von «Wassersäulen». Am Ende des Gebets sucht Jean-Pascal den Pfarrer, um ihm zu sagen, daß er sich auf eine schlimme Überschwemmung in seiner Kirche gefaßt machen muß, irgendwo in der Kanalisation muß das Geräusch entstanden sein, doch seltsamerweise kommt der Lärm mitten aus dem *Innern* der Kirche und nicht von den Seitenwänden.

— Unmöglich! erwidert der Priester. Diese Kirche ist die einzige in der ganzen Diözese, die keine einzige Wasserleitung hat. Kein einziges Rohr, keinen Wasserhahn! Das macht ja alles so schwierig hier, vor allem beim Putzen!

Da begriffen alle, daß es eine Ermutigung vom Himmel gewesen war.

Einige Monate später betete eine Frau in der Kirche, während sie auf die Stunde des «Gebetes vom 2.» am Abend wartete. Ohne es zu bemerken wurde sie versehentlich vom Pfarrer in der Kirche eingeschlossen. Als die anderen bei ihrer Ankunft die Türe unabsichtlich verschlossen fanden, begannen sie auf dem Vorplatz zu beten. In der Kirche dachte die Dame, daß sie die einzige sei, die zum Gebet des 2. gekommen war und begann, mit großer Inbrunst zu beten. Sie litt seit langem an Arthrose und konnte die Arme nicht einmal zum Aufhängen der Wäsche heben. Ihr Lobpreis war so leidenschaftlich, daß sie die Arme hob, um Gott zu loben und zu preisen. Völlig verblüfft bemerkt sie die Veränderung:

— Herr! Du heilst mich ja!

Die Heilung dieser Mutter von fünf Kindern dauert auch nach Jahren noch an.

Am 2. Mai 1996 hatte die Verantwortliche für die Liturgie ein Gesangbuch in der Kirche vergessen. Sie kam noch am selben Abend es zu holen, weil sie eine Chorprobe vorbereiten mußte. Die Gebetsgruppe des «Gebetes des 2. des Monats» war nach einem langen Gebetsabend schon gegangen. Wie groß war ihr Erstaunen als sie feststellte, daß die ganze Kirche bis in den letzten Winkel von einem köstlichen Duft erfüllt war. Sie blieb lange Zeit in der Kirche und fühlte sich wie im Himmel.

— Ich fühlte mich so wohl, daß ich die ganze Nacht dort hätte verbringen können, sagt sie.

Diese schöne Initiative des «Gebetes vom 2. des Monats» fand bald Nachahmer in der Gegend. Es bildeten sich weitere kleine Gruppen, und heute widmen viele Familien diesem Tag eine Gebetszeit, um zusammen mit Mirjana und Tausenden von anderen «der Gospa zu helfen...»

Botschaft vom 25. Dezember 1991

«Liebe Kinder! — Heute bringe ich euch auf besondere Weise den kleinen Jesus, damit Er euch mit Seinem Segen des Friedens und der Liebe segne. Liebe Kinder, vergeßt nicht, daß dies eine Gnade ist, die viele Menschen nicht begreifen und annehmen. Deshalb gebt ihr, die ihr gesagt habt, daß ihr mir gehört und meine Hilfe sucht, alles von euch. Zuerst gebt eure Liebe und euer Beispiel in euren Familien. Ihr sagt, daß Weihnachten ein Familienfeiertag ist; deshalb, liebe Kinder, gebt Gott in euren Familien den ersten Platz, damit Er euch den Frieden gibt, und damit Er euch nicht nur vor dem Krieg, sondern auch im Frieden vor jeder satanischen Versuchung schützt. Wenn Gott mit euch ist, habt ihr alles, aber wenn ihr Ihn nicht wollt, seid ihr armselig und verloren und wißt nicht, auf wessen Seite ihr seid.

Deshalb, liebe Kinder, entscheidet euch für Gott, und dann werdet ihr alles bekommen. Danke, daß ihr meinem Ruf gefolgt seid.»

Ein Anhänger des Satanismus auf dem Berg

T. ist eine amerikanische Freundin von Marija. Jahrelang (bis 1991) wohnte sie bei ihr in Bijakovici, teilte ihr Familienleben und ihr apostolisches Wirken, ihre persönlichsten Sorgen und Freuden, und blieb während «dieser heldenhaften Zeit» hindurch an ihrer Seite, in der die Intensität des tägliches Lebens dem der Apostelgeschichte in nichts nachstand. In jener Zeit bildete die Heilige Jungfrau ihre auserwählten Kinder intensiv aus. Sowohl die Seher als auch die Gebetsgruppen hingen an ihren Lippen, denn sie erklärte ihnen alles, damit sie eine solide Grundlage für den Weg zur Heiligkeit erhielten. Durch eine einzigartige und unverhoffte Gnade wurde T. in diese Schule der Gospa eingeführt.

1988 begann die Heilige Jungfrau, fast täglich über ihren besonderen mütterlichen Segen zu sprechen. Wie eine Mutter ging sie dabei in kleinen Abschnitten vor. In dieser Zeit durchlebte Marija eine schmerzliche Prüfung, und die Heilige Jungfrau sprach oft mit ihr über die Freude. Durch diese übernatürliche Freude offenbarte sie nach und nach diese bemerkenswerte Gabe ihres besonderen mütterlichen Segens. Diese Wochen ganz persönlicher Unterweisung bereiteten den Tag vor, an dem sie diesen berühmten Segen allen Pilgern geben sollte.

Dieser große Tag fiel auf den 15. August 1988. An diesem Abend waren Zehntausende von Menschen auf dem Erscheinungsberg Podbrdo. Eine Gnade intensiver Freude strömte in alle Herzen, und in jener Nacht machte jeder die Erfahrung der Trunkenheit im Heiligen Geist. Die Heilige Jungfrau gab allen ihren besonderen mütterlichen Segen. Nur die kleine Gruppe der Eingeweihten um Marija wußte, worum es sich handelte, aber alle hatten ihn tatsächlich mit folgender Anweisung erhalten: *«Gebt ihn allen Geschöpfen weiter.»* Trotz der Steine auf dem Weg stiegen alle fast tanzend vom Krizevac hinunter, so wie die Apostel wohl trunken vor Freude vom Berg Thabor heruntergekommen sein mochten.

T. war als eine der ersten unten, denn sie war zusammen mit der Gebetsgruppe die steil abschüssigen Wege gegangen, die die Pilger nicht kennen. Da kommt eine kleine Gruppe Pilger auf sie zu und bittet sie, ihnen zu sagen, wovon in der Botschaft die Rede war, da sie nicht in ihrer Sprache übersetzt worden war. Während T. Wort für Wort die Botschaft wiederholt, fällt ihr Blick auf den Hang des Berges, und was sieht sie? Einen etwa 30jährigen Mann, mit einem grauenhaften, haßverzerrten Gesicht, der sich vor Zorn wand und sie mit seinen Höllenaugen anstarrte! T. bekam in ihrem Herzen einen Schock! Wie kann man in solch einem Zustand sein, wenn man gerade ein so schönes Geschenk von der Gospa bekommen hat!? fragte sie sich. Dieser Mann bildet einen scharfen Kontrast zu dem Strom der Freude, der vom Berg herabfließt. Er kommt geradewegs auf T. zu. Will er sie töten? T.'s Herz vergeht vor Mitleid mit diesem sichtlich satanisch besessenen Bruder. Jetzt ist sie es, die ihm fest in die Augen schaut und ihm schweigend aus ganzem Herzen und ganzer Seele den besonderen mütterlichen Segen gibt. Sie fleht zur Gospa, sie möge ihr Versprechen für ihn wahr machen: damit der Vater ihn bewahre!

Als der Mann bei ihr ankommt, wirft er ihr einen letzten schwarzen Blick zu und geht weg! T. vergißt diese Begebenheit schnell, denn in jener Nacht wurde in Marijas Haus kaum geschlafen...

Am nächsten Abend, als sie gegen 21 Uhr die Kirche verläßt, spricht ein Mann sie an und besteht darauf, sogleich mit ihr zu reden. Er ist es! Es ist der Mann von gestern abend! Aber er ist gar nicht mehr derselbe, ein ungewöhnlicher Friede ist an die Stelle der höllischen Flammen in seinen Blick getreten...

— Erkennen Sie mich wieder? Was haben sie gestern abend gemacht? Sagen Sie es mir! Haben Sie etwas gemacht?

— Ja, antwortet T. ruhig, sicher habe ich etwas gemacht!

Sie schickt sich an, ihm alles zu erklären, als der Mann ihr das Wort abschneidet:

— Lassen Sie mich erst meine Geschichte erzählen! Hinterher sagen Sie mir dann, was Sie gemacht haben. Also, ich bin Pilger, 30 Jahre alt und Arzt. Vor drei Jahren bin ich zum ersten Mal nach Medjugorje gekommen. Damals nahm ich an satanischen Kulten teil, aber nach acht Tagen Aufenthalt hier war ich dank der Hilfe eines Priesters vollkommen befreit und bekehrt. Ich wollte eigentlich noch drei Monate länger bleiben, um meine Bekehrung zu vertiefen und zu stärken. Aber ich war sehr stolz. Als ich nach hause zurückgekehrt war, sagte ich mir: «Ich werde meine satanischen Ex-Freunde besuchen. Ich werde ihnen über Gott, über Medjugorje, über die Erscheinungen Mariens erzählen, und ich werde es schaffen, sie zu bekehren.» Das Resultat war, daß ich nach einem Monat bei ihnen schlimmer war als alle anderen zusammen und zum Gruppenchef befördert wurde. Später, als ich erfahren hatte, daß zu Mariä Himmelfahrt in Medjugorje eine große Feier stattfinden sollte, beschloß ich, ebenfalls hinzufahren, jedoch im Auftrag für Satan. Ich bin auf den Podbrdo gestiegen, um dort die satanischen Riten auszuführen und um Schaden anzurichten. Als ich beim Hinuntersteigen sah, daß Sie dabei waren, die Botschaft der Heiligen Jungfrau weiterzugeben, flammte ein namenloser Haß in mir auf und ich wollte Sie töten! Doch dann haben Sie ihren Blick auf mich gerichtet und mich angeschaut. Da habe ich gespürt, daß etwas in mir geschah, denn plötzlich war ich ganz verwirrt. Ich ging an Ihnen vorbei und konnte Ihnen nichts tun, so sehr hatte mich diese Verwirrung niedergeschmettert. Ich ging ins Bett, konnte aber die ganze Nacht nicht schlafen. Obwohl ich doch mit Leib und Seele Satan angehörte, stieg ständig ein völlig unerwartetes Gebet in mir auf: «O Vater im Himmel, ich weiß, daß du da bist, verlasse mich nie wieder!» Es war völlig unmöglich, diesem Gebet zu widerstehen, ich betete die ganze Nacht! Ganz früh am Morgen ging ich hinaus, um einen Priester zu suchen. Ich fand auch einen, Pater Pavic, und beichtete ihm alles. Am Schluß hat er einen Exorzismus über mir gebetet. Aber sagen Sie mir jetzt, was Sie gemacht haben?

— Sie haben selbst gerade gesagt, was ich getan habe...

— Wie meinen Sie das?

— Ja, Ihre Geschichte ist für mich eine unerwartete Bestätigung all dessen, was die Gospa uns in letzter Zeit gelehrt hat.[48] Gestern Abend hat sie uns ihren besonderen mütterlichen Segen gegeben und uns gebeten, ihn an alle weiter zu geben. Aber zuvor hatte sie uns genau[49] erklärt, welche besondere Gnade dieser Segen vermittelt: nämlich, daß der Himmlische Vater es sich zur Pflicht macht, bis zum Lebensende bei jeder so gesegneten Person zu bleiben und ihr in besonderer Weise bei ihrer Bekehrung zu helfen.

Als ich Sie den Berg herunterkommen sah, tat es mir sehr weh, ich verstand nicht, wie jemand nach einer so schönen Freudenfeier so von Haß gequält sein kann! Sogleich setzte ich die Bitte der Heiligen Jungfrau in die Tat um, gab Ihnen ihren besonderen mütterlichen Segen und bat den Himmlischen Vater, an Ihrer Seite zu bleiben... Das ist alles, was ich getan habe! Maria hat den Rest gemacht, sie hat ihr Versprechen gehalten. In dem Gebet, das jetzt in ihnen wohnt, wiederholen Sie ohne es zu wissen die Worte, die die Heilige Jungfrau selbst gesagt hat: *«Daß der Vater an Ihrer Seite bleibt, und daß er Sie nie mehr verläßt...»*

Sehen Sie! Der Segen der Gospa hat Satan in Ihnen entwaffnet, und der Vater konnte Ihnen seine Liebe zeigen! Was für eine Bestätigung!

48 Im Laufe dieses «Trainings» der Gospa, gab es ein Gründungsereignis am 16. Juli 1988, also einen Monat vor Christi Himmelfahrt. Siehe Kapitel «Die Cafés am Comersee» (25.6.92), Seite 141.
49 Siehe Fußnote 29, S. 77.

Rückblick auf 1991

26. Januar: Der Erzbischof von Split, Monsignore Franic, feiert in Medjugorje die hl. Messe.

18. März: Mirjanas jährliche Erscheinung:

«Liebe Kinder, ich bin glücklich, daß ihr so zahlreich versammelt seid. Ich wünsche, daß ihr euch oft im gemeinsamen Gebet zu meinem Sohn versammelt. Vor allem wünsche ich, daß ihr Gebete für diejenigen unter meinen Kindern aufopfert, die weder meine Liebe noch die Liebe meines Sohnes kennen. Helft ihnen, diese Liebe kennenzulernen. Helft mir als Mutter eines jeden einzelnen von euch.

Meine Kinder, wie oft habe ich euch in Medjugorje schon zum Gebet eingeladen, und ich werde es auch weiterhin tun! Denn ich wünsche, daß ihr eure Herzen meinem Sohn öffnet, daß ihr ihm erlaubt, in euch einzuziehen und euch mit Frieden und Liebe zu erfüllen. Erlaubt es ihm, laßt ihn ein! Helft ihm durch eure Gebete, seinen Frieden und seine Liebe über die anderen auszugießen, denn das habt ihr in dieser Zeit des Kampfes gegen Satan mehr als nötig.

Ich verspreche euch, meine Kinder, ich werde für euch beten. Aber ich erwarte von euch mehr Gebet, und ich lade euch ein, den Frieden und die Liebe zu verbreiten, wie ich euch nun schon seit zehn Jahren hier in Medjugorje bitte. Helft mir, und ich bete für euch zu meinem Sohn.»

11. April: Konferenz der jugoslawischen Bischöfe über Medjugorje, die den bereits zitierten Text über die gegenwärtige Stellung der Kirche herausgibt: offizielle Wallfahrten sind verboten, private «erlaubt».

Ostern: Einweihung der Gemeinschaft Zönakel mit Schwester Elvira. Sie nimmt ehemalige Drogensüchtige mit dem Ziel auf, sie durch Gebet, brüderliches Leben, Arbeit... zu einer «Auferstehung» zu führen.

6. Juni: Alphonsine, die Seherin von Kibého (Ruanda, Afrika) macht diskret eine Wallfahrt nach Medjugorje.

25. Juni: 10. Jahrestag der Erscheinungen. Eine riesige Menschenmenge! Kroatien erklärt seine Unabhängigkeit.

26. Juni: Der Krieg beginnt. Die föderalistische serbische Armee marschiert in Slowenien, dann in Kroatien ein. Vicka fährt aus Gesundheitsgründen nach Österreich. Sie wird an einer Lunge operiert, bleibt aber anfällig.

Juli: Jelenas Gebetsgruppe löst sich auf. Jelena geht in die USA, um an der Franziskaner-Universität von Steubenville ihr Theologiestudium aufzunehmen.

August: Der Franziskaner P. Jozo Zovko verläßt Tihaljina. Er wird zum Guardian des Klosters von Siroki-Brieg ernannt. Pater Orec, der Pfarrer von Medjugorje, wird durch Pater Ivan Landéka ersetzt.

10. November: Die Gemeinschaft der Seligpreisungen findet endlich ein Haus in der Nähe der Kirche. Es ist das Haus von Bernard Ellis und wird «*Ephesus*» genannt.

2. Dezember: Ivan hat seine Erscheinung in der nationalen protestantischen Kathedrale von Washington, der Bastion der Reformierten Kirche in den USA.

Dezember: Pater Slavko hält im Domus Pacis seine ersten «Fasten- und Gebet»-Exerzitien. Durch Marija gibt die Heilige Jungfrau den 20 jungen Teilnehmern eine Botschaft: «Geliebte, oh, wie einfach wäre es für mich, den Krieg zu beenden, wenn ich mehr Menschen fände, die beten, wie ihr jetzt betet!»

Das Jahr 1992

Botschaft vom 25. Januar 1992

«Liebe Kinder! — Heute rufe ich euch zur Erneuerung des Gebetes in euren Familien auf, so daß jede Familie meinem Sohn Jesus zur Freude werde. Deshalb, liebe Kinder, betet und sucht mehr Zeit für Jesus; dann werdet ihr alles begreifen und annehmen können, auch die schwersten Krankheiten und Kreuze. Ich bin mit euch und möchte euch in mein Herz aufnehmen und euch beschützen, aber ihr habt euch noch nicht entschieden. Deshalb, liebe Kinder, verlange ich von euch, daß ihr betet, und daß ihr mir durch das Gebet erlaubt, euch zu helfen. Betet, meine lieben Kinder, damit euch das Gebet zur täglichen Nahrung werde! Danke, daß ihr meinem Ruf gefolgt seid!»

Bei den Nazis betreibt Maria Sabotage

In meiner Familie waren wir sechs Kinder, und heute ist jeder auf seine Weise im Dienst der Heiligen Jungfrau. Was mich angeht, so werde ich nicht müde, jeden Tag neu darüber zu staunen, hier in Medjugorje stationiert worden zu sein, um mit Ihr für Ihre Pläne zusammenzuarbeiten. (Als ich hier ankam, warnte ich sie: «Du hast mich auserwählt? Du kennst mich, du tust es auf eigene Gefahr!») Offen gestanden war meine Freude riesig und ist es auch geblieben; um so mehr als ich nach sieben Jahren feststelle, daß sie mich noch immer behält!

Aber ich weiß wohl, daß die Wurzeln dieser Erwählungen und marianischen Gnaden oft ziemlich weit in den Familienstammbaum zurückführen. Auf den ersten Blick mag es viel verlangt scheinen, als Familie den Rosenkranz zu beten, aber in Wirklichkeit ist er eine wunderbar fruchtbare Quelle von Schutz und Segnungen für die Nachkommen. Daß mein Bruder Bruno dem Tod so oft entgangen ist, bleibt ein Geheimnis. Die anderen Geschwister entkamen wie durch Zauber fürchterlichen Fallen (das schließt natürlich Leiden nicht aus). Was mich angeht, wenn ich Ihnen alles erzählen wollte...!

Aber lassen Sie mich erzählen, wie es meinem Vater ergangen ist. Er war Einzelkind und hatte bereits seinen Vater verloren, als er 1940 der Résistance beitrat. Sein Kommando bestand aus zehn Männern, die alle von der Gestapo gefangen genommen und nach Deutschland gebracht wurden, nachdem sie einem englischen Piloten zu Hilfe geeilt waren. Seine Mutter blieb alleine zurück und hatte drei Jahre lang keine Nachricht von ihrem Sohn. Sie wußte, daß die Behandlung in den Konzentrationslagern unmenschlich war. Sie glänzte durch ein unermeßliches Vertrauen in die Heilige Jungfrau und betete Rosenkranz um Rosenkranz für die glückliche Heimkehr ihres Sohnes.

Eines Tages befahlen die SS-Leute den Gefangenen des Lagers in Hinzert, große Steinblöcke aus einem Steinbruch zu transportieren, um das Lager auszubauen. Mein Vater war so schwach, daß er kaum stehen konnte. Er ging also auf einen kleinen Steinblock zu, aber als er ihn aufhob, stürzte sich der Aufseher auf ihn, beschimpfte ihn und legte ihm einen riesigen Stein auf den Rücken. Mein Vater brach zusammen und war unfähig, wieder aufzustehen... Er begriff, daß seine letzte Stunde geschlagen hatte. Die Hunde stürzten sich auf ihn, Stockschläge prasseln auf ihn nieder... er hatte so viele Kameraden auf diese Weise sterben sehen! In seiner Verzweiflung schrie er in einem Atemzug zur Heiligen Jungfrau: «Hilf mir!». Und wie wenn das Gesetz der Schwerkraft einem unsichtbaren Befehl gehorchen würde, wog sein Steinblock plötzlich gar nichts mehr! Er hatte das Gewicht eines Konfettis! Das Leben meines Vaters war gerettet.

Ein anderes Mal, kurz bevor die Amerikaner 1945 das KZ Flossenburg befreien kamen, hatten die Deutschen beschlossen, den Gefangenen den Gnadenstoß zu geben, bevor sie selbst das Lager verlassen würden. Das sollte auf unerwartete Weise geschehen: die SS-Wachen gaben jedem für unterwegs einen kleinen Sack Hafer mit und ließen sie im Gänsemarsch abziehen. Unterwegs brachen sie aus Schwäche zusammen, wurden erschossen und in den Straßengraben geworfen. Nur ganz wenige überlebten. Als mein Vater mit seinem Hafersäckchen loszog, schrie er noch einmal zur Heiligen Jungfrau und sah einen Aufseher auf sich zukommen, der fragte: «Wo ist der Arzt?» Sie wollten für Notfälle einen da behalten. Mein Vater war Arzt. So konnte er in seiner Zelle bleiben und wurde kurz darauf von den Amerikanern befreit. Mein Vater war der einzige Überlebende von seinem ganzen Einzugsbereich.[50]

Ich höre ihn noch, als ich klein war, zu Hause am Eßtisch von der Mutter Gottes erzählen; er hatte eine wunderbare Gabe, Geschichten zu erzählen, und manchmal mußte ich so tun als ginge ich in der Küche etwas holen, um die Tränen zu verbergen, die mir in die Augen stiegen.

Eine andere sehr schöne Geschichte ist die von der ersten Begegnung zwischen meinem Vater und meiner Mutter am Tag seiner Rückkehr aus Deutschland, die sie einer neuen beeindruckenden Fügung durch die Heilige Jungfrau verdanken: meine Mutter hatte ihren zukünftigen Ehemann Maria geweiht und betete für ihn, ohne ihn zu kennen! Inzwischen ist mein Vater in die Ewigkeit eingegangen, und wenn meine Mutter über diese Zeit spricht sagt sie: «Dank sei Maria, der Königin des Friedens, für alles, was seit damals geschehen ist: Bruno, Emmanuelle, Vincent, Eric, Marie-Pia, Pascal...»

Welchen Platz räumen wir der Gospa ein? Der Apostel Johannes hat genau das Richtige gemacht, als er sie zu sich nahm![51]

---

50 Nach seiner Rückkehr aus den Konzentrationlagern bezeugte er immer wieder die Liebe, die er den Deutschen entgegenbringen konnte, weil er ihnen alles verziehen hatte.

51 Ich muß hier ergänzen, daß mein Vater all denen vergeben hatte, die ihm in den Konzentrationslagern Übles angetan hatten. Soweit ich mich erinnern kann, lag ihm am Herzen, diese Versöhnung dadurch sichtbar zu machen, daß er Deutsche in seinem Hause herzlich empfing. Manche meiner Brüder standen sogar im sprachwissenschaftlichen Austausch mit gleichaltrigen Deutschen. Im Herzen meines Vaters spürte man keine Rachsucht. Manchmal habe ich sogar gehört, wie er bestimmte Eigenschaften des deutschen Volkes pries. Er erklärte uns, daß dieses Volk durch einen schlechten Führer getäuscht und verraten worden sei, aber daß allen Völkern das passieren könnte und daß man der Vergangenheit nicht mit Haß anhängen sollte. Derart wuchsen wir Kinder in der Liebe und der Achtung aller Völker auf. Er lehrte uns, das Böse nicht anzurechnen, sondern jederzeit auf die Gnade zu bauen, die der Schöpfer in das Herz jedes Volkes hineingelegt hat. Diese seine Haltung war um so verdienstvoller, als er Jahre hindurch — nach seiner Rückkehr aus den Lagern — des Nachts schreiend aufwachte, weil er Alpträume hatte, in denen er sich wieder unter den furchtbaren Lagerbedingungen vorfand. Auf diese Art wurde mein Vater ein Beispiel für uns, wenn es uns auch im Augenblick selbst nur natürlich vorkam. Erst später wurde ich gewahr, bis zu welchem Punkt das Böse sich ausbreiten und erhalten konnte einfach durch Tatsache, daß man über Generationen hin die wirklichen oder die übertriebenen Untaten, die der Feind begangen hatte, weitererzählte. Diese teuflischen Verkettungen können Jahrhunderte lang andauern und den Frieden mehrerer Generationen zerbrechen. Mein Vater hatte uns dagegen gelehrt, diese teuflische Kette zu zerbrechen.
Heute danke ich ihm (der jetzt zum ewigen Vater heimgekehrt ist) von ganzem Herzen und bitte für diejenigen, die noch nicht verzeihen konnten, ob sie sich nun diesseits oder jenseits des Rheins befinden.

Botschaft vom 25. Februar 1992

«Liebe Kinder! — Heute rufe ich euch auf, daß ihr euch Gott durch das Gebet noch mehr nähert. Nur so werde ich euch helfen und euch vor jedem satanischen Angriff beschützen können. Ich bin mit euch und halte bei Gott für euch Fürsprache, damit Er euch beschütze. Doch eure Gebete sind mir dafür notwendig, und auch euer "Ja".

Ihr verliert euch leicht in materiellen und menschlichen Dingen und vergeßt, daß Gott euer höchster Freund ist.

Deshalb, meine lieben Kinder, nähert euch Gott, daß Er euch beschütze, und daß Er euch vor allem Bösen bewahre. Danke, daß ihr meinem Ruf gefolgt seid.»

Marcellos Film

Der junge Italiener Marcello ist 25 Jahre alt. Obwohl er nicht drogenabhänig war, hat er ein Jahr in der Gemeinschaft «Zönakel» (von Sr. Elvira) verbracht, wo er durch Gebet und Dienst den Ex-Drogensüchtigen half, aus ihrer Sucht herauszukommen. Da macht er während der «Gebet- und Fasten»-Exerzitien[52] von Pater Slavko eine Erfahrung, die unsere Aufmerksamkeit verdient.

In der Kapelle des *Domus Pacis* war das Allerheiligste ausgesetzt, und Marcello verbrachte lange Zeit in der Anbetung. Plötzlich läuft ohne Zutun seinerseits der Film seines Lebens mit unglaublicher Genauigkeit im Detail vor seinen Augen ab. Ereignisse aus seiner Kindheit und längst vergangenen Zeiten kommen hoch und andere, völlig vergessene Erlebnisse. Und aus näherer Vergangenheit sah er Dinge, die er nie unter diesem Blickwinkel betrachtet hatte. In einer gewissen Weise sieht Marcello sein Leben mit Gottes eigenem Blick. Der Heilige Geist offenbart ihm dabei den wirklichen Sinn seines

52 Während dieser fünftägigen Exerzitien beten die Teilnehmer und fasten bei Wasser und Brot und hören die Lehren von Pater Slavko an. Es ist empfehlenswert, davor schon wenigstens einmal in Medjugorje gewesen zu sein. Für weitere Informationen wenden Sie sich bitte an: Zupni Ured (= Pfarramt) 88266 Medjugorje – Bosnien-Herzegowina – Tel. 00 (387) 88.650.520. – Fax 00 (387) 88.651.444.

Lebens, und in welchem Maß er von Gott von Anfang an zärtlich geliebt wurde, selbst als er sich dessen gar nicht bewußt war.[53]

Am Ende dieser fünftägigen Exerzitien erzählt er folgendes:

— Es gab wie zwei Kategorien: die guten und die schlechten Dinge. Ich freute mich über die guten Dinge, über die schlechten konnte ich nicht mehr traurig sein, weil der Herr mir zeigte, wie er sich selbst dieses Schlechten bedient hatte, um es in Gutes zu verwandeln und mich an Ihn zu ziehen. Da fiel mir der Satz ein: «*Alles gereicht denen zum Heil, die Gott lieben.*» Sogar das Schlechte in meinem Leben hatte Gott benützt, um mich zu ihm zu führen, und ich war überwältigt zu sehen, auf welch wunderbare Weise es Gott gelungen war, mich sowohl durch das Schlechte wie durch das Gute hindurch zu führen. Ich habe verstanden, daß im Leben einzig die Liebe zählt.

Marcello ist jetzt wieder nach Italien zurückgekehrt.[54] Seine Erfahrung ist nicht die einzige dieser Art, denn die Gospa schenkt sie hier öfters als an anderen Orten. Es ist, als wolle sie durch lebendige Zeichen ihre Botschaften über die Liebe veranschaulichen: «*Euer einziges Mittel sei immer die Liebe.*» — «*Betet mit dem Herzen, fastet mit dem Herzen.*» — «*Die Liebe vermag alles.*»

Mögen diese Zeugen uns helfen, uns von neuem auf das einzige Ziel unseres Lebens auszurichten: die Liebe, die in Gott ihren Ursprung hat.

---

53 Siehe das Buch: «Jesus lebt», von P. Emiliano Tardif und J. Prado Flores, Vier-Türme-Verlag, 12. Auflage, 1994.

54 Das Mutterhaus der Gemeinschaft «Zönakel» befindet sich in Italien: Communita Cenacolo, via San Lorenzo 35, Saluzzo (Italia), Tel/Fax: 0039 175 46122. Es gibt weitere Häuser in Frankreich, Italien, Kroatien, Amerika, Österreich... Diese Häuser nehmen Drogensüchtige auf, die sich durch ein brüderliches Leben in Arbeit und Gebet helfen lassen wollen. Hunderte von jungen Menschen sind dort schon vor der Zerstörung bewahrt worden. Viele von ihnen konnten später heiraten und eine Familie gründen. (Für weitere Informationen nach Italien schreiben.)

Botschaft vom 25. März 1992

«Liebe Kinder! — Heute, wie nie zuvor, rufe ich euch auf, daß ihr meine Botschaften lebt und daß ihr sie in eurem Leben verwirklicht. Ich bin zu euch gekommen, um euch zu helfen, und deshalb rufe ich euch auf, euer Leben zu ändern, denn ihr habt einen beklagenswerten Weg eingeschlagen, den Weg des Verderbens. Als ich zu euch sprach: "Kehrt um! Betet! Fastet! Versöhnt euch!" habt ihr diese Botschaften oberflächlich angenommen. Ihr habt angefangen, sie zu leben, aber ihr habt es aufgegeben, weil es zu schwer für euch war. Nein, liebe Kinder! Wenn etwas gut ist, sollt ihr im Guten verharren und nicht denken: "Gott sieht mich nicht, hört mich nicht, hilft mir nicht!" Und so habt ihr euch wegen eures beklagenswerten Interesses von Gott und von mir entfernt.

Ich wollte durch euch eine Oase des Friedens, der Liebe und der Güte schaffen. Gott wollte, daß ihr durch eure Liebe und mit Seiner Hilfe Wunder wirkt und so ein Beispiel gebt. Deshalb sage ich euch folgendes: Der Satan spielt mit euch und euren Seelen, und ich kann euch nicht helfen, denn ihr seid weit weg von meinem Herzen. Deshalb betet und lebt meine Botschaften! Dann werdet ihr Wunder der Liebe Gottes in eurem alltäglichen Leben sehen. Danke, daß ihr meinem Ruf gefolgt seid!»

Und die Geheimnisse?

Unter den vielfältigen Zukunftsspekulationen, die unsere Welt so sehr beherrschen, ist eines hundertprozentig sicher: allesamt werden wir sehr überrascht sein von dem was Gott für uns vorbereitet.

In Medjugorje ist Ivanka die Seherin, die wohl am meisten über die Zukunft weiß, denn Maria hat sie ganze Hefte über die Zukunft der Welt füllen lassen.[55] Vicka weiß auch gut Bescheid, denn die Gospa hat ihr 1985 manche Dinge anvertraut, nachdem sie ihr ihr eigenes Leben in Worten und Bildern gezeigt hatte. Mirjana hingegen kennt das genaue Datum jedes Geheimnisses, wie Pater Tomislav Vlasic 1983 erklärte.[56]

---

55 Eines Tages wird sie diesen Text veröffentlichen, hat sie mir gesagt.

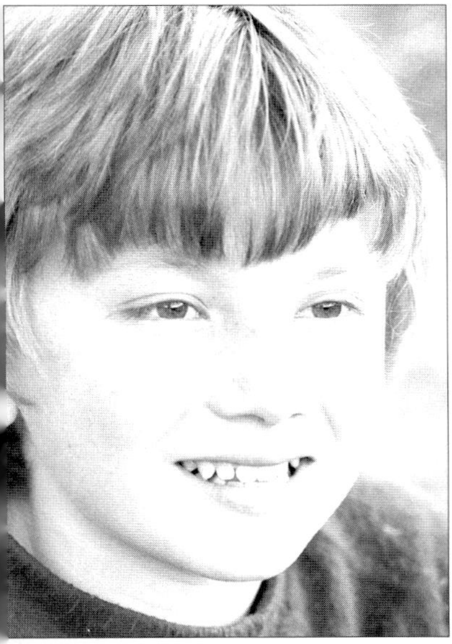

Jakov im Alter von neun Jahren

Vicka oder das Lächeln von Medjugorje

van, Marija, Jakov, Vicka und Ivanka am Erscheinungsort; rechts unten: Pater Slavko

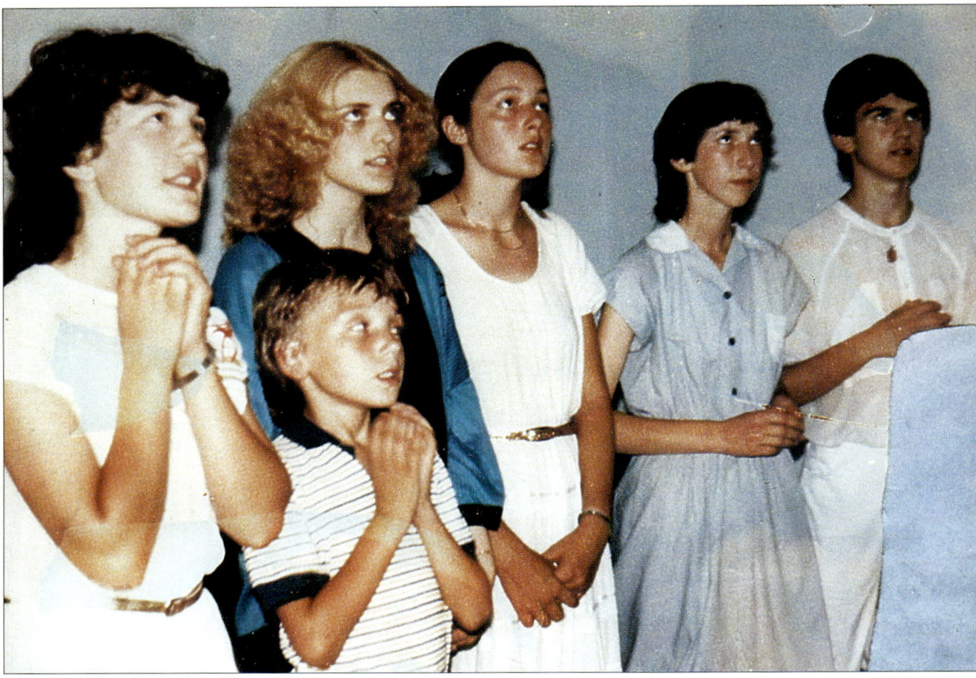

Eines der seltenen Fotos, das die sechs Seher während einer Ekstase zeigt: *«Ich erwähle nicht unbedingt die Besten»*, hat Maria zu ihnen gesagt

Pfarrer Jozo Zovko hat es teuer bezahlt, der «Pfarrer der Seher» zu sein: 18 Monate war er unter den Kommunisten im Gefängnis

Ivan: «Mit der Gospa habe ich einen unbefangeneren Umgang als mit euch Pilgern

«Vor der Muttergottes» – eine sehr ärmliche Wohnstätte

Die Kirche, die zum Beichtstuhl der Welt geworden ist

Ein kroatischer Soldat auf dem Podbrdo; *«nur Fasten und Gebet können den Krieg stoppen...»*

Unter den zu Hunderten zerstörten Kirchen ist auch die Franziskanerkirche in Mostar

Die Pilgerscharen haben die Schafe nicht vertrieben

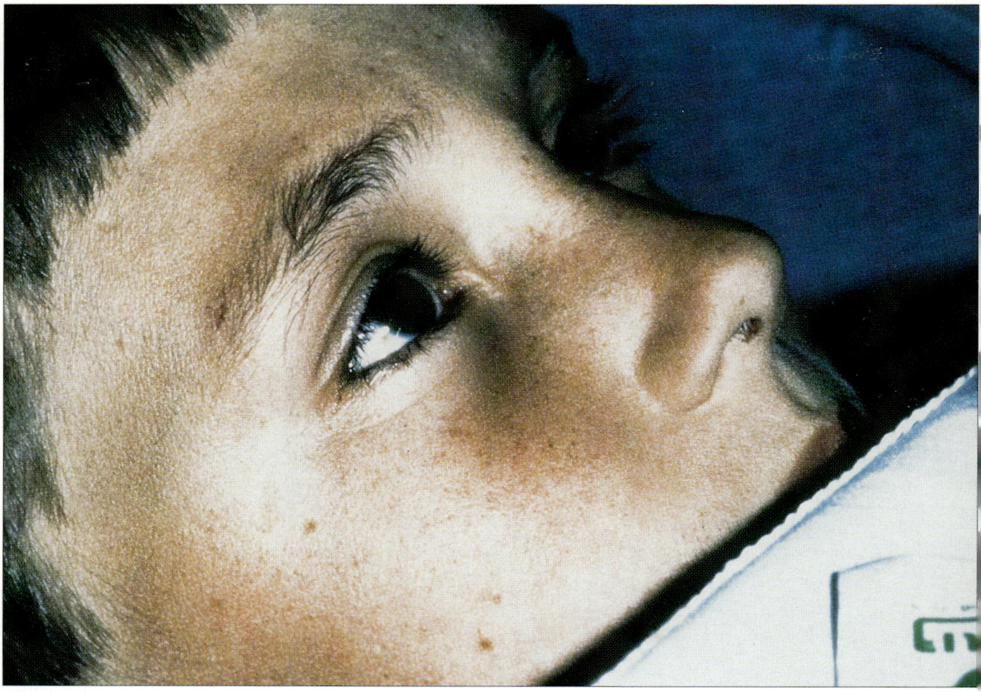

Jakov während einer Erscheinung im Jahre 1982: *«Ich brauche dich, du bist wichtig für mich»*, sagte ihm Maria; Jakov war 10 Jahre alt

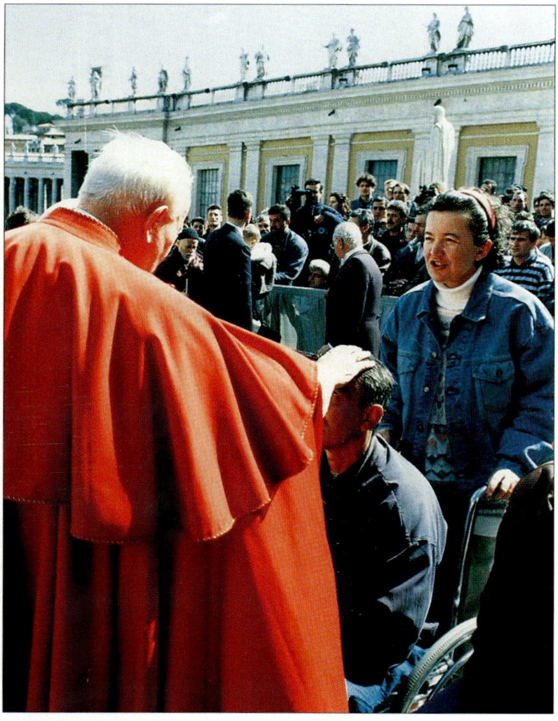

Johannes Paul II. empfängt die von Vicka begleiteten Kriegsversehrten: «Mut, ich bin mit euch!»

Johannes Paul II. empfängt eine kroatische Gruppe, zu der auch Mirjana (links) und Bischof Franic (rechts) gehören; Mirjana hatte ein 20minütiges Privatgespräch mit dem Heiligen Vater: «Wenn ich nicht der Papst wäre, wäre ich schon in Medjugorje gewesen», hat er ihr gesagt

Ein bedeutender Erscheinungsort: «das blaue Kreuz»; hier die Statue Mariens, wo schon zahlreiche Wunder geschahen

Mirjana während ihrer jährlichen Erscheinung (18. März 1991): *«Nehmt einmal im Monat an einer heiligen Messe für alle jene teil, die die Liebe Gottes nicht kennen»*

Mirjana, Marko und Marija: *«Satan will eure Familien zerstören»*, hat ihr Maria gesagt: *«Der in der Familie gebetete Rosenkranz ist die beste Waffe gegen ihn»*

Marija. Sie empfängt die monatlichen Botschaften, die für die Welt bestimmt sind; die Gospa hat ihr gesagt: *«Ich schenke dir meine Liebe, damit du sie an die anderen weiterschenkst»*

P. Svetozar und Vicka in Montréal bei Georgette Faniel, eine «Seelenverwandte» von Medjugorje

Jelena: Mit 12 Jahren gründete sie auf Bitten Mariens eine Gebetsgruppe; ihre Schönheit und ihr Zeugnis berühren viele junge Menschen

Der unermüdliche Pater Slavko Barbaric erläutert die letzte Botschaft

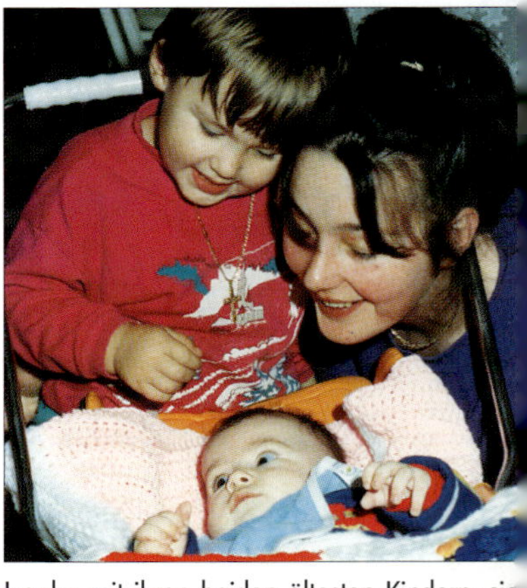

Ivanka mit ihren beiden ältesten Kindern; sie ist von den sechs Sehern die verborgenste; die Gospa hat ihr die Zukunft der Welt erzählt

Links:
Schwester Emmanuel durfte Papst Johannes Paul II. im November 1996 privat treffen

Rechts:
Kranke und Behinderte bewältigen den Aufstieg vom Berg Krizevac; alle steigen frohgemut, manche auch geheilt hinab

Die Pfarrei betet den Rosenkranz auf dem Podbrdo; Pater Petar wird zu gegebener Zeit die zehn Geheimnisse von Mirjana enthüllen

Mutter Teresa intensiviert ihre Verbindung mit Medjugorje

Denis Nolan, der seit 1987 in den USA die Medjugorje-Wochenenden veranstaltet; heute werden ungefähr 200 im Jahr organisiert

Wayne Weible (links), protestantischer Journalist und Verfasser eines Bestsellers über Medjugorje

Francis vor seinem Tod; in Medjugorje hat er «Ja» zur Heiligkeit gesagt

Christian und Colette Estadieu mit Vicka (1988); ihr Zeugnis hat Hunderte von Familien vor dem «Schiffbruch» bewahrt

Francis, Marijas *Liebling*, vor seinem Unfall

Colette einen Monat vor ihrem Tod im März 1996: «Die Gospa ist immer bei dir», hat ihr Vicka gesagt

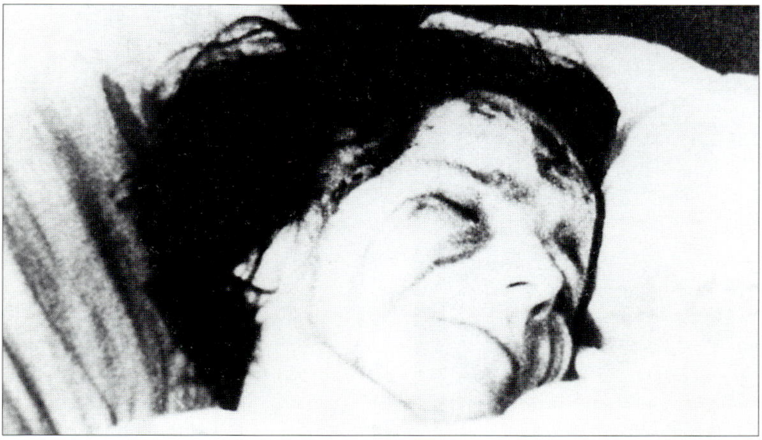

Marthe Robin, die französische Mystikerin, die drei Monate vor dem Beginn der Erscheinungen starb: *«Die Muttergottes wird Frankreich retten»*, hatte Jesus zu ihr gesagt

Ich habe mich oft gefragt, warum die Heilige Jungfrau, die doch normalerweise so klar und direkt eingreift, es für nötig hält, die Welt wissen zu lassen, daß sie Geheimnisse in den Herzen von einigen Kindern hinterlegt hat? Sie ist doch feinsinnig genug, um gewisse neugierige, aufgeregte oder vielleicht angstvolle Reaktionen vorherzusehen. Kann sie denn den Sehern diese Geheimnise nicht anvertrauen, ohne daß wir darum wissen? Viele Hirten der Kirche empfinden Unbehagen im Hinblick auf diese Geheimnisse und wollen sich damit nicht befassen: «Ach, wenn ich die Gospa wäre, würde ich nicht...» Ja, die Gospa stört manchmal unsere Seelsorge.

Die Gospa gibt Geheimnisse, weil sie Mutter, göttliche Mutter ist. Die Geheimnisse sind ein Akt reinster Liebe ihrerseits. Unter den Botschaften, die sie für uns bereit hält, sind auch einige, die etwas hart anmuten. Wir sind noch nicht reif dafür. Sie weiß, daß wir bei dem Wort «Geheimnis» unsere Antennen ausfahren werden, gespannt auf die Zeit ihrer Offenbarung warten und dem Inhalt dieser Worte eine große Bedeutung zuschreiben werden. Wenn ein Kind sich langweilt, nicht zuhört und nicht mehr mit uns reden will, dann genügt es, ihm ein Geheimnis anzukündigen, damit seine Augen plötzlich leuchten. Sein Interesse ist geweckt. Das ermöglicht nun einen Dialog und man kann ihm diese ganz wichtige Sache sagen, die es wissen soll. Sei sie nun süß oder... schmerzlich.

Die Botschaften sind zwar bedeutend, doch die Geheimnisse weisen eine Bedeutung ganz anderer Natur auf: sie sind eschatologischer Natur. Ihre Verwirklichung kann die Welt erschüttern wie nie zuvor. Die Botschaften stellen eine Schule dar, die Geheimnisse hingegen rühren direkt an den Plan Gottes mit der Menschheit. Als Pater Tomislav Vlasic die Seher fragte, warum die Gospa gesagt hatte: «*Ich komme zum letzten Mal, um die Welt zur Umkehr aufzurufen*», oder: «*Dies sind meine letzten Erscheinungen auf Erden*», antworteten sie ihm, daß sie ihm nicht sagen könnten warum, weil sie sonst etwas von den Geheimnissen verraten würden.

---

56 Mirjana sagt, daß die Wahl des 18. März als Erscheinungstag für sie nichts mit ihrem Geburtstag zu tun habe. «Nach der Offenbarung der Geheimnisse wird man erkennen, warum dieser Tag für die Gospa wichtig ist. Ebenso ist der 2. jedes Monats kein zufällig gewähltes Datum; später wird man seinen Sinn verstehen.»

Indem Maria Geheimnisse gibt, erweist sie sich auf göttliche Weise nicht nur als Mutter, sondern auch als Königin. Ihr Blick taucht in die Ordnung Gottes ein, sie sieht weit über unseren Blickwinkel hinaus und weiß aus der Erfahrung ihres irdischen Lebens, daß es in der Heilsgeschichte für Gott nichts Neues ist, Geheimnisse an Vertraute weiterzugeben. Alle Liebenden vertrauen einander Geheimnisse an, und Gott liebt den Menschen so sehr! Unsere tiefe vertrauensvolle Liebe zu ihm zieht seine Geheimnisse geradezu an! In Medjugorje hat er wie in Fatima auch einen privilegierten Ort gewählt, um unsere Erde mit seiner tiefen Liebe zu berühren, und dieser privilegierte Ort beginnt bei den sechs Sehern und geht über die Gemeinde bis zur ganzen Welt. Wenn die Hand des mystischen Leibes Christi etwas berührt, so nehmen alle anderen Glieder an dieser Berührung teil.

Als ich nach Medjugorje kam konnte ich mir nicht erklären, warum der Gedanke an diese Geheimnisse eine solch übernatürliche Freude in mir weckte. In dem Maß, in dem meine Freude zunimmt, verstehe ich ein ganz winziges bißchen ihren Ursprung. Die Geheimnisse schenken uns Geborgenheit! Sie zeigen uns, daß Gott die Dinge sehr wohl in der Hand hat, daß er die Herrschaft über diese Welt hat, daß er König und Meister über die Zeiten ist, und daß wir keine Waisen sind, die dem absurden Schicksal der Statistiker ausgeliefert wären. Ein Herz lenkt die Welt! Mein Schicksal liegt in den Händen eines Königs der Liebe!

Gibt es Geheimnisse, die von Strafen sprechen (wie dies wohl in den drei letzten Geheimnissen der Fall ist, die Mirjana gegeben wurden)? Auch da danke ich Gott, denn wenn ich Mutter bin und das Leben meines Kindes durch eine Krankheit, den Wundbrand bedroht sehe, dann werde ich ihm das Bein amputieren, um sein Leben zu retten. Geistige Grausamkeit? Nein! Mutterliebe, die handelt! Wundbrand, Pest, Aids, die Verzweiflung, alle haben meine sündige Menschheit angesteckt. Also danke ich meinem Gott, daß er seine geniale Barmherzigkeit gebraucht, um das Übel einzudämmen, bevor meine Sünde mich in den Ewigen Tod stürzt. Und ich kann Jesus am Kreuz nur preisen für seine unermeßliche Liebe, ihn, von dem Jesaja sagt: «*Die Strafe, die uns den Frieden schenkt, ist über ihn gekommen.*» Unser Friede! Das ist es, was Gott will!

Die Vorstellung von einem züchtigenden Gott ist eine satanische Erfindung. Ich kenne nur Jesus, den gekreuzigten Jesus, der sich zur Sünde gemacht hat, um mich von der Sünde und dem Tod zu befreien. Gott ist einzig und allein Retter, und die Züchtigung (ethymologisch heißt das *Verbesserung* durch einen Vater) ist einmal mehr eine seiner Einfälle, um seinem Kind, das die Sünde dem Licht vorgezogen hat, einen letzten Rettungsanker zuzuwerfen. Wir sind so geschickt, wenn es darum geht, das göttliche Erbarmen zum Scheitern zu verurteilen, daß Gott manchmal nur noch die Lösung der Strafe bleibt, wenn er uns den Frieden zurückgeben will. Wenn man die Wahl hat zwischen Hölle und Züchtigung... dann ist die Züchtigung vorzuziehen.

Und wenn wir schon von Züchtigung sprechen, seien wir ehrlich: sind wir nicht schon mitten drin? Zu welcher anderen Zeit in der Geschichte gab es schon Kinder und Jugendliche, die mit dem Tod in der Seele und im Herzen zu Tausenden Selbstmord[57] begingen, um nur diese eine Plage zu nennen? Gab es schon zu einer anderen Zeit 60 Millionen Märtyrer pro Jahr?[58]

Das erinnert mich an eine Bemerkung, die Marthe Robin einem Priester gegenüber äußerte, der ein Freund unserer Gemeinschaft ist: «Die Prophetie der Apokalypse über den Tod von zwei Dritteln der Menschheit, bezieht sich nicht auf einen Atomkrieg oder eine andere Katastrophe, sondern auf einen geistigen Tod.» Das Gebet und das Fasten können die Strafen abmildern und sogar verhindern; das ist der Fall für das siebte Geheimnis von Medjugorje.[59]

Für mich ist das schönste Beispiel dafür das, was sich 1947 abspielte, als Frankreich am Rand des Abgrunds stand. Die Kommunisten waren drauf und dran, die Macht zu übernehmen. Schwere Streiks legten das ganze Land lahm. Die Katastrophe stand unmittelbar bevor. Eines Morgens schlägt Pater Finet in Chateauneuf-de-Galaure die Zeitung

---

57 In manchen Schulen in Quebec zittern die Eltern, weil es in allen Klassen Kinder von acht, zehn und zwölf Jahren gibt, die im Laufe des Jahres Selbstmord begehen.

58 Die Abtreibungen, bei denen die Kinder entsetzliche Qualen an Seele und Leib durchmachen. Jedes Jahr sechsmal soviel wie die Anzahl der Juden, die im Holocaust von 1939 bis 1945 ermordet wurden.

59 Zunächst werden die ersten Geheimnisse offenbart werden, die die Echtheit der Erscheinungen beweisen, sagte mir Jakov in Bezug auf das dritte Geheimnis, welches das Zeichen betrifft. Er fügte hinzu: «Es ist sehr schön, ich habe es gesehen!»

auf, und seine Stimmung fällt schlagartig unter Null! Es war der 8. Dezember. Wie gewöhnlich geht er zum Hof hinüber, um mit Marthe Robin zu reden und zu beten. Er legt ihr in allen Details den besorgniserregenden Zustand Frankreichs dar und zieht daraus den Schluß:

— Marthe, Frankreich ist im Eimer!

— Nein, Pater! sagt Marthe in heiterem Ton. Frankreich ist nicht ... wie sie sagen! Denn die Heiligste Jungfrau wird einigen kleinen Kindern erscheinen, und Frankreich wird gerettet werden.

Es war 8 Uhr am Morgen. Pater Finet verläßt Marthes Haus und geht seiner Arbeit nach. Er ist neugierig geworden.

Am selben Tag um 13 Uhr erschien die Heilige Jungfrau vier kleinen Mädchen in der Kirche von L´Ile Bouchard in der Touraine. «*In diesen Tagen befindet sich Frankreich in sehr großer Gefahr, betet!*» sagt sie ihnen. In den folgenden Tagen lehrt sie Unsere Liebe Frau vom Gebet, wie sie den Rosenkranz und wie sie für die Sünder beten sollen und wie sie das Kreuzzeichen machen sollen.[60]

Zehn Tage später waren die Streiks unter Kontrolle, der drohende Kommunismus entschärft und das Land konnte an seinen Wiederaufbau gehen. Dafür hatte die Jungfrau vier kleine Mädchen gefunden... und eine große Heilige, die sich Tag und Nacht Gott als Opfer darbrachte, um den Tod, die Frucht der Sünde, von ihrem Land abzuwenden.[61]

Wollen Sie das große Geheimnis der Gospa in Medjugorje wissen? Erlauben Sie mir, es Ihnen ins Ohr zu flüstern: «*Das Gebet ist das einzige Mittel um die menschliche Rasse zu retten*» (30. Juli 1987).

---

60 Siehe: «L'Ile Bouchard» von M.R. Vernet, éditions Téqui, leider nicht auf Deutsch erhältlich.

61 Pater Finet vertraute uns an, daß Marthe mehrere Male die Kommunisten daran gehindert hatte, in Frankreich an die Macht zu kommen. Vor allem 1968, als sie sah, was in Moskau ausgeheckt wurde.

Botschaft vom 25. April 1992

«Liebe Kinder! — Auch heute rufe ich euch zum Gebet auf. Nur durch das Gebet und das Fasten kann der Krieg aufgehalten werden. Deshalb, meine lieben Kinder, betet und bezeugt durch euer Leben, daß ihr mein seid und daß ihr mir gehört; denn Satan möchte in diesen düsteren Tagen so viele Seelen wie möglich verführen. Deshalb rufe ich euch auf, daß ihr euch für Gott entscheidet! Und Er wird euch beschützen und euch zeigen, was ihr tun und welchen Weg ihr gehen sollt.

Ich rufe alle auf, die mir ihr «Ja» gegeben haben, daß sie ihre Weihe an meinen Sohn Jesus und an sein Herz, und die Weihe an mich erneuern, damit wir euch noch intensiver zum Werkzeug des Friedens in dieser unruhigen Welt machen können. Medjugorje ist ein Zeichen für euch alle und ein Aufruf, damit ihr betet und daß ihr die Tage der Gnade, die Gott euch gibt, lebt. Deshalb, liebe Kinder, nehmt den Aufruf zum Gebet ernsthaft an. Ich bin mit euch, und euer Leid ist auch meines. Danke, daß ihr meinem Ruf gefolgt seid!»

Krieg! Majko Moja!

An jenem Abend...

Laut fliegt die Türe auf, und eine Horde zu Tode erschreckter Frauen, Kinder und alter Leute stürzt in unsere Kapelle... Es ist die Stunde der Komplet, die Stunde, in der der Abendhymnus uns darauf vorbereitet, die Nacht in dem großen Frieden Gottes zu verbringen. Doch diesmal wird unser Gesang von gellenden Schreien und schluchzendem Weinen unterbrochen. Es dauert nur einen Augenblick bis Milchfläschchen neben den Kerzenhaltern, Windeln auf den Bibeln liegen und der Boden von Plastiktüten bedeckt ist, in die in größter Eile tausend Sachen gestopft worden waren. In den Ecken werden schon ein paar Decken ausgebreitet, damit sich die alten Leute hinsetzen können. Zwei oder drei Radios, die nach kroatischer Gewohnheit in ohrenbetäubender Lautstärke eingestellt sind, schreien die Nachrichten in den Raum.

Es ist der 6. April 1992 um 21.30 Uhr. Soeben ist der Krieg in Bosnien-Herzegowina ausgebrochen.

Jetzt gilt es, schnell zu handeln. Bernard und Maurice ziehen ihre monastischen Gewänder aus und tragen einige Säcke Sand herbei, um alle Öffnungen unseres als Kapelle hergerichteten Kellers zu verbarrikadieren. Die Leute aus der Nachbarschaft wissen, daß unser Keller der beste des ganzen Viertels von Bijakovici ist (allerdings nicht wegen des Weines!) und flüchten deshalb hierher. Sie erwägen alle nur möglichen Fälle, die eintreten könnten:

— Wenn die Bomben auf der Südseite fallen, dann sollen die Kinder am besten an diesem oder jenem Ort schlafen.

— Wenn sie im Norden einschlagen, dann muß man die Tür verbarrikadieren. Aber wie kommt man dann zur Toilette?

Es wird diskutiert und auf kroatische Art ein wenig gestritten (viel Lärm, aber nicht böse gemeint), und zwischendrin erinnert man sich an die Königin des Friedens und ruft aus: «Majko Moja!», meine Mutter! Einige verwirrte «babas» (Großmütter) beten schweigend den Rosenkranz. Die Kinder, die noch zu klein sind, um zu verstehen, was geschieht, sind eher begeistert: wir werden alle zusammen hier schlafen, das ist viel schöner als zu Hause, weil man hundertmal mehr Möglichkeiten zum Spielen hat... Alle kampffähigen Männer sind bereits bei ihren Kampfeinheiten, manche werden noch heute abend an die Front gehen. Die Angst beklemmt schon die Herzen der Ehefrauen und Mütter: «Wird er wiederkehren?» Wir bringen Matrazen in den improvisierten Schlafsaal und schon legen sich Mütter an die Seite ihrer Kleinen nach kroatischer Art auf dieselbe Matraze. Ein unvorhergesehenes Detail: eine orthodoxe Gospa (die Ikone der Mutter Gottes von Vladimir) wacht über dieser kleinen Schar, die von einem orthodoxen Feind in Furcht und Schrecken versetzt wird! Es ist eine lebendige Prophezeiung der Versöhnung der Kinder Gottes.

Spät in der Nacht beginnen die Kirchenglocken im Sturm zu läuten: das ist das Zeichen für einen drohenden Luftangriff. Unsere Gäste empfehlen uns, zusammen mit ihnen im Keller zu schlafen, wo alle in einer Reihe nebeneinander liegen. Aber wir legen unsere Matrazen unter die Kellertreppe in der Hoffnung, so dem ewigen Lärm der Radios zu entgehen.

Nach einer gründlich schlaflosen Nacht und einem mühsamen Versuch, die Laudes außerhalb unseres Kapelle-Keller-Schlafsaal-Refugiums zu beten, rate ich den Brüdern, das Haus nicht zu verlassen und laufe schnell zu den Franziskanern, um Neuigkeiten zu erfahren. Die Situation ist klar: die Serben sind mit der föderalistischen Armee zum Angriff übergegangen; das ist nur der Anfang, man muß mit dem Schlimmsten rechnen. 30 Kilometer von Medjugorje entfernt, in Siroki-Brieg sind bereits Bomben gefallen. 30 Kilometer sind für Flugzeuge ein Katzensprung. Man darf die Häuser nicht mehr verlassen.

Diejenigen, die einen Krieg erlebt haben, kennen diese Erfahrung: in kürzester Zeit muß man schwerwiegende Entscheidungen treffen, die über Leben und Tod bestimmen können, obwohl viel Unbekanntes die Beurteilung der Situation erschwert... Die Gehirnzellen in meinem Kopf liefen heiß, doch mein Herz blieb in tiefem Frieden und sagte mir, daß wir nichts zu fürchten haben.[62]

---

62 Dies ist das erste Kapitel des Buches «Medjugorje — der Krieg Tag für Tag» (Parvis-Verlag). Das Buch berichtet über die Kriegsjahre in Medjugorje von April 1992 bis November 1993.

Botschaft vom 25. Mai 1992

«Liebe Kinder! — Auch heute rufe ich euch von neuem zum Gebet auf, daß ihr euch Gott durch das Gebet noch mehr nähert. Ich bin mit euch und möchte euch alle auf den Weg des Heiles, das Jesus euch gibt, führen. Von Tag zu Tag bin ich euch näher und näher, wenn ihr euch auch dessen nicht bewußt seid und euch auch nicht eingestehen wollt, daß ihr wenig durch das Gebet mit mir verbunden seid. Wenn ihr in Versuchungen geratet und Probleme habt, dann sagt ihr: O Gott, o Mutter, wo seid ihr? — Und ich warte nur auf euch, damit ihr mir euer «Ja» gebt, damit ich es Jesus übergebe, und daß Er euch mit Seiner Gnade beschenke. Deshalb, nehmt noch einmal meinen Aufruf an und fangt von neuem an zu beten, bis das Gebet euch zur Freude wird. Dann werdet ihr entdecken, daß Gott in eurem täglichen Leben allmächtig ist. Ich bin mit euch und warte auf euch. Danke, daß ihr meinem Ruf gefolgt seid!»

Das Glaubensbekenntnis des Rabbi Myriam

Als ich in Jerusalem lebte, hatte ich zwei Herzensfreunde, beides messianische Juden: Ruven und Benyamin. Sie stammten beide aus einer sehr praktizierenden jüdischen Familie, aber hatten dann in ihrer Jugend den Glauben fallengelassen. Nach einigen Jahren offenkundigen Atheismus hatte Jesus sich ihnen als Messias offenbart. Sie hegten einen Groll gegen die Kirche (wegen alter Geschichten aus der Vergangenheit) und ihrer Meinung nach überschwemmten die Katholiken Jerusalem mit ihren religiösen Gewändern, glaubten aber in Wirklichkeit nicht an Gott. Sie vermißten bei ihnen diese «Glaubenden», von denen die Apostelgeschichte spricht, und die so von Jesus erfüllt waren, daß sie alles für ihn getan hätten. Da sie aber aufrechten Herzens waren (Jesus hätte gesagt, *wahre Israeliten, Männer ohne Falschheit*), beschlossen sie, sich mit ihren schlimmsten Feinden zu versöhnen und baten Jesus, daß er ihnen Katholiken begegnen lasse.

Am nächsten Tag stießen sie auf uns! Ich schlug ihnen vor, den Sonntag bei uns im Haus zu verbringen. Ich werde nie das Feuer vergessen, das an diesem Tag auf uns herabkam! Fasziniert wie damals die Emmaus-Jünger als Jesus ihnen die Schrift auslegte, so lauschten wir dem, was unsere älteren Brüder im Glauben uns über Jesus-den-Messias der Bibel erklärten. Unsere Herzen brannten. Als der Abend kam, beteten wir ein letztes Mal gemeinsam, bevor wir uns voneinander verabschiedeten. Ein außergewöhnlicher Lobpreis kam aus unserem Mund. Unter all diesen einfachen Worten sind mir die von Benyamin in Erinnerung, mit denen er seine Freude ausdrückte:

— Adonai, ich danke Dir für diese wunderbare Begegnung mit diesen katholischen Brüdern, und für all die Liebe, die Du zwischen uns geweckt hast. O Vater, ich preise dich, daß Du mir zeigst, daß Du Deinen Geist wirklich auf alles Fleisch ausgießt, sogar auf die Katholiken!

Schaut, schaut... das dient unserer Demut!

Wie groß war meine Freude, als ich einige Jahre später entdeckte, wie sehr die Gospa in Medjugorje auf dem Glauben beharrt und darauf, daß wir wahrhaft Gläubige sein sollen, wie sehr ihr das Gebet des Glaubensbekenntnisses am Herzen liegt, um nicht zu sagen, daß es ihr Lieblingsgebet ist! Viele unserer Gemeinden haben leider das Glaubensbekenntnis durch irgendwelche langweiligen Lieder ersetzt, die nichts mehr von unserem Glauben verkünden. Auch da kommt die Gospa, um uns von dieser tödlichen Wunde zu heilen, und ruft uns als gute fromme Jüdin zu: «Das Wichtigste ist, einen starken Glauben zu haben!» und «Die Priester sollen den Glauben des Volkes stärken!» Welche Freude ist es, die Franziskaner von Medjugorje ihre Predigt manchmal mit folgenden Worten beginnen zu hören: «Liebe Schwestern und Brüder, liebe Gläubige!» In einem ehemalig kommunistischen Land ist das Gold wert.

Bei uns sagt der Satz: «Ich glaube...» in Wirklichkeit «nichts ist ungewisser als das» aus. Wenn ich sage: «Ich glaube, es wird schönes Wetter», dann räume ich dem Irrtum einen Spielraum ein. Auf geistlichem Gebiet sagen viele: «Ich glaube an Gott, aber ich praktiziere nicht.» Oft heißt dieses «Ich glaube an Gott» soviel wie: «Ich weiß, daß Gott existiert, aber ich praktiziere nicht, weil dieser Gedanke an die Existenz Gottes mein Leben doch nicht ändern kann. Ich glaube ja auch, daß diese oder jene Sternenkonstellation am Himmel existiert, ohne daß das einen Einfluß auf mein Leben hat. Was soll das in meinem Leben schon verändern?»

Pater Slavko setzt dies mit viel Humor einem Mann gleich, der sagen würde: «Ich bin Raucher, aber ich rauche nie.»

Um die außerordentliche Anziehungskraft zu erfassen, die das Credo auf Maria ausübt, und um ihren leidenschaftlichen Wunsch zu begreifen, uns zu «Glaubenden» zu machen, müssen wir die tiefe, wahre, biblische Bedeutung des hebräischen Wortes «ich glaube»: ani maamin mit ihr teilen. Nun werden in der Bibel auch geistliche und göttliche Begriffe aus der konkreten und handgreiflichen Wirklichkeit der Schöpfung genommen, was unserer jüdisch-christlichen Religion den tiefen Sinn für Inkarnation verleiht. So heißt *ani maamin* nicht «Ich weiß, daß es das gibt», sondern es heißt «Ich hänge dieser Lehre an.» Es geht dabei um ein reales körperliches Wirken: ich klebe daran, ich bilde eine Einheit damit, wie ein Aufkleber auf der Scheibe meines Autos klebt. (Wenn ich den Aufkleber «I LOVE MEDJUGORJE» auf mein Auto klebe, dann fährt er überall mit mir hin, und wenn man das Auto sieht, sieht man zugleich den Aufkleber! Und um ihn abzulösen... das ist gar nicht so einfach!)

Wenn ich also sage: «Ich glaube an Jesus», dann bedeutet das, daß ich mit meinem ganzen Wesen an ihm hänge, ich «klebe»[63] an ihm und seiner ganzen Wirklichkeit, ich bilde eine Einheit mit ihm, ich bin da, wo er ist, ich gehe dahin, wo er hingeht, ich bekomme Steine ab, wenn man ihn steinigt, ich bekomme einen Kuß, wenn man ihn küßt, anders gesagt, ich bin EINS mit ihm. Wenn mein Glauben stark ist (wenn der Klebstoff gut hält), dann kann mich nichts von ihm trennen. Wenn mein Glaube schwach ist (wenn der Klebstoff schlecht hält), dann löst sich die Einheit bei der kleinsten Prüfung, der kleinsten Schwierigkeit auf, ich entferne mich und irre alleine durch die Gegend.

Hier sind wir weit entfernt von dieser falschen Bedeutung des Wortes «Glauben», die den (guten) Gedanken meint, daß Gott existiert. Die griechisch-lateinische Kultur hat alles verkopft, wir müssen zur Quelle der biblischen Offenbarung und zum Wesen der

63 Auf Hebräisch heißt «Klebstoff» *dévèq*. Das davon abgeleitete Wort *dévéqout* bedeutet «Inbrunst» im Gebet!

Inkarnation zurückfinden. Denn selbst Satan weiß, daß Gott existiert. Er weiß es sogar besser als wir, er zweifelt überhaupt nicht daran. Und doch glaubt Satan nicht an Gott, er ist kein Glaubender, sondern im Gegenteil das vollkommene Urbild des Ungläubigen: dessen, der Gott nicht anhängt, dessen, der für immer von Gott «losgelöst» ist. (Die Christen sagen nicht: «Ich glaube an Satan», sondern «Ich weiß, daß Satan existiert», denn sie wollen unter keinen Umständen Satan anhängen.)

In dem Prozeß des Zusammenwachsens stellt der Klebstoff die Gnade dar, und um einen guten Klebstoff zu bekommen... gibt es nur das Gebet! «*Betet um einen starken Glauben*», sagt uns Maria!

Aber im Glaubensbekenntnis bekenne ich nicht nur «Ich glaube an Gott.» Ich bekenne auch, daß ich an die verschiedenen Mysterien des Lebens Jesu glaube, an die verschiedenen Aufgaben des Heiligen Geistes, an die Auferstehung der Toten usw. Was nun die Gospa zutiefst beglückt, wenn die Gläubigen das Credo beten, ist die schöpferische, verwandelnde und lebenspendende Macht, die von diesem Bekenntnis unseres Glaubens ausgeht. Auch hier können wir uns wieder auf das beziehen, was Maria selbst als Kind auf dem Schoß des heiligen Joachim und der heiligen Anna gelernt hat: immer wenn ein Gläubiger mit seinen Lippen eine Glaubenswahrheit bekennt, wird diese Wahrheit in ihm stark, sie lebt in ihm, wird aktualisiert und für ihn zur Wirklichkeit.[64]

So entfaltet sich jedes Mal, wenn ich aus ganzem Herzen bekenne «Ich glaube an die Auferstehung», die ganze Wirklichkeit der Auferstehung in mir, und ich gewinne ein Stück Auferstehung in Christus hinzu. Nein, ich sage kein altes Geschichtsbuch auf! Ich lebe die Auferstehung! Wenn ich sage «Ich glaube an den Heiligen Geist», dann erlaube ich diesem Heiligen Geist, all seine Dimensionen ganz konkret in mir zu entfalten.

Einmal fragte ich Vicka:

— Wieso hat die Gospa deiner Meinung nach das Glaubensbekenntnis so gern?

64 Siehe das Buch: «Maria, Weg des Evangeliums», von G. Blaquière, Butzon & Bercker, 1989.

Da holte sie tief Luft, ihr Blick änderte sich, und ich sah, daß sie mir einen unermeßlichen Schatz mitteilen wollte, aber keine Worte fand, die seiner Schönheit gewachsen wären. Schließlich sagte sie mir:

— Ja, aber! Im Credo! Wenn du das sehen könntest! Der Vater ist lebendig! Jesus ist lebendig! Der Heilige Geist ist lebendig!

Sie hatte nur dies eine Wort im Mund: LEBENDIG![65]

Myriam von Nazareth, danke! Du bist ein guter Rabbi!

---

65 Es gibt eine unauflösliche Verbindung zwischen dem Gebet des Credos und dem Frieden. Auf welche Weise bringt das Credo den Frieden? Auch hier ist unsere Vorstellung von «Frieden» ungenau. Maria kommt für den wahren Frieden, das heißt für das hebräische *Shalom*. Nun hat *Shalom* nichts mit Konfliktlosigkeit oder mit Ruhe zu tun («Laß mich in Frieden, laß mich in Ruhe!»). *Shalom* bedeutet «Fülle». Wer *Shalom* hat ist voll, ist erfüllt, ist gesättigt, er besitzt die Fülle Gottes. Das Gegenteil von Friede ist nicht Krieg, sondern Leere. Ein Mensch ohne *Shalom*, ist ein hohler, leerer Mensch, dem das Lebensnotwendige fehlt. Natürlich bietet diese Leere dem Feind die ideale Gelegenheit, «seine Geschäfte» anzubringen, wie zum Beispiel Haß, Neid, Eifersucht, alles Dinge, die Kriege hervorrufen. «Du bist voll der Gnade» ist die genaue Definition für «Du hast den Shalom».

Die Königin des Friedens kann also nur eine Mutter sein, «die uns von der Leere heilt». Die Gospa erinnert uns gern daran, daß Gott Fülle des Lebens und der Liebe ist, daß das Gebet der Liebe erlaubt in uns Tag für Tag zu wachsen, bis sie zu ihrer Fülle gelangt ist. Und welches Gebet könnte uns besser zu dieser Fülle, diesem Shalom bringen als das Credo, da einzig unsere Zustimmung zu Gott es ihm erlaubt, in uns einzudringen?

Botschaft vom 25. Juni 1992
(11. Jahrestag der Erscheinungen)

«Liebe Kinder! — Heute bin ich glücklich, wenngleich in meinem Herzen noch etwas Traurigkeit ist wegen all jener, die diesen Weg begonnen haben und dann aufgegeben haben, ihn zu gehen. Der Grund meiner Anwesenheit hier ist es, euch auf den neuen Weg, den Weg des Heiles zu führen. Deshalb rufe ich euch von Tag zu Tag zur Umkehr auf. Aber wenn ihr nicht betet, könnt ihr nicht sagen, daß ihr euch schon bekehrt habt. Ich bete für euch und halte bei Gott Fürsprache um den Frieden; zuerst um den Frieden in euren Herzen, und dann um den äußeren Frieden, damit Gott euer Friede sei. Danke, daß ihr meinem Ruf gefolgt seid!»

(Die Mutter Gottes gab anschließend allen ihren besonderen mütterlichen Segen.)

Die Cafés am Comersee

Monza, am 16. Juli 1988, dem Fest Unserer Lieben Frau vom Berge Carmel.

Marija sieht die Gospa bei ihren italienischen Freunden (Paolo wird später einmal ihr Mann werden) strahlend vor Freude erscheinen! T. steht bei ihr und bemerkt den besonderen Segen dieser Erscheinung. Ja, da geschieht etwas!

Doch ich lasse T. selbst erzählen:

— Marija sagte uns, daß die Gospa lange über uns gebetet (wir waren zu sechst oder siebt) und jedem einzelnen ihren besonderen mütterlichen Segen gegeben habe. Außerdem gab sie eine Botschaft: *«Heute Abend, meine lieben Kinder, gebe ich euch einen besonderen Segen und bitte euch, hinauszugehen und allen, denen ihr begegnet, diesen Segen weiterzugeben. Geht dorthin, wo ihr am meisten Leute findet, dort wo sich alle treffen...»*

Wir sollten uns also auf die Massen stürzen! Ich erinnere mich, daß wir uns wie Apostel fühlten, die auf Mission geschickt worden waren, unsere Freude war grenzenlos. Wir überlegten uns: «Wo sollen wir hingehen? Wo könnten wir am meisten Leute finden?» Einer von uns schlug das Ufer des Comersees vor, und im Handumdrehen waren wir hingefahren und stiegen in der Nähe der Straßencafés aus, die zum Brechen voll waren mit Touristen, die genüßlich an ihrer *grappa* schlürften und *gelati* aßen. Du mußt dir so einen heißen Sommerabend vorstellen mit den langen Reihen von Cafés, den Sonnenschirmen, den Liebespaaren an den Tischen, den Spaziergängern und den Touristen, die ihre Sommergarderobe ausführen...

Wir mußten eine Strategie entwerfen, um alle diese Menschen ohne Ausnahme segnen zu können. Also haben wir uns mit ausgebreiteten Armen in einer Reihe aufgestellt, so daß sich unsere Finger gerade noch berühen konnten, und gingen so los. Jeder hatte einen bestimmten Ausschnitt dieses Gebietes abzudecken, damit niemand unserem Blick und dadurch unserem Segen entgehen konnte. Wenn du uns gesehen hättest! Wir waren so erfüllt von diesem Segen, daß wir ihn um jeden Preis an alle weitergeben wollten. Manchmal mußten wir langsamer werden und fast stehenbleiben, um wirklich Zeit zu haben, jeden anzuschauen und mit unserem ganzen Herzen und unserer ganzen Liebe zu segnen, so dicht gedrängt waren die Menschen.

Auf diese Weise legten wir einen langen Marsch am Ufer des Sees zurück. Als wir zu unserem Ausgangspunkt zurückkamen, stellten wir zu unserer großen Überraschung fest, daß fast niemand mehr da war, wo wir vorbeigekommen waren! Die Cafés waren verlassen, die Stühle leer! Die Kellner gingen verdutzt auf ihren Terrassen hin und her. Sonst waren sie es gewohnt, diese Massen bis 2 oder 3 Uhr in der Früh zu bewirten, und jetzt fragten sie einander: «Es ist noch nicht einmal 11 Uhr und alle sind weg! Was ist bloß geschehen? Wo sind die Leute hin?»

Wir wußten selbst nicht, wo sie hingegangen waren. Wir wußten nur das eine, nämlich daß wir ihnen allen den besonderen mütterlichen Segen der Heiligen Jungfrau gegeben hatten. Wir wußten, daß sie etwas in ihrem Herzen wirken würde, aber wir brauchten nicht zu wissen, was sie wirkte, noch warum diese Leute die Cafés verlassen hatten!

Am nächsten Tag teilte Marija der Gospa ihre und unsere Überraschung mit. Das erinnerte mich an die Szene im Neuen Testament, als die Jünger von ihrer ersten Mission zurückkamen und Jesus die unglaublichen Dinge berichteten, die sie gesehen hatten.

Mit viel Geduld ermutigte uns die Gospa jeden Tag mehr, alle Leute zu segnen und mit ihr auf diesem Weg weiterzumachen. Das war eine ganz besondere Zeit...!

Und da T. gerade schon im Schwung war, erklärte sie, wie sie diesen besonderen mütterlichen Segen Mariens verstanden hatte, und wie sie ihn lebt:

— Marija hat uns erklärt, daß es einen Unterschied gibt, und daß der Segen des Priesters stärker ist. Die Hände des Priesters haben die Heilige Salbung erhalten, und sein Segen läßt alle Gnaden des Himmels herabkommen. Die Gospa hat ihr eines Tages gesagt: «*Wenn die Priester wüßten, was sie einem Menschen schenken, wenn sie ihn segnen, wenn sie das sehen könnten, dann würden sie unaufhörlich segnen.*»

Der besondere mütterliche Segen Mariens ist eine Gabe, eine kostenlose Gabe, die er uns durch sie als Mutter zukommen läßt. Es ist eine ganz mütterliche[66] Gabe. Wenn ich zum Beispiel meine Feinde (wie Jesus es von uns allen verlangt) mit diesem Segen Mariens segne, dann hilft sie mir, diese Feinde mit einem mütterlichen Herzen, mit ihrem eigenen Herzen zu lieben.

Dieser Segen der Gospa kann nur aus einem überfließenden Herzen kommen. Er fließt aus meinem Wunsch über, das Erhaltene zu teilen; und indem ich teile, entdecke ich den Inhalt dieser Gabe, wie bei meiner Erfahrung mit dem Satanisten auf dem Podbrdo.

Mit diesem Segen habe ich etwas zu verschenken, das von der Königin des Friedens kommt. Ich habe es erhalten, ich schenke es weiter.

Marija sagt uns, daß es sich um eine so große Gabe handle, daß man sie nicht mit einem Wort fassen kann. Es ist wie eine geheimnisvolle

---

66 Diese Worte von T. erinnern mich an den kostbaren Moment, als meine Mutter mich jeden Abend im Bett segnete. Sie machte mit dem Finger ein kleines Kreuz auf meine Stirn, und ich sah ihren Blick in andere Tiefen versinken. Sie führte damit eine heilige Handlung aus, und mein kleines Kinderherz empfing in diesem Moment so etwas wie eine *Dosis reiner Mutterliebe*. Sie war ganz Mutter und erlaubte mir dadurch, ganz Kind zu sein. Dieser privilegierte Moment bedeutete mir viel. Er war wie ein Gnadenhauch in einem Alltag, in dem die Schwierigkeiten, einander zu verstehen, uns manchmal leiden ließen.

Wirklichkeit, die die Gospa nach und nach offenbart und in Abschnitten enthüllt.

Manchmal werde ich gefragt: «Wie kann ich diesen Segen bekommen? Muß ich dazu jemandem begegnen, der ihn in Medjugorje bekommen hat?» Diese Frage ist falsch gestellt, denn die Gospa hat in ihrer Botschaft an die Welt diesen Segen allen gegeben. Diejenigen, die die Botschaften leben, erhalten diese Gabe und können sie weitergeben. Die eigentliche Frage lautet: «Gebe ich alles weiter, was ich erhalten habe?» Die Gospa gibt mir kein Geschenk nur als Zierde für mein eigenes Zimmer. Sondern sie gibt mir ein Arbeitsinstrument, eine ihr eigene Lösung für die Probleme, die menschlich gesehen nicht zu lösen sind. Diese Gabe ist Teil eines Ganzen, und in den Herzen derjenigen, die in die Schule der Gospa gehen wollen, setzt sich die Dynamik der Liebe durch. Es ist das Gegenteil dessen, wenn man etwas für seine persönliche Bereicherung erhält (oder schlimmer noch: um Macht über andere zu haben).

Bevor die Heilige Jungfrau der Welt diese Gabe geschenkt hat, wollte sie uns in der Gebetsgruppe darauf vorbereiten und uns ein paar Monate lang Erfahrung damit sammeln lassen. Das ist genau ihre Art. Damals erklärte sie Marija, daß der Himmlische Vater es sich durch diesen besonderen mütterlichen Segen zur Aufgabe machte (er engagierte sich persönlich), auf ganz besondere Weise der jeweiligen Person nahezubleiben, und sie bis zu ihrem Tod, jeden Tag bei ihrer Bekehrung zu unterstützen (natürlich ist der Vater ununterbrochen seinen Kindern nahe, aber hier handelt es sich um ein Mehr, das umsonst durch Maria erwirkt wird). Sie empfahl uns, bei denjenigen, die bereits auf dem Weg des Glaubens[67] sind, von diesem Segen zu sprechen und ihn in Liebe an sie weiterzugeben. Bei den anderen sollen wir ihn stillschweigend weitergeben.

Dieser Segen steht in Beziehung zu dem königlichen Priestertum, das alle Gläubigen bei ihrer Taufe erhalten. Wenn die Laien doch die Größe ihres Priestertums begreifen würden! Die Gospa lehrt uns, es

---

67 Dieser Punkt ist entscheidend. Es ist auch wesentlich, daß die betreffende Person bereit ist, den Segen zu empfangen und zu leben. Die Heilige Jungfrau vergewaltigt niemals das Gewissen der Menschen und segnet nicht per Gewaltakt. Zudem hat sie keinerlei Geste festgelegt, die an die Weitergabe dieses Segens gebunden wäre. Die Handauflegung ist also nicht unverzichtbar, die gesegnete Person kann jedoch darum bitten.

zu leben! Es intensiv zu leben! In Medjugorje möchte sie dieses ganze außerordentliche Gnadenkapital enthüllen, das wir nicht länger in Mottenkisten lassen sollen! Die Welt braucht Menschen, die segnen.

— Wenn ich zum Beispiel in der Metro bin, fügt T. hinzu, dann segne ich alle Leute. Und obwohl ich doch so schüchtern und eher zurückhaltend bin, kommen die Menschen zu mir, um mit mir zu sprechen und mir ihr Herz auszuschütten. Wir sind noch weit davon entfernt, die Macht dieses Segens zu ermessen…

Dank des Zeugnisses von T. habe ich verstanden, was mir während der ersten Monate in Medjugorje widerfahren ist! Kaum angekommen, mit einer absoluten Unwissenheit begabt, was die «Sitten und Gebräuche» der Gospa angeht, beschloß ich, eine geraume Zeit auf dem Podbrdo zu verbringen, um dort zu beten und meine Liebe zu ihr zu vertiefen. Aber ich versuchte vergeblich, speziell zu ihr zu beten, immer kam mir ein anderes Gebet ins Herz, und zwar stundenlang: «Vater, ich danke Dir für das Geschenk des Lebens.» Der Vater, immer wieder der Vater... es war wunderbar, dem Vater so nahe zu sein, aber es war mir Maria gegenüber etwas peinlich, und ich sagte ihr: «Sei mir nicht böse, daß ich die ganze Zeit mit dem Vater verbracht habe, das heißt nicht, daß ich dich nicht liebe...»

Jetzt sehe ich klar: sie selbst hatte mein Gebet umgeleitet! Tatsächlich hatte die Gospa kurz nach meiner Ankunft, am 25. Dezember 1989, von neuem ihren besonderen mütterlichen Segen gegeben. Das Ergebnis: sie hatte mich fest auf ihren Schoß gesetzt, um mir den Vater zu zeigen...

Dank sei ihr!

Botschaft vom 25. Juli 1992

«Liebe Kinder! — Auch heute rufe ich euch alle zum Gebet auf, und zwar zum Gebet der Freude, damit niemand von euch in diesen traurigen Tagen im Gebet Trauer erfahre, sondern eine freudige Begegnung mit Gott, seinem Schöpfer. Betet, meine lieben Kinder, damit ihr mir näher seid und durch das Gebet erfahren könnt, was ich von euch wünsche. Ich bin mit euch und segne euch jeden Tag mit meinem mütterlichen Segen, damit Gott euch alle mit der Fülle der Gnade für euer alltägliches Leben beschenke. Dankt Gott für die Gabe, daß ich mit euch sein kann. Ich sage euch: Es ist eine große Gnade. Danke, daß ihr meinem Ruf gefolgt seid!»

Der Wunder-Safe der «*Danas*»-Bank

DANAS heißt auf Kroatisch «heute». Das klingt nach nichts besonderem! Und doch birgt dieses kleine Wort eine der mächtigsten Quellen für Heilung, die die Gospa unserer friedlosen Welt schenkt.

Am Abend des 25. versammelt Pater Slavko jeden Monat einige verschiedensprachige Personen, um die neue Botschaft zu übersetzen. Pater Slavko tippt zunächst die Botschaft, die er von Marija bekommen hat, auf Kroatisch ab, dann beginnt die Übersetzung; doch bevor ich überhaupt den Inhalt der Botschaft kenne, nehme ich mein Blatt Papier und schreibe auf Französisch: «Liebe Kinder! Heute...» Und damit liege ich (fast) nie falsch: Die Gospa sagt jeweils: «Draga djeco, danas...» Wieso dieses Leitmotiv? «Heute» ist ihr Handlungsfeld, ihr Schwerpunkt, ihr Einfallswinkel, ihr Treffpunkt... Es ist der Punkt, zu dem alles hinläuft, und von dem alles ausgeht.

«Heute» könnte der Name einer Bank sein, aber einer ungewöhnlichen Bank, die folgendermaßen funktionieren würde: das Kapital dieser Bank wird nach Belieben von Gott bereitgestellt. Die Einlagen sind unbegrenzt.[68] Wenn jemand kommt und soundso viel Geld braucht, dann bekommt er soundso viel. Wenn ein anderer kommt und doppelt soviel braucht, bekommt er doppelt soviel, und so fort.

68 Hören Sie die Cassette von Pater Daniel-Ange: «Leib des Herrn – Herz der Kirche», Diakonia (Nr. 112).

Eine Traumbank! Je mehr man abhebt, desto größer wird unser Kapital! Aber diese Bank folgt einer unumgänglichen Regel: man kann nur heute etwas abheben, und man muß selbst hingehen. Man kann nicht sagen: «Geben Sie mir mein Guthaben von gestern», denn das, was «gestern» betrifft, ist aus dem Gedächtnis der Computer gelöscht. Man kann auch nicht im voraus das Guthaben von morgen abheben, denn da antworten die Computer: «Morgen: Begriff unbekannt.»

So funktionieren das Herz Gottes und das Herz Mariens. Wenn ich nicht heute selbst darin schöpfe, verurteile ich mich selbst zum Elend. Nun leidet ein Großteil unserer Gesellschaft an zwei Krankheiten, die manchmal zur Psychose ausarten: diese Krankheiten heißen «gestern» und «morgen». Beide verletzen die Seele ganz subtil, lähmen sie nach und nach, bis sie erstickt. Um das Leben zu haben gibt es nur den Schalter «Heute». Die Schalter «Gestern» und «Morgen» glänzen mit Abwesenheit.

Es ist leicht, diese zwei Krankheiten zu diagnostizieren, denn das Opfer zeigt selbst die dafür charakteristischen Symptome:

«Ich bete lieber morgen.» (*Kommunikation mit Gott = null.*)

«Mein Tod? Ach, der kommt noch nicht so schnell, später habe ich Zeit, darüber nachzudenken...» (*Wachsamkeit = null.*)

«Gestern habe ich schon einem Armen Geld gegeben. Ich würde ihm nicht raten, heute schon wiederzukommen.» (*Nächstenliebe = null.*)

«Gestern hat mein Mann mich betrogen. Das wird er nicht ins Paradies mitnehmen können!» (*Barmherzigkeit = null.*)

«Wenn das so weitergeht, gibt's morgen Krieg!» (*Herzensfrieden = null.*)

«Gestern ist es sowieso schiefgegangen, ich kann mir nicht vorstellen, daß es heute klappt!» (*Hoffnung = null.*)

Diese Kranken erstarren tödlich in der «Falle des gestern» oder investieren sich im Wind, in der «Illusion von morgen». Sie verhungern und verdursten, sie sterben an der Leere, sie begehen zu Tausenden Selbstmord wegen ihrer Mangelzustände, dabei stünde ihnen die «Danas»-Bank Tag und Nacht offen!

Denn die Gnade wird mir heute geschenkt, sie berührt, erreicht und rettet die Wirklichkeit meines Lebens jetzt. Ich bekomme die

Gnade für morgen nicht schon jetzt, und die Gnade von gestern kann ich nicht konservieren.

Viele Zeitungen verrichten eine kriminelle Arbeit, indem sie in ihren Kolumnen Unheilspropheten zu Wort kommen lassen: sie säen Angst in den Herzen. Nun ist die Angst aber immer ein Symptom der Psychose «morgen». Die Kunden dieser großen «Heute»-Bank des Herzens Gottes erkennt man an einem einzigen Symptom: der «*Liebe*»! Wenn ich liebe gibt es in meinem Herzen keinen Platz mehr für die Angst. Mehr noch, indem ich liebe bereite ich die Zukunft vor, verändere ich die Zukunft, baue ich die wahre Sicherheit für meine Familie auf. Ich bin dadurch in der Wirklichkeit verankert und schwebe nicht wie Peter Pan durch die Welt.

«Heute» ist die ungewöhnlichste Quelle für Reichtümer und Überraschungen, die ich kenne. Wenn ich aufmerksam hinhöre, um die Gnade für heute einzufangen, dann ist Gott außer sich vor Freude und offenbart mir den einmaligen Plan, den er für den gegenwärtigen Moment bereithält.

Eine der besten und treuesten Kunden der «Danas»-Bank ist meine Freundin Keren, die seit langem in die Schule der Gospa geht.

Eines Tages war sie in die USA eingeladen, um in etwa zehn Pfarreien über Medjugorje zu sprechen. Die Gospa hatte ihr auch gezeigt, daß sie das tun sollte, sie hatte also zugesagt, hatte aber fürchterlich Angst, weil sie von Natur aus so schüchtern ist, daß ihr das Hindernis unüberwindbar erschien. Doch schließlich ist sie in einer Kirche von Boston und betet in einer Bank, bevor sie das Wort ergreift. Sie fleht zu Maria: «Du mußt jemanden anderen finden, ich kann nicht!» Eine ihr unbekannte Dame klopft ihr auf die Schulter:

— Fräulein, ich habe hier hinter Ihnen gebetet, ich kenne Sie nicht, aber Jesus hat mir folgendes für Sie gesagt: *«Mach dir keine Sorgen um die Worte, die du sagen sollst. Ich werde mit dir sein. Öffne den Mund, und ich werde die Worte, die ich für diese Versammlung hier bestimmt habe, eines nach dem anderen vor deine Augen halten.»*

Und so geschah es. Karen stieg zitternd zum Mikrofon hinauf und sah wie ein Pergament, das sich vor ihren Augen aufrollte. Sie las einen Satz, vergaß gleich wieder, was sie soeben gelesen hatte und wußte nicht, was sie in der folgenden Minute sagen würde. Sie war an die gegenwärtige Minute gefesselt. An jenem Abend beglückwünschten sie alle Versammelten zu der guten Vorbereitung ihrer Rede, die die Herzen so tief ergriffen hatte. Eine wunderbare Lektion der Hingabe an Gott!

An einem anderen Abend stieg sie wieder mit einem so leeren Kopf zum Mikrophon hinauf, daß sie sich nicht einmal an die fünf wesentlichen Punkte von Medjugorje erinnern konnte. Aber sie vertraute darauf, daß Maria ein Wort für die hier so zahlreich versammelten Menschen haben würde. Als sie beim Mikrofon angekommen war... völliges Schweigen, dichte Stille. Kein einziges Wort fällt ihr ein. Sie wartet im Frieden. Die Leute aber fragen sich, was los sei, beginnen zu flüstern und sich zu beunruhigen... Fünf Minuten Stille, das grenzt für Amerikaner an eine ontologische Unmöglichkeit! Keren sagte zu Maria:

— Mother! Wenn Du ihnen nichts zu sagen hast, dann ist das Deine Entscheidung. Aber zeige mir, ob ich noch lange vor dem Mikrofon stehen bleiben muß!

Daraufhin hört sie, wie sie die Menge fragt:

— Gibt es Priester unter Ihnen?

Fünfzehn Hände heben sich.

— Ich bitte Sie nach vorne zu kommen, sagt sie zu den Priestern.

Die fünfzehn Priester kamen nach vorn.

— Mother! Was soll ich jetzt mit ihnen machen, fleht sie in ihrem Herzen!

Die Menschen warten gespannt auf das, was jetzt wohl geschehen wird. Ist diese Keren aus Medjugorje überhaupt ganz richtig im Kopf? In diesem Moment kommt ein Satz aus Kerens Mund, den letzten, den sie sich selbst je ausgesucht hätte:

— Die Gospa kann heute abend nicht zu Ihnen sprechen. Es gibt zu viele Sünden hier. Sie können ihre Stimme nicht hören. Sie müssen zuerst beichten!

Sie hatte nur 40 Minuten zur Verfügung für ihren Vortrag. Es war 19.30 Uhr. Diese Minuten wurden dazu genützt, einzig zwei Wörter zu sagen: «Umkehr» und «Beichte». Sie erklärte diese beiden Wörter aus der Macht des Hl.Geistes. Dann ging sie wieder. Am nächsten Tag sagt ihr der Priester dieser Gemeide ganz erschüttert:

— Keren, wissen Sie, daß wir um 1 Uhr nachts immer noch dort waren? Die fünfzehn Priester hatten über fünf Stunden lang Beichte gehört. Ich weiß nicht, was mit diesen Leuten los war, die meisten waren vor zwanzig, dreißig, vierzig Jahren zum letzten Mal bei der Beichte; es war sehenswert, was die Gospa uns für «Kaliber» schickte!

In jener Nacht sind Hunderte von Sündern, die zum Großteil aus Neugierde gekommen waren, gerechtgemacht und strahlend vor Glück nach Hause gegangen, denn sie hatten ihren Retter wiedergefunden.

Ein einziges kleines Herz hatte ganz einfach sein Guthaben bei der «Heute»-Bank abgehoben; und unerwartete Schätze waren dabei für alle herausgesprungen.

Botschaft vom 25. August 1992

«Liebe Kinder! — Heute möchte ich euch sagen, daß ich euch liebe. Ich liebe euch mit meiner mütterlichen Liebe und rufe euch auf, daß ihr euch mir ganz öffnet, damit ich durch jeden von euch die Welt bekehren und retten kann, in der es viel Sünde gibt und viel von dem, was nicht gut ist. Deshalb, meine lieben Kinder, öffnet euch mir ganz, damit ich euch mehr zu dieser wunderbaren Liebe Gottes, des Schöpfers, führen kann, der sich euch von Tag zu Tag offenbart. Ich bin mit euch und möchte euch Gott, der euch liebt, offenbaren und zeigen. Danke, daß ihr meinem Ruf gefolgt seid!»

Ihr alle werdet meine Liebe fühlen

Unter den hiesigen englischsprachigen Führern ist Philip ein einmaliger Bruder. Er ist jung, herzlich, fröhlich und versteht die Kunst, seine Pilger in die Tiefen des Herzens Mariens einzuführen. Er ist weit davon entfernt, nur «seinen Job zu erledigen» und lebt diese Arbeit wie eine Berufung. Das Gebet für die ihm Anvertrauten ist ihm genauso wichtig wie die Führungen. Als privilegierter Zeuge von Tausenden von «fioretti», sprudelt er über, wenn es darum geht, Geschehnisse zu erzählen.

Eines Tages geht dieser Treibauf der Gospa die Champs-Elysées von Medjugorje hinunter (so nenne ich die Straße, in der Reisebüros, Läden und Restaurants sich aneinanderreihen), dort trifft er auf zwei amerikanische Paare, die mit düsterer Miene in einer Bar sitzen. Er meint in ihnen ehemalige Pilger wiederzuerkennen, winkt ihnen durch das Fenster zu und geht hinein. Die Wärme belebt ihn, denn draußen herrscht ein Hundewetter, Eiseskälte verstärkt von ununterbrochenem Regen. Genug um den Papst selbst in den Trübsinn zu treiben!

— Erkennen Sie mich nicht mehr? Waren Sie nicht vor ein paar Jahren in einer meiner Gruppen?

— Nein, wissen Sie, wir sind zum ersten Mal hier und haben zudem nur eine oder zwei Stunden Aufenthalt. Wir fahren an die Küste in Urlaub.

— Ach so! Und haben Sie trotzdem ein bißchen etwas sehen können?

Einer der beiden Männer, der mürrischste von den vieren, antwortet mit Bitterkeit und etwas Sarkasmus:

— Nein! Nichts!

— Wir haben nur einen Blick in die Kirche geworfen, fügt seine Frau etwas verlegen hinzu.

Offen gesagt waren die beiden Männer gegen ihren Willen gekommen, nur um ihre Frauen zu begleiten, die in Amerika von Medjugorje gehört hatten und dort vorbeifahren wollten. Philip begreift, daß sich hinter dieser Geschichte ein großes Problem verbirgt, und es zerreißt ihm das Herz, sie in diesem Zustand abreisen zu lassen, ohne daß sie etwas von der außerordentlichen Gnade dieses Ortes gespürt hätten.

— Wir fahren jetzt sofort wieder, betonte der Mann, aber wie kommen Sie dazu, sich hier einzunisten?

«Gospa, mach etwas... schnell!» betet Philip in seinem Herzen.

— Wenn Sie wollen, könnte ich Sie zu einem der Seher bringen, Marija oder Vicka. Dort erfahren Sie das Wesentliche über die Ereignisse mit der Heiligen Jungfrau, und sie werden sicher auch kurz für Sie beten...

— Super! sagen die beiden Frauen freundlich, während ihre beiden Männer so etwas wie das deutsche «was soll's» in höchst gequältem Ton von sich geben.

Doch die Frauen haben gewonnen und zwei Taxis werden gerufen, die sie nach Bijakovici, dem Dorf der Seher, bringen sollen. Philip nützt die Taxifahrt, um ihnen ein Minimum von den Ereignissen von Medjugorje zu erzählen, denn sie haben von nichts eine Ahnung. Doch sehr bald wird er in seinem Schwung durch eine Frage eines der beiden Männer gebremst:

— Ich sehe, Sie tragen ein Korsett. Haben Sie Probleme mit dem Rücken?

— Ja, ich hatte einen schweren Autounfall. Ein Teil meiner Wirbelsäule wurde zerquetscht, und ich mußte mich vor einem Jahr einer Operation unterziehen. Es ist schon ein Wunder, daß ich wieder gehen kann!

Sie kommen bei Marija an. Sie ist nicht da. Dann bei Vicka: auch nicht da. Also schlägt Philip vor, zum «Blauen Kreuz» zu gehen, wo die Heilige Jungfrau so oft erschienen ist.

Der Regen ist zur Sintflut geworden, und die kleinen Wege am Podbrdo haben sich in Bäche verwandelt. Alles paßt, daß man am liebsten weglaufen möchte! Unsere Freunde sind bis auf die Haut von dem eiskalten Regen durchnäßt, als sie beim «Blauen Kreuz» ankommen. Philip liest eine Botschaft der Heiligen Jungfrau und schlägt ihnen vor, noch ein Gesätz des Rosenkranzes zu beten, bevor sie wieder hinabsteigen.

— Denn Sie sind nicht zufällig hier! Dies ist ein ganz besonderer Ort!

Nach dem kurzen Gebet regte Philip an, daß sie noch eine Weile bleiben könnten, während er im Taxi auf sie warten würde. Denn die Pilger drücken in der Tat ihre Gebetsanliegen lieber in einer etwas vertrauten Atmosphäre aus, oder sammeln sich gern in der Einsamkeit an einem der Erscheinungsorte.

Philip geht also allein zum Taxi zurück. Dort wartet er... und wartet... Zwanzig lange Minuten vergehen, was bei der fehlenden Begeisterung dieser Leute und bei diesem unaufhörlichen, eiskalten Regen völlig unnormal ist. Schließlich kommen die beiden Frauen und steigen schweigend ins Taxi. Beide weinen. Kurz darauf kommen auch die Männer nach, und der Mürrischste weint auch. Im Taxi spricht niemand, nur Taschentücher werden eifrig verwendet. Philip begreift, daß etwas Wesentliches geschehen sein mußte, und sein Herz springt vor Hoffnung für diese unglücklichen Leute.

Sie kommen vor dem Hotel an. Alle steigen aus. Und als sie sich verabschieden, zieht einer der beiden Männer ein großes Bündel Dollarnoten aus der Tasche.

— Nehmen Sie das, sagte er mit tonloser Stimme. Doch, doch, nehmen Sie es, es ist für Sie!

Aber Philip lehnt ab, er geht mit leeren Taschen und mit dem Herzen voll Gebet und Hoffnung weg! In einigen Minuten werden seine vier Amerikaner wieder abfahren, zur Küste hin, aber Medjugorje hat sie auf irgendeine Weise berührt. Danke, liebe Gospa!

Doch wen sieht er am Abend zu seinem großen Erstaunen vor der Kirche? Seine Amerikaner! Schließlich sind sie doch geblieben! Unbeschreibliche Freude steigt in ihm auf. Aber seine Zurückhaltung verbietet es ihm, zu ihnen zu gehen und sie zu fragen, was sie erlebt haben.

Drei Tage später, als Philip eine Pilgergruppe zur Abreise an den Flughafen von Split bringt, trifft er von neuem wieder auf seine vier Amerikaner, die auf ihren Abflug warten. Dort nützt der «Mürrische» die lange Wartezeit und schüttet Philip sein Herz aus. Er ruft seine Frau und beide überschütten Philip mit Dank.

— Das, was uns geschehen ist, ist zu bedeutend, als daß ich es ihnen nicht erzählen müßte. Genau vor einem Jahr ist unser ältester Sohn bei einem Autounfall ums Leben gekommen. Er war 22 Jahre alt. Er hat sich das Genick gebrochen und war auf der Stelle tot. Als der erste Jahrestages seines Todes näherkam, beschlossen meine Frau und ich möglichst weit von zu Hause wegzufahren, um diesen traurigen Tag in einer ganz anderen Umgebung zu leben. Und an jenem Tag befanden wir uns ausgerechnet in Medjugorje! Sie erinnern sich ja an das fürchterliche Wetter... Ein Tag, an dem man zu Hause bleibt und sich im Kreis dreht! Als Sie uns begrüßen kamen, waren wir ergriffen von der Ähnlichkeit, die Sie mit unserem Sohn haben: Sie gleichen ihm in so vielen Punkten, dem Alter, dem Gesicht, und zudem tragen Sie ein Korsett, um Ihren Rücken zu stützen... Als wir Sie sahen, sind so viele schmerzliche Erinnerungen in uns aufgestiegen!

Seine Frau fügt hinzu:

— Sie müssen wissen, Philip, daß mein Mann nach dem Unfall unseres Sohnes die Kirche und jegliche religiöse Praxis über Bord geworfen hatte. Schluß mit dem Glauben! Gott... es war aus mit ihm! In unserer Familie durfte nicht mehr von unserem Sohn gesprochen werden. Sogar sein Name durfte nicht mehr fallen! Mein Mann hatte alle seine Sachen vernichtet. Es durfte keinerlei Erinnerung geben. Es sollte «tabula rasa» gemacht werden, so, als habe es ihn nie gegeben.

Dann ergreift der Mann wieder das Wort:

— Wissen Sie, Philip, ich bin kein Mann des Gebetes, aber dort oben beim «Blauen Kreuz», als sie ein paar Meter von mir entfernt beteten, habe ich gespürt, wie jemand hinter mir die Hand auf meine Schulter legte. Überrascht habe ich mich umgedreht, sah aber niemanden. Ich schrieb diesen Eindruck dem Regen zu. Doch da spürte ich von neuem die Hände auf meiner Schulter, aber diesmal wurde ich sofort von einer großen, angenehmen Wärme erfüllt... dabei erinnern Sie sich doch noch an die Kälte...! Diese Wärme war völlig unerklärlich! Aber was mich am tiefsten erschütterte war dieser Friede, der in mich einzog. Ein Friede, wie ich ihn noch nie in meinem Leben gefühlt habe, und ich kann ihn Ihnen nicht einmal beschreiben! Da begann ich zu weinen, unsagbar zu weinen...! Meine Frau begann auch zu weinen. Wir wußten genau, warum wir weinten, sie hatte sofort verstanden. Nach dieser Gebetszeit beschlossen wir, einen Tag länger zu bleiben. Wir haben fast die ganze Nacht damit verbracht, über unseren Sohn zu sprechen. Alle Verbote, alle Riegel wurden gesprengt! Wir sprachen über Gott, über die Religion, über Medjugorje... wir konnten gar nicht mehr aufhören! Stellen Sie sich vor, es war das erste Mal seit einem Jahr, daß wir zusammen die Erinnerung an unseren Sohn wachrufen konnten!

Als wir wieder an die Küste kamen, die uns jetzt überhaupt nichts mehr bedeutete, machten wir eine kleine Kapelle ausfindig, in der wir zur Messe gehen konnten. Wir wollten die Gnade, die wir in Medjugorje erhalten hatten vertiefen, bevor wir wieder nach Hause fuhren.

Philip kann seinen Ohren kaum glauben! Aber ihre Gesichter sagen noch mehr als die Begeisterung ihrer Worte. Nachdem er sie verlassen hat, «fliegt» er vor Freude förmlich über die Straße zurück!

Ist die Geschichte damit beendet? Bei weitem nicht! Etwa eineinhalb Jahre später empfängt das Ehepaar Philip bei sich zu Hause. Dort erfährt er noch viele Details über die unglaubliche Gnade von Medjugorje, die diese Familie vor der Zerrüttung bewahrt hat. Über die Mutter erfuhr er, daß ihr Mann vor Medjugorje von sehr ernsten Problemen ergriffen worden war.

— Zum Beispiel, sagte sie, bekam er grauenhafte Wutanfälle, machte in aller Öffentlichkeit fürchterliche Szenen... das ging so weit, daß unsere anderen Kinder sich gegen ihn auflehnten. Ich kann Ihnen gar nicht beschreiben, welches Leiden wir durchstehen mußten. Unsere Ehe war in Stücken... Das Schlimmste war, daß nach dieser Reise ein Aufenthalt in einer psychiatrischen Klinik für ihn vorgesehen war, und der Psychiater sich pessimistisch geäußert hatte.

Die «Hände», die sich auf die Schultern des Vaters gelegt hatten, hatten also auch sein Herz, seine Seele und seinen Geist berührt und alle Wurzeln der Verzweiflung vertrieben. Jetzt war keine Rede mehr von Behandlungen und Psychiatern. Seit dem Ereignis am «Blauen Kreuz» änderte sich sein Leben. Er versöhnte sich mit der Kirche und ging wieder regelmäßig zur Messe. Die Kinder fanden ihren Vater wieder, wie sie ihn zuvor gekannt hatten und besser noch. Philip entdeckte einen völlig veränderten, offenen, liebenswürdigen, heiteren Mann, der im Frieden von seinem Sohn, dem Unfall und dem Glauben an Gott sprach. Er hatte seine Firma verkauft und lebte jetzt für seine Familie, war seiner Frau nahe und vertiefte Tag für Tag den wiedergefundenen Glauben. Das ging so weit, daß sein jüngster Sohn jetzt eine Wallfahrt mit der ganzen Familie nach Medjugorje plant...!

— Die Gospa wußte, daß sie nur zwanzig Minuten zur Verfügung hatte, um sein Herz zu berühren, erklärte Philip. Und sie berührte ihn so feinfühlig und zugleich so machtvoll! Sie war es sich selbst schuldig, Wort zu halten, denn hier hat sie gesagt:

«*Ihr alle werdet meine Liebe fühlen.*»

Botschaft vom 25. September 1992

«Liebe Kinder! — Auch heute möchte ich euch sagen: Ich bin mit euch, auch in diesen friedlosen Tagen, in denen Satan alles zerstören möchte, was ich und mein Sohn Jesus aufbauen. Er möchte besonders eure Seelen zerstören und euch möglichst weit weg vom christlichen Leben führen, sowie von den Geboten[69], zu denen euch die Kirche aufruft, sie zu leben. Satan möchte all das zerstören, was in euch und um euch herum heilig ist. Deshalb, meine lieben Kinder, betet, betet, betet, um all das begreifen zu können, was euch Gott durch mein Kommen gibt. Danke, daß ihr meinem Ruf gefolgt seid!»

Eine Dame, die viel Macht hatte...

Die Kirche konnte noch so voll sein, jeder hatte die Dame in der fünften Reihe bemerkt, die ununterbrochen ihre Tempos naßweint und ihr Schluchzen nur schlecht unterdrückt. Alles hat am Vormittag bei Pater Jozo begonnen und seither ist sie untröstlich. Am Ende der Messe hält sie mich am Arm fest und fleht mich an, ihr zu helfen. Ich frage sie:

— Was hat Sie denn in einen solchen Zustand versetzt?

— Heute Vormittag bei Pater Jozo habe ich eine echte Ohrfeige bekommen, ich bin zutiefst verletzt und verstehe überhaupt nicht, was geschehen ist…

Sie wird vom Schluchzen nur so geschüttelt und kann kaum zu Ende sprechen. Ihr verzerrtes Gesicht drückt eine echte Verzweiflung aus.

— Gott hat mich verworfen, das ist sicher!

Ich versuche, ein paar objektive Fragen zu stellen und erfahre so, was sich zugetragen hat. Heute morgen ist Karin mit ihrer Pilgergruppe

---

69 Gebote der Kirche (Katechismus der Katholischen Kirche: Nr. 2041):
1. Gebot: Du sollst an Sonn- und Feiertagen der heiligen Messe andächtig beiwohnen.
2. Gebot: Du sollst deine Sünden jährlich wenigstens einmal beichten.
3. Gebot: Du sollst wenigstens zur österlicher Zeit sowie in Todesgefahr die heilige Kommunion empfangen.
4. Gebot: Du sollst die gebotenen Feiertage halten.
5. Gebot: Du sollst die gebotenen Festtage halten.

zu Pater Jozo gegangen, um seinen Vortrag zu hören und seinen Segen zu erhalten. Während des Vortrags wird sie von der Kraft und dem Charisma der Worte so ergriffen, daß sie sich in ihrer Überzeugung bestärkt fühlt, Pater Jozo sei ein außerordentliches Wesen oder gar ein Heiliger. Von nun an wartet sie nur noch auf diesen berühmten Segen, den er den Pilgern immer gibt. Dabei wird sie «etwas empfangen», und überhaupt, wenn sie nach Medjugorje gekommen ist, dann vor allem, um von Pater Jozo die Hände aufgelegt zu bekommen. Alles andere ist weniger wichtig.

Die Pilger stellen sich entlang der Allee auf, und Karin beobachtet Pater Jozo. Er bleibt vor ihnen stehen, segnet immer zwei, indem er ihnen die Hände auf den Kopf legt. Dabei murmelt er mit einem konzentrierten Gesichtsausdruck leise Gebete. Karin steht ungefähr in der Mitte der Reihe, und jetzt ist sie bald dran. Ihr Herz jubelt! Doch da geschieht das unerklärliche Drama: nachdem Pater Jozo ihre beiden rechten Nachbaren gesegnet hat, übersieht er sie völlig, übergeht sie und segnet ihre beiden linken Nachbarn. Karin ist auf der Stelle wie aufgelöst. Er hat sie nicht einmal angeschaut. Ihr ganzes Wesen gerät unter diesem Schock ins Wanken. Doch während Pater Jozo weitergeht, um den Rest der Gruppe zu segnen, ist sie immerhin so geistesgegenwärtig, daß sie den Platz wechselt und sich in den letzten Teil der Reihe stellt, wo der Pater noch nicht hingekommen war. Aber von neuem ereignet sich dasselbe Phänomen: Pater Jozo übergeht sie offenkundig als sie an der Reihe ist und segnet ihre Nachbarn, ohne ihr die mindeste Aufmerksamkeit zu schenken.

— Seit diesem Moment bin ich völlig verzweifelt, Schwester. Wenn Pater Jozo wirklich ein Heiliger[70] ist, dann hat Gott mich verworfen... Sie kennen ihn doch gut, sagen Sie mir, ob ihm das öfters passiert, daß er jemandem den Segen verweigert?

— Hm... Nein! Oder es ist überaus selten, in ganz besonderen Fällen...

70 Einem Gerücht zufolge, soll die Gospa über Pater Jozo gesagt haben: «Er ist ein Heiliger.» In Wirklichkeit war es so, daß sie zu Vicka sagte, während Pater Jozo im Gefängnis war: «Er lebt seine Prüfung heiligmäßig» (er war treu geblieben und hatte seinen Feinden verziehen).

Da erinnere ich mich an den Fall eines Mannes, dem Pater Jozo auch einmal den Segen verweigert hatte. Das erregte meinen Argwohn in Bezug auf Karins Geschichte.

— Pater Jozo weiß, was er tut, er ist weder zerstreut noch sadistisch. Aber sagen Sie mir ganz ehrlich: was war Ihre tiefste Absicht, als Sie zu Pater Jozo kamen?

Und da kam ich hinter das ganze Geheimnis. Karin hatte eine schwere Kindheit gehabt. Ihre Mutter hatte sie immer verachtet und ihr Vater glänzte durch Abwesenheit. Karin hatte ihre ganze Jugendzeit hindurch gekämpft, um ihre Identität und ihren Lebenssinn zu finden.[71] Ihre innere Leere rieb sie unbemerkt auf und ließ sie an Selbstmord denken. Der Tod ihres Vaters und andere familiäre Ereignisse brachten sie mit Leuten zusammen, die «Energien einfangen» konnten, die Macht über das Seelenleben anderer hatten, und die sie davon überzeugten, daß sie selbst große mediale Gaben habe, die sie entfalten sollte. Daraufhin begann für Karin ein neuer Lebensabschnitt. Durch mehrere Initiationsstufen und Seminare im Fernen Osten hindurch wurde sie in der okkulten Wissenschaft ausgebildet und schuf sich nach und nach eine Kundschaft, denen sie «half».

So hatte sie endlich einen Lebenssinn gefunden, hatte endlich Ansehen in den Augen der anderen, endlich verlangte man nach ihr, fragte sie um Rat und lobte sogar die «positive Energie», die sie auf ihre Schutzempfohlenen ausübte. Kurz, sie hatte endlich das Gefühl zu existieren!

Während ich Karin zuhöre, wird mir alles klar: wie so oft, war Pater Jozo auf übernatürliche Weise vorgewarnt worden. Der Heilige Geist hatte sich seiner bedient, um Karin aus der fürchterlichen Illusion zu befreien, in der sie sich seit Jahren wiegte. Ich mußte sie nicht einmal fragen, sie selbst gab mir den Schlüssel zum Ereignis jenes Vormittags.

— Verstehen Sie, Schwester, als ich zu Pater Jozo ging tat ich es in der Absicht, seinen Segen zu erhalten...

— Was meinen Sie damit?

— Na ja, daß ich seine «positiven Energien» bekomme, seine Heilungsgabe. Ich wollte durch ihn neue Macht einfangen, um so mehr

71 Zu diesem Thema gibt es folgende Cassette von Sr. Emmanuel: «Marilyn oder Therese?», Diakonia (Nr. 116).

Menschen helfen zu können, die mich aufsuchen... Verstehen Sie, man sagt, er sei ein Prophet, ein von Gott auserwählter Mann mit großen Fähigkeiten...

— Gerade weil er von Gott geführt ist und oft in die Tiefe der Herzen schaut, hat er Sie nicht gesegnet...

Karin begreift, daß wir hier den Kern des Problems berühren, hört mir ganz ernst zu:

— Was wollen Sie damit sagen?

— Sie wären genauso wieder abgefahren, wie Sie gekommen sind, in der Meinung, Ihr Ziel erreicht zu haben! Pater Jozo hat wie die Propheten in der Bibel gehandelt. Seine Handlung ist ein Zeichen für Sie.

Darauf hin habe ich ihr genau erklärt, daß sie in ihrer Verzweiflung in die Falle einer falschen Erleuchtung gegangen sei. *«Ihr habt die Bibel vergessen»*, hat die Gospa Pater Jozo unter Tränen gesagt. Karin hatte die Bibel vergessen und woanders den Weg des Lebens gesucht. Ohne zu wissen, hatte sie Wege gewählt, die Gott selbst als Wege des Todes bezeichnet hat. Sie meint zu leben und dem Leben zu helfen, aber sie verherrlicht nur sich selbst, ihr eigenes «Ego» und gibt den anderen Gift. Dabei hatte sie wohl zunächst die ehrliche Absicht, anderen zu helfen.

— Es brauchte also diesen Schock mit Pater Jozo, um Ihnen die Augen zu öffnen! Pater Jozo ist weder ein «Energiespender» noch ein Zauberer. Es ist nicht seine Aufgabe, die Herrschaft auszubauen, die Sie über andere ausüben. Nein, er ist ein Diener, er ist ein Armer. Er ist ein Priester, der darum betet, daß der Wahre Gott die Herzen seiner Kinder erfasse.

— Karin, Sie haben das New Age mit dem christlichen Leben verwechselt.[72] Sie sind hierhergekommen, um neue Gaben zu schöpfen und Ihr Wappen mit neuen Titeln zu zieren; Gott wartete an diesem Angelpunkt auf Sie. Er will Ihnen etwas viel besseres schenken: Er möchte sich selbst Ihnen schenken, weil er Sie unendlich liebt. Aber dafür muß er Sie erst ganz arm machen. Er will Sie entlasten von

72 Zu diesem Thema gibt es die Cassetten «Von New Age zu Jesus» (Nr. 41), von Erika Lechner, und «Yoga und transzendentale Meditation» (Nr. 21), von Pater Daniel-Ange, Diakonia.

diesem völlig undurchsichtigen esoterisch-medial-pseudo-spirituellen Wust, der in Ihnen wohnt, und neben dem Er keinen Platz hat. Wenn Sie diese große Gnade der Bekehrung annehmen, die Ihnen so machtvoll (typisch für Medjugorje) geschenkt wurde, dann kann Gott Ihr Leben umformen, und Sie werden ein völlig neuer Menschen sein... Dann werden Sie für die anderen wirklich fruchtbar sein.

Das Schluchzen hört auf und der Todesschatten, der Karins Blick verschleiert hatte, machte nach und nach dem Frieden Platz.

— Es ist das erste Mal, daß ich diese Sprache höre, aber ich spüre zutiefst in meinem Herzen, daß sie richtig ist, daß sie wahr ist. Aber heißt das dann, daß ich keine Menschen mehr empfangen darf, um mich um sie zu kümmern?

— Das heißt, daß Sie von nun an Gott selbst ihr Leben in die Hand nehmen lassen. Stellen Sie das christliche Gebet, die Lektüre der Bibel und die Sakramente an den ersten Platz. Lassen Sie Ihre Radiästhesie und Ihre Energien fallen. Nach und nach werden Sie von der Fülle Gottes selbst erfüllt werden, und Sie werden gar nicht mehr an die Macht denken, die Sie über andere haben könnten. Wir sind alle für die Herrlichkeit geschaffen. Aber Satan ist schlau, er läßt uns glauben, daß wir das Glück finden, indem wir unser «Ich» verherrlichen, auch unbewußt, und das führt zum Unheil. Denn unser «Ich» ist nur Elend. Nein, die wahre Herrlichkeit, die uns erwartet, ist die Herrlichkeit Gottes selbst in uns. Sind Sie bereit, die Ehre, die von den Menschen kommt, fallen zu lassen um der Herrlichkeit willen, die von Gott kommt, mit all den Opfern, die das in der ersten Zeit für sie beinhaltet, bis Ihr Leben wieder ins Lot gekommen ist?

Karin versucht die Größe dieses Schrittes zu ermessen und ruft aus:

— Aber wie soll ich so etwas wagen!? Mein ganzes Leben muß sich von A bis Z ändern...!

— Ja, der heilige Paulus selbst hat gesagt: «Es ist schrecklich in die Hände des lebendigen Gottes zu fallen!» Aber das alles ist hier in Medjugorje schon geschehen, vertrauen Sie der Heiligen Jungfrau, sie hat das alles angeleiert, sie wird Ihnen auch Tag für Tag helfen...

Karin war einverstanden, eine oder sogar mehrere Exerzitien zu machen, um sich in dieses neue Leben einweisen zu lassen.[73] Sie beichtete, und ein auf diesem Gebiet erfahrener Priester betete für ihre Befreiung, denn ihr ganzer Geist war durch die esoterischen Seminare, die sie besucht hatte, verbildet. Sie erlebte mehrere Rückfälle, denn ihr altes Milieu wollte sie zurückgewinnen, und die Versuchung war groß. Aber zum Glück blieb sie Medjugorje sehr nahe, und dank unserer Gebete hält sie durch auf dem Weg, der zum Reich Gottes führt. Was den Segen von Pater Jozo anbelangt, so bekam sie ihn schließlich nach ihrer Bekehrung zusammen mit einer Gruppe im Gebet um die Gnade, ganz klein zu sein, und nicht mehr groß.

73 Von der Gemeinschaft der Seligpreisungen organisierte, fünftägige Einkehrtage in «Marthe et Marie de Béthanie», Burtin, F-41600 Nouan-le-Fuzelier.

Botschaft vom 25. Oktober 1992

«Liebe Kinder! — Ich rufe euch zum Gebet auf, jetzt wo Satan stark ist und sich so vieler Seelen wie möglich bemächtigen will. Betet, liebe Kinder, und habt mehr Vertrauen zu mir, denn ich bin hier, um euch zu helfen und um euch auf einem neuen Weg zu einem neuen Leben zu führen. Deshalb, meine lieben Kinder, hört und lebt, was ich euch sage; denn es ist wichtig für euch, wenn ich nicht mehr bei euch sein werde, daß ihr euch an meine Worte erinnert und an all das, was ich euch immer wieder sagte. Ich rufe euch auf, daß ihr von Anfang an beginnt, euer Leben zu ändern, und daß ihr euch für die Umkehr entscheidet, nicht mit Worten, sondern mit dem Leben. Danke, daß ihr meinem Ruf gefolgt seid!»

Hilf mir, dann bist du ein Engel

Oktober 1987. Nach dem Fest der Heiligen Schutzengel, macht Marija mit drei Freunden, von denen einer Seminarist ist, einen Ausflug zu einer Insel vor der Küste von Split. Eines Abends bemerken ihre Freunde, daß die Erscheinung sie irgendwie stutzig gemacht hatte. Damals waren die Seher für die Erscheinung noch immer zusammen, und Marija machte an jenem Tag ihre ersten Schritte in einer neuen Situation: allein den Besuch der Gospa zu empfangen. Aber der Grund ihrer Erstauntheit war vor allem ein anderer:

— Wißt ihr, die Gospa hat heute abend etwas merkwürdiges gemacht, sagt sie ihren Freunden. Sie hat uns Hausaufgaben gegeben! Sie hat uns gebeten, unserem Schutzengel einen Brief zu schreiben, und ihn ihr morgen zu geben.

Eine der Freundinnen Marija, M., erzählt mir:

— Ich traute meinen Ohren kaum! Ich wußte nicht, daß man seinem Schutzengel schreiben konnte, daß er sich über einen Brief freut! Das brachte mich wirklich in Verlegenheit, denn ich hatte schon jahrelang kein einziges Mal mehr mit meinem Schutzengel gesprochen. Als ich klein war und man mir beigebracht hatte, daß ein Engel in mir wohnt[74], da habe ich mit ihm gesprochen. Aber das hat nicht lange angehalten. Und jetzt sollte ich ihm innerhalb von 24 Stunden einen Brief schreiben! Wir machten uns alle vier mit großem Eifer an unsere Ferien-Hausaufgabe. Als die Gospa am nächsten Tag wiederkam, wurde sie von kleinen Engeln begleitet. Marija erklärte uns, daß diese Engel wie Kinder von ein oder zwei Jahren aussahen. Sie wußte nicht, ob es sich um unsere Schutzengel handelte, weil die Gospa sie ihr nicht vorgestellt hatte, aber sie waren zu fünft und schauten jeden von uns intensiv an. Ich persönlich spürte, daß einer von ihnen mein Schutzengel war. An diesem Abend lud uns die Gospa ein, mit unserem Schutzengel echte Freundschaft zu schließen, und uns an ihn zu wenden, um Hilfe zu bekommen. Sie sagte uns, wir sollten ihn um Gefallen und Dienste bitten.

Am nächsten Tag legten wir unsere Briefe zu Füßen der Gospa hin. Später haben wir sie verbrannt. In den darauffolgenden Tagen haben wir sehr viel über unsere Schutzengel gesprochen und sind uns ihrer Gegenwart und ihrer Hilfe bewußt geworden. Das hat uns in eine unbeschreibliche Freude versetzt! Jeder von uns entwickelte eine ganz neue Zwiesprache mit seinem Schutzengel, und das veränderte unser Leben. Dank unserer Schutzengel erlebten wir von da an alle möglichen Abenteuer. Zum Beispiel dieses:

Kurz nach diesem Aufenthalt auf der Insel mit Marija, verbrachte ich einige Tage in München mit meiner Freundin Milona (eine der vier Personen, die mit uns auf der Insel waren). Als wir unsere Rückreise München-Medjugorje mit dem Auto vorbereiteten, dachte ich an einen heiligen Priester in Verona (Italien), den ich kannte, und ich hatte große Lust, bei ihm vorbeizufahren, damit Milona ihn kennenlernen könnte. Aber mehrere Dinge ließen mich zögern. Der Umweg über Verona würde uns fünf Stunden Fahrt zusätzlich kosten, und dieser Priester, der an einer sehr schweren Krankheit litt und ans Bett gefesselt war, empfing schon seit sechs Monaten niemanden mehr. Außerdem mußte man durch zwei äußere Türen des Domes von Verona gehen, um an seiner Wohnungstür läuten zu können; doch es

74 Zu diesem Thema, hören Sie die Cassette: «Die Engel», von F. Spaller, CRL, Diakonia (Nr. 59). Ein ausführliches Buch ist auch erhältlich: «Die Engel, unsere himmlischen Helfer», von Anne Bernet, Parvis-Verlag, 1997.

war Sonntag, und niemand hätte uns die Türen geöffnet. Es gab ohnehin keine Klingel.

Aber... die Intuition, daß wir hinfahren sollten, war stärker als alle Hindernisse. Dieser Priester war so heilig[75], daß man Gott schon allein in seinem Blick auf besondere Weise begegnete; wir mußten unser Glück versuchen. Wir machten uns auf den Weg, und nach einigen Kilometern versuchten wir, in Verona anzurufen. Es antwortete ein Anrufbeantworter, der sagte: «Don Bozio empfängt niemanden, aber zwischen 16 und 17 Uhr beantwortet er Telefonanrufe.» Da auf menschlicher Ebene schon alles verloren war, entschlossen wir uns, unsere Schutzengel ranzulassen. Zunächst baten wir sie, zu Pater Bozio zu gehen und ihn zu fragen, ob wir kommen könnten. Dann sollten sie uns die Antwort in unseren Herzen geben. Nachdem wir ein paar Minuten gebetet hatten, wurden wir plötzlich von einer großen Freude erfüllt, und wir faßten das als positives Zeichen auf, die fünf Stunden Fahrt nach Verona anzutreten. Danach schickten wir alle halben Stunden unsere Engel zu Pater Bozio, denn unserer Berechnung nach konnten wir zu der Zeitspanne, in der er wenigstens telefonisch zur Verfügung stand, noch nicht in Verona sein. Die Engel sollten zwei Aufträge erfüllen:

1. Die Türen: sie sollten darüber wachen, daß die großen Tore des Kreuzgangs und des Klosters offen seien, und daß uns jemand bei dem Priester öffnete.

2. Der Pater: er sollte über unseren Besuch Bescheid wissen.

Als wir ankamen, stand sowohl die erste als auch die zweite Türe sperrangelweit offen! Wir begannen die Stufen zu seiner Wohnung hinaufzusteigen, und wen sahen wir, als wir die Augen hoben? Pater Bozio persönlich! Er stand oben auf der letzten Stufe und sah uns hinaufsteigen! Als wir uns anlächelten, sagte er uns zum Empfang:

— Na, ihr Beiden, die ihr mir eure Schutzengel geschickt habt! Kommt herein! Ich will euch segnen!

— Diese Geschichte, fügt M. lachend hinzu, ist nur eine unter vielen!

---

75 Es handelte sich dabei um Don Bozio, der 1995 gestorben ist.

Es ist nichts Neues in der Geschichte der Erscheinungen, daß die Heilige Jungfrau von Engeln begleitet wird. Aber heute in Medjugorje genießen wir eine einmalige Gnade: diejenigen, die Maria und die Engel, die sie umgeben, jeden Tag sehen, sind für uns erreichbar. Vicka und Marija beschreiben die Engel auf dieselbe Weise (mit den anderen Sehern habe ich nie darüber gesprochen). Ihrer Beschreibung zufolge haben die Engel ein menschliches Aussehen, schönen Gesichter, lockige Haare und sind mit langen Gewändern bekleidet, die ihre Füße bedecken. Meistens kommt die Gospa mit Engeln, die Kindern von ein bis zwei Jahren gleichen, aber sie können auch größer sein. Sie sind ihrer Königin zugewandt, sie schauen sie unablässig an, und in ihren Blicken ist unverhohlene Liebe und Bewunderung zu lesen. Das Erstaunlichste ist, daß sie alles nachmachen, was Maria macht. Wenn sie sich nach vorne beugt, beugen sie sich auch nach vorn. Wenn sie die Hände öffnet, öffnen sie sie auch. Wenn sie mit Traurigkeit spricht, werden sie ganz traurig. Wenn sie lächelt, dann lächeln sie auch...

Marija sagt uns, daß die geringste Bewegung der Gospa reinster Ausdruck des Willens Gottes ist. Auch das kleinste Wort, die geringste Intonation ihrer Stimme, all das enthüllt in vollkommener Weise das, was Gott will. Nun ist genau das die Aufgabe der Schutzengel, uns zu helfen, damit wir den Plan Gottes mit jedem von uns wirklich erfüllen. Sie sind von Gott an unsere Seite gestellt, damit sie uns dem Willen Gottes zugeneigt machen. Wenn sie die Heilige Jungfrau begleiten, sieht man ihre Freude unaufhörlich wachsen, weil alles in ihr den Plan Gottes verwirklicht. Wenn die Gospa lange bleibt, dann können die Engel sich vor Freude nicht mehr halten, sie können sich nicht mehr beherrschen und beginnen mit den Flügeln zu schlagen, so daß es richtig Lärm macht, der immer lauter wird.

— Für uns Seher ist es eine gute Schule, die Engel zu beobachten, sagt Marija. Ich lerne von ihnen, wie man die Heilige Jungfrau nachahmt, wie man ihrem Vorbild gemäß lebt und wie man sie als Königin empfängt.

In Medjugorje kommt es vor, daß die Gospa bei ihrer Erscheinung auf dem Berg von Tausenden von Engeln umgeben ist. Ich glaube, daß die Seher nicht wissen, um welche Engel (oder Erzengel?) es sich handelt. Ich habe Ivan oft sagen hören: «Heute abend war die Gospa fröhlich und glücklich und kam mit fünf Engeln» oder «mit drei Engeln». Das geschieht vor allem bei großen Festen, aber auch an anderen Tagen.

Wenn Sie nun eine besondere Beziehung mit dem Engel leben wollen, den Gott eigens an Ihre Seite gestellt hat, dann ist es dafür nicht zu spät![76] Warum sollten Sie ihm nicht einen Brief schreiben und ihn beim Besuch Mariens um 18.40 Uhr zu ihren Füßen legen?

76 Unter denjenigen, die im 20. Jahrhundert in großer Vertrautheit mit ihrem Schutzengel lebten, sind Papst Johannes XXIII., Schwester Faustyna, Pater Pio... zu nennen. Auch Pater Werenfried van Straaten, der Gründer von «Kirche in Not», besitzt wunderbare Zeugnisse aus den kommunistischen Gefängnissen, wo Christen aus dem Westen ihre Schutzengel hingeschickt hatten.

Botschaft vom 25. November 1992

«Liebe Kinder! — Heute, wie nie zuvor, rufe ich euch auf zu beten! Euer Leben soll vollständig zum Gebet werden. Ohne Liebe könnt ihr nicht beten, deshalb rufe ich euch auf, zuerst Gott, den Schöpfer eures Lebens zu lieben, und dann werdet ihr auch in allen Menschen Gott erkennen und lieben, wie Er euch liebt. Liebe Kinder, das ist eine Gnade, daß ich mit euch bin. Deshalb nehmt meine Botschaften an und lebt sie zu eurem Wohl. Ich liebe euch, und deshalb bin ich mit euch, um euch zu lehren und zu einem neuen Leben des Verzichtens und der Umkehr zu führen. Nur so werdet ihr Gott und all das, was euch jetzt fern ist, entdecken. Deshalb betet, meine lieben Kinder. Danke, daß ihr meinem Ruf gefolgt seid!»

Eine echte *Pro-Life*-Frau

Für die kroatischen Familien hier ist die Geburt eines Kindes eine sehr große Freude. Das Kind ist erwünscht, wird aufgenommen, sorgsam gepflegt, im Arm getragen. Es ist ein Grund wahrer Freude für alle und ein Geschenk Gottes. Die Gospa konnte das Herz der Seher nicht besser erobern, als mit dem Jesuskind in ihren Armen.

In Medjugorje gab es Abtreibung nicht. Genauso wie Drogen, Selbstmord oder Scheidung, gehörte Abtreibung zu einer anderen Welt. Die Seher waren so unschuldig, daß die Mutter Gottes selbst ihnen einige Aspekte des Bösen, das in der Welt am Werk ist, zeigen mußte, damit sie sich dessen bewußt werden, und die himmelschreiende Dringlichkeit des Gebetes begreifen. Zum Beispiel sprach sie mit Marija über die Freimaurerei, über Satansweihen, über heimliche Pläne zur Vernichtung des Heiligen Vaters usw... Sie zeigte Jelena in Bildern verschiedene Szenen aus dem Wirken Satans und der Zerstörungen, die er heute anrichtet. Und die Seher fielen aus allen Wolken!

Mirjanas Schicksal war etwas anders. Kaum verheiratet, mußten ihre Eltern Medjugorje verlassen, um in Sarajevo zu arbeiten. Sie waren gezwungen, in mehr als heiklen Umständen zu überleben. Sie hatten ein winziges Zimmer gemietet. Dort erblickte Mirjana das

Licht der Welt. Aber der Besitzer drohte ihnen: «Wenn Sie noch ein Kind bekommen, werfe ich Sie hinaus!» Die Eltern mußten beide arbeiten, um die Miete zu bezahlen, und eines Tages, acht Jahre später, konnten sie ein größeres Zimmer mieten. Daraufhin wurde der kleine Bruder geboren.

— Es fehlte uns an allem, erzählte mir Mirjana. Ich blieb den Tag über alleine im Zimmer. Meine Eltern opferten sich für mich auf. Sie kauften für teures Geld zwei Bananen und gaben sie mir. Damit nur ich alleine sie esse, sagten sie mir: «Wir mögen keine Bananen, was für eine scheußliche Frucht!» Sie ernährten mich so gut es ging! Ich bekam so viel Liebe von ihnen, daß ich nie einen Mangel verspürte. Heute empfinde ich eine große Dankbarkeit meinen Eltern gegenüber. Ich weiß, daß es mich nicht gäbe, wenn meine Eltern Angst gehabt hätten. Da war die Bedrohung durch die Kommunisten, und keinerlei Sicherheit. Sie haben auf Gott vertraut, und heute danke ich ihnen, daß sie mir das Leben geschenkt haben. Und schau, wie die Heilige Jungfrau später die Dinge in die Hand genommen hat... Das hätte niemand gedacht! Wir haben das Glück unserer Kinder eben nicht in der Hand!

Für meine Ausbildung mußte ich die Schule wechseln, und diese neue Schule war eine harte Prüfung für mich, denn meine Kameraden kannten Gott nicht und lebten in schweren Sünden. Abtreibung und ähnliches war dort geläufig, und ich litt ungeheuer darunter. Die Erscheinungen hatten damals schon begonnen, aber ich durfte kein Wort davon sagen! Ich wurde überwacht, bespitzelt und beim geringsten Fehltritt konnten meine Eltern ihre Arbeit verlieren.

Eines Morgens sagte mir eine Klassenkameradin: «Heute lasse ich mir eine Abtreibung machen, und dann gehe ich ins Konzert.» Zutiefst verletzt davon, daß sie den Tod eines Kindes mit einem Konzert auf dieselbe Ebene stellte, ist mir die Hand ausgerutscht und ich habe sie geohrfeigt. Weißt du, damals war ich so! Sie hat mich auch geohrfeigt, und wir haben so heftig gestritten, daß man uns zum Direktor geschickt hat.

— Und als die Heilige Jungfrau dir danach erschienen ist, hat sie dir da Vorwürfe gemacht?

— Sie hat keine Anspielung auf die Ohrfeige gemacht, aber sie hat mir gesagt, daß ich die Menschen nur durch Vorbild und Gebet ändern kann. Ich begriff, daß ich niemandem die Moral predigen noch wütend werden durfte...

— Und später, hat sie mit dir über die Abtreibung gesprochen, wie mit Vicka und Marija?

— Ja, weil ich ihr oft von dem erzählte, was um mich herum geschah und sie um Hilfe bat. Sie sagte mir, daß ich diese Menschen nicht verurteilen, sondern sie lieben und für sie beten solle, damit sie sich mit Gott versöhnen. Sie sagte mir, daß der Vater und die Mutter eines abgetriebenen Kindes viel werden leiden müssen. Sie hat sehr geweint.[77] Sie sagte, abtreiben sei eine sehr schwere Sünde, denn es sei gleichbedeutend mit töten. Gott vergibt alle Sünden, aber für diese spezielle verlangt er, daß der Vater und die Mutter viel Buße tun.

— Und was hat sie über die abgetriebenen Kinder gesagt?

— «Sie sind bei mir», hat sie gesagt.

In Medjugorje haben viele Pilger (Mütter und Väter von abgetriebenen Kindern) einen sehr schönen Weg der Bekehrung und der inneren Heilung beginnen können, indem sie sich mit dem kleinen Wesen versöhnt haben, das sie eines Tages verworfen hatten. Anstatt die Erinnerung daran abzustoßen, beginnen sie endlich, dies Kind als menschliches Wesen zu begreifen, das im Himmel lebt, ein Herz und eine Seele hat[78], und sie beschließen, sich mit ihm zu versöhnen. Sie

77 Manchmal verlangt Jesus für eine Abtreibung ein Sühneleiden von gewissen Seelen, die sich seiner Barmherzigkeit angeboten haben. Sr. Faustyna erzählt: «Es ist der 16. September 1937. Um 8 Uhr bekam ich so heftige Schmerzen, daß ich mich sofort hinlegen mußte. Drei Stunden lang wand ich mich vor Schmerzen, das heißt bis 11 Uhr abends. Keine Arznei konnte mir helfen; alles, was ich einnahm, mußte ich erbrechen. Zeitweilig raubten mir diese Schmerzen das Bewußtsein. Jesus gab mir zu verstehen, daß ich gerade auf diese Weise an seiner Agonie am Ölberg teilgenommen hatte, und daß er selbst diese Leiden zugelassen hatte als Wiedergutmachung für die Abtreibungen. Dreimal bereits habe ich diese Qualen erlitten. Ich sagte dem Arzt, daß ich noch nie in meinem Leben solche Schmerzen gehabt hatte. Er erklärte, daß er nicht wisse, worum es sich handle.
Jetzt verstehe ich, was das für ein Leiden ist, denn der Herr hat es mir offenbart... Wenn ich denke, daß ich vielleicht eines Tages noch einmal so werde leiden müssen, ergreift mich doch ein Angstschauer. Aber ich weiß nicht, ob ich noch einmal so leiden werde. Ich überlasse das Gott. Ich werde in Gehorsam und Liebe annehmen, was ihm gefällt, mir zu schicken. Wenn ich durch diese Leiden wenigstens eines dieser Kinder vor dem Mord bewahre.» («Tagebuch der Schwester Maria Faustyna Kowalska», § 1276, Seite 385, Parvis-Verlag.)

78 Das katholische Kirchenrecht (Codex Iuris Canonici) empfiehlt, daß die Embryonen, die nach der Abtreibung noch leben, wenn möglich getauft werden.

bitten es aus tiefstem Herzen um Verzeihung und entwickeln eine immer stärkere Verbindung mit ihm, wie mit einem Familienmitglied. Sie geben ihm einen Vornamen, beten für und zu ihm. Diese Versöhnung und Aufnahme in den Schoß der Familie, sind eine Quelle großer Gnaden für die Eltern, und sogar für die anderen Kinder. Die Unverheirateten, die von einer solchen Situation betroffen sind erleben eine ähnliche Erweiterung ihres Herzens. Selbst wenn die Mütter eine gewisse Traurigkeit behalten, so sind sie doch im Frieden und nicht mehr geplagt und gequält durch den Verlust ihres Kindes: sie haben es in den Schoß Mariens gelegt.[79]

79 Lesen Sie das überzeugende Buch von Dr. Ph. Madre: «Leben lassen», Patris-Verlag, 1993, und die Enzyklika «Evangelium vitae» (Frohbotschaft des Lebens), vom 25. März 1995, von Johannes Paul II., Christiana-Verlag.

Botschaft vom 25. Dezember 1992

«Liebe Kinder! — Heute möchte ich euch alle unter meinen Schutzmantel nehmen und euch vor allen satanischen Angriffen beschützen. Heute ist der Tag des Friedens, aber in der ganzen Welt ist viel Unfriede, deshalb rufe ich euch auf, daß ihr alle mit mir durch das Gebet eine neue Welt des Friedens aufbaut. Ich kann das ohne euch nicht tun, deshalb rufe ich euch alle mit meiner mütterlichen Liebe auf, und das andere wird Gott machen!

Deshalb öffnet euch Gottes Plänen und Seinen Absichten, damit ihr mit Ihm für den Frieden und das Gute mitarbeiten könnt. Und vergeßt nicht, daß euer Leben nicht euch gehört, sondern ein Geschenk ist, mit dem ihr andere erfreuen und zum ewigen Leben führen sollt. Liebe Kinder, die Zärtlichkeit meines kleinen Jesus soll euch immer begleiten. Danke, daß ihr meinem Ruf gefolgt seid!»

Je mehr Kinder ihr bekommt...

Es ist 8 Uhr morgens. Wie jeden Morgen zur Zeit, kommt Mirjana aus ihrem kleinen Haus, um mit einer Pilgergruppe zu sprechen. Sie ist um 5 Uhr aufgestanden, um den Rosenkranz zu beten, bevor das ganze Haus aufwacht, und sie beginnt ihren Tag einer Familienmutter in diesem großen Frieden, den der Austausch mit dem Herzen Mariens schenkt. Jeder der Pilger nimmt sie eingehend unter die Lupe, denn einen Seher zu sehen bedeutet für die meisten von ihnen, einen Heiligen zu sehen, oder zumindest einen außerordentlichen Abglanz Gottes.

Mirjana teilt ihnen die wichtigsten Botschaften mit und spricht über die Rolle, die ihr die Gospa für die Ungläubigen zugewiesen hat. Ihr Vortrag ist schlicht, nüchtern und knapp. Wie der Dekalog des Moses, der vom Horeb herabkam, auf dem er mit Gott gesprochen hatte, so läßt sich die Botschaft, die die Seher mitteilen, auch in zehn Zeilen fassen. Aber was für Zeilen! Mit ihnen kann man die Welt verändern! Danach hört Mirjana auf zu sprechen mit der tiefen Ruhe eines Menschen, der alles gesagt hat, was zu sagen war.

In der Menschenmenge erhebt sich eine Männerstimme:

— Mirjana, was würdest Du einer jungverheirateten Frau sagen, die keine Kinder haben will?

— Kinder zu bekommen, das ist doch das Schönste auf der Welt! erwidert Mirjana sofort und erntet damit spontanen Beifall.

Der Mann ist zufrieden, er hatte also recht, das ist ihm nun bestätigt worden. Das wird er der jungen Dame weiterleiten. Aber er will noch mehr...

— Und wenn diese junge Frau sagt, daß sie Angst hat, weil die Zukunft so finster ist und es gefährlich ist, Kinder in eine solche Welt zu setzen?

— Sie braucht doch keine Angst zu haben! Sie soll ihre Kinder Gott und Maria anvertrauen. Die Gospa sagt, daß nicht wir es sind, die das Glück unserer Kinder in der Hand haben: «Diejenigen, die Gott als Vater, die Kirche als ihre Heimat und mich als Mutter annehmen, sagt sie uns, brauchen keine Angst zu haben!»

— Aber trotzdem haben viele Eltern heute Angst Kinder zu bekommen...[80]

— Die Gospa sagt: «Habt keine Angst, Kinder zu bekommen. Ihr müßtet eher Angst haben, keine zu bekommen! Je mehr Kinder ihr bekommt, desto besser ist es!»

Die Pilger beginnen untereinander zu raunen. Mit so klaren Worten seitens der Heiligen Jungfrau hatten sie nicht gerechnet. Das ist ja genau das Gegenteil der aktuellen Meinung in unserer Gesellschaft!

— Aber Mirjana, es gibt doch die Geheimnisse... Wir wissen, daß einige davon herbe Dinge vorhersagen...

— Haben Sie keine Angst vor den Geheimnissen! Vertrauen Sie Ihre Kinder der Gospa an, dann haben Sie von den Geheimnissen nichts zu fürchten! Wieso habe ich Ihrer Meinung nach schon zwei Kinder und wünsche mir noch viele andere?

Dieses Argument schlägt ein wie ein Blitz in der Nacht, daran gibt es nichts zu deuteln, es sagt mehr aus als alle Bücher über den Weltuntergang, die es an diesem Jahrtausend-Ende wie Sand am Meer gibt.

---

80 Siehe das Buch: «Es wagen, die Liebe zu leben», von G. Blaquière, Parvis-Verlag, 1995.

Während die Gruppe sich auf dem kleinen Weg, auf dem es ebenso viel Hühnernester wie Steine gibt, entfernt, bitte ich Mirjana um genauere Erklärungen zu dieser Kinderfrage.

— Verstehst du, das was du gerade gesagt hast, ist für unsere westliche Welt eine Bombe! Das wirft alle Theorien um, die sehr mächtige Instanzen uns seit langem auferlegen, und die die Medien tagtäglich in die Gewissen einhämmern... Die Stimme Mariens muß die der Totengräber der Menschheit übertönen...

— Komm morgen wieder!

Am nächsten Tag treffen wir uns in ihrem Wohnzimmer, und mit gezücktem Bleistift notiere ich die wenigen Worte, die wir austauschen. Mirjana zieht eine klare Grenze zwischen dem, was die Gospa ihr anvertraut hat und dem, was ihre eigene Ansicht ist. Sie wiederholt wörtlich die Aussagen von gestern, dann fahren wir fort:

— Mirjana, hat dir die Gospa gesagt, daß du heiraten sollst?

— Nein, sie hat mir die Freiheit gelassen. Aber sie hat mich gelehrt, in meinem Herzen auf die Stimme und den Willen Gottes zu hören. Sie sagt immer: «*Betet, dann werdet ihr in eurem Herzen wissen, was ihr tun sollt.*» Ich habe in meinem Herzen jedoch nie den Ruf vernommen, ins Kloster zu gehen. Ich habe Marko schon immer gekannt, wir sind zusammen in die Schule gegangen... Was mich betrifft, so hat mir die Gospa nie einen anderen Weg als den der Ehe gezeigt.

— Da fünf von sechs Sehern verheiratet sind, meinst Du, daß die Heilige Jungfrau der Familie in unserer Zeit mehr Auftrieb geben will? Soll man darin ein Zeichen sehen?

— Nein, überhaupt nicht! Die Gospa sagt, daß beide Berufungen in der Kirche nötig sind, und daß die Familien nicht ohne die Priester und Ordensleute leben können, genauso wenig, wie die Priester und Ordensleute ohne Familien leben können. Die Seher sind keine Vorbilder, die man nachahmen muß!

— Gestern hast Du sehr kräftige Aussagen der Heiligen Jungfrau weitergegeben. z.B.: «Habt keine Angst, Kinder zu bekommen. Ihr solltet eher Angst haben, keine zu bekommen!»

— Ja, das hat sie gesagt, und sie weiß, warum sie das sagt. Und ich weiß es auch... aber ich kann dir nicht mehr darüber sagen...

— Ah... du weißt es also...

Mirjana nickt lächelnd und fügt mit der Überzeugungskraft eines Glaubensbekenntnisses hinzu:

— Wenn die Geheimnisse offenbart werden, wird man verstehen, warum es wichtig war, viele Kinder zu haben. Wir warten alle auf den Triumph des Unbefleckten Herzens Mariens!

Mein Herz springt vor Freude, denn ohne es zu wissen, bestätigt Mirjana damit die geheimnisvolle Verwandschaft zwischen Fatima und Medjugorje. Ich schaue sie an, und komme zu der Überzeugung, daß Mirjana diesen Triumph mit eigenen Augen zu ihren Lebzeiten sehen wird. Vielleicht weiß sie auch, auf welche Weise er kommen wird...?

— Wenn ich dich recht verstehe, steht da etwas Wunderschönes für alle diese kleinen Kinder bevor, von denen die Gospa will, daß wir sie bekommen...? fragte ich.

— Nicht Du, hoffe ich! Das hat sie für die verheirateten Leute gesagt!

Das war ihre feinfühlige und humorvolle Art, mit der sie mir zu verstehen gab, daß unser Gespräch hier zu Ende sei und sie nicht mehr dazu sagen würde. So ließ ich sie das Essen für ihre Kinder vorbereiten in Erwartung einer anderen Begegnung.

Rückblick auf 1992

18. März: Mirjanas jährliche Erscheinung:

«Liebe Kinder, ich brauche eure Gebete jetzt mehr denn je. Ich flehe euch an, jetzt mehr denn je den Rosenkranz in eure Hände zu nehmen. Haltet ihn fest und betet mit eurem ganzen Herzen in diesen schwierigen Zeiten. Danke, daß ihr meinem Ruf gefolgt seid.»

6. April: Die Serben greifen Bosnien-Herzegowina an. Die ersten Bomben fallen. In Siroki Brieg, 30 Kilometer von Medjugorje entfernt, gibt es die ersten Toten. Erstes Kriegs-Fax von Sr. Emmanuel.

8. April: Erste heilige Messe im Keller des Presbyteriums. Die Kirche bleibt bis zum 21. Juni geschlossen.

7. Mai: Beginn des Exodus der Frauen und Kinder. Nur die alten Leute und die Soldaten bleiben in Medjugorje. Alle Ausländer werden gebeten, das Land zu verlassen. Dennoch bleiben die vier Mitglieder der Gemeinschaft der Seligpreisungen da, um zu helfen. Eine Solidaritätsbewegung kommt in Gang: Deutsche, Österreiche, Franzosen und Italiener schicken statt Pilgerbusse Lastwagen mit Lebensmitteln.

8. Mai: Zwei «Migs» versuchen, Medjugorje zu bombardieren, aber ein übernatürliches Phänomen hindert sie daran. Eine der beiden wird abgeschossen. Ihr Pilot gibt Zeugnis.

10. Mai: Zwei Bomben verfehlen in der Nähe der Tankstelle von Medjugorje, an der Straßenkreuzung von Tromedja, ihr Ziel.

17. Juni: Begegnung zwischen Pater Jozo und Papst Johannes Paul II.: «Ich bin mit euch. Beschützt Medjugorje», sagt ihm der Heilige Vater.

24. Juni: Erster Friedensmarsch[81] von Humac nach Medjugorje (12 km) auf eine deutsche Initiative hin. Monsignore Franic liest die Abendmesse.

25. Juni: Ivankas jährliche Erscheinung:

«Ich rufe euch auf, Satan zu besiegen. Die Waffen, um ihn zu besiegen, sind das Fasten und das Gebet. Betet für den Frieden, denn Satan will auch noch das bißchen Frieden zerstören, das ihr noch habt.»

5. August: Antenne-2 (ein französischer Sender) strahlt das Interview von Sr. Emmanuel mit einem Verwandten eines aus dem Lager Doboj geflohenen Häftlings aus. Beginn der Aufdeckung der serbischen Konzentrationslager in Bosnien.

14. September: Msgr. Radko Peric ersetzt Msgr. Zanic als Bischof von Mostar, läßt sich aber in Neum nieder, da der Bischofssitz in Mostar zerstört ist.

4. November: Die Blauhelme quartieren sich in Medjugorje (Miletina) ein.

28. November: Die Seherin Vicka ist mit Sr. Elvira in Lourdes, um eine neue Gründung anzukündigen. Die Gospa erscheint Vicka in der berühmten Grotte.

---

81 *Entstehung des Friedensmarches* (von H. Liebherr, Deutschland)
April 1992: Erst kürzlich haben die serbischen Truppen ihren Angriff gegen Bosnien gestartet. Die meisten Familien Medjugorjes sind in die großen Urlauberhotels an der Adria geflüchtet. Die Frontlinie verläuft nun entlang der Neretwa, der Pfarreigrenze von Medjugorje. Dragan Cosina, Kommandant der dortigen Truppen fährt Medjugorje-Freunde aus Deutschland und Südtirol im Jeep zur Frontlinie an die Neretwa. Zwischen Kreuz- und Erscheinungsberg sind die Geschosse der gut ausgestatteten serbischen Raketenartillerie deutlich zu hören. Anhand der Flugdauer kann Dragan Cosina den Zielort der Raketen recht gut bestimmen. Meistens trifft es Ljubuski, Capljina oder Citluk. Dragan steht mit seinen Soldaten der serbischen Übermacht hilflos gegenüber. Er zeigt uns sein Waffenarsenal: 2 deutsche Maschinengewehre MG42 aus dem zweiten Weltkrieg mit dem Wehrmachts- und Hakenkreuzstempel, einige Karabiner und Jagdgewehre, sowie 7 Handgranaten. Damit steht nur ungefähr jedem zweiten Soldaten eine Waffe zu Verfügung.
Wir sind entsetzt! Sofort erinnern wir uns an die mächtigste Waffe: den Rosenkranz. Wir spüren, daß wir neben dem Gebet auch durch unsere Gegenwart den leidgeprüften Menschen wieder Hoffnung bringen sollen. Diesen Gedanken tragen wir in unseren Herzen mit nach Hause. Nach vielen Gesprächen und Gebeten reift der Gedanke, am Jahrestag 13 km Rosenkranz betend zu Fuß vom Franziskanerkloster in Humac nach Medjugorje zu gehen, um somit zum Frieden beizutragen. Da die Benutzung der Küstenstraße zu gefährlich ist, nehmen 250 Medjugorje-Freunde aus der ganzen Welt in Ancona das Schiff. In Split werden wir begeistert empfangen. In einer anschließenden Pressekonferenz, welche über Funk und Fernsehen im ganzen Land übertragen wird, ruft uns der Stellvertreter des Bürgermeisters zu: «Ihr seid das lebendige Zeugnis von Medjugorje, da ihr den Mut habt in dieser Zeit in unser Land zu kommen!» Nach der Hl. Messe auf dem Schiff bleiben noch einige konsekrierte Hostien übrig; der Priester nimmt sie mit. So zeigt uns der Herr, daß Er selbst seinem leidgeprüften Volk beistehen und ihm Mut machen will. Unter großer Anteilnahme der Bevölker gehen wir am 24. Juni, «mit dem Herrn voran», betend und singend von Humac nach Medjugorje.
Der Ruf, «die Pilger sind wieder da», eilt durch an der Küste entlang und die geflüchteten Familien kehren nach Medjugorje zurück.
Seitdem findet jährlich der Friedensmarsch am 24. Juni statt und Jesus selbst geht im Allerheiligsten Alltarsakrament als Friedensfürst mit!

Das Jahr 1993

Botschaft vom 25. Januar 1993

«Liebe Kinder! — Heute rufe ich euch auf, daß ihr meine Botschaften ernsthaft annehmt und sie lebt. Diese Tage sind Tage, in denen ihr euch für Gott, für den Frieden und für das Gute entscheiden müßt. Jeder Haß und jede Eifersucht sollen aus eurem Leben und euren Gedanken weichen, und nur die Liebe zu Gott und zum Nächsten soll in euch wohnen. So nur werdet ihr die Zeichen der Zeit erkennen können. Ich bin mit euch und führe euch in eine neue Zeit, eine Zeit, die euch Gott als Gnade gibt, um Ihn noch mehr zu erfahren. Danke, daß ihr meinem Ruf gefolgt seid.»

Marie-Lou bei Pater Jozo

Die von Gott besonders auserwählten Seelen sind oft die Zielscheibe Satans, der immer darauf erpicht ist, das Gewissen zu verwirren. Es ist ein genüßlicher Sieg für den Dämon, wenn es ihm gelingt, einer Seele einzureden, daß die Barmherzigkeit Gottes für sie nicht mehr gilt. Jesus hat das oft zu Sr. Faustyna gesagt: das, was sein Herz am allermeisten verletzt, ist der Mangel an Vertrauen, den geweihte Seelen gegenüber seiner Barmherzigkeit haben; das verletzt ihn viel mehr, als die Sünden selbst.[82]

Marie-Lou ist voll in diese gemeine Falle gegangen!

«Ich war zwölf Jahre alt, als ich Jesu Stimme zum ersten Mal in meinem Herzen vernahm, erzählt sie. Am Tag meiner Ersten heiligen Kommunion sagte er mir ganz deutlich: "In deinem Leben mußt du dich selbst vergessen, um die anderen glücklich machen zu können."

82 «Der Sünder soll keine Angst haben, sich Mir zu nähern... Das Mißtrauen der Seelen zerreißt mein Inneres. Mehr noch tut mir das Mißtrauen einer auserwählten Seele weh; trotz Meiner unerschöpflichen Liebe trauen sie Mir nicht...» («Tagebuch der Schwester Maria Faustyna Kowalska», § 50, Seite 27.)

Damals schon, als ich noch ein Kind war, war Jesus für mich der große Freund, und ich teilte meine Gedanken, meine Wünsche, meinen Kummer mit ihm. Ich lebte wirklich für ihn; ich wollte also seinen Rat ganz genau befolgen, und alles ging sehr gut. Die Leute mochten mich und lobten mich oft.

Viele Jahre vergingen auf diese Weise, bis sich mein Schicksal plötzlich ohne Vorwarnung änderte und alles anfing, schief zu gehen. Ich konnte Jesus nur noch Vorwürfe machen und sagte ihm im Zorn: "Aus Liebe zu Dir habe ich alles so gemacht, wie Du gewollt hast. Und jetzt wendet sich alles gegen mich. Wenn das deine Art zu lieben ist, dann will ich für meinen Teil nichts mehr mit dir zu tun haben!"

Aus Enttäuschung hörte ich auf zu beten und in die Messe zu gehen. Mit Leib und Seele warf ich mich in das Treiben der Welt, rauchte, trank, ging in Bars und gab mich allen möglichen Sünden hin. Ich könnte nicht sagen, daß mich das glücklich machte, aber ich fuhr trotzdem damit fort.

Jahre später, als ich eine Straße überquerte, sah ich zu meiner großen Überraschung Jesus, der da neben mir stand! War er wütend? Nein, im Gegenteil! Er schaute mich mit unendlicher Liebe an, so daß ich in Tränen ausbrach und ihn um Verzeihung bat. *"Du hast mich verlassen, sagte er mir, aber ich habe dich nicht verlassen. Ich werde bei dir bleiben, bis du deinen Blick wieder auf mich richtest."* Wie Petrus bei Kaiphas weinte ich bitterlich über meine Sünden. Und so wurde mein Freundschaftsband mit Jesus wiederhergestellt, aber in einer demütigeren Weise. Ich konnte nur noch auf Ihn zählen, denn ich... ich hatte in allem gefehlt.

Jesus sagte mir dann im Gebet: "Gib mir all diese Sünden in der Beichte." Ich verstand nicht, warum er das wollte, denn ich wußte, daß er mir schon alles vergeben hatte...

— *Das ist wahr,* sagte er mir, *aber das Schlechte, das du als Christin und Glied der Kirche getan hast, hat anderen geschadet. Deshalb mußt du auch durch die Kirche um Vergebung bitten.*

Später zeigte er mir den Priester, bei dem ich beichten sollte. Aber das ging mir gegen den Strich; er sah komisch aus und hatte lange Haare... Außerdem schlief er vor Müdigkeit während der Beichte ein! Als er mir schließlich die Absolution gab, hatte mein Unbehagen den

Gipfel erreicht, denn ich hatte gar nicht alles beichten können, weil er ja eingeschlafen war. Hatte Jesus mir wirklich vergeben? Meine restlichen Sünden lateten noch auf meinem Herzen[83], und ich wagte nicht mehr, beichten zu gehen. Jahrelang quälten mich Zweifel an der Barmherzigkeit.

Eines Tages bot man mir an, nach Medjugorje zu fahren. Da sagte ich zu Maria:

— Ich fahre hin, weil du mich ja einlädtst. Aber ich sage dir gleich: ich fahre erst nach Holland zurück, wenn ich Frieden mit Jesus bekommen habe und mir sicher bin, daß er mich wirklich so wie früher liebt und mir alles vergeben hat.

Ich wartete gespannt auf die Antwort Mariens...

Ich ging zu Vicka und bat sie, für ein fünfjähriges Mädchen zu beten, das sehr unter Asthma litt. Vicka legte ihr die Hände auf und betete, und die Kleine wurde geheilt. Aber Vicka hatte keine Zeit, für mich zu beten. Dann fuhr unsere Gruppe zu Pater Jozo. "Das ist meine letzte Chance!", sagte ich der Heiligen Jungfrau.

Pater Jozo wies uns die Bänke auf der linken Seite zu, und da ich seinen Vortrag aufnehmen sollte, setzte ich mich in die erste Reihe an den äußersten linken Rand. Ich weiß nicht, wieso Pater Jozo sich nicht ein paar Meter vor uns hinstellte, sondern direkt vor meine Bank, so daß der Saum seiner Soutane meine Füße berühte. Ich fand das merkwürdig, war aber noch erstaunter, als er meine Wange streichelte. Etwas verwirrt fragte ich mich: "Ist er wirklich richtig im Kopf?" Und da, ohne zu wissen warum, begann ich alle Tränen meiner Seele zu weinen. Sie liefen und liefen... Er sprach weiter über die letzte Botschaft, und als er sah, daß meine Cassette voll war, half er mir, sie umzudrehen. Meine Tränen flossen noch mehr, ich konnte den Worten Pater Jozos nicht mehr folgen. Ich sah, wie seine Finger über den Rosenkranz glitten, den er an seinem Gürtel trug. Da begannen meine Sünden eine nach der anderen, im selben Rhythmus wie die Rosenkranzperlen, unerbittlich an mir vorbeiziehen. Sünden, die

83 Zu diesem Thema gibt es folgende Cassette: «Schuldgefühle – was tun?», von F. Spaller, CRL, Diakonia (Nr. 61). Wir empfehlen Ihnen auch das Buch: «Das Sakrament der Versöhung, das Wunder der Liebe», von Pater J. Marin, Parvis-Verlag, 1997.

ich nicht einmal bemerkt hatte und natürlich auch nie gebeichtet hatte! Es war fürchterlich! Da sagte ich zu Jesus:

— Mach weiter, alle sollen jetzt drankommen, alle! Zeig mir alles!

Die Parade des Grauens ging weiter, bis Pater Jozo plötzlich die Hand ausstreckte, um ein kleines Kreuz zur Segnung auf meine Stirn zu zeichnen. Mir schien, daß er das Unsichtbare in mir sah. Nach diesem Überraschungs-Segen fiel ein wahrer Gnadenregen auf mich herab, der mich von Kopf bis Fuß reinwusch. Es war als ob all dieser schon viel zu lange angesammelte Schmutz sich unter dem Strom klaren Wassers ablöste. In diesem Gefühl von Erlösung vernahm ich die Stimme Jesu in meinem Herzen:

— *Wenn Du jetzt beichten gehst, dann beginne mit den Sünden, die du seit der letzten Beichte begangen hast. Alles, was vor dieser Beichte geschehen sein mag, soll nie mehr erwähnt werden.*

Dieses Erlebnis in Tihaljina, gab mir den Herzensfrieden wieder, den ich seit so langer Zeit verloren hatte, und wendete endgültig ein Blatt in meiner Beziehung zu Jesus: trotz so vieler Gnaden, die ich seit meiner Kindheit bekommen hatte, brauchte ich so viele Jahre, um sowohl die Barmherzigkeit Jesu als auch das Geschenk zu verstehen, das er uns durch seine Priester in der Beichte macht! Seit dem Zeitpunkt hat mir nichts und niemand mehr diesen Frieden und dieses kindliche Vertrauen rauben können.»

Botschaft vom 25. Februar 1993

«Liebe Kinder! — Heute segne ich euch mit meinem mütterlichen Segen und rufe euch alle zur Umkehr auf. Ich wünsche, daß sich jeder von euch für die Änderung des Lebens entscheidet, und daß jeder von euch mehr in der Kirche tut, nicht durch Worte, nicht in Gedanken, sondern durch das Beispiel, so daß euer Leben ein freudiges Zeugnis für Jesus werde. Ihr könnt nicht sagen, daß ihr bekehrt seid, denn euer Leben muß zur täglichen Umkehr werden. Damit ihr begreifen könnt, was ihr tun sollt, liebe Kinder, betet, und Gott wird euch geben, was ihr konkret tun und wo ihr euch ändern sollt. Ich bin mit euch und nehme euch alle unter meinen Schutzmantel. Danke, daß ihr meinem Ruf gefolgt seid.»

Die Ziege wollte nicht beichten gehen

Es ist der 18. November 1995 und Medjugorje versinkt im Regen... Veronika beendet ihr Abendessen im Haus der Familie Cilic, wo sie gerade angekommen ist. Sie ist müde von der Reise, und Mary, eine junge Amerikanerin, die auch gerade angekommen ist, gesellt sich auf einen Kaffee zu ihr. Sie sind sich beide sehr sympatisch, und ihre Unterhaltung dauert bis tief in die Nacht hinein an.

— Hier finde ich meine Wurzeln wieder, erklärt Veronika. Ich bin vor 72 Jahren in Jugoslawien geboren! Mein Mann und ich wollten vor der Ankunft der Nazis fliehen. Ich war damals im neunten Monat schwanger. Wir marschierten endlos in Richtung Grenze. Damit niemand uns bemerkte, sind wir durch die Wälder gegangen. Aber einige Meter vor der Grenze haben die Wachhunde der SS angefangen zu bellen. Ich war ziemlich weit hinter meinem Mann zurückgeblieben, denn ich kam nur mühsam vorwärts. Die SS hat meinen Mann umgebracht, ich sah ihn umfallen. Dann sind die Hunde bellend in meine Richtung gelaufen. Ich habe die Gospa gebeten, mich zu beschützen, und da haben sich die Hunde ohne jedes Geräusch in meiner Nähe hingelegt. Einen Teil der Nacht habe ich so verbracht, dann habe ich mich unbemerkt über die Grenze geschlichen. Die

Hunde waren zu Lämmern geworden! Am nächsten Tag ist mein Sohn geboren. Dann bin ich nach Australien geflohen.

Es ist das erste Mal, daß ich nach Jugoslawien zurückkehre... Ich habe die Gospa immer geliebt, aber mit Gott habe ich mich zerstritten, mein Leben war so hart! Ich habe nur noch eine viertel Niere und muß jeden zweiten Tag an die Dialyse, um zu überleben. Als ich hörte, daß die Gospa bei uns erscheint, habe ich beschloßen herzukommen, mein Geburtsland zu besuchen und mich mit Gott zu versöhnen. Seit dem Tod meines Mannes bin ich nie wieder beichten gegangen. Ich habe der Gospa gesagt: «Ich werde zu dir nach Medjugorje gehen. Ich werde den Kreuzweg auf dem Krizevac machen, um die Gnade einer guten Beichte zu erhalten.»

Aber ich habe nur wenige Stunden Zeit! Wegen der Dialyse muß ich morgen mit dem 14-Uhr-Bus nach Zagreb fahren. Um herzukommen, das war so eine Geschichte! Ich war von Melbourne aus 22 Tage unterwegs! Aufenthalt in Hong-Kong wegen der Dialyse, dann in Bombay, Tel-Aviv, usw. Und jetzt habe ich nicht einmal 24 Stunden Zeit für Medjugorje. Dazu dieser unaufhörliche Regen! Heute abend werde ich sicher nicht mehr auf den Krizevac kommen...

— Oh, morgen wird es schön sein!, wirft Mary ein. Wenn man von so weit her kommt, wenn man eine solche Reise gemacht hat, um die Gnade einer guten Beichte zu erlangen, dann wird die Gospa den Regen aufhören lassen, damit Sie auf den Krizevac können, das ist sicher!

— Glauben Sie?

— Ganz sicher! Übrigens kann ich Sie begleiten. Ich könnte Sie um 5 Uhr aufwecken, dann gehen wir um 6 Uhr los, und es wird schön sein, Sie werden sehen!

Marys Glaube hatte nicht so sehr zum Ziel, Berge zu versetzen, als vielmehr, sie trockenzulegen.

Um 5 Uhr früh: es regnet in Strömen... Sie weckt Veronika auf, die aber nichts davon wissen will.

— Wenn der Regen um 6 Uhr aufgehört hat, stehe ich auf, sonst nicht!

Alle halben Stunden schaut Mary zum Fenster hinaus... Es regnet immer stärker. Um 8 Uhr versucht sie es noch einmal:

— Jetzt können wir gehen. Sonst wäre es zu spät für Ihren Bus. Es regnet zwar noch, aber Sie werden sehen, sobald wir draußen sind wird die Sonne herauskommen.

Veronika steht voller Zweifel auf. Sie frühstückt im Lärm der Dachrinnen, die Unmengen Wasser auf die Zementterrasse klatschen lassen... Die ganze Geschichte läßt sich sehr schlecht an.

— Setzen Sie einen Glaubensakt und lassen Sie Ihren Regenschirm da, sagt Mary mit sanftem Nachdruck, während sie die Haustüre öffnet.

Veronika traut ihren Augen nicht: kaum hat sie einen Fuß vor die Türe gesetzt, als die Wolken im Nu abziehen und die Sonne durchbricht...

Die zwei Frauen schlagen den Weg zum Berg ein, aber Veronika hat Mühe: 72 Jahre alt, eine viertel Niere und 22 Tage Reise... Es ist hart! Mary geht voraus, um ihr zu helfen. Zwischen der ersten und der zweiten Station des Kreuzwegs sieht Mary plötzlich ein strahlendes Kreuz aus Licht vor sich. Sie ist geblendet, fällt auf ihrer Knie und läßt sich von der Gegenwart Gottes erfüllen, wie der Prophet am Berg Horeb. Ihr Herz klopft zum Zerspringen, so groß ist ihre Freude. Sie schaut sich um und sieht, daß auch Veronika niedergeworfen wurde, aber sie liegt bäuchlings am Boden und weint sich so richtig aus. So vergehen zehn Minuten, zehn Minuten, die für diese beiden Herzen das Geheimnis ihres Königs. Dann verschwindet das Lichtkreuz und die beiden Frauen steigen weiter den Berg hinauf, aber — o Wunder! — sie spüren weder die Steigung, noch die Steine, noch die mindeste Müdigkeit mehr. Wie wenn die Alte und die Junge in zwei Bergziegen verwandelt worden wären, erreichen sie in einer Rekordzeit den Gipfel. Am Fuß des großen Zementkreuzes[84] bringen sie Gott ihre innigsten Gebete dar und gehen dann mit derselben, erstaunlichen Leichtigkeit wieder hinunter. Mary bricht das Schweigen, um Veronika ihre Freude mitzuteilen:

84 In diesem Kreuz ist eine Reliquie des echten Kreuzes Christi eingelassen. Es wurde 1933 zum 19. Jahrhundertjubiläum der Erlösung errichtet. Die Gospa möchte, daß man vor diesem Kreuz betet. Sie selbst ist dort gegenwärtig, um mit uns zu beten. An diesem Ort werden große Gnaden gewährt.

— Diesmal ist es soweit, Sie haben die Gnade einer guten Beichte erhalten! Bevor Sie zum Bus müssen, werden wir doch wohl einen Priester in der Nähe der Kirche finden.

— Nein, ich will nicht beichten, erwidert Veronika während sie von einem Steinblock zum nächsten springt. Ich fahre sofort wieder ab!

Mary versteht überhaupt nichts mehr. Mehrmals schlägt sie vor, zu einem Priester zu gehen, aber Veronika verschließt sich mehr und mehr. Es ist unwiderruflich, sie will nicht beichten gehen!

Der Bus fährt ab und nimmt eine beinahe wütende Veronika mit.

Mary geht todtraurig in die Kirche und bittet den Herrn flehentlich, ihre liebe Veronika nicht loszulassen. Vermutlich hatte der Teufel seine Hand im Spiel gehabt, sagte sie sich, denn es ist unfaßbar, ein solches Zeichen, eine solche Gnade zu erhalten und dennoch verstockt abzureisen!

So vergehen lange Wochen. Eines abends läutet das Telefon. Veronika ruft aus Australien an.

— Mary? Oh, laß mich dir alles erzählen! Du hast so viel für mich gebetet... Ich möchte dir einen schönen Trost geben! Du erinnerst Dich, als ich Medjugorje verließ, wollte ich nicht beichten. Die Heimreise hat drei Wochen gedauert, und die ganze Zeit blieb dieser Widerstand in mir. Irgend etwas hat mich innerlich blockiert. Aber als ich in Melbourne angekommen war und die Stufen der Gangway des Flugzeugs hinunterstieg, wurde ich plötzlich von einer tiefen Reue ergriffen. Alle Sünden meines Lebens standen mit unglaublicher Klarheit vor mir, und das war so stark, daß ich es nicht mehr aushielt! Als ich den Flughafen verließ, lief ich in die nächste Kirche zu einem Priester und habe bei ihm gebeichtet... Eine ungewöhnliche Beichte. Stell dir vor, 40 Jahre Sünden, fürchterliche Sünden!

— Also hat der Kricevaz auf diese Weise mit Verzögerung gewirkt!

— Das ist nicht alles! Nach der Beichte hat Jesus in meinem Herzen zu mir gesprochen. Er hat mir die Gnade geschenkt, das *Vaterunser* mit dem Herzen zu beten, und er hat mich gebeten, den Rest meiner Tage damit zuzubringen, ständig das *Vaterunser* zu beten. Ich habe die Gnade erhalten, und seit drei Wochen wohnt dieses Gebet in meinem Herzen.

— Ständig das *Vaterunser*?

— Und das ist noch nicht alles! Du erinnerst dich doch, daß ich dir erzählt habe, wie hart ich nach dem Tod meines Mannes kämpfen mußte. Ich wollte mich aus eigener Kraft aus dem Sumpf ziehen. Da ich ständig Angst hatte, etwas zu versäumen, sammelte ich auch die kleinsten materiellen Dinge an, die ich finden konnte. Ich war krankhaft geizig, ich behielt alles für mich allein. Sogar mein Sohn bekam nichts von mir. Geld, Geld und nochmal Geld, ich mußte immer mehr Geld anhäufen und hatte keinerlei Nächstenliebe. Nach meiner Beichte hat Jesus das alles geändert: ich erhielt die Gnade, auf meinen ganzen Besitz zu verzichten, ich habe alles aufgelöst.[85] Ein Teil ging an meinen Sohn, der andere Teil an die Armen. Ich habe mein Haus verkauft und konnte ein kleines Zimmer in einem Kloster bekommen, wo ich den Rest meiner Tage im Gebet verbringen kann. Nach diesem Anruf habe ich dann gar nichts mehr, dann sind meine Taschen leer, denn die letzten Dollars, die ich noch hatte, wollte ich dazu verwenden, dich in Medjugorje anzurufen, und dir von meiner Freude zu erzählen und dir zu danken...

85 Der heilige Pfarrer von Ars sagte: «*Wenn man die Geldbörse eines Reichen öffnet, rettet man seine Seele!*»

Botschaft vom 25. März 1993

«Liebe Kinder! — Heute, wie nie zuvor, rufe ich euch auf für den Frieden zu beten, für den Frieden in euren Herzen, für den Frieden in euren Familien und für den Frieden in der ganzen Welt; denn Satan möchte den Krieg, möchte den Unfrieden, möchte all das zerstören, was gut ist. Deshalb, liebe Kinder, betet, betet, betet. Danke, daß ihr meinem Ruf gefolgt seid!»

Eine Frau, zwei Männer und eine Menge Dornen

Als Sara 1991 nach 16 Jahren Ehe mit ihrem Mann nach Medjugorje kam, konnte sie nicht mehr. Dazu muß man wissen, daß Sara zwei Männer gleichzeitig liebte. Sie konnte nicht mehr schlafen, und die Zerrissenheit ihres Herzens erschöpfte sie noch zusätzlich. Die leidenschaftliche Liebe für einen Jugendfreund, die seit zwei Jahren wieder in ihr aufkeimte, ließ ihr keine Ruhe. Dabei liebte sie ihren Ehemann zutiefst und verstand nicht, wie sie zwei Männer gleichzeitig auf so unterschiedliche Weise lieben konnte.

Mit 18 Jahren war sie zum Glauben gekommen und begriff damals, daß Jesus nun alles für sie sein würde, der Sinn ihres Lebens und die Quelle ihrer Freude. Aber mit 23 Jahren entbrennt ihr Herz in einer verrückten, leidenschaftlichen Liebe für einen verheirateten Mann und Familienvater. Sie gibt der Leidenschaft nach und lebt eine tief ergreifende Beziehung mit ihm, bis zu dem Tag, an dem er jegliches Interesse an ihr verliert. Sie ist im Innersten zerrissen! Aber Sara kommt wieder hoch und heiratet Bertrand, der ihren Glauben und ihre Ansichten teilt. Eine wahre Liebe verbindet sie, ganz anders und unvergleichlich tief.

20 Jahre später jedoch, nachdem der «verheiratete Mann» nur eine sehr lose, freundschaftliche Beziehung zu Sara unterhalten hatte, findet eine aufwühlende Begegnung zwischen ihnen statt. Sara erkennt, daß er sich verändert hat, und eine unstillbare Leidenschaft für ihn flammt in ihr auf. Der Vulkan erwacht und ist stärker als je zuvor! Die Versuchungen schwanken zwischen ihrem Geist und ihrem Leib hin

und her, um so mehr, als dieser Mann sie für ein Wochenende einlädt. «Okay, es wird ein tiefer geistlicher Austausch werden, und ich werde dich respektieren», antwortet er ihr, nachdem sie Klartext mit ihm geredet hat. Aber Sara durchschaut die Sache. Ja, sie wünscht sich, daß dieser Mann sich Gott nähert, aber sie kann auch nicht leugnen, daß sie davon träumt, in seinen Armen zu liegen. Die Erwartung des Wochenendes löst in ihr eine große Angst aus, und nachdem es mehrmals verschoben wurde, fällt es schließlich ganz ins Wasser. «Der Herr hat mich beschützt», sagt sie mir. Aber die Leidenschaft verfolgt sie weiter. Tag und Nacht «lebt sie mit ihm», denkt an das, was er gesagt hat, an seinen Blick, und schauert in der Erinnerung an seine Stimme innerlich... Der Teufel verwandelt das fast in eine Besessenheit, die ihr keinerlei Ruhe mehr gönnte. Er läßt sie ständig denken, daß es ja nicht schlimm sei, diesem Mann nachzugeben, sondern vielmehr ganz normal: «Du hast ihn schon gekannt und geliebt, auf einmal mehr oder weniger kommt es nicht an. Du hast zwar gelobt, deine Ehe nicht zu brechen, aber mit einem geliebten Freund ist das etwas anderes! Du wirst ihm von Gott erzählen; und selbst wenn ihr eine körperliche Beziehung habt ist das nicht schlimm, denn das ist ja nichts Neues...»

Selbst im Gebet setzten ihr diese Gedanken zu. Ihre Verwirrung ist sehr groß, denn im Grunde weiß Sara sehr wohl, daß Gott dieses Wochenende nicht will. Sie ist nicht fähig, diesem Mann zu begegnen, ohne Ehebruch zu begehen, dem muß man ins Auge sehen. Sie möchte ihn um jeden Preis treffen, ihn retten, aber Gott bittet sie, darauf zu verzichten, weil er einen anderen Plan hat.

Wie durch Zufall versteht sie sich plötzlich mit ihrem Mann nicht mehr so gut. Einige seiner Fehler gehen ihr auf die Nerven, und zudem erlebt er beruflich ein Fiasko, so daß Sara gezwungen ist, wieder arbeiten zu gehen: das paßt!

Aber Sara lebt etwas Außerordentliches, etwas, was sie retten wird, was sie mit 18 Jahren begonnen hat und was sie demütig in vier Worten zusammenfaßt: «Ich habe immer gebetet.»

— Als ich zutiefst verzweifelt war, habe ich zu Maria gerufen, sagt sie mir. In der Nacht, als ich daran zweifelte, ob ich je wieder den Frieden finden würde, betete ich ohne Unterlaß. Ich war traurig über die enttäuschte Hoffnung, und konnte mir nicht vorstellen, daß Maria mein Herz verbinden könnte. Vor dieser Prüfung hatte ich schon begonnen, die Botschaften Mariens von Medjugorje zu leben und betete seit fünf Jahren den Rosenkranz. Mein Ehemann hatte immer den Rosenkranz gebetet, ich nicht, denn ich fand das nutzlos und zudem ein langweiliges Gebet. Aber da Maria vom Frieden in den Herzen und vom Frieden in den Familien sprach, blieb ich dem Rosenkranz treu! Ich wußte nicht mehr, wie köstlich Gottes Frieden ist...

In dieser tiefen Verwirrung kam sie mit ihrem Mann in Medjugorje an:

— Ich brachte all diese stürmischen Erlebnisse in Medjugorje zu Maria. Auf der Heimfahrt fragte ich mich, was sie mir wohl für Gnaden hatte gewähren können, denn die Wallfahrt war ohne besondere Ereignisse vergangen. Wir hatten alles am Schluß in einer feierlichen Messe mit unserer Weihe an Maria beendet. In den folgenden Wochen merkte ich, daß ich völlig verändert war. Ich hatte Frieden! Noch nie in meinem Leben hatte ich einen solchen Frieden empfunden! Ich hatte Gott durch Maria meine Leidenschaft und meine täglichen Sorgen übergeben. Alle Vorwürfe, die sich in meiner Ehe angesammelt hatten, waren verschwunden. Seit langem fühlte ich in der Liebe zu meinem Mann wie einen Stachel, etwas, was mir weh tat und ich nicht annehmen konnte. Jetzt nehme ich meinen Mann an und liebe ihn, so wie er ist. Ein unüberwindbares Hindernis war verschwunden. Ein Zustand unablässiger Unruhe im Hintergrund ist ebenso aus meinem Leben verschwunden. Ich bin zutiefst glücklich. Seit Medjugorje sind wir sehr eifrig im Beten des Rosenkranzes und die Kinder sind schon angesteckt. In unserer Familie besteht Einheit, und ich sehe mit noch mehr Staunen die Harmonie, die unter uns herrscht. Gott hat es richtig gemacht, als er uns zueinander führte.

Und was ist aus meiner Leidenschaft für den anderen Mann geworden? Sie hat sich wie von selbst in mir aufgelöst.

Ich fühle mich wohl und schlafe problemlos ein. Maria hat mir ihren Frieden gegeben!

Botschaft vom 25. April 1993

«Liebe Kinder! — Heute rufe ich euch alle auf, daß ihr eure Herzen für die Liebe erweckt. Geht in die Natur und schaut, wie die Natur erwacht; und es wird euch eine Hilfe sein, eure Herzen der Liebe Gottes, des Schöpfers, zu öffnen. Ich wünsche, daß ihr die Liebe in euren Familien erweckt, damit dort, wo Unruhe und Haß sind, die Liebe zu herrschen beginnt. Und wenn die Liebe in euren Herzen ist, dann ist auch das Gebet da. Und, liebe Kinder, vergeßt nicht, daß ich mit euch bin und euch durch mein Gebet helfe, daß Gott euch die Kraft gibt zu lieben. Ich segne und liebe euch mit meiner mütterlichen Liebe. Danke, daß ihr meinem Ruf gefolgt seid.»

Du wirst Tote auferwecken!

Meine Aufgabe besteht nicht darin, in den Mülltonnen von Medjugorje zu wühlen (sie sind überall zu finden und immer zum Bersten voll!), um etwas Häßliches aufzustöbern. Im Gegenteil, wie ein Perlensucher will ich wunderbare Dinge ans Licht bringen, damit ein mitreißender Lobpreis zu Gott aufsteigt.

Diese Auswahl von Berichten soll uns nicht die naive Überzeugung vermitteln, daß in diesem heiligen Dorf alles rosig sei! Freilich gibt es Rosiges und auch Rotes und Blaues, aber es gibt genauso Schwarzes.

Karlo, Vickas Vetter, sagte mir neulich:

— Wenn ich als Kind bei Einbruch der Nacht an den Häusern dieser Straße entlangging, so hörte ich jede Familie den Rosenkranz beten. Ich ging im Rhythmus des *Vaterunser* und des *Ave Maria* durch die Straßen, der mir aus jedem Fenster entgegenkam. Wenn ich heute an den Fenstern vorbeigehe, dann kommt mir der Lärm der Fernseher entgegen, und das macht mich traurig. Wir haben die Gnade unserer Zeit nicht erkannt, und das ist schlimm.

Auch Pater Jozo stellt fest:

— In den Familien hat der Fernseher das Gebet ersetzt. Was weder der Islam noch der Kommunismus jahrhundertelang gegen die Volksfrömmigkeit vermocht hatten, das hat das Geld innerhalb von zehn Jahren fertiggebracht...

Diese zwei und andere, ähnliche Aussagen antworten wie ein Echo auf den Ruf der Gospa: gebt das Gebet nicht auf! Ihr werdet sonst verlorengehen! Ohne Gebet haben wir kein Leben, sondern sind wandelnde Tote. Ohne Gebet verdammen wir uns auf dem Gebiet der Liebe zu einer leblosen Verflachung.

Am Anfang der Erscheinungen hat die Gospa den Sehern sehr interessante Erkenntnisse über die Realitäten des Himmels und des Fegefeuers gewährt.

Im Himmel leben die Auserwählten untereinander sehr persönliche Liebesbeziehungen. Sie erkennen einander von Seele zu Seele im wahren Lichte Gottes und kommunizieren in einer auf Erden unbekannten Weise miteinander. Jeder Auserwählte weiß, wer während seiner Lebzeiten oder seiner Zeit im Fegefeuer für ihn gebetet hat, und der Herr läßt innerhalb seines mystischen Leibes eine ganz besondere, ewig währende Verbindung zwischen diesem Auserwählten und seinem «Wohltäter» zu. Wenn ich heute nur diese einfachen Worte spreche: «Vater, segne Jacques in seiner Prüfung», dann wird Jacques mit mir (und ich mit ihm) im Himmel für immer eine Liebesverbindung haben. Diese vier Worte und die Gnade, die dieses Gebet über ihn bringt, werden in seinem Herzen eine unversiegbare Quelle des Staunens und der Freude werden, denn diese Gnade hat ihm einen höheren Grad an Herrlichkeit gebracht. Im Himmel werden wir ganz genau jedes kleinste Opfer, jedes kleinste Gebet kennen, das die anderen (Menschen, aber auch Engel) für uns gemacht haben. Gott wird uns alle möglichen Vorrechte schenken, und wir werden wissen, wem wir sie zu verdanken haben, wer sie für uns wie, wann und zu welchem Preis[86] erworben hat. Dann werden wir den unerhörten und unschätzbaren Wert des geringsten Gebetes erkennen. Unsere Augen werden die Herrlichkeit der Gemeinschaft der Heiligen schauen.

86 Meistens (aber nicht immer) wissen die Seelen im Fegefeuer, wer auf Erden gerade für sie betet. Wenn man für eine Seele betet, die schon im Himmel ist, dann läßt Gott dieses Gebet einer anderen Seele zukommen, die uns ewig dafür dankbar sein wird. Was für Überraschungen uns da erwarten...!

Die Seele, die nicht betet, kann nicht aus eigener Kraft beschließen, sich zu bekehren oder von dieser oder jener Sünde abzulassen, sich in der Nächstenliebe aufzuopfern, sich vom Geld zu lösen, einem Feind zu vergeben, usw. Diese Seele ist wie leblos, sie gehört zu *diesen toten Kindern im Schoß der Kirche*, wie die heilige Katharina von Siena sagt. Was diese Seele jedoch zum Guten hin selbst nicht zustande bringt, das kann mein Gebet für sie erwirken. Eines Tages wird diese Seele dann einen guten Entschluß fassen, und das wird ihr Leben retten. Und sie wird erst im Himmel wissen, wer ihr diese Gnade erwirkt hat.

Mitten in der seligen Schau Gottes, die uns ewige Freude schenken wird, wird die Glückseligkeit der Erlösten aus diesen Liebesbindungen und der gegenseitigen Dankbarkeit bestehen. Oh Wunder des mystischen Leibes!

Wenn jemand die Welt läßt, und sich dem Gebet widmet, dann hat er sich in einem wunderbaren Beruf spezialisiert: nämlich den, Tote zu erwecken. Ich habe mich oft gefragt, warum niemand den so klaren Auftrag Jesu in die Tat umsetzt: *«Weckt die Toten auf!»* Wo ist dieser Lazarus von heute, der ausruft: *«Ich war seit vier Tagen tot, und dann hat mir jemand gesagt: Steh auf!»* Nein, Jesus verlangt nicht von uns, daß wir auf die Friedhöfe gehen und rufen: «Auf! Wacht auf da drin! Steht alle auf!» Es handelt sich um etwas anderes.

Maria gibt mir in Medjugorje den Schlüssel: jedes meiner Gebete wird einen seelisch Gelähmten berühren und ihn wieder aufrichten. Und wenn ich im Himmel ankomme, dann wird er wie ein Hirsch springen, wir werden uns umarmen in der Freude darüber, daß ein Mensch, der tot war, wieder zum Leben gekommen ist. Ich werde auch erkennen, daß ich es dem Gebet eines anderen für mich zu verdanken habe, daß ich nicht untergegangen bin, als ich selbst ganz übel dran war.

Wenn wir das Fernsehen dem Gebet vorziehen[87], dann hören wir den Schrei der Toten nicht mehr. Wer wird ihnen dann Hilfe bringen?

---

87 Ich habe die Seher gefragt: die Gospa verlangt nicht, daß wir unsere Fernseher wegwerfen. Aber sie bittet oft darum, ihn auszuschalten, besonders während der Novenen vor den großen Festen. Aber auch da läßt sie uns frei, damit wir jede Entscheidung aus Liebe treffen und nicht aus Zwang.

Satan will, daß wir vor dem Bildschirm auf Knien liegen, daß wir Leere konsumieren und den Programmen nachjagen.

In Medjugorje leerte sich die Kirche zum Teil von den Dorfbewohnern, weil das Fernsehen *Santa Barbara*[88] zur selben Zeit ausstrahlte, zu der auch die Messe begann. *Santa Barbara*? Also doch nicht so heilig!

Im Himmel gibt es sicher eine heilige Barbara. Aber ich vermute, daß sie uns eher folgendes zuflüstert: «*Täusche dich nicht über deine Aufgabe, täusche dich nicht über das Glück: drücke auf "Off", zieh den Stecker aus und geh die Toten auferwecken!*»

88 Eine dieser abgeschmackten, amerikanischen Fernsehserien, die genau das rühmt, was der Herr ausspeiht: die Faszination des Geldes, den Stolz des Reichtums, die Unreinheit, die Machtgier…

Botschaft vom 25. Mai 1993

«Liebe Kinder! — Heute rufe ich euch auf, daß ihr euch durch das Gebet Gott öffnet, damit der Heilige Geist in euch und durch euch Wunder zu wirken beginnt. Ich bin mit euch und halte bei Gott für jeden von euch Fürsprache; denn, liebe Kinder, jeder von euch ist wichtig in meinem Heilsplan. Ich rufe euch auf, Träger des Guten und des Friedens zu sein. Gott kann euch den Frieden nur dann geben, wenn ihr euch bekehrt und betet. Deshalb, meine lieben Kinder, betet, betet, betet und tut, was euch der Heilige Geist eingibt. Danke, daß ihr meinem Ruf gefolgt seid.»

Eine norwegische Eroberung

Denis Nolan erzählt:

— An jenem Abend herrschte Eiseskälte in der Universitätsstadt Notre-Dame (USA). Meine wöchentliche Fernsehsendung über Medjugorje war aber einen Monat zuvor an einem schönen, sonnigen Tag aufgenommen worden, und ich hatte damals die Fernsehzuschauer eingeladen, mit mir in der Woche nach der Sendung im *Fatima*-Zentrum den Rosenkranz zu beten. Nun stellte sich aber heraus, daß es an jenem Abend unmöglich war, sich in dem Zentrum zu versammeln. Man mußte draußen beten! Ich zitterte bei dem Gedanken an mögliche Fälle von Lungenentzündung nach dem langen Knien im Schnee vor der Statue der Gospa. Aber nichts kann die Kinder Medjugorjes bremsen, und — Blizzard hin, Blizzard her — die Gebetsgruppe beschloß, sich dennoch zu versammeln.

Eine Frau kam auch noch mit dem Taxi an. Ich war von Gewissensbissen gequält, weil ich die Leute nicht über das schlechte Wetter informiert hatte, und so bot ich ihr an, sie nach der Versammlung wieder in die Stadt zu bringen. Das nahm sie auch gerne an.

Auf dem Rückweg erzählte sie mir ihre Geschichte:

— Vor sechs Monaten sind mein Mann, meine Töchter und ich nach Notre-Dame gekommen. Wir kommen aus Norwegen. Mein Mann forscht an der Universität. Als ich ankam, war ich sehr schockiert über die Marienstatuen, von denen das Universitätsgelände gespickt ist. Ich fand, das sei Götzenkult, ja sogar ein Sakrileg! Einen Monat nach unserem Umzug, am 6. Oktober 1991, fiel mir in der Universitätsbuchhandlung ein Buch, auf dessen Einband die Heilige Jungfrau von Medjugorje zu sehen war, auf. Einer spontanen Eingebung gehorchend, nahm ich das Buch und begann, es zu lesen. Ich konnte mich nicht mehr davon lösen. Ich kaufte das Buch und las es in einem Zug vom ersten bis zum letzten Wort ohne Unterbrechung durch.

Ich las die ganze Nacht, und am nächsten Morgen ging ich zur Basilika vom Heiligsten Herzen. Kaum war ich eingetreten, hörte ich den Priester über den Rosenkranz sprechen. Da erfüllte mich plötzlich zutiefst die Überzeugung, daß alles, was ich gerade über Medjugorje gelesen hatte, wahr ist! Eiligst ging ich zum Haus der Priester und klopfte an. Der Superior öffnete mir. Ich versuchte ihm all das zu erklären, wovon mein Herz überging, aber ich fürchte sehr, daß meine atemlose Redeweise und meine Heftigkeit den heiligen Mann förmlich in Furcht und Schrecken versetzt hat. Als er endlich verstand, wovon ich redete, stellte er mir die zentrale Frage: «Aber was wollen Sie denn eigentlich? Wollen Sie katholisch werden?» Mein «Ja» kam wie aus der Pistole geschossen![89]

Gurti Blomberg trat im darauffolgenden Jahr an Ostern in die Katholische Kirche ein. In unermüdlichem Eifer will sie der Gospa dienen und ihre Botschaften verbreiten. Sie hat an die katholische Presse Norwegens geschrieben und ihr vorgeworfen, daß sie niemals auch nur eine einzige Zeile über Medjugorje geschrieben habe. Sie schickte ihnen sogar ihr eigenes Zeugnis, damit sie es veröffentliche! Man konnte sie sogar mit einem Videorekorder auf dem Fahrrad antreffen, weil sie ihrer Familie einen Videofilm über Medjugorje zeigen wollte!

Inzwischen ist Gurti nach Norwegen zurückgekehrt und bekennt klar und deutlich ihr Lebensziel: ihr Land zum Katholizismus zu bekehren.[90] Sie singt im Kirchenchor ihrer Gemeinde, und jeden

89 Hören Sie folgende Cassette: «Ein Protestant entdeckt Maria», von Ephraïm, Diakonia (Nr. 3).

90 In Norwegen gibt es nur 2% Katholiken.

Freitag versammelt sich eine kleine Gruppe bei dem Priester, um den Rosenkranz zu beten.

Dort wo sie hingestellt wurde, gibt Gurti Zeugnis von den Wundern der Gospa, was nicht immer leicht ist, da ein großer Teil ihrer Verwandtschaft anti-katholisch eingestellt ist. Aber die Dinge kommen voran, und ihr Vertrauen ringt dem Himmel ein Wunder nach dem anderen ab.[91]

91 Die Gospa hat eine Schwäche für Protestanten...
* Ein bekannter anglikanischer Arzt führte ein intensives Gebetsleben und lebte in tiefer Vertrautheit mit Christus. Er kam nach Medjugorje, um sich Klarheit über dieses Phänomen der Marienerscheinungen zu verschaffen, das ihm merkwürdig schien. Er sah in der Marienverehrung ein Hindernis auf dem Weg zu Jesus. Er kam also schon mit einem gewissen Unbehagen an.
Am selben Abend noch begegnet er mir. Mit Tränen in den Augen erzählt er mir: «Ich habe die Stimme Jesu gehört, als ich mich der Kirche näherte. Er sagte mir: "*Ich selber habe meine Mutter gebeten, hierher zu kommen. Sie zieht alle Völker hierher und führt sie zu mir. Alle Geschlechter werden sie seligpreisen.*"»
Kurz zuvor hatte er in England dieselben Worte vernommen, und sie waren der Grund, warum er die Reise nach Medjugorje unternommen hatte. Seither ist Maria für ihn ein Sprungbrett zu Jesus geworden!
* Ein anderes Mal brachte ich einen protestantischen Pastor aus der Schweiz zu Vicka. Als er aus ihrem Munde hörte, daß Maria geweint hatte, weil wir Katholiken die Bibel vergessen haben, wurde ihm die Heilige Jungfrau sehr sympathisch. «Wenn das so ist, sagte er mir lachend, dann gehört sie ja zu uns!»

Botschaft vom 25. Juni 1993 (12. Jahrestag der Erscheinungen)

«Liebe Kinder! — Auch heute freue ich mich über eure Anwesenheit hier. Ich segne euch mit meinem mütterlichen Segen und halte für jeden von euch bei Gott Fürsprache. Ich rufe euch von neuem auf, meine Botschaften zu leben, und sie ins Leben, in die Praxis, umzusetzen. Ich bin mit euch und segne euch alle von Tag zu Tag. Liebe Kinder, das sind besondere Zeiten, und deshalb bin ich mit euch, um euch zu lieben und zu schützen, um eure Herzen vor Satan zu schützen und um euch dem Herzen meines Sohnes Jesus immer näher zu bringen. Danke, daß ihr meinem Ruf gefolgt seid!»

Meine Knie waren blockiert

Pater Albert Shamon[92] (New York) entzückt mich immer mit seinem schalkhaften Humor, und wenn er mich sucht... findet er mich auch! Ganz Amerika kennt die Qualität seiner Theologie und seine tiefe Verbundenheit mit der Kirche. Eines Tages wollte er sich über diese angeblichen Erscheinungen von Medjugorje Klarheit verschaffen... und er entschied sich für das beste Mittel: hinzufahren und es sich anzuschauen.

Er berichtet über seinen ersten Tag:

— Da ich mich nicht besonders sicher fühlte, nahm ich das Allerheiligste mit, wie jeder Priester es macht, wenn er zu einem Kranken gerufen wird. Ich dachte mir, daß die Gegenwart des Herrn ein Höllenspektakel verursachen würde, falls diese Erscheinungen das Werk des Dämons wären!

Als ich ankam, hatte sich schon eine große Menschenmenge vor der Tür versammelt, die zu dem Erscheinungszimmer führt. Ich fürchtete schon, gar nicht hineinzukommen, aber der Franziskaner,

92 In seiner Eigenschaft als Theologe liest er aufmerksam alle meine Schriften, Bücher, die «Zweimonatlichen Nachrichten» von Medjugorje und meine Cassetten durch, damit darin die Konformität mit der katholischen Theologie gesichert ist. In Frankreich gibt es einen weiteren Theologen, Pater Manteau-Bonamy, OP, der dasselbe tut. Er hat am II. Vatikanischen Konzil teilgenommen.

der den Eingang bewachte, sah mich, erkannte mich, schob die Leute zur Seite und hieß mich einzutreten. Ich schrieb diese Gunst dem Allerheiligsten zu, das ich bei mir trug.

Der Raum war zum Bersten voll, und ich wurde an die Wand gedrückt, war aber trotzdem ganz froh, dabei zu sein. Als Marija und Jakov in Begleitung von Pater Slavko hereinkamen, knieten sie sich in der Türöffnung nieder, um den Rosenkranz zu beten. Beim dritten schmerzhaften Geheimnis hörten sie auf. Pater Slavko bemühte sich, ihnen in dem Zimmer ein bißchen Raum zu schaffen und drängte dafür alle Leute zu Seite, die vor mir gestanden waren. Zu meiner großen Zufriedenheit stand ich jetzt direkt neben Marija.

Die Erscheinung begann, und auf ein Zeichen von Pater Slavko hin knieten alle nieder. Alle außer mir, denn trotz meiner Bemühungen wollten sich meine Knie nicht beugen, sie waren wie blockiert. Verlegen beugte ich mich wenigstens ganz weit herunter, um nicht allzu sehr aufzufallen.

Am Abend konzelebrierte ich bei der heiligen Messe, und meine Knie funktionierten ganz normal.

Am nächsten Abend beschloß ich, noch einmal mein Glück zu versuchen[93] und stellte mich an die Türe. Derselbe Franziskaner ließ mich eintreten, und ich dankte Jesus, den ich immer noch bei mir trug, für diese ganz besondere Gunst. Aber bei der Erscheinung war es mir wieder unmöglich, mich hinzuknien! Trotz all meiner Bemühungen war nichts zu machen. Ich mußte mich wiederum herunterbeugen.

Immer noch mit dem Allerheiligsten, bekam ich ein drittes Mal die Erlaubnis, der Erscheinung beiwohnen. Da meine Knie von neuem blockiert waren, bat ich die Heilige Jungfrau, mir den Grund zu sagen. Und mir schien, als sage sie: *«Ich möchte nicht, daß mein Sohn sich vor mir hinkniet.»*

Ich habe Medjugorje in der Überzeugung verlassen, daß die Erscheinungen echt sind.

93 Aus Gründen der Gerechtigkeit war es äußerst selten, daß man mehr als einmal den Erscheinungen beiwohnen durfte, da zu dieser Zeit die Erscheinungen im winzigen Pfarrhaus stattfanden.

Botschaft vom 25. Juli 1993

«Liebe Kinder! — Ich danke euch für eure Gebete und für die Liebe, die ihr mir erweist. Ich rufe euch auf, daß ihr euch entscheidet, für meine Anliegen zu beten. Liebe Kinder, bringt Novenen dar, und opfert sie dafür auf, worin ihr euch am stärksten gebunden fühlt. Ich wünsche, daß euer Leben mit mir verbunden sei. Ich bin eure Mutter und wünsche, liebe Kinder, daß euch Satan nicht verführe, da er euch auf den falschen Weg führen will; aber er kann es nicht, wenn ihr ihm dies nicht erlaubt. Deshalb, liebe Kinder, erneuert das Gebet in euren Herzen, und dann werdet ihr meinen Ruf und meinen lebendigen Wunsch, euch zu helfen, verstehen. Danke, daß ihr meinem Ruf gefolgt seid!»

Das Kind, das Jesus ähnlich war

Francis wird im Dezember 1980 in Glasgow (Großbritannien) geboren, und ziemlich bald entdecken seine Eltern seinen impulsiven, wilden und aufbrausenden Charakter. Im Alter von fünf Jahren wird er von einem Lastwagen erfaßt und überfahren, als er gerade draußen herumtollt. Francis ist für den Rest seines Lebens entstellt und sein Körper ist schwer geschädigt. So beginnt für ihn der fürchterliche Kreuzweg eines blinden kleinen Jungen, der davon träumt herumzuspringen, den Vögeln nachzulaufen und vor allem das Gesicht seiner Mama wiederzusehen. Innerhalb von einem Jahr wird er dreizehnmal operiert. Man entfernt ihm einen Niere, da sie von Krebs befallen ist. Seine Taufpatin Margaret kommt ihn jeden Tag besuchen und erzählt ihm von Jesus. Er lernt zu beten, und seine Eltern erleben manchmal, wie er mit Worten liebender Vertrautheit zu Jesus spricht, die sie zutiefst ergreifen. Aber Francis Gesundheitszustand verschlechtert sich von Tag zu Tag. Der Krebs breitet sich aus und trotz wiederholter Chemotherapien zeichnet sich sein naher Tod ab.

In diesem Zustand nehmen seine Eltern ihn mit nach Medjugorje. Francis ist jetzt sechs Jahre alt. Erstaunlicherweise beklagt er sich trotz seines Leidens niemals. Margaret läßt ihn keinen Moment aus den Augen, außer während des Rosenkranzgebetes und der Messe. In dieser Zeit vertraut sie ihn Nora, einer Freundin von Marija an. Ob der kleine Francis bei einer Erscheinung dabei sein kann? Es ist im Juli 1987 und die Gospa erscheint in dem winzigen Zimmer des Pfarrhauses. Er muß also drei lange Wochen warten, bis er an der Reihe ist.

An jenem Tag hielt Nora den Kleinen während des Rosenkranzes auf ihrem Schoß, im Schatten eines Baumes, denn es herrscht eine Gluthitze. Nachdem Francis mit den Augen nichts sehen kann, will er mit den Händen sehen. Auf diese Weise *fühlt* er den Gesichtsausdruck der Menschen. Während der Rosenkranz auf kroatisch beginnt, übersetzt Nora die einzelnen Worte für Francis, aber sie bemerkt sehr schnell, daß dieser kleine Stöpsel von sechs Jahren *ihr* das Beten beibringt, denn er weiß vieles über Jesus...

— Aber du kannst ja gar nicht beten, sagt er plötzlich.

— Okay! Francis... Dann mußt du mir eben beibringen, den Rosenkranz zu beten!

— Willst Du wissen, wie Jesus den Rosenkranz gebetet hat?

— Hm, ja... Hat Jesus den Rosenkranz gebetet?

— Ja, natürlich hat das Jesuskind den Rosenkranz gebetet! (Wie kannst du das in deinem Alter nicht wissen? — schien er zu sagen.)

— Aber wie konnte er den Rosenkranz beten? Diese Worte hat doch der Engel seiner Mutter erst gesagt!

— Aber der Engel hat doch nur wiederholt, was er immer gehört hatte! Im Himmel redet Gott so zu Maria! Der Engel hat nur weitergegeben, was er von Gott bekommen hatte!

Nora schweigt, damit der Kleine auf seine Weise beten konnte.

— *Gegrüßt seist Du Maria, voll der Gnade...*, sagt er ganz langsam.

Und voller Freude hält er inne. Da bricht ein Freudenschrei aus ihm hervor:

— Oh, Mama! Natürlich bist du voll der Gnade, du bist ganz erfüllt von Mir!

Bei diesem Freudenschrei begreift Nora, daß Jesus selbst hier seine Mutter rühmte. Gott selbst sagt *«Gegrüßet seist Du Maria, voll der Gnade»*! Der Vater spricht zu Maria! Und das Jesuskind wiederholt Worte, die es vom Vater gehört hat...

Francis wundert sich immer mehr über Noras Ahnungslosigkeit, betet aber weiter. Er murmelt:

— *Der Herr ist mit Dir...* Oh Mama, glaubst Du, Ich könnte Dich jemals verlassen?

Nora kann nur schweigen und ihre Tränen zurückhalten.

So gestalteten sich die Rosenkränze, die Nora und Francis während jener Tage beteten, in denen er auf sein Treffen mit der Gospa wartete. Schließlich kommt die Erlaubnis, und seine Mutter zwängt sich mit ihm in den Erscheinungsraum. Nora betet draußen in der Gewißheit, daß Francis geheilt wieder herauskommen würde. Ihr Glaube ist so groß! In ihrer großen Freude kann sie nicht anders, als im voraus für dieses Geschenk der Heilung zu danken.

Gerade vor der Messe kommt Francis aus dem Pfarrhaus und seine Mutter vertraut ihn Nora an, die ihn wieder auf seinen Lieblingsplatz auf ihren Schoß nimmt. Aber sie bemerkt gleich, daß das Kind sich mehr als gewöhnlich vor Schmerzen krümmt. Nora wird klar, daß er nicht geheilt ist. Der Kummer schnürt ihr die Kehle zu.

— Fragst du mich gar nicht, was die Heilige Jungfrau gemacht hat, als sie gekommen ist?

— Hm... doch! Was hat sie gemacht? Sag es mir!

— Na ja, sie ist gekommen und dann war ich gesund!

Francis Hände tasten über Noras Gesicht und entdecken ihre Enttäuschung.

— Du denkst ja nur an den Leib! sagt er in vorwurfsvollem Ton.

— Dann erzähle mir alles. Wie bist Du geheilt worden?

Francis erlebt in seiner Erinnerung noch einmal die Momente der Erscheinung und erklärt Nora voller Freude:

— Weißt Du, sobald die Heilige Jungfrau angekommen war, habe ich mein Herz ganz weit aufgemacht. Und ich habe dem Lastwagenfahrer vergeben.

Nora ist verblüfft. Francis sprach nie über seinen Unfall, noch von den Operationen, noch von seinem Leiden. Hatte er dieses Geheimnis die ganzen langen Monate hindurch für sich behalten? War ihm dieser Lastwagenfahrer quer im Herzen geblieben?

Und mit einem Lächeln voll reiner, engelgleicher Freude ruft er aus:

— Ich bin frei! Frei! Weißt Du, was ich der Heiligen Jungfrau dann gesagt habe, um ihr zu danken? Ich habe ihr gesagt: «Mama, ich nehme mein ganzes Leiden an. Aber im Austausch dafür bitte ich Dich, daß Du alle, die hierher kommen genauso frei machst, wie Du mich frei gemacht hast.»

Francis wußte, daß er an Krebs sterben würde. Nora schweigt und sagt sich: «Jetzt ist es sicher, daß er sterben wird.»

Daraufhin nähert sich Francis ihrem Ohr, als wolle er ihr ein wunderbares Geheimnis mitteilen:

— Ja, du hast recht, ich werde sterben!

Was für eine Freude, das sein Gesicht erhellt! Francis ist erst sechs Jahre alt und sein ganzes Glück ist es, in seinem Herzen geheilt worden zu sein, um frei zu sein für die Liebe!

Seit jenem Tag säte Francis die Liebe Jesu überall dort, wo er hinkam. Die Zeugnisse darüber könnten ein ganzes Buch füllen! Hier seien vier davon erwähnt:

Francis hatte einen schwierigen Charakter. Wenn er nicht seinen Willen bekam, begann er manchmal mit den Füßen zu stampfen und vor Zorn ganz rot zu werden. Seine Mutter sagte nichts, weil sie ihm das Leben nicht noch schwerer machen wollte. Aber in Medjugorje erteilte ihr die Gospa eine Lehre: auf diese Weise helfe sie ihrem kleinen Francis nicht. Sie müsse ihn manchmal sanft aber bestimmt tadeln, um ihm zu helfen, sich zu bessern.

Einige Tage nach dem Aufenthalt in Medjugorje, bat sie Francis ein Spielzeug aufzuräumen und ging dann in ein anderes Zimmer. Doch Francis hatte keine Lust. Plötzlich hörte sie ihn mit dem Fuß aufstampfen und schimpfen. Sie erinnert sich an die Worte der Gospa, nimmt ihren Mut zusammen und geht zu dem Zimmer hinüber, um ihn zu schimpfen, als sie Francis plötzlich sagen hört: «Weiche von mir, Satan! Du weißt, daß ich beschlossen habe, brav zu sein!» Er beruhigt sich, und als er seine Mutter im Türrahmen stehen sieht, sagt er ihr lächelnd:

— Mama? Hast Du mich um etwas gebeten? Mache ich sofort!

Von diesem Tag an verschwanden seine Zornausbrüche völlig. Seine Mutter wußte, daß Francis in Medjugorje seinen Entschluß gefaßt hatte:

— Ich wähle die Heiligkeit.

Die zweite Begebenheit ereignete sich einige Monate später in Fatima. Die Eltern hofften immer noch auf eine physische Heilung. Während sie mit Francis in dem schönen Park außerhalb des Heiligtums den Kreuzweg beten, verschwindet Francis plötzlich. Die Eltern suchen ihn überall und finden ihn schließlich außerhalb des Weges wieder (man darf nicht vergessen, daß er blind ist!), dort wo der Engel von Fatima lebensgroß dargestellt ist, wie er den drei kleinen Sehern die heilige Kommunion reicht. Diese Steinstatuen sind von einem Schutzzaun umgeben. Die Eltern trauen ihren Augen kaum, denn Francis sitzt in den Armen des Engels und unterhält sich angeregt mit ihm! Wie ist er da hinaufgekommen? Unerklärlich!

— Francis! Was machst du da?

— Ich spreche mit dem Engel des Friedens, Mama...

Woher weiß er, daß das der Engel des Friedens ist? Seine Eltern helfen ihm herunterzuklettern.

— Francis, fragt ihn seine Mutter etwas später unaufdringlich, was hast du dem Engel des Friedens erzählt?

— Weißt Du, Mama, zwischen Gott und den Seelen gibt es manchmal Geheimnisse!

Die dritte Szene spielte sich in dem großen Kinderkrankenhaus in Glasgow ab, wo Tausende von Kindern leiden und sterben. Francis ist dort eingeliefert worden, weil das fortgeschrittene Stadium seiner Krebserkrankung es erforderte. Aber als seine Eltern ihn besuchen kommen... kein Francis da! Der kleine Blinde, der bis auf die Knochen abgemagert war und von unbeschreiblichen Schmerzen gelähmt wurde, ist in die anderen Zimmer entflogen. Er hatte sämtliche Schläuche, Infusionen und woran er sonst noch hing, abgemacht und ging bei den anderen kleinen Patienten von Bett zu Bett. Was macht er da, was erzählt er ihnen? Man muß sich ihm nur nähern, um zuzuhören: Francis spricht ihnen von Jesus mit Worten, wie sie nur ein kleiner Märtyrer finden kann; er tröstet die Kinder und bittet sie, alle ihre Leiden Jesus aufzuopfern[94], damit es keine Sünden mehr auf der Welt gibt...

94 Zu diesem Thema gibt es folgende Cassette: «Leiden – Warum?», von Y. Villedieu, Diakonia (Nr. 51).

Das vierte Ereignis trug sich am 15. September 1988 bei Marija Pavlovic in Medjugorje zu. Das Telefon läutet und Nora hebt ab.

— Oh, Francis! Du bist´s!

— Ja Nora. Ist Marija da? Bitte sage ihr, daß sie heute abend, wenn die Gospa kommt, sie um einen Gefallen für mich bitten muß. Ich möchte gern, daß Maria mir verspricht, daß sie mir im Himmel den Titel «*Schutzengel der verlassenen Kinder*» gibt.

Unser kleiner Francis ging siebzehn Tage später, am 2. Oktober 1988, dem Tag der Heiligen Schutzengel, zum Vater heim...

Botschaft vom 25. August 1993

«Liebe Kinder! — Ich wünsche, daß ihr begreift, daß ich eure Mutter bin, und daß es mein Wunsch ist, euch zu helfen und euch zum Gebet einzuladen. Nur durch das Gebet könnt ihr meine Botschaften begreifen und annehmen und sie ins Leben umsetzen. Lest die Heilige Schrift, lebt sie und betet, damit ihr die Zeichen dieser Zeit begreifen könnt. Dies ist eine besondere Zeit! Deshalb bin ich mit euch, damit ich euch meinem Herzen und dem Herzen meines Sohnes Jesus näherbringe. Liebe Kinder, ich wünsche, daß ihr Kinder des Lichtes und nicht der Finsternis seid! Deshalb lebt das, was ich euch sage. Danke, daß ihr meinem Ruf gefolgt seid.»

Die eigenartige elektronische Botschaft

Paris, im Mai 1994. Meine Freundin Bernadette P. hatte für mich einen Vortrag in der Kirche Saint-Léon organisiert, in dem Viertel, in dem ich früher gewohnt hatte.

Drei Minuten bevor ich das Wort ergreife, erwarten mich die üblichen Tests: Lautstärke und Tonqualität des Lautsprechers überprüfen, das Rednerpult auf die richtige Höhe bringen, das Buch mit den Botschaften so hinlegen, daß es nicht hinunterrutscht, die Personen, die ganz hinten in der Kirche stehen, nach vorne bitten, den Priester an die richtige Aussprache des Wortes «Medjugorje» für seine kleine Einführung erinnern, erfahren, daß die Dame, die den Blumenschmuck besorgen sollte, noch nicht angekommen ist, die andere Dame trösten, die ihr diese Aufgabe anvertraut hatte, den «Blick gesenkt halten», damit ich nicht die lieben Freunde erkenne, die da im Raum sitzen, und die ich einzeln begrüßen müßte, in meinem Kopf die ersten Worte zum Beginn des Vortrags und in meinem Herzen die Salbung Mariens empfangen, ohne die jedes Wort vergebens wäre... kurzum, diesen Moment wählte François, um aufzutauchen, mich fest am Arm zu packen und mir flehentlich zuzurufen:

— Schwester, Schwester! Ich muß sofort mit Ihnen sprechen, es ist unglaublich, Schwester, ich muß Ihnen erzählen, was mir passiert ist,

Schwester, Sie werden es mir nicht glauben! Ich muß es Ihnen erzählen...

Ich hatte ihn noch nie gesehen, ich kannte ihn nicht, aber ich werde ihn nie mehr vergessen, denn sein Aufzug übertraf an Farbenfreude alles, was ein Theater hätte bieten können. Das physische und moralische Elend dieser Welt waren in diesem Wesen zusammengefaßt, das aus irgendeinem dramatischen Film entsprungen sein mochte. Eine unsagbare Angst verunstaltete seinen Blick.

— Entschuldigen Sie, aber ich muß in zwei Minuten anfangen!

— Ich kann nicht warten, Schwester, lassen Sie mich Ihnen sagen, ich weiß nicht einmal, was geschehen wird, noch warum ich heute abend hier bin...

— Wenn Sie es jetzt nicht wissen, so werden Sie es sehr schnell im Laufe des Vortrags erkennen.

— Worüber werden Sie denn sprechen?

— Über Fatima und über Medjugorje.

— Was ist denn das?

— Das werden Sie jetzt gleich erfahren!

Er zitterte von Kopf bis Fuß und machte es jeder anderen Person unmöglich, in meine Nähe zu kommen. Er hatte einen kleinen elektronischen Terminkalender aus seiner Tasche gezogen und hielt ihn mir unter die Nase, damit ich las, was auf der kleinen Anzeige stand.

— Was lesen Sie da, Schwester?

Seine Hände waren genauso mager und aschgrau wie sein Gesicht.

— Ich verspreche es Ihnen, ich werde das alles in Ruhe nach dem Vortrag lesen; kommen Sie dann hierher zu mir. Aber jetzt setzen Sie sich hier irgendwo hin und hören Sie jedem Wort des Vortrags aufmerksam zu: es werden Botschaften für Sie selbst dabei sein!

Für die Zeit eines Augenblicks leuchteten seine Augen auf, so daß ich mich schleunigst verziehen konnte. Meine Redezeit war auf genau eine Stunde begrenzt. Wenn man sich für die Seelen einsetzt, steht Furchterregendes auf dem Spiel! Ich wußte, daß die Versammlung mit Menschen gespickt war, die niemals einen Fuß in eine Kirche setzen, denn ich hatte meinen Freunden folgende Anweisung gegeben: «Bringt Ungläubige mit, denn für sie werde ich sprechen.» Kurz und gut — ich hatte genau eine Stunde Zeit, damit sie Gott kennen und lieben lernten... Sehr arm, aber voller Freude tat ich mein Bestes.

Selbstverständlich wartete besagter Herr am Ausgang auf mich und wedelte noch mehr als zuvor mit seinem elektronischen Terminkalender.

— Schwester, Sie haben mir versprochen...

Nachdem ich mich kurz mit einigen anderen Leuten unterhalten hatte, setzte ich mich mit François hinter eine Säule. Ich hatte ihn auf den Schluß des Vortrags vertröstet, da ich mir schon dachte, daß seine Geschichte sehr, sehr eigenartig sein würde... Seine Angst hatte sichtlich abgenommen, aber seine Redeweise ließ noch immer eine große innere Erregung erkennen.

— Ich habe genau zugehört, Schwester! Ich hätte nie gedacht, daß es all das geben könnte... Ihre ganze Geschichte hat mir sehr gefallen, und jetzt verstehe ich auch, warum «man» mich hierher geschickt hat... Ich bin völlig erschüttert!

Während er sprach, sah ich mir sein armes, mitgenommenes Gesicht genau an. Seine blond gefärbten und dauergewellten Haare, seine sorgsam ausgezupften Augenbrauen und der Goldring an seinem linken Ohr hoben das Elend seiner Erscheinung nur noch mehr hervor. Vielleicht höre ich gerade jemandem zu, der zum Tode verurteilt ist, sagte ich mir, so abgemagert ist er! Er zittert vor Schwäche. Vielleicht hat er einen Virus, der ihn zerfrißt?

— Schwester, mir ist ein großes Unglück widerfahren. Ich lebte mit jemandem zusammen, der vor zwei Wochen an Aids gestorben ist. Ich liebte ihn so sehr, daß ich nicht ohne ihn leben konnte. Ich frage mich jetzt ständig «Wo ist er? Wo ist er?» Ich rufe ihn, ich weiß, das ist idiotisch, aber er war mein Freund und jetzt habe ich niemanden mehr! Und gestern hole ich meinen elektronischen Terminkalender heraus, um eine Telefonnummer zu suchen, und was sehe ich da? Eine unverständliche Botschaft, die nicht ich geschrieben hatte! Ich lese sie wieder und wieder und kann nicht kapieren, wie die Zeilen da hineingekommen sind, da ich den Terminkalender ständig bei mir trage. Hier, sehen Sie selbst, Schwester.

Ich schaue auf die kleine Anzeige und lese: «Dienstag, 17. Mai, 20 Uhr, Saint-Léon.»

— Das ist ja der Vortrag von heute abend!

— Ja, aber wie ist das auf diese Anzeige gekommen? Das frage ich Sie! Als ich das sah, habe ich mir gleich gesagt «jetzt ist es soweit, mein Freund schickt mir eine Botschaft, sicher ist er es, er macht für irgendwo ein Rendez-vous aus». Aber Saint-Léon sagte mir gar nichts! Ich habe gesucht und gesucht, habe geschaut, ob es vielleicht eine U-Bahn-Station oder ein Hotel oder ein Restaurant mit diesem Namen gibt... nichts! Dann sagte mir jemand: «Saint-Léon, das ist vielleicht eine Kirche, weil das der Name eines Heiligen ist...» Aber niemand kannte diese Kirche. Da bin ich in die Kirche meines Wohnviertels gegangen, und die Person am Empfang hat in einem Heft nachgeschaut und mir gesagt: «Das ist im 15. Stadtbezirk, in der Nähe von Motte-Picquet...» Und so bin ich heute hier hergekommen, ohne zu wissen, was mich hier erwartete...

Ich schlucke, versuche, meine Gedanken zu sammeln, antworte nicht sofort, sondern rufe den Herrn an, aber François läßt mir keine fünf Sekunden Ruhe.

— Und was soll ich jetzt tun, Schwester?

Diese Frage erinnert mich an eine Stelle in der Apostelgeschichte, als die Leute an Pfingsten Petrus fragen: «Was sollen wir tun?» François wartet auf meine Antwort wie ein gefangenes Kind oder eher wie einer, der in der Liebe Schiffbruch erlitten hat und gerade eben einen Rettungsanker gefunden hat und auf das Schlüsselwort wartet, das sein Leben aus der Hölle in den Himmel retten wird. Und heute abend sollte *ich*... ihm dieses Wort sagen!

Ich muß schnell etwas ganz einfaches sagen. Die Kirche ist zwar noch voll, aber ich höre schon das Geräusch des Schlüsselbundes und die Türen werden bald abgeschlossen.

— Das ist ganz einfach, sagte ich ihm, um ihn aufzurichten. Du kaufst heute noch an dem Stand dort eine Bibel und das Buch «*Worte des Friedens*».[95] Jeden Abend liest du aufmerksam darin und beginnst zu beten, so wie ich es vorhin erklärt habe. Die Heilige Jungfrau wird dich dann mit Hilfe der Botschaften in diesem Buch selbst leiten. Und dann besuchst du uns so schnell wie möglich in Medjugorje. Du

95 «Worte des Friedens. Die Botschaften Mariens in Medjugorje», 2. Auflage 1996, Parvis-Verlag.

wirst sehen, dort wird dir das Herz aufgehen und du wirst einen großen Frieden finden.

— Aber wo ist das? Wie kommt man dort hin?

— Geh zu der Dame da hinten, das ist meine Freundin Geneviève, die Pilgerreisen organisiert. Sie wird dir alles weitere erklären.

— Es ist verrückt, wie wohl ich mich bei euch hier fühle. Man sieht, daß ihr das Licht habt! Jetzt verstehe ich auch... Sicher hat mein Freund mir diese Botschaft geschrieben, damit ich herkomme und das alles entdecke.

— Dein Freund, oder aber... vielleicht die Heilige Jungfrau? Sie ist deine Mutter und wollte, daß du sie kennenlernst... Aber ich gebe zu, ich erlebe zum ersten Mal, daß sie eine elektronische Botschaft vermittelt!

Am nächsten Tag fuhr ich nach Medjugorje zurück, und drei Monate später kam François mit einer Pilgergruppe dort an. Er sah schon völlig anders aus, zitterte nicht mehr, und seine Wangen waren etwas fülliger. Er war von einer gewissen Heiterkeit erfüllt. Eine Gebetsgruppe hatte ihn aufgenommen. Er hatte zum Glauben gefunden und auf seine Weise begonnen, die Sakramente zu leben. Die Gnade bahnte sich in ihm einen Weg, durch die grauenhaften Verschlingungen seiner Verletzungen und durch die Wundmale einer Kindheit und Jugend, über die nur die Barmherzigkeit das Recht hätte zu sprechen. Ich weiß nicht, was heute aus ihm geworden ist, nicht einmal, ob er noch lebt oder schon gestorben ist.

François, wenn der Herr dich zu sich gerufen hat, dann hilf uns vom Himmel aus, all diejenigen an das Herz Gottes zu ziehen, die genauso gelitten haben wie du. Wenn du lebst, so wisse, daß deine kleine Schwester aus Medjugorje jeden Tag für dich betet und davon träumt, von dir zu hören!

Botschaft vom 25. September 1993

«Liebe Kinder! — Ich bin eure Mutter und rufe euch auf, daß ihr euch durch das Gebet Gott nähert, denn nur Er ist euer Friede, euer Retter! Deshalb, meine lieben Kinder, sucht nicht materiellen Trost, sondern sucht Gott. Ich bete für euch und halte bei Gott für jeden einzelnen Fürsprache. Ich bitte um euer Gebet, und daß ihr mich und auch meine Botschaften annehmt, wie in den ersten Tagen der Erscheinungen. Nur dann, wenn ihr die Herzen öffnet und betet, werden Wunder geschehen. Danke, daß ihr meinem Ruf gefolgt seid!»

Ein Protestant sieht die Heilige Jungfrau

Man muß zugeben, daß Barry ein harter Brocken ist. Und seine Frau Patricia? Ein Schatz an Feinfühligkeit. Sie hat eine so starke Ausstrahlung, daß ich vermute, daß sie ohne Unterlaß betet. Oft kam sie aus ihrem Geburtsland England nach Medjugorje, um aufzutanken und der Gospa ihren «Freidenker» von Ehemann anzuvertrauen. Wie wunderbar wäre es, wenn auch er eines Tages das Glück eines Weges mit dem lebendigen Gott entdecken würde!

Barry war zwar protestantisch getauft, glaubte aber nicht an Gott und war stolz darauf, auch ohne ihn zurechtzukommen. Tief in seinem Herzen schlummerte jedoch eine alte Erinnerung: als er jung war, hatte er einmal in einer Zeit großen Leidens zu Gott gebetet: «Schick mir eine gute Ehefrau!» Damals war er gerade im Auto unterwegs und mußte aus technischen Gründen in der Nähe eines unbekannten Hauses anhalten. Die junge Frau, die aus diesem Haus trat, eroberte im Handumdrehen sein Herz und drei Monate später heiratete er sie! Er vergaß, diesem unbekannten Gott zu danken, der ihm so schnell eine so glückliche Heirat hatte zuteil werden lassen. Ihr einziger Fehler war, daß sie katholisch war. Barry tat alles, um ihren Glauben zu vernichten, aber er begriff schnell, daß er sich damit auf ein gefährliches Terrain wagte.

Aber mit etwa vierzig war Patricia zermürbt von einer solchen geistlichen Isolation in diesem materialistischen und begeisterungslosen

England. Damals rettete sie Medjugorje vor dem Untergang und gab ihr das, wovon sie schon nicht mehr zu träumen gewagt hatte: sich an einem Ort, an dem der Himmel jeden Tag die Erde berührt, im Herzen Gottes zu versenken!

Als ich mit ihr sprach, staunte ich über ihr unglaubliches Vertrauen in die Vorsehung. Sie WUSSTE, daß ihre ganze Verwandschaft sich zu der von Gott bestimmten Zeit bekehren würde. Doch dann brach der Krieg in Bosnien-Herzegowina aus.

Am Abend des 1. Januar 1993 sitzen Patricia und Barry vor dem Fernsehen und hören den Aufruf der Vereinigung *Medjugorje ruft!*: sie suchen 30 Fahrer, um die Tonnen von Hilfsgütern nach Bosnien zu bringen. Ohne zu wissen, daß Patricia diesen Bernard Ellis, einen in Medjugorje bekehrten Juden, der die Schlüsselposition in dieser Vereinigung innehat, kannte, findet Barry Gefallen an dieser Sache und verkündet seiner Frau, daß er wirklich Lust habe, sich in dieses Abenteuer zu stürzen, zumal da er einen Führerschein für Lkw besitzt. Patricia traut ihren Ohren nicht! Bernard hatte vorgesehen, daß ein Teil der Lastwagen nach Medjugorje und der andere Teil nach Zagreb fahren sollte.

Zwei Wochen später zieht unser Freidenker am Steuer seines Lastwagens und in Patricias Begleitung in Medjugorje ein! Sein einziges Bestreben war es, den Flüchtlingen Hilfe zu bringen. Gleich in der ersten Nacht wird er gebeten zu helfen, und als er am Morgen in sein Quartier am Fuße des Krizevac zu seiner Frau zurückkehrt, ist Patricia ausgeflogen! Barry geht auf die Terrasse hinaus und sieht von dort die Kirche mitten im Tal stehen. Sein Blick fällt auf die beiden Türme, die zum Himmel emporragen und fühlt sich seltsamerweise unwiderstehlich angezogen von dieser Kirche. Ein Gedanke steigt in ihm auf: «Ich muß in diese Kirche gehen und dort beten.» Barry erkennt sich nicht wieder. Er, der Atheist zum Vorführen soll beten!? Beten soll er, wo es Gott doch gar nicht gibt, und wir nach dem Tod alle in ein schwarzes Loch fallen? Der spinnt wohl! Aber es ist stärker als er, und Barry macht sich auf und geht ohne Umschweife zur Kirche. Eine praktische Frage stellt sich ihm: was für ein Gebet würde er sprechen können? Er kennt nur zwei: das *Vaterunser,* das er in der Schule gelernt hat, und das *Gegrüßet seist du Maria*, das sich ihm eingeprägt hatte, weil er es dauernd gehört hatte, als seine Frau es den Kindern beibrachte. Welches sollte er nun auswählen?

Als er in der Kirche ankommt stellt er fest, daß gerade geputzt wird und drückt sich unauffällig in die letzte Bank. Er entschließt sich, beide Gebete zu beten und verharrt fünf Minuten in der Stille. Dann beschließt er, seinen Lastwagen zu waschen. Dabei sieht ihn ein Franziskaner und gibt ihm seinen Rosenkranz. Später kehrt er in sein Zimmer zurück, und da Patricia immer noch nicht da ist, beschließt er, sich etwas auszuruhen. Da es sehr hell ist, zieht er die Decke über sein Gesicht. Aber plötzlich blendet ihn ein bläuliches Licht. Er sagt sich, daß die Decke nicht richtig liegt und zieht sie zurecht. Aber das blaue Licht wird nur noch heller, es erfüllt das ganze Zimmer und Barry findet das schließlich merkwürdig. Da erscheint ein noch hellerer, weißer Fleck in dem blauen Licht; der Fleck nähert sich ihm nach und nach und wird sichtlich größer. Himmel! Was ist da los?

«Der Fleck aus weißem Licht wurde dann ganz scharf, erzählte Barry später, und es war Maria, die Mutter Gottes. Ich sah sie, ich wußte, daß sie es war. Das blaue Licht verwandelte sich in Strahlen, die von ihr ausgingen. Wie schön sie war!»

Ich hatte überhaupt keine Angst, ich schaute sie an, völlig fasziniert. Ich wußte, wer mir da gegenüberstand. Dann hob sie die Hand und grüßte mich. Sie sagte nichts. Dann ging sie wieder. Ich habe mich aufgesetzt, um das Zimmer genau anzuschauen. Ein Rosenduft lag in der Luft, und ich fühlte in meinem ganzen Wesen einen unvorstellbaren Frieden. Bis in meinen Leib hinein! Ich konnte nur immer wieder sagen: «Warum ich? Wieso gerade ich? Was habe ich getan, um das zu verdienen? Ich, der derbe, ungehobelte Bauer?!» Ich dachte an alle schlechten Taten meines Lebens... trotz alledem war Maria einem Mann wie mir erschienen!

Patricia kehrte wenig später in das Zimmer zurück, und ich erzählte ihr alles. Sie war im siebten Himmel! Sie wollte in 24 Stunden einen Katholiken aus mir machen! Sie schlug mir vor, in die Messe zu gehen. In der Kirche fragte ich mich von neuem: »Wieso ich?» Als der Moment der Kommunion kam, schlug Patricia mir vor mitzukommen, um mich von dem Priester segnen zu lassen. Ich mußte meine Arme vor der Brust kreuzen, um deutlich zu zeigen, daß ich nicht kommunizieren konnte, aber trotzdem drückte der Priester die Hostie auf meinen Mund, so daß ich gar nicht anders konnte, als den Leib Christi zu empfangen. Ich war so tief bewegt, daß ich die Tränen nicht zurückhalten konnte. Wenn Sie den harten Brocken hätten weinen sehen wie ein Kind! Was für ein Tag! Am Rückweg traf ich einen Pilger, der mir sagte: «Ich bin schon immer katholisch gewesen, ich komme oft hierher, ich habe noch nie etwas gesehen oder gefühlt!» Aber ich war das erste Mal hier, setzte nie einen Fuß in eine Kirche, und mir wurde an einem einzigen Tag geschenkt, in eine Kirche zu gehen (1), zu beten (2), einen Rosenkranz zu bekommen (3), die Heilige Jungfrau zu sehen (4) und den Leib ihres Sohnes Jesus zu erhalten (5)!

Als ich wieder in England war, beschloß ich, mit Patricia in die Messe zu gehen und entdeckte nach und nach das Gebet, und zwar das ehrliche Gebet! Ich machte weiter bei den Hilfstransporten nach Bosnien mit, und einmal haben wir sogar den Seher Ivan von London nach Medjugorje mitgenommen! Zum Zeitpunkt der Erscheinung haben wir uns im Lastwagen hingekniet... Tief in mir blieb immer der lebhafte Wunsch, die Heilige Jungfrau wiederzusehen!

Später schlug Bernard mir vor, einen Bus mit Pilgern zu fahren. Ich tauschte also die Lebensmittel gegen eine Ladung Brüder und Schwestern aus. Unterwegs übernachteten wir in einem Hotel in der Nähe Sloveniens. Kurz nach dem Abendessen fiel der Strom aus. Ich ging in mein Zimmer hinauf, um eine Stablampe zu holen, und als ich wieder hinunterging, fühlte ich mich gedrängt, ein Marienlied anzustimmen.

Da fing die ganze Gruppe an mitzusingen und es entsteht kurz darauf ein spontanes Gebet. Der Lobpreis erfüllte das ganze Hotel! Und dann erschien Maria wieder vor meinen Augen, wie in Medjugorje, von diesem blauen Lichtkreis umgeben. Ich war der einzige, der sie sah. Da wurde mir klar, daß ich noch nichts für sie und noch nichts für Gott getan hatte, trotz so vieler Gnaden, die ich erhalten hatte. Wenn Maria etwas (oder jemanden!) will, dann läßt sie nicht locker! Ich spürte, daß sie mich rief, mich ihr und ihrem Sohn Jesus zu nähern; ich sollte ihr gegenüber eine Verpflichtung eingehen. So beschloß ich, in die katholische Kirche einzutreten. Und Patricia fand, daß ich ein wunderbarer Begleiter sei.

Monatelang machte ich als Busfahrer weiterhin Pilgerfahrten nach Medjugorje und Patricia half mir dabei. Ich hatte den geheimen Wunsch, daß einige von meinen «Passagieren» auch das Glück erleben dürften, die Heilige Jungfrau zu sehen, und ich wurde bald erhört. Vier Pilger sahen sie auf dem Podbrdo.

An Ostern 1995 bin ich in die Katholische Kirche eingetreten. Seitdem ruft der Herr Patricia und mich, in unserer eigenen Gemeinde und Diözese, in dem sich das Heiligtum von Walsingham befindet, für ihn zu arbeiten.[96]

Maria hat begonnen, unsere ganze Verwandtschaft zu ihrem Sohn zurückzuführen. Unsere beiden Kinder haben sich bekehrt sowie einige ehemals atheistische Verwandte. Sie hat schon mehrere Ehepaare (Schwager, Schwägerinnen) wieder miteinander versöhnt, und für die anderen haben wir Hoffnung.

Ich selbst arbeite in einer Gruppe mit, die Menschen unterstützt, die katholisch werden wollen. Ich bin bereit für alles, was der Herr und seine Mutter von mir wollen, und ich wachse nach und nach in der Liebe zu ihnen.

Mein Traum? Daß die ganze Welt die Jungfrau Maria entdeckt!

---

96 Es gibt eine Prophezeiung von Papst Leo XIII., die in ganz England bekannt ist und die besagt: *«Wenn England wieder nach Walsingham pilgert, wird die Heilige Jungfrau wieder nach England zurückkehren.»* Barry und Patricia Kelly ist es zu verdanken, daß große Menschenmengen sich dort zu Gebetswochenenden in Verbindung mit Medjugorje versammeln.

Botschaft vom 25. Oktober 1993

«Liebe Kinder! — In diesen Jahren habe ich euch immer wieder aufgerufen zu beten, und das zu leben, was ich euch sage, aber ihr lebt meine Botschaften wenig. Ihr redet nur, aber lebt sie nicht, deshalb, meine lieben Kinder, dauert auch dieser Krieg so lange. Ich rufe euch auf, euch Gott zu öffnen und in euren Herzen mit Gott das Gute zu leben und meine Botschaften zu bezeugen. Ich liebe euch und möchte euch vor allem Bösen beschützen, aber ihr wollt es nicht. Liebe Kinder, ich kann euch nicht helfen, wenn ihr die Gebote Gottes nicht lebt, wenn ihr die Messe nicht lebt, wenn ihr euch von der Sünde nicht abwendet. Ich lade euch ein, Apostel der Liebe und Güte zu sein.

Bezeugt Gott und die Liebe Gottes in dieser unruhigen Welt, und Gott wird euch segnen und das geben, was ihr von Ihm erbittet. Danke, daß ihr meinem Ruf gefolgt seid!»

Ich war ein abgetriebenes Baby

Marcia S. ist eine im ganzen Gebiet von San Francisco sehr angesehene Frau. Sie ist Leiterin der ältesten Gebetsgruppe der Stadt, jeder kennt ihren starken Glauben und weiß, wie gern die kirchlichen Autoritäten dort sie für heikle Aufgaben bemühen. Ich kenne sie gut und bewundere sie.

Medjugorje hat ihr Leben völlig verändert, und sie kann niemandem begegnen, ohne ihm nicht auch von der außerordentlichen Macht des Rosenkranzes zu erzählen! Auf einen inneren Ruf der Heiligen Jungfrau hin hat sie in der Umgebung von San Francisco zwölf Rosenkranz-Gebetsgruppen gegründet, um die Stadt zu «umzingeln» und sie mit der königlichen Krone Mariens, die aus zwölf Sternen besteht, zu umgeben. So soll Gott das wiederbekommen, was ihm gehörte, aber leider den Mächten der Finsternis zum Opfer gefallen war. In der Tat leidet San Francisco mehr als andere Metropolen der Welt unter einem aktiven Satanismus, und die Heilige Jungfrau sucht dort auserwählte Werkzeuge, um den Zerstörer ihrer Kinder zu besiegen.

Eines Tages beginnt die Mutlosigkeit an Marcia zu nagen, denn ihr Mann, der sowieso schon depressiv ist, ist nun noch von einer fortschreitenden Erblindung befallen, die rund um die Uhr aufmerksame Pflege verlangt. Physisch und nervlich ist Marcia am Ende ihrer Kräfte, so daß sie in Versuchung gerät, das Treffen *«Gebet und Zeugnis über Medjugorje»* abzusagen, das sie an jenem Abend in der Kirche vom «Heiligen Erlöser» in der Bucht von San Francisco leiten soll. Diese Gemeinde erreicht am meisten Aids-Opfer und bringt ihnen das Evangelium. Marcia weiß, daß der größte Teil ihrer Zuhörer Schwule oder Lesben sein werden.

Sie weiß, daß eine große Menschenmenge dort auf sie wartet. Allein der Gedanke, aus dem Auto zu steigen, erschöpft sie... Doch daran soll es nicht liegen, sie geht trotzdem hin! Sie kann nicht das Risiko auf sich nehmen, Seelen in ihren Erwartungen zu enttäuschen, denn es stehen Menschenleben auf dem Spiel! Ihr Freund Denis ruft sie an:

— Wenn es einen Ort auf der Welt gibt, den Satan gut in der Hand hat, dann ist das San Francisco, sagt er. Er will nicht, daß die Leute hier von der Heiligen Jungfrau oder von Medjugorje hören! Deine Worte werden den Mantel Mariens aufschlagen, und die Menschen werden in hellen Scharen zu ihr flüchten! Halte durch!

Marcia ist so alt wie Maria, als sie unter dem Kreuz stand, und sie spricht über Maria wie über ihre beste Freundin oder, besser gesagt, wie über ihre Vertraute. Ihr beiderseitiges Einverständnis ist offensichtlich. Die Worte sprudeln mit großer Zärtlichkeit, aber auch mit einer geheimnisvollen Kraft aus ihrem Mund, und bei den dort versammelten Leuten wird ein Taschentuch nach dem anderen aus der Tasche gezogen...

Als das Treffen beendet ist, kommt ein sichtlich berührter, junger Mann zu Marcia, um ihr von der Erfahrung zu erzählen, die er gerade gemacht hatte, während sie den Film über Medjugorje zeigte. Tränen rinnen aus seinen Augen:

«Ich war ein abgetriebenes Baby. Wie ich auf die Welt gekommen bin, weiß ich nicht, jedenfalls hat man mich in eine Mülltonne geworfen. Ich lebte noch. Die Mülltonne befand sich auf dem Parkplatz des Krankenhauses. Ich schrie mir die Lunge aus dem Hals, und ein Mann, der gerade vorbeikam, hörte mich schreien. Entsetzt suchte er, woher das kommen könnte und öffnete schließlich die Mülltonne. Ich war ganz blutig, aber lebendig. Er deckte mich zu so gut es ging, nahm mich mit nach Hause und pflegte mich einige Tage. Dann beschloß er, mich zu behalten und mich aufzuziehen und beantragte die Adoption, die auch bewilligt wurde.

Ich wuchs also bei ihm und seinen Freunden, die auch dort wohnten, auf. Dieser Mann war nämlich homosexuell. Als Baby und während meiner Kindheit bin ich nie von einer Frau berührt, gewickelt, gefüttert oder geküßt worden. Die mütterliche Gegenwart einer Frau war mir völlig unbekannt. Ich weiß nicht, was eine Mutter ist. Ich entwickelte mich in diesem Milieu und wurde als Jugendlicher natürlicherweise auch homosexuell. Was wäre normaler gewesen als das?

Vor ein paar Jahren habe ich begonnen, durch Mitglieder der Episkopalen Kirche das Evangelium zu entdecken. Sie haben mich eingeladen, mich ihnen anzuschließen, und eines Tages beschloß ich, Priester in dieser Kirche zu werden.

Am Tag meiner Ordination stand ich mit einigen anderen Kandidaten bereit, um zum Altar vorzugehen und die Weihe zu empfangen. Aber dann gingen alle vor... nur ich nicht, denn gegen meinen Willen war ich wie festgenagelt. Es war, als hielten mich Arme zurück und hinderten mich daran, auch nur einen Schritt zu tun. Ich wurde nicht geweiht, und seit damals habe ich mich immer gefragt, warum ich nicht vorgegangen war, und was mich so hatte zurückhalten können?

Heute abend, als ich den Videofilm anschaute, war ich erschüttert. An der Stelle, an der man diese Jugendlichen in Extase sieht, fühlte ich deutlich, wie die Arme einer Frau mich mit Liebe, einer unbeschreiblichen Liebe umfingen. Hinter mir mußte eine Frau sein, davon war ich überzeugt! Der Film fesselte mich, und ich konnte meine Augen nicht abwenden. Da fühlte ich von neuem diese Arme mich umfangen. Es war so stark, daß ich es kaum ertrug! Ich meinte, vor Freude zu sterben! Mein ganzer Körper zitterte. Ich weinte und weinte. Die Wärme und die Liebe dieser Umarmung waren so intensiv, daß ich förmlich dahinschmolz. Ich drehte mich um, um zu sehen, wer das sei, aber auf der Bank hinter mir saß niemand! Dann hörte ich eine weibliche Stimme, die mir sagte: *"Dan, ich liebe dich, und du gehörst mir."* Ich machte zum ersten Mal in meinem Leben die Erfahrung von weiblichen Armen, die mich umarmten. Ich hatte meine Mutter gefunden! Wie ein Blitz wurde mir klar, warum ich damals nicht zum Altar vorgehen konnte für die Priesterweihe... Sie war es gewesen! Sie hatte mich daran gehindert, denn die Homosexualität ist nicht von Gott, und ich mußte das zuerst aufgeben, es bereuen...»

Marcia hört Dans Bericht mit demselben Herzen zu, als hörte sie ihrem eigenen Sohn zu. Auch sie hat Mühe, ihre Tränen zurückzuhalten. Sie verstand, warum sie sich so viel Gewalt antun mußte, um dieses Treffen nicht abzusagen. Dieses Kind hatte noch nicht einmal den Mutterschoß verlassen, als es schon ein Opfer war, dachte sie. Ein Opfer unserer Gesellschaft. Man mußte nur über die Erscheinungen Mariens in Medjugorje sprechen, damit er von dem Plan befreit wurde, den Satan für sein Leben hatte...

— Marcia, was muß ich tun, um katholisch zu werden? fragt sie Dan.

Heute hat San Francisco einen weiteren Katholiken und der Mantel der Gospa einen Schützling mehr. Und nicht einen der geringsten! Auf diesen hatte Maria seit langem gewartet, seit seinem Aufenthalt in der Mülltonne. Ja, sie hatte darauf gewartet, ihn in ihre Arme zu schließen und an ihr Mutterherz zu drücken... um so mehr, als Dan sich nun auf das Priesteramt vorbereitet.

Botschaft vom 25. November 1993

«Liebe Kinder! — Ich rufe euch auf, euch in dieser Zeit, wie nie zuvor, auf das Kommen Jesu vorzubereiten. Der kleine Jesus soll in euren Herzen zu herschen beginnen, nur dann werdet ihr glücklich sein, wenn Jesus euer Freund ist. Es wird euch nicht schwerfallen zu beten, Opfer darzubringen, die Größe Jesu in eurem Leben zu bezeugen, denn Er wird euch Kraft und Freude in dieser Zeit geben. Ich bin euch mit meiner Fürsprache und meinen Gebeten nahe und liebe und segne euch alle. Danke, daß ihr meinem Ruf gefolgt seid!»

Vickas Geheimnis

Eines Morgens sollte ich zu Vicka kommen, um zusammen mit ihr und Don Dwello aus New York nach Amerika zu reisen. Im letzten Moment sagt mir Don todtraurig:

— Vicka ist krank, sie kommt nicht mit. Ihre Schwester hat mir gesagt, wir sollen ohne sie fahren...

— Was? fragte ich erstaunt, aber gestern war sie doch noch ganz fit!

— Gestern abend hat es sie erwischt! Wir haben sie mit Ivanka P. besucht; sie hat sich hinlegen müssen, ihr Arm war gelähmt, ihre Hand ganz blau und sie litt große Schmerzen. Sie sagte mir, daß es heute nacht vielleicht besser werden würde, aber heute morgen hat ihre kleine Schwester mir gesagt, daß es im Gegenteil noch schlimmer geworden sei...

Neun Tage später komme ich also von meiner großen Amerikareise zurück, wo ich für die Gospa Zeugnis abgelegt hatte. Ich gehe zu Vicka und finde sie mit strahlendem Lächeln beim Wäscheaufhängen.

— Na, so was, du bist gesund! Und du hast mich ganz alleine nach Amerika fahren lassen! Wann hast du dich wieder besser gefühlt?

— Doch erst seit heute morgen! Ich stand auf und alles war in Ordnung! Ich habe sogar mit einer Pilgergruppe sprechen können. Schau, es ist alles weg!

— Heute früh!? Dann warst du also die ganzen acht Tage krank, die unsere Missionsreise gedauert hat? Wie erklärst du dir das, daß die Zeit deiner Krankheit genau der der Reise entsprach?

— Aber das ist eben so! (typischer Ausspruch der Leute hier). Die Gospa hatte ihren Plan: du solltest reden, und ich sollte leiden. Das war ihre Entscheidung! (Die Gospa hatte offensichtlich nicht die 5000 Amerikaner von Pittsburgh befragt, die die umgekehrte Verteilung bevorzugt hätten!)

— Und was hat Dir genau gefehlt?

Da muß man bei Vicka auf jede logische Erklärung verzichten...

— Nichts interessantes, du siehst ja, es ist weg! Bis es wiederkommt, so ist eben das Leben!

Sie lacht und wechselt das Thema.

Sam, ein amerikanischer Arzt, wollte sie richtig behandelt wissen, und bat mich, ihr klarzumachen, daß sie dieses Vorhaben ernst nehmen solle, was ich auch tat:

— Du wirst sehen, einer der besten Ärzte der USA wird dich erst untersuchen, und dich dann eine Weile zur Beobachtung dabehalten, und das kann dir das Leben retten! Man kann nie wissen... Vielleicht hast du etwas Ernstes. Du wärst natürlich froh, in den Himmel zu kommen, aber wir möchten dich unbedingt noch lange behalten!

— Ich weiß nicht, mal sehen... warten wir noch ein bißchen...

Aus ihrem Munde war das gleichbedeutend mit: «Gib es auf!» Da kam mir eine Idee:

— Aber Vicka, deine Gesundheit und deine Kraft gehören der Gospa, oder? Dann muß sie also entscheiden... Willst du sie nicht fragen, was du tun sollst?

— Du hast recht, sagt sie dankbar, wie wenn dieser Gedanke ihr nicht selbst in den Sinn gekommen wäre, ich werde sie fragen.

Zwei Tage später, teilt mir Vicka die Antwort von oben mit: *«Das ist nicht notwendig»,* hatte die Gospa gesagt...

Wie das! Wenn die Gospa selbst unsere Arbeit zunichte macht...

Meines Wissens hat noch niemand dies undurchdringbare Geheimnis gelüftet, das auf Vicka liegt, und wir werden wohl noch öfters staunen.

Erinnern wir uns an die Zeit von 1983 bis 1984. Vicka hatte damals eine schwere Erkrankung im Gehirn. Ich höre noch Pater Laurentin mit leiderfüllter Stimme ankündigen: «Sie wird sterben.» Sie litt so große Schmerzen, daß sie fast jeden Tag lange Stunden hindurch bewußtlos war. Ihre Mutter, der es das Herz zerriß, ihre Tochter so leiden zu sehen, sagte ihr:

— Laß dir doch eine Beruhigungsspritze geben, du kannst doch nicht so weitermachen...! Aber Vicka antwortete:

— Mama, wenn du wüßtest wieviele Gnaden mein Leiden für mich und für die anderen erwirkt, dann würdest du nicht so reden!

Nach einem langen Kreuzweg sagte ihr die Gospa. «An diesem und jenem Tag wirst Du geheilt sein.» Vicka schrieb das zwei Priestern, damit sie eine schriftliche Ankündigung dieses Tages hätten, bevor er eine Woche später eintreten würde. Vicka war geheilt. Seit dieser Erfahrung besitzt sie ein sehr tiefes Wissen über das Geheimnis des Leidens und seiner Fruchtbarkeit.

Hier noch ein persönliches Erlebnis: Während ich für Vicka vor einer Pilgergruppe übersetzte, sagte sie folgendes:

— Die Gospa sagt: *«Liebe Kinder, wenn ihr ein Leiden habt, eine Krankheit, ein Problem, dann denkt ihr: Oh, warum hat das mich getroffen und nicht jemand anderen?! Nein, liebe Kinder, sagt das nicht! Im Gegenteil, ihr sollt sagen: Herr, ich danke Dir für das Geschenk, das Du mir machst! Denn das Leiden erwirkt große Gnaden, wenn es aufgeopfert wird!»*

Und Vicka fügt furchtlos hinzu (ein Zitat der Gospa):

— Ihr sollt auch sagen: *«Herr wenn du noch andere Geschenke für mich hast, so bin ich bereit!»*

An jenem Tag gingen die Pilger nachdenklich davon, denn sie hatten Grund zum Nachsinnen... Was mich anbetrifft, so sagte mir jemand etwas sehr Gemeines, als ich mich an jenem Abend in Richtung Kirche zur Messe begab. Das verletzte mich so tief, daß ich kämpfen mußte, um die Messe richtig mitfeiern zu können, anstatt immer an diese Geschichte zu denken. Bei der Kommunion opferte ich Jesus mein Leiden auf, und Vickas Worte fielen mir wieder ein. Also betete ich: «Herr, ich danke dir für das Geschenk, das du mir machst! Verwende es, um lauter Gnaden zu verteilen, und wenn du noch andere Geschenke für mich hast... (da holte ich tief Luft, bevor ich den Satz beendete) dann... dann... warte noch ein wenig, bis Du sie mir gibst!»

Vickas Geheimnis ist, daß sie nicht zählt, wie oft sie «Ja» zu Gott sagt. Wie die Kinder von Fatima hat sie die Hölle gesehen und hat überhaupt keine Lust mehr zu knausern, wenn es um das Heil der Seelen geht. Als die Gospa eines Tages fragte: «*Wer von euch ist bereit, sich für die Sünder aufzuopfern?*» meldete sich Vicka als erste. «Ich bitte nur um die Gnade Gottes und um seine Kraft, damit ich entschlossen handeln kann», sagt sie.

Wir brauchen nicht weiterzusuchen, um zu verstehen, warum Vicka soviel Freude des Himmels an die weitergibt, die zu ihr kommen! Das funktioniert nur so!

In einem Interview für das amerikanische Fernsehen rief sie einmal aus:

— Aber Ihnen ist der große Wert gar nicht klar, den Ihr Leiden in den Augen Gottes hat! Wehren Sie sich nicht, wenn das Leiden kommt. Wir werden wütend, weil wir nicht wirklich den Willen Gottes suchen. Wenn wir ihn suchen, verschwindet der Zorn. Nur diejenigen, die sich weigern, das Kreuz zu tragen, lehnen sich auf. Aber Sie können sicher sein, daß Gott weiß, warum er ein Kreuz gibt, wenn er es gibt, und er weiß auch, wann er es wieder wegnehmen wird. Nichts geschieht zufällig.[97]

Für sie hat sich der Schleier gelüftet. Sie weiß, wovon sie spricht!

---

97 Das erinnert mich an einen eindrücklichen Dialog zwischen Marthe Robin und einem belgischen Priester. Letzterer hatte eine große Gabe zu predigen und reiste sehr viel. Er war sehr gefragt für Einkehrtage, Radiosendungen, Predigten, denn seine Worte bewirkten immer viele Bekehrungen. Aber eines Tages hatte er einen blöden Unfall: als er in seiner Kirche putzte, fiel ihm die schwere Statue des hl.Joseph auf den Fuß. Dies zwang ihn, seinen Predigtdienst aufzugeben. Er litt sowohl psychisch als auch physisch ganz gewaltig, und sein Bein machte ihm sehr zu schaffen. Als er bei Marthe ankam, wollte er ihr erklären, wie schade das alles sei. Aber bevor er überhaupt damit anfangen konnte, sagte sie ihm plötzlich: *«Pater, mit Ihrer Pfote (sic.) machen Sie viel mehr für das Reich Gottes, als Sie es ihr ganzes Leben lang mit Ihrem Mund getan haben!»*

Botschaft vom 25. Dezember 1993

«Liebe Kinder! — Heute freue ich mich mit dem kleinen Jesus und wünsche, daß die Freude Jesu in jedes Herz einkehre. Meine lieben Kinder, durch die Botschaft gebe ich euch den Segen mit meinem Sohn Jesus, damit in jedem Herzen der Frieden zu herrschen beginne. Ich liebe euch, meine lieben Kinder, und lade euch alle ein, mir durch das Gebet näherzukommen. Ihr redet, redet, aber betet nicht. Deshalb, meine lieben Kinder, entscheidet euch für das Gebet. Nur so werdet ihr glücklich sein und Gott wird euch geben, was ihr von Ihm erbittet. Danke, daß ihr meinem Ruf gefolgt seid!»

Im Land der wiedergefundenen Kinder

Februar 1995. Rémi und Claire leben in der Nähe von Paris, und zwei schwere Kreuze lasten auf ihren Herzen:

1. Rémi ist seit drei Jahren arbeitslos, was seine Frau zwingt, arbeiten zu gehen, um für den Lebensunterhalt zu sorgen.

2. Trotz aller möglichen medizinischen Behandlungen kommt die Diagnose schließlich wie ein Fallbeil: sie können dieses zweite Kind nicht bekommen, von dem sie schon seit sechs Jahren träumen. Nach dem, was die Pariser Medizin sagt, bleibt für ihre Art der Unfruchtbarkeit nur die In-Vitro-Befruchtung.

Dieses Leiden wird noch durch das Getuschel ihrer Angehörigen, und durch das spöttische Grinsen verstärkt, das Rémi und Claire hervorrufen, wenn sie ganz einfach erklären, daß es ihnen wichtig ist, der Morallehre der Kirche in Sachen Fortpflanzung und Genmanipulation treu zu bleiben. Um keinen Preis wollen sie von der Lehre des Papstes abweichen. Da ziehen sie es vor, daß man mit dem Finger auf sie zeigt und daß diejenigen, die sich zum Thema Leben für schlauer halten als Gott, sie als reaktionär bezeichnen. Außerdem haben sie Ehepaare kennengelernt, die in der Folge dieser demütigenden und kostspieligen Befruchtungsversuche zerbrochen sind, ohne daß sie zum Erfolg geführt hätten.

Rémi leidet immer mehr darunter, daß es seiner Frau das Herz zerreißt, nicht wieder Mutter werden zu können. Als sie geheiratet hatten, hatten sie sich doch so viele Kinder gewünscht! Sie können nicht umhin zu denken: «Jeden Tag gibt es so viele Abtreibungen.[98] Und wir wollen so viele Kinder und werden daran gehindert, sie zu bekommen! Wird unsere kleine Ines nie die Geschwister bekommen, von denen sie träumt?»

Ihr Kummer ist riesig und quälend. Aber ein Jahr später vertraut mir Claire folgendes an:

«In unserem Glauben vereint haben wir unser Elend dem Herrn anvertraut und haben ihn durch die Fürbitte unserer mächtigen und seligen Jungfrau Maria, unserer lieben Mutter im Himmel gebeten, Erbarmen mit uns zu haben, und uns zu erhören. Während dieses Hilferufs fiel uns Medjugorje ein. Unsere Finanzen waren erschöpft und alles schien sich gegen uns zu verschwören. Wir beschlossen, daß Rémi (arbeitslos) allein hingehen würde, weil ich unmöglich wegfahren konnte.

Wir hatten eine Pilgerfahrt gebucht, die zu Maria Verkündigung abfuhr. Wir haben den Scheck am 25. Februar ausgestellt. Und am 25. März, als Rémi nach Split abflog, erfahre ich, daß ich schwanger bin! Unglaublich aber wahr! Rémi war also schon vor seiner Abfahrt erhört worden, und er verbrachte die Pilgerreise damit, Freudentränen zu vergießen und Maria zu danken. Unsere kleine Tochter wurde im November geboren, und wir haben sie Maria Laetitia, *Freude Mariens,* genannt!»

---

98 Es ist unmöglich, hier nicht von einer ganz anderen Art von Freude zu sprechen: die über die vielen geplanten, dann aber annulierten Abtreibungen. An einem 25. Juni, dem Fest Maria Königin des Friedens, entkam ein Kind dem Tod. Nach meinem Vortrag vor einer französischsprachigen Pilgergruppe, kam ein junger Mann ganz erschüttert zu mir und fragte: «Wo kann ich hier telefonieren?» Er war von den Botschaften der Gospa über das Leben, die Kinder und die Abtreibung getroffen worden...
«Meine Freundin wird in zwei Tagen abtreiben, weil ich ihr gesagt habe: "Okay, geh hin!" Jetzt muß ich sie unbedingt anrufen, ihr diese Botschaften erklären, damit wir das Baby behalten! Das ist ihr sowieso am liebsten... Sie hat das Baby nur wegen meiner gleichgültigen Haltung abgelehnt. Sie hatte nicht den Mut, dieses Kind alleine durchzutragen. Aber jetzt will ich dieses Leben retten und lieben!»
Wir haben gesehen, wie die Mutter Gottes heutzutage ihre Kinder auferweckt und von den Ketten auch unbewußter Sünde befreit. Dieser junge Mann sagte: «Mir war das nicht bewußt!»

Claires Geschichte hätte in einer langen Liste untergehen können, denn man kann die *Wunderbabies*, die sich rühmen können, dank einer Pilgerfahrt nach Medjugorje das Licht der Welt erblickt zu haben, schon gar nicht mehr zählen! Und wenn Sie die Seherinnen Marija und Vicka zu diesem Thema befragen, dann finden Sie eine unversiegbare Quelle von Beispielen, eines ergreifender als das andere (Taschentücher nicht vergessen...)! Es ist kein Zufall, daß die Gospa bei ihrer ersten Erscheinung auf dem Hügel, am 24. Juni 1981, ihren kleinen Neugeborenen im Arm hielt. So wie Jesus auch, ist sie für das Leben gekommen!

Dennoch kehren nicht alle sterilen Ehepaare geheilt von Medjugorje zurück. Wie Maria schon in Fatima[99] mehrmals sagte: «Manche werde ich heilen, andere nicht.» Das gilt auch für Medjugorje.

Warum?

Ich liebe dieses demütige Wort von Pater Emiliano Tardif, der auch ständig mit diesem «warum?» konfrontiert ist, weil bei der Eucharistiefeier manche geheilt werden, andere nicht:

«Wir stehen vor dem Geheimnis der Liebe Gottes. Es stimmt, daß der Herr nur manche heilt, aber er schenkt uns allen die endgültige Heilung: das ewige Leben, in dem es weder Krankheit, noch Trauer, noch Tränen geben wird. Wir bekommen die Heilung umsonst, aber wer sind wir, daß wir Gott fragen dürften: warum heilst Du diesen und nicht jenen? Man wird nicht deshalb geheilt, weil man es verdient, sondern Heilung ist ein reines Geschenk Gottes.»

Ich habe es mit eigenen Augen gesehen: keine Frau, die nach Medjugorje kommt, um die Gnade der Fruchtbarkeit zu erflehen, reist unfruchtbar wieder ab. Der einen wird ein Kind geschenkt, das sie in ihrem leiblichen Schoß trägt, der anderen wird eine andere Art von Mutterschaft geschenkt, die nicht weniger wirklich und konkret ist, denn die Heilige Jungfrau ist keine liebevolle, idealistische Träumerin! Nein! Maria wird diese Frau dahin führen, daß sie sehr schnell in ihrem Leben durch kleine Zeichen in ihrem Herzen die wunderbare Mutterschaft erkennt, die für sie bestimmt ist. Sie wird ihr zuflüstern: «*Siehst du diesen Kleinen da, der mir gehört, den aber niemand liebt,*

---

99 Siehe: «Schwester Lucia spricht über Fatima», Christiana-Verlag, 6. Auflage, 1996.

und mit dem niemand spricht? Siehst du diesen Jugendlichen? Siehst du dieses zerbrochene Leben... ich vertraue sie dir an.»

Denn wenn eine Frau wirklich die Hand Mariens ergreift, um die Welt anzuschauen, wie Maria sie sieht, dann wird sie entdecken, daß in ihrem tiefsten Innern eine unerwartete Liebe keimt, und bei jedem Menschen der Erde sagt sie sich: «Das ist mein Kind!»

Der Schoß der Mutter Gottes ist auch in ihr!

«Ich möchte, daß ihr jeden Menschen auf der Erde genauso liebt, wie ich euch liebe», sagt die Gospa.

Rückblick auf 1993

Januar: Kardinal Glancy aus Sydney lädt alle Bischöfe Australiens ein, Ivan und Pater Slavko bei ihrer apostolischen Reise durch Ozeanien, einen herzlichen Empfang zu bereiten. Bei dieser Reise begegneten sie über Hunderttausend Menschen.

2. Februar: Marijas große Reise nach Brasilien, zusammen mit Pater Orec.

Februar: Die Presse greift den Skandal der Tausenden von vergewaltigten Frauen auf.

18. März: Mirjanas jährliche Erscheinung:

«Liebe Kinder, es ist mein Wunsch, daß ihr mir eure Hände gebt, damit ich euch wie eine Mutter auf den rechten Weg führen kann, und damit ich euch zu eurem Vater tragen kann. Öffnet eure Herzen und laßt mich herein. Betet, denn im Gebet bin ich mit euch. Betet, damit ich euch führen kann. Ich werde euch zum Frieden und zum Glück führen.»

11. April: Jakovs Hochzeit mit der Italienerin Anna-Lisa, in Medjugorje. Sie leben in Medjugorje.

25. Juni: Ivankas jährliche Erscheinung. Die Jungfrau weinte und zeigte Ivanka fürchterliche Bilder. Dann hinterließ sie folgende Botschaft: *«Öffnet meinem Sohn eure Herzen, damit er euch auf den rechten Weg führen kann. (...) Seid Friedensbringer.»*

2. Juli: Der erste Soldat aus Medjugorje fällt an der Front. Es ist der zwanzigjährige Ilija Barac.

8. September: Marijas Hochzeit mit dem Italiener Paolo Lunetti. Ihre Hochzeitsreise führt sie nach Frankreich. Sie wohnen in Monza, in der Nähe von Mailand.

7. November: Erster Besuch von Ephraim, dem Gründer der Gemeinschaft der Seligpreisungen. Nach dieser Pilgerfahrt ruft er die *Vereinigung Maria, Königin des Friedens»* ins Leben. (Haus Maria, Freude aller Freuden, Ordensritterweg 1, D-59581 Warstein, Tel. 02925-97030, Fax 02925-970333.)

9. November: Zerstörung der alten Brücke in Mostar, der letzten der 18 Brücken der Stadt.

Das Jahr 1994

Botschaft vom 25. Januar 1994

«Liebe Kinder! — Ihr seid alle meine Kinder. Ich liebe euch. Aber, meine lieben Kinder, vergeßt nicht, daß ihr ohne Gebet mir nicht nahe sein könnt. In dieser Zeit will Satan in euren Herzen und in euren Familien Unordnung stiften.

Meine lieben Kinder, laßt nicht zu, daß er euch und euer Leben lenkt. Ich liebe euch und halte bei Gott für euch Fürsprache. Meine lieben Kinder, betet. Danke, daß ihr meinem Ruf gefolgt seid.»

Mit Maria Satan besiegen

Als Marija noch im Haus ihrer Eltern wohnte, gingen viele Pilger sie besuchen, um ein wenig mit ihr zu reden. Es kamen vor allem Italiener, denn Marija spricht gut italienisch (dieses Geschenk hatte sie von der Gospa im April 1983 zu ihrem Geburtstag bekommen: nach der Erscheinung konnte sie fließend italienisch sprechen, ohne diese Sprache je gelernt zu haben).

Seit einigen Tagen war eine junge besessene Italienerin in Medjugorje, die von allen abgelehnt wurde, weil ihr Verhalten alles durcheinanderbrachte. In der Tat hatte sie unter anderem einen Pakt mit Satan geschlossen und physisch an schwarzen Messen und anderen Sakrilegien teilgenommen, so daß sie wirklich vom Dämon besessen war. Marija, die jeden Tag die Mutter aller Barmherzigkeit sah, willigte ein, sie bei sich aufzunehmen, denn sie sah wohl, daß sie in Medjugorje Frieden und Heilung suchte.

Einen Monat lang veränderte sich das Leben der Familie Pavlovic... Die Phänomene, die der Dämon auslöste, indem er dieses Mädchen versuchte und quälte, waren aufsehenerregend. Marija reagierte, ohne aus der Fassung zu geraten, zwar verwundert, aber unerschütterlich in ihrem Frieden und ihrer Güte.

In jener Zeit wohnte auch ein italienischer Priester auf der Durchreise bei Marija, und natürlich gab es Funken zwischen Satan und «dem Priestertum». Eines Tages zum Beispiel, wollte der Priester unbemerkt für das junge Mädchen beten (es war unmöglich, offen für sie zu beten, da sie sich sonst in eine Furie verwandelte!). Als sie in ihrem Zimmer war, nützte der Priester die Gelegenheit, um sie stillschweigend vor der Tür zu segnen, indem er mit der Hand ein Kreuzzeichen in der Luft machte. Da riß sie heftig die Türe auf und brüllte:

— Hör auf, mich zu quälen! (Ich übergehe das übrige Vokabular...)

Ein anderes Mal, als sie am Boden lag und innerlich wirklich die Hölle durchlitt, ging eine Freundin von Marija zu ihr, um sie zu stärken. In ihrem Herzen bat sie die Gospa, daß sie selbst sie stärken und segnen solle. Im selben Augenblick sprang das junge Mädchen wie von glühendem Eisen gebrannt auf und schrie:

— Hör mit deinen dreckigen Gebeten auf!

Aber Marija hatte recht gehabt. Die Ausdauer ihrer ganz einfachen Aufnahme, ihre Geduld und das Gebet aller wurden mit dem Scheusal doch noch fertig. Er gab schließlich auf, und innerhalb von einem Monat war das junge Mädchen befreit. Im Frieden kehrte sie in ihre Heimat zurück.

Den jahrhundertealten Haß, den Satan der Heiligen Jungfrau gegenüber hegt, ist in Medjugorje eine greifbare Wirklichkeit. In meinem Buch *«Medjugorje, Der Krieg Tag für Tag»* habe ich erzählt, was Jelena am Vortag des 5. August 1984 (der 2000. Geburtstag Mariens) passiert ist. Zu meiner großen Erstaunen sprach Jelena selbst von einigen Botschaften über Satan, die die Gospa dem kleinen Kern der Leiter ihrer Gebetsgruppe gegeben hatte. Damals war Jelena ein ganz junges Mädchen, und Maria sagte ihr: *«Eines Tages suchte Satan Gott auf und bat ihn, ihm Medjugorje auszuliefern. Im Austausch dafür würde er auf den Rest der Welt verzichten.»*

Jelena fügte hinzu: «Natürlich hat Gott das abgelehnt! Auf diese Weise wollte uns die Gospa die zentrale Rolle zeigen, die Medjugorje im Heilsplan Gottes für unsere heutige Welt spielt. Diese Botschaft muß man in diesem Kontext sehen.»

Dennoch war ich perplex, obwohl ich von Jelenas Ehrlichkeit überzeugt war: sie hatte immer Nüchternheit und eine erstaunliche Genauigkeit bei ihrer Wiedergabe der Botschaften bewiesen. Ich ging zu Pater Tomislav Vlasic, der geistlicher Leiter dieser Gebetsgruppe war, und von dem die Gospa gesagt hatte: «*Er führt euch gut!*» Er bestätigte mir diese Botschaft völlig und fügte sogar hinzu:

— Daran ist nichts Erstaunliches! Wir sind noch weit davon entfernt, den Plan Gottes mit Medjugorje zu begreifen. Die Gospa selber hat oft gesagt: «*Ihr versteht meine Pläne nicht!*»

Eine weitere, aufwühlende Botschaft sollte von ihm bestätigt werden. Die Gospa hatte zu Jelena gesagt: «*Satan und seine Engel haben viele Orte der Welt verlassen, um sich in Medjugorje niederzulassen und meine Pläne zu vernichten.*»

Zu jeder Zeit läßt uns die Gospa wissen, daß Satan am Werk ist, daß er uns zerstören will, und daß er stark ist wie nie zuvor. Als wachsame Mutter erinnert sie uns unermüdlich an die Waffen, die Jesus uns gegeben hat, um Satan zu besiegen: das Fasten und das Gebet (zu unserem Schutz empfiehlt sie Weihwasser).

In Kanada hat mir ein Priester gesagt, daß er von Medjugorje überzeugt war, als er sah, daß seine Gemeindemitglieder nach ihrer Pilgerfahrt zu fasten begannen.

— Ich spreche als Pfarrer zu Ihnen: das Fasten? Sie können es ja mal probieren, die Leute dazu zu bringen, diese bittere Pille zu schlucken! Kein einziger von uns Priestern hätte es geschafft, die Leute in seiner Gemeinde zum Fasten zu bewegen. Aber jetzt kommen sie aus Medjugorje zurück und fangen ganz von selbst an, ohne daß ihnen jemand etwas gesagt hätte, zweimal pro Woche zu fasten... Das hat die ganze Pfarrei verwandelt. Für mich gibt es da keinen Zweifel, das kann nur die Heilige Jungfrau höchstpersönlich sein, die dort erscheint!

Ein Exorzist aus Rom machte einmal eine Pilgerfahrt nach Medjugorje. Ich fragte ihn, was nach 23 Jahren Dienst als Exorzist seiner Meinung nach heutzutage Satans größtes Ziel sei:

— Es ist die Zerstörung der Familie, sagte er. In Australien habe ich Leute gesehen, die sich «Anbeter des Dämons» nannten, und ihm einen Kult opferten mit dem Ziel, die Familien zu zerstören. Das habe ich mit meinen eigenen Augen gesehen! Und in Europa ist das noch schlimmer, denn hier gibt es noch mehr Organisationen, die die Ehen zerstören wollen. Gehen sie doch in die Parlamente: wer achtet die Ehe? Die Gesetze stehen im Gegensatz zur Ehe.

Dieser Priester nennt die Heilige Jungfrau die «mächtigste Exorzistin der Welt», die von Gott selbst dafür bestimmt wurde. Seiner Meinung nach gibt es mehrere Mittel, um Menschen zu helfen und zu befreien, die von Dämon gequält werden. Den Laien empfiehlt er, mit der betreffenden Person in eine Kirche vor eine (nach dem Ritus der Kirche geweihte) Statue der Heiligen Jungfrau zu gehen, und dort zusammen mit ihr den Rosenkranz zu beten. Dabei habe er sehr oft beobachtet, in welchem Maß die Mutter Gottes tatsächlich die Macht hat, Satan in den Herzen zu besiegen.

Dieser Exorzist hatte auch die Erfahrung gemacht, wieviel Gnade Gebete vor dem ausgesetzten Allerheiligsten erwirken. Man soll die gequälte Person dort hinbringen und sie bitten, Jesus in seiner eucharistischen Erscheinungsform anzuschauen. Anfangs will sie das nicht und ist unruhig. Sie schließt die Augen. Aber wenn sie Jesus anschaut, wird sie gerettet werden. Es ist sehr wichtig, diese Person weiterhin zu begleiten und ihr zu helfen, die Liebe Gottes kennenzulernen. (Die Exorzismus-Gebete sind den Priestern vorbehalten. Für unvorbereitete Laien wäre es gefährlich, den Dämon direkt anzusprechen.)

Ein anderer Zeuge von Medjugorje sagte mir:

— Medjugorje? Das ist die Ferse Mariens! Hier zertritt sie den Kopf der Schlange am meisten.

Von den sechs Sehern ist Mirjana die einzige, die Satan von Angesicht zu Angesicht gesehen hat (in einer Erscheinung, die der Mariens vorausging). Sie war fürchterlich erschrocken. Er wirkte schön und verführerisch, aber seine Augen waren rot und voller Haß. Sie vertraute mir an, daß sie jetzt nichts über ihn sagen wolle, aber daß sie später über ihn sprechen werde.

— Wir alle warten auf den Sieg des Unbefleckten Herzens, sagte sie mir.

Hier kann ich nicht verschweigen, was Marthe Robin dem Philosophen Jean Guitton gesagt hat: «Lucifer ist immer in Wut. Aber wenn die Heilige Jungfrau erscheint, kann er gegen sie nichts ausrichten.

Die Heilige Jungfrau ist so schön, nicht nur ihr Gesicht, sondern ihr ganzer Körper. Was ihn betrifft, so kann er alles nachahmen. Er ahmt sogar die Passion nach. Aber die Heilige Jungfrau kann er nicht nachahmen. Er hat keine Macht über sie. Wenn sie seine «Talfahrt» sehen würden, sobald die Heilige Jungfrau erscheint, Sie müßten lachen!»[100]

Warum ist Satan so wütend auf Medjugorje? Vergessen wir nicht, daß Satan bei jeder Erscheinung, bei jedem Besuch der Heiligen Jungfrau ein bißchen mehr von seiner Macht verliert.

«Deshalb ist er so agressiv geworden», erklärte die Gospa Mirjana.

Die Gläubigen können auch das Gebet zum Erzengel Michael sprechen, das Papst Leo XIII. empfohlen hat, nach der Messe zu beten:

«Heiliger Erzengel Michael, verteidige uns im Kampfe; gegen die Bosheit und die Nachstellungen des Teufels sei unser Schutz! "Gott gebiete ihm", so bitten wir flehentlich. Und du, Fürst der himmlischen Heerscharen, stürze den Satan und die anderen bösen Geister, die zum Verderben der Menschen die Welt durchziehen, mit Gottes Kraft hinab in den Abgrund. Amen.»

1995 hat auch Papst Johannes Paul II. empfohlen, dieses Gebet nach der Messe zu beten.

Es gibt auch ein sehr mächtiges Gebet, in dem Maria als Herrin der Engel angerufen wird. Papst Pius X. gab ihm am 8. Juni 1908 sein Imprimatur:

«Hehre Königin des Himmels und Herrin der Engel, du hast von Gott die Macht und den Auftrag erhalten, den Kopf der höllischen Schlange zu zertreten. Wir bitten dich demütig, sende deine himmlischen Legionen, damit sie unter deinem Befehle die Dämonen verfolgen, sie überall bekämpfen, ihre Verwegenheit zuschanden machen und sie in den Abgrund stoßen. Wer ist wie Gott? Oh gute und zärtliche Mutter Maria, du wirst immer unsere Liebe und unsere Hoffnung bleiben. O göttliche Mutter, sende die heiligen Engel, um mich zu verteidigen und den grausamen Feind weit von mir zu stoßen. Heilige Engel und Erzengel, verteidigt uns und schützt uns.»

---

100 Jean Guitton «Portrait de Marthe Robin», S. 101, Ed. Grasset, 1986.

Botschaft vom 25. Februar 1994

«Liebe Kinder! — Heute danke ich euch für eure Gebete. Alle habt ihr mir geholfen, daß so bald wie möglich dieser Krieg aufhört. Ich bin euch nahe und bete für jeden von euch und bitte euch, daß ihr betet, betet, betet! Nur durch das Gebet können wir das Böse besiegen und alles beschützen, was Satan in eurem Leben zerstören möchte. Ich bin eure Mutter und liebe euch alle gleich und halte bei Gott für euch Fürsprache. Danke, daß ihr meinem Ruf gefolgt seid!»

Ein köstliches Abendessen!

Bernadette C. hatte acht Kinder, die alle noch klein waren, als 1939 der Krieg ausbrach. Das Drama begann, als ihr Ehemann Oliver 1940 von den Nazis gefangengenommen und nach Deutschland in ein Konzentrationslager gebracht wurde.

Da sie nun die Kinderschar alleine ernähren und aufziehen mußte, war Bernadette bald am Ende vor Müdigkeit und Sorgen, um so mehr als sie nicht die geringste Nachricht über ihren Mann bekam. All das zerrüttete sie Tag für Tag mehr, und nur ihr starker Glauben an Gott half ihr durchzuhalten und zu überleben. Natürlich fürchtete sie das Schlimmste für ihren Mann: war er tot? Wurde er gefoltert? Saß er ausgehungert und abgemagert in einem Bunker oder in einem tiefen Keller?

Am Ende ihrer Kräfte hört Bernadette 1943 von Marthe Robin und ihrem Foyer de Charité (Heim der Nächstenliebe) in Chateauneuf-de-Galaure (Drome), das damals noch im Bau war.[101] So beschließt sie, Marthe aufzusuchen und tritt eine lange Zugreise an. Sie muß oft umsteigen, denn sie wohnt viele hundert Kilometer von Marthe entfernt. Sie setzt ihre ganze Hoffnung in diese Begegnung, denn sie sagt sich, daß nur eine Heilige dieses Schlages ihr würde helfen können. Im Zug formuliert sie die Bitte, die sie Marthe vortragen würde. Da sie von den tausend und einen materiellen Aufgaben

101 Dieses Haus bietet weiterhin Einkehrtage auf Französisch an: Foyer de Charité, BP 11, F-26330 Chateauneuf-de-Galaure, Frankreich, Tel. 0033-475.68.79.00.

des Haushaltes erdrückt wird, ständig mit Kochen, Waschen, Putzen beschäftigt und natürlich von der Sorge erfüllt ist, wo sie das nötige Geld zum Überleben mit den Kindern finden kann, bleibt Bernadette zu ihrem großen Leidwesen nicht mehr genug Zeit zur Sammlung und zum Gebet, obwohl ihr das immer sehr wichtig und lieb war.

Sie dürstet nach Gott. Sie wird Marthe fragen, wie sie in ihrer gegenwärtigen Lage beten könne, und sie will diese Exerzitien zutiefst ausnützen, um sich wie nie zuvor in Gott zu versenken.

Erschöpft aber voller Hoffnung kommt sie in Chateauneuf an und schreibt ihren Namen auf die Liste der Teilnehmer, die von Marthe empfangen werden wollen. Gleich am ersten Tag wird sie zu einem zehnminütigen Gespräch mit Marthe auf den *Bauernhof* gerufen. Unterwegs wiederholt sie die Worte ihrer Fragen, und bereitet sich darauf vor, ihr ganzes Elend von drei Jahren Trennung ohne Nachricht auszudrücken. Mit klopfendem Herzen betritt sie Marthes Zimmer, in dem es stockfinster ist. Kaum hat sie sich auf den kleinen Stuhl am Fußende von Marthes Bett gesetzt und sich vorgestellt, da kommt sie nicht mehr dazu, noch irgendetwas zu sagen, weil Marthe sofort dazu übergeht, über den Hof, die Kinder, die Mahlzeiten, die häuslichen Aufgaben zu sprechen... kurz, über all das, was Bernadette keinerlei Lust hatte zu hören! Kein einziges Wort über das Gebet! Die zehn Minuten vergehen auf diese Weise bis Marthe kurz vor dem Ende des Gesprächs plötzlich ausruft:

— O ja, genau das werden Sie machen: fahren Sie schnell nach Hause zurück, und sobald Sie angekommen sind, richten Sie einen Festtagstisch und bereiten ein köstliches Mahl für Ihre Kinder!

Das ist ein harter Schock für Bernadette, die mit lebloser Stimme das *«Gegrüßet seist Du Maria»* betet, das diese Begegnung mit Marthe beendet.

Todtraurig packt sie ihre sieben Sachen wieder zusammen und tritt die Rückreise an. Wieder diese ewigen Wartezeiten in denselben Bahnhöfen, und Bernadette fragt sich, warum sie so viel für eine so enttäuschende Reise auf sich genommen hat. Wenn sie wenigstens diese fünf Einkehrtage hätte leben dürfen, aber nicht einmal das war ihr vergönnt gewesen. Wahrlich, es ist ihr Los, in den Kochtöpfen zu versinken, und auf die geistlichen Sphären zu verzichten, von denen sie träumt. Sie sagte sich: «Es war wirklich nicht der Mühe wert, eine so lange Reise zu machen und eine so große Heilige zu sehen, um dann nur zu hören, daß man etwas Gutes kochen soll! Vor allem, wenn man nicht einmal das Geld dafür hat.»

Aber Bernadette gehorcht und kratzt ihr mageres Vermögen zusammen, um ein Festessen vorzubereiten. Dann setzen sich die Kinder zusammen mit ihr an den Tisch.

Während des Essens läutet es, die Türe geht auf. Es ist ihr Mann, der aus Deutschland zurückkehrt! Er lebt!

— Schau, wir haben gerade heute ein Festmahl vorbereitet!

Botschaft vom 25. März 1994

«Liebe Kinder! — Heute freue ich mich mit euch und lade euch ein, euch mir zu öffnen, um in meinen Händen ein Werkzeug für die Rettung der Welt zu werden.

Ich wünsche, meine lieben Kinder, daß ihr alle, die ihr den Wohlgeruch der Heiligkeit durch diese Botschaft, die ich euch gebe, verspürt habt, diese in die Welt tragt, die nach Gott und Gottes Liebe hungert.

Ich danke euch allen, daß ihr in so großer Anzahl gefolgt seid, und ich segne euch alle mit meinem mütterlichen Segen. Danke, daß ihr meinem Ruf gefolgt seid!»

Um zu retten ist jedes Mittel recht!

Wir dürfen uns nicht scheuen, Botschaften Mariens auch in unseren Briefen zu verschicken. Ein französischer Pilger erzählte mir, daß er wegen eines grünen Stars und einer mißlungenen Operation dazu verurteilt war, blind zu werden. Sein Leiden war sehr groß, als er einen Brief mit einem Bild der Gospa erhält, auf dem steht: *«Wenn ihr wüßtet, wie sehr ich euch liebe, würdet ihr vor Freude weinen!»* Da steigt ein Schmerzensschrei aus seinem Herzen auf. «Jetzt ist der Moment, mir Deine Liebe zu zeigen! Ich habe Schmerzen!»

In der folgenden Stunde wird seine Sicht praktisch wieder normal, und seine Netzhautablösung verschwindet völlig!

Dieser Bruder kam kurze Zeit darauf nach Medjugorje, um Dank zu sagen, um so mehr als diese Heilung nach und nach die Bekehrung seiner ganzen Familie nach sich zog, dabei waren es... harte Brocken! Solche Wege kann eine einfache Botschaft gehen.

Man weiß nie, wo die Gospa ihre nächsten Eroberungen plant, noch welche Taktik sie ersinnen wird, um diejenigen ihrer Kinder aufzulesen, die nie von der Kirche erreicht werden. Dafür ist ihr jedes Mittel recht! Eine Freundin, die Pilgerfahrten leitet, erzählte mir folgendes:

— Madame X aus einem Pariser Vorort geht mit ein paar Freunden zu einer Kirmes, um sich abzulenken. Dort trifft sie auf einem Stand, an dem man angeln kann, und anstatt der Fische hat der Besitzer kleine Päckchen in Geschenkpapier gewickelt. Diese Dame nimmt also eine Angelrute und versucht ihr Glück... was wird sie finden? Sie hat ein kleines hartes, flaches Päckchen an der Angel. Es ist eine Cassette über Medjugorje! («*Die 24 Stunden der Gospa*» mit den Listen der Pilgerfahrten.) Sie hatte noch nie etwas von Medjugorje gehört! Zu Hause hört sie diese mysteriöse Cassette an, und die Heilige Jungfrau berührt sie so tief, daß sie mitten ins Herz getroffen wird.

Als sie meine Freundin anrief, um sich einer Pilgerreise anzuschließen, hatte sich ihr Leben mit Maria schon um 180 Grad gewandelt, und eine bisher unbekannte Freude erfüllte ihr Dasein.

Ja, ein einfallsreiches Herz und eine aktive Hand hatten eine kleine Patrone Liebe in einen Kirmesstand gebracht. Dieses Herz wird erst im Himmel wissen, wem die Gospa diese Patrone bestimmt hatte.

Botschaft vom 25. April 1994

«Liebe Kinder! — Heute lade ich euch alle ein, euch zu entscheiden, für mein Anliegen zu beten. Meine lieben Kinder, ich rufe euch auf, daß jeder von euch hilft, daß sich mein Plan durch diese Pfarrei verwirklicht. Jetzt rufe ich euch besonders auf, meine lieben Kinder, euch zu entscheiden, auf den Weg der Heiligkeit zu gehen. Nur so werdet ihr mir nahe sein. Ich liebe euch und möchte euch alle mit mir in das Paradies führen. Aber wenn ihr nicht betet und wenn ihr nicht demütig seid und gegenüber den Botschaften, die ich euch gebe, gehorsam seid, kann ich euch nicht helfen. Danke, daß ihr meinem Ruf gefolgt seid!»

Heute abend können sie mich berühren

Marija erzählt gern diese Geschichte, denn sie stellte für das ganze Dorf Medjugorje eine radikale Veränderung dar.

Es ist im August 1981. Es ist ein in jeder Hinsicht «heißer» Sommer, denn die Gluthitze steht dem Brodeln in den Hirnen der kommunistischen Miliz in nichts nach. In der Tat gibt es «Feuerherde», die sich auf dem Erscheinungsberg entzünden und spurlos verschwinden, sobald man sich ihnen nähert...! Die Kinder sagen, es seien «übernatürliche Feuer», Zeichen, die die Gospa gibt! Aber bis wohin werden sie gehen? Und das Kreuz am Krizevac, alle haben gesehen, daß es sich drehte und tanzte... und jetzt verschwindet es, um einem großen Feuer Platz zu machen! Das ganze Dorf spricht von nichts anderem mehr... Und die Miliz denkt: «Wie stehen wir Kommunisten jetzt da, was fällt uns da auf den Kopf?!»

— Eure Gospa hat was gegen uns!, sagen sie den Sehern. Sie will uns zerstören!

Für Atheisten haben sie ein ganz gutes Gespür, denkt Pater Jozo, ohne etwas zu sagen (das wird er später nachholen). Es ist ganz richtig: die Gospa kam, um unser Volk vom Joch des Kommunismus zu befreien. Sie hat unsere Gebete gehört und hat einen Plan, um das Reich der Lüge zu zerstören und dessen Gefangene zu Gott zurückzuführen. Haben die Dämonen nicht auch gezittert, als Jesus kam?

«Was willst Du von uns, Jesus von Nazareth, bist Du gekommen, um uns ins Verderben zu stürzen?» Ja, die Kommunisten haben genau verstanden, daß unsere Gospa stärker ist als sie...

Zudem wird niemand die Seher zum Schweigen bringen können. Dabei wurde ihnen der strikte Befehl erteilt zu sagen, daß sie nichts gesehen hätten, daß sie von A bis Z gelogen hätten, und daß sie von nun an schweigen würden; aber das half nichts! Vicka ist die Schlimmste. Sie wurde aufgefordert zu Hause zu bleiben, damit sie in Vergessenheit gerate, aber sie steigt auf das Dach ihres Hauses und ruft laut die letzten Botschaften der Gospa aus, und zwar mit der ihr eigenen Lautstärke... da braucht man keinen Lautsprecher! Um keinen Preis würde sie sich der Sendung entziehen, die die Gospa ihr und den fünf anderen anvertraut hat: *«Sagt dem Volk, daß...»*

Die Miliz, die ihr Haus bewacht, ist am Ende. Dazu kommt, daß einige sich bekehren auf die Stimme ihrer Mutter hin, die ihre schlecht gepanzerten Herzen durchdringt. Aber diese werden recht schnell «versetzt» und weit weg nach Zagreb, Sarajevo oder... ins Gefängnis geschickt!

Nachdem die Seher nicht schweigen wollen, beschließt die Miliz, dem Volk zu verbieten, auf den Erscheinungshügel zu gehen. Seile werden am Fuß des Podbrdo gespannt, damit die Leute nicht mehr zu Tausenden dort oben der täglichen Erscheinung beiwohnen könnten.

Aber die Gospa ist eine «weise Jungfrau», sie hatte dieses Verbot vorhergesehen und sich daher entsprechend der Seile ihrer Milizsöhne organisiert.

— *Morgen werde ich auf dem Feld von Gumno erscheinen. Sagt den Dorfbewohnern, daß sie euch dorthin begleiten sollen,* sagt sie den Sehern.

Als die Gospa ihren Kindern um 22.00 Uhr erscheint, sagt sie den Sehern:

— *Heute können alle, die es wollen, mich berühren.*

— Aber wie können die Leute dich berühren, sie sehen dich doch nicht! Wir sind die einzigen, die dich sehen!, antworten die Seher.

— *Geht sie holen und bringt ihr selbst sie zu mir. Dann können sie mich berühren.*

Das ist neu..., erstaunt führen die Seher den Befehl aus. Sie erklären den Dorfbewohnern das Geschenk, das ihnen die Gospa anbietet und helfen einem nach dem anderen, sich Ihr zu nähern.

Mit staunender Betroffenheit legen die Dorfbewohner, von den Sehern geführt, ihre Hand auf die Schulter der Heiligen Jungfrau, auf ihren Kopf, auf ihren Schleier oder auf ihre Arme... Und jeder fühlt ihre Gegenwart ganz wirklich, jedoch ohne sie zu sehen oder zu hören. Manche spüren bei der Berührung sogar eine Wärme, andere Kälte, und wieder andere so etwas wie Elektrizität, einen undefinierbaren Strom. Die Ergriffenheit ist stark und unvergeßlich!

Während diese vollkommen unglaubliche Szene sich abspielt, bemerken die Seher, daß Flecken auf dem Kleid der Heiligen Jungfrau erscheinen. Diese Flecken werden nach und nach größer, so daß das Kleid wirklich schmutzig wird... Und eine große Traurigkeit verdunkelt das Gesicht der Gospa.

Da stimmt etwas nicht! Das ist doch nicht normal! Die Seher sind verwirrt.

— Gospa! Dein Kleid ist ganz schmutzig geworden!

— *Das sind die Sünden derer, die mich berühren,* antwortet sie demütig!

Wie alle Kinder sind die Seher sehr energisch. Außerdem sind sie Kroaten und lieben ihre Königin. Die Dinge Gottes sind heilig, es kommt nicht in Frage, sie zu beschmutzen...

— Hört auf, die Gospa zu berühren, rufen sie den Dorfbewohnern zu, hört auf!

Da begann die Heilige Jungfrau, sehr ernsthaft mit ihnen über die Beichte und über die Notwendigkeit der monatlichen Beichte für jeden einzelnen zu sprechen. *«Es gibt niemanden auf Erden, der es nicht nötig hätte, wenigstens einmal im Monat zu beichten»,* erklärt sie.

Ein Mann ruft aus:

— Laßt uns alle beichten gehen, um rein zu werden!

An jenem Abend bricht eine Flut von Sündern über die Gemeinde herein, eine so große Flut, daß der arme Pater Jozo fast am Ende seines Lateins war! Er mußte seine Mitbrüder aus den Nachbardörfern herbeirufen, um den zahlreichen Beichtwilligen gerecht zu werden. An jenem Abend fließt die Barmherzigkeit in Strömen. Diese

Demonstration der Gospa hatte in ihrer strahlenden Einfachheit die Herzen ihrer Kinder tiefer zu berühren vermocht als jeder lange Vortrag.

Seither ist Medjugorje immer voller Sünder, die nach Vergebung suchen, so daß man ihm einen wohlverdienten Titel verleiht.

Medjugorje, *der Beichtstuhl der Welt.*

Botschaft vom 25. Mai 1994

«Liebe Kinder! — Ich lade euch alle ein, mehr Vertrauen zu mir zu haben und meine Botschaften tiefer zu leben. Ich bin mit euch und halte bei Gott für euch Fürsprache, aber ich erwarte auch, daß sich eure Herzen meinen Botschaften öffnen. Freut euch, denn Gott liebt euch und gibt euch täglich die Möglichkeit, euch zu bekehren und mehr an Gott, den Schöpfer zu glauben. Danke, daß ihr meinem Ruf gefolgt seid!»

Keine Vision für Franjo?

Mein Freund Franjo ist ein geschickter Mann, und er erledigt seine Aufgaben mit viel Weisheit: sowohl bei der harten, landwirtschaftlichen Arbeit auf den Feldern, als auch zu Hause, wo er Pilger beherbergt. Sein Stimmungsbarometer ist ausgeglichen und eher hoch. Als die Gospa zum ersten Mal in seinem Dorf erschien, war er ein ganz junger Mann, und er begriff sehr schnell, daß sein Leben mit Maria nie mehr so sein würde wie vorher.

Man kann Franjo nicht so leicht etwas vormachen. Während seiner ganzen Kindheit litt er unter Hunger, er und seine Familie mußten hart kämpfen, nur um zu überleben. Bevor er einer Neuigkeit glaubt, sei sie auch noch so anziehend, prüft er alles in Ruhe.

Eines Abend öffnet mir Franjo sein Herz, und erzählt mir eines der schönsten Zeugnisse aus dem ganzen Dorf, das ich hier in ein paar Worte wiedergebe:

Seit einem Monat (seit dem zweiten Tag der Erscheinungen) lebt das Dorf in einem neuen Rhythmus. Alle gehen täglich in die Kirche, und nicht selten passiert etwas Außergewöhnliches...

Eines Abends fühlt sich Franjo ausgesprochen unwohl. In der Tat haben sich einige seiner Familienglieder und ein paar Nachbarn auf dem kleinen Weg zur Kirche angesammelt: ihr Blick ist zum Himmel gerichtet, sie sind sichtlich von einem sonderbaren Ereignis gefangen, das sie mit ungeteilter Freude betrachten. Ihrem Mund entkommen Rufe der Bewunderung. Alle sehen etwas außer Franjo. Er schaut vergeblich in dieselbe Richtung: nichts zu sehen am Horizont!

Spät am Abend wird in den Häusern noch über alle Details dieses Phänomens gesprochen. Die Sonne hatte zu tanzen begonnen und hatte verschiedenfarbige Strahlen in so schönen Farbtönen hervorgebracht, daß es keine Worte gibt, um sie zu beschreiben. Die Sonne näherte sich der kleinen Gruppe, entfernte sich dann wieder, wie im Rhythmus eines Herzschlags, und manchmal konnte man neben ihr eine weibliche Gestalt erkennen. Franjo hört den Berichten mit einem etwas verlegenen Lächeln zu und entdeckt, daß er tatsächlich der Einzige ist, der nichts gesehen hat. Was für eine Enttäuschung! Warum nicht auch er? Sollte die Gospa ihm etwa die kalte Schulter zeigen? Am nächsten Tag ereignete sich dasselbe an einer anderen Wegbiegung und wieder sieht Franjo als einziger nichts. Daraufhin geht er in sich, denkt über sein Leben nach, um es im Licht des Evangeliums ehrlich zu durchleuchten und entdeckt dabei Sünden, die er noch nie eingestanden hatte. Es beginnt ein innerer Kampf. Wird er den Mut finden, all das einem Priester zu erzählen? Die außerordentliche Gnade des Lichts, die die Erscheinungen der Gospa diesem Dorf gebracht haben, trägt schließlich den Sieg davon: Franjo geht beichten, er erzählt alles und erleichtert sein Gewissen von allem, was auf ihm lastete.[102]

An jenem Abend bleibt die kleine Gruppe zum dritten Mal ganz in der Nähe der Kirche auf einmal stehen: die Sonne tanzt wieder! Und diesmal erscheint auch ein Glorienkreuz! Franjo hebt schüchtern die Augen... und sieht es! Alles ist hell vor seinen Augen! Er nimmt an den staunenden Ausrufen aller teil und sein Herz jubelt.

— Franjo, wie erklärst du dir das? fragte ich ihn.

— Die Beichte! Das war die Beichte! antwortet er demütig aber bestimmt.[103] Meine Sünden hinderten mich daran zu sehen. Nach der Beichte ist der Schleier von meinen Augen gefallen...

---

102 Der heilige Pfarrer von Ars spach mit viel Wirklichkeitsnähe über die Beichte. Manche reuige Sünder wagten nicht, in der Beichte alles zuzugeben, und das merkte er (so wie auch Pater Pio, der in den Gewissen lesen konnte). Daher sagte er in einer Predigt: *«Die Sünden, die wir verstecken, werden alle wieder ans Tageslicht kommen. Wer seine Sünden gut verstecken will, der muß sie gut beichten!»*

103 Jene, denen der Mut fehlt, können folgendes Buch lesen: «Beichte. Gib mir dein verwundetes Herz», von P. Slavko Barbaric, zu beziehen bei: Gebetsaktion Medjugorje, Postfach 18, A-1153 Wien.

Botschaft vom 25. Juni 1994 (13. Jahrestag der Erscheinungen)

«Liebe Kinder! — Heute freue ich mich in meinem Herzen, während ich euch alle, die ihr hierher anwesend seid, anschaue. Ich segne euch und lade euch alle ein, euch zu entscheiden, meine Botschaften zu leben, die ich euch gebe. Ich möchte euch alle, meine lieben Kinder, zu Jesus führen, denn Er ist eure Rettung. Deshalb, meine lieben Kinder, je mehr ihr betet, um so mehr werdet ihr mir und meinem Sohn Jesus gehören.

Ich segne euch alle mit meinem mütterlichen Segen und danke euch, daß ihr meinem Ruf gefolgt seid!»

Zwei Verträge für das Glück

Jelena Vasilj ist in Rom sehr glücklich. Sie studiert dort am Angelicum, der Dominikaneruniversität, Theologie. Sie beeindruckt ihre Zuhörer immer durch ihre Weisheit und ihre große Tiefe. Auf meine Frage: «Was lehrt dich die Gospa zurzeit (durch ihre inneren Einsprechungen)? antwortet sie:

— Gott ist in jedem Detail unseres Lebens anwesend, in der kleinsten Tat des Tages und in den ganz materiellen und scheinbar unbedeutenden Dingen. In jeder Sekunde schenkt er sich uns vollkommen, und wir machen den großen Fehler, unseren Empfang Gottes und unsere Beziehung mit ihm in eigene Zeiten zu klemmen. Natürlich braucht es Zeiten, in denen wir für ihn innehalten, aber wir dürfen nicht versäumen, jede Sekunde für ihn offen zu sein. Auf diese Weise werden wir durch seine ständige Hingabe bereichert, und jeder noch so kleine Augenblick gewinnt einen unsagbaren Wert. So hat die Heilige Jungfrau auf Erden gelebt: in einem ununterbrochenen Austausch mit ihm.[104]

Jelena ist jetzt 24 Jahre alt und hat die Richtung noch nicht festgelegt, in die ihr Leben gehen soll.

104 Hören Sie die Cassette: «Maria Siegerin», von Pater R. Meyer, Diakonia (Nr. 35).

— Das Wichtigste ist, daß ich ganz in der Gegenwart lebe, sagt sie. Ich sorge mich nicht im Geringsten um meine Zukunft, denn Gott kennt sie. Ob ich heirate oder nicht, das hat für mich keine Bedeutung, das bereitet mir keine Sorgen, den Gott erfüllt mein Herz vollkommen. Jede Frau ist zur Mutterschaft berufen und dazu, sich aus Liebe hinzugeben, das ist das Schönste für sie. Aber es gibt tausend Arten, diese Mutterschaft zu leben, nicht nur in der leiblichen Mutterschaft. Ich lerne von Maria, Mutter der Seelen zu sein, sogar wenn ich vor meinen Büchern sitze! Die Welt versteht das nicht, dabei stirbt sie an diesem Mangel an Mütterlichkeit...

Die Hingabe an Gott ist ein sicherer Vertrag...!

Eine andere Art von Vertrag hat mich kürzlich begeistert, und das kam so:

An jenem Tag empfing Marija eine gewaltige Menge Menschen, und ihre Freundin Kat hatte kaum genügend Platz zum Übersetzen neben ihr. Als sie ihren Blick über die Pilger schweifen ließ, blieb sie plötzlich an einem Gesicht hängen, das sich völlig von den anderen abhob, ein derart leuchtendes Gesicht, daß es wie eine Sonne mitten durch graue Wolken hindurch strahlte. Freude! Eine unbeschreibliche Freude[105] ging von diesem Gesicht aus, und Kat hatte Mühe, sich auf das Übersetzen zu konzentrieren. Noch nie hatte sie eine solche Freude gesehen! Dabei stand der Mann demütig ganz hinten an der Wand und es gab nichts an seinem äußeren Erscheinungsbild, was auf ihn aufmerksam hätte machen können.

Sobald Marija mit ihrem Vortrag zu Ende war, ließ Kat sie ohne Skrupel im Kampf mit ihren charmanten Pilgern allein, die auf Photos, Autogramme und *tutti quanti* aus waren, und stürmte selbst zu jener Sonne, die dort an der Wand strahlte.

Es war ein winzig kleiner Priester, der so alt war, daß er aus dem letzten Jahrhundert zu stammen schien!

— Pater, bitte verzeihen Sie, wenn Sie meine Frage indiskret finden, aber ich würde gerne wissen, warum Sie so voller Freude sind. Sie müssen ein Geheimnis haben...

---

105 Hören Sie die Cassette: «Die acht Seligpreisungen», von Sr. Helene und Y. Villedieu, Diakonia (Nr. 9).

Der Priester kam aus Italien, und Kat betrachtete nun seine Augen aus der Nähe: trotz seines hohen Alters hatte er den unschuldigen Blick eines ganz kleinen Kindes.

— Ich werde es ihnen verraten, Fräulein. Ich bin 95 Jahre alt. Als ich fünf Jahre alt war, stellte ich betrübt fest, daß die Leute sich ständig aus geringstem Anlaß beklagten, und das schockierte mich. Ich fühlte auch, daß Jesus darüber betrübt war. Also habe ich einen Vertrag mit ihm abgeschlossen und versprach ihm, daß ich mich während der 100 ersten Jahre meines Lebens niemals beklagen würde; daß ich ihn im Gegenteil für alles preisen würde, für die guten wie für die schlechten Dinge, und daß ich immer das Geschenk des Lebens ehren würde. Und ich muß sagen, Fräulein, daß ich mein Versprechen gehalten habe. Und während all dieser Jahre, in denen ich das Leben gerühmt habe, hat mir das Böse nichts anhaben können, und ich bin so allen Dämonen aus dem Weg gegangen!

— Unglaublich! Aber wenn Sie jetzt 95 sind, dann läuft Ihr Vertrag ja bald aus! sagte Kat lachend.

— Daran habe ich neulich gedacht... und habe Jesus dann gesagt, daß ich bereit sei, den Vertrag auf die nächsten 100 Jahre meines Lebens zu verlängern!

Botschaft vom 25. Juli 1994

«Liebe Kinder! — Heute rufe ich euch auf, euch zu entscheiden, dem Gebet in Geduld Zeit zu widmen. Meine lieben Kinder, ihr könnt nicht sagen, daß ihr mir gehört und daß ihr durch meine Botschaften Bekehrung erlebt habt, wenn ihr nicht bereit seid, jeden Tag Gott Zeit zu widmen. Ich bin euch nahe und ich segne euch alle. Meine lieben Kinder, vergeßt nicht, wenn ihr nicht betet, seid ihr weder mir noch dem Heiligen Geist nahe, der euch auf dem Weg der Heiligkeit führt. Danke, daß ihr meinem Ruf gefolgt seid!»

Die nächtlichen Erscheinungen

Die 80er Jahre haben das «goldene Zeitalter» der nächtlichen Erscheinungen auf dem Berg erlebt, mit der Gebetsgruppe der Jugendlichen aus dem Dorf, die von Marija und Ivan geleitet wurde. Eines Tages beschließen Marija und Ivan mit einigen Jugendlichen einen Gebetsabend auf dem Berg zu halten. Ihr Ziel war es, der Gospa für ihre Erscheinungen zu danken. Diese Initiative wiederholte sich zwei- oder dreimal, als eines Abends die Gospa ganz unerwartet den drei auf dem Berg anwesenden Sehern erschien. Auf diese Weise wollte sie ihnen danken und ihnen zeigen, wie empfänglich sie für ihren Dank ist. Uns ist nie genügend klar, in welchem Maß die Heilige Jungfrau von unseren noch so kleinen, freiwilligen Aufmerksamkeiten ihr gegenüber berührt ist. Sie versprach ihnen in der Nacht auf dem Berg wieder zu erscheinen, um sie zu unterweisen, und so bildete sich die Gebetsgruppe von Marija und Ivan. Die Heilige Jungfrau nannte selbst die Namen und die Zahl der Mitglieder. Mit Ivan sind es 16. Oft gesellte sich auch Vicka mit ihrer Schwester Ana, ihrem Schwager Nedjo und anderen dazu, die die Säulen einer Gruppe wurden, die speziell von Ivan geleitet wurde. An drei Abenden pro Woche betete die Gruppe mindestens zwei Stunden lang auf dem Kricevac, manchmal auch auf dem Podbrdo, und gegen Ende des Gebetsabends erschien die Heilige Jungfrau den Sehern. Ivan gab dann die Anweisungen seiner *himmlischen Hirtin* an die Gruppe weiter. Die Heilige Jungfrau machte den Ort und die Zeit dieser Erscheinung am Vortag mit Ivan bei der täglichen Erscheinung aus. Manchmal bat die Gospa Ivan, die Gruppe in einem Haus, und nicht auf dem Berg zu versammeln, weil dort oben die Miliz auf sie warten würde.

Bei jedem Wetter, im Sommer wie im Winter nahmen diese Jugendlichen die Einladung Mariens an. Weder der eisige Dezemberwind, noch die sintflutartigen Regenfälle im März hielten die Gospa davon ab, ihre Anhänger mitten in der Nacht auf den Berg klettern zu lassen! Oft machte sie auch mit den Sehern aus, daß sich Pilger der Gruppe anschließen könnten, was auch heute noch oft geschieht. Manchmal überziehen zehntausende von Menschen den Berg, das ist sehr beeindruckend.

Das Ziel Mariens war es nicht, wie menschliche Leistungsmaßstäbe annehmen würden, die Gruppe möglichst zu vergrößern, um dadurch immer mehr Jugendliche zu erreichen. Nein, einmal mehr bewies sie, daß ihre Pläne nicht unsere Pläne sind. Sie wollte eine Art private «Kommandogruppe» ausbilden, die lange Jahre hindurch in ihrer Schule unterrichtet worden war, und wenn das Dorf der Kirche durch diese kleine Gruppe 16 Heilige schenken würde, dann wäre das der wahre Leistungsmaßstab aus Gottes Blickwinkel.

Zu Beginn der 90er Jahre, als ich in Medjugorje ankam, erkannte ich schnell, daß diese ganz und gar von der Gospa geschaffene Unternehmung ein wichtiges, zentrales und wohl mit das schönste Element in ihrem geheimen Plan für Medjugorje ist. Es stellt ein einzigartiges Ereignis in der Geschichte dar! Zwar eine ganz demütige Wirklichkeit, denn Ivan ist von Natur aus schüchtern, die Gruppe besteht ausschließlich aus Jugendlichen des Dorfes (und einige sind oft nicht da, weil sie woanders verheiratet sind...), die Lieder werden laienhaft begleitet, es gibt keinen Priester dort, und das Treffen wird den Pilgern nie in der Kirche angekündigt... Armut in alle Bereichen, die konkret in der Gegend der Knie spürbar wird, wenn man versucht auf spitzen Steinen, zwischen den Füßen des Vordermanns, dem Regenschirm der Dame von links und dem Rucksack des Großvaters von rechts hinzuknien... Aber welche Freude für die Gospa, wenn sie uns so um sie, die sie die Mutter aller ist, versammelt sieht. *«Ich bin glücklich, euch heute abend in so großer Zahl versammelt zu sehen»*, sagt sie dann oft.

Sie ist glücklich, aber auch für uns ist das der Himmel! Nirgend woanders habe ich mit solcher Stärke die Nähe des Himmels gespürt, seine Atmosphäre, seinen Duft, seine Beschaffenheit, dieses unbeschreibliche Etwas, das uns dem Raum und der Zeit enthebt und uns in die Fülle Gottes eintauchen läßt. Das ist das wahre, unverfälschte Medjugorje.

Da fällt mir ein ergreifendes Ereignis ein:

Eines Abends vertrat Vicka Ivan, der nach Amerika gereist war. Als gute herzegowinische Widerstandskämpferin war sie den Krizevac im Sturmschritt hinaufgeklettert, kniet jetzt vor dem Kreuz und unterhält sich mit der Gospa während der Erscheinung. Sie hatte mich gebeten, die Botschaft für die Pilger zu übersetzten, ich hatte mich also neben sie gestellt und konnte sie in aller Ruhe beobachten. Die Unterhaltung war lebhaft (ich kann hier nicht Vickas Gesichtsausdrücke und Gesten nachmachen, aber sie sind auf Video zu sehen). Das dauerte gute 20 Minuten. Als Vicka dann auf kroatisch die Botschaft verkündete, war es nur ein Satz: *«Liebe Kinder, betet zu Hause die freudenreichen Geheimnisse vor dem Kreuz, und betet für meine Anliegen.»*

— War das alles? fragte ich Vicka. Die Gospa hat dir doch viel mehr gesagt!

Ihre Antwort begeisterte mich:

— Zuerst hat die Gospa gebetet, und dann hat sie die Botschaft gegeben. Und danach *abbiamo parlato delle cose nostre* (haben wir über unsere Angelegenheiten gesprochen).

Um welche «Angelegenheiten» handelt es sich da? Ich wollte nicht nachfragen, aber die außerordentlich vertraute Verbundenheit, die die Seher nach 15 Jahren Erscheinungen mit der Mutter Gottes leben, ist wunderbar. Vicka ist die «bäuerlichste» der Seher, manche könnten versucht sein, sie von oben herab anzuschauen wegen ihres begrenzten Wortschatzes oder ihrer sehr schlechten Grammatikkenntnisse. Aber die Königin der Welt findet Gefallen daran, sich mit ihr über alltägliche Dinge zu unterhalten und wohl über die «laufenden Geschäfte» des Himmels!

Es ist ihr ein Bedürfnis der Liebe.

Botschaft vom 25. August 1994

«Liebe Kinder! — Heute bin ich auf besondere Weise mit euch vereint und bete für das Geschenk der Anwesenheit meines geliebten Sohnes in eurer Heimat.

Betet, meine lieben Kinder, für die Gesundheit meines viel geliebten Sohnes, der leidet, den ich aber für diese Zeiten auserwählt habe.

Ich bete und halte bei meinem Sohn Jesus Fürsprache, damit sich der Traum verwirklicht, den eure Väter hatten. Betet, meine lieben Kinder, auf besondere Weise, denn Satan ist stark und will die Hoffnung in eurem Herzen zerstören. Ich segne euch. Danke, daß ihr meinem Ruf gefolgt seid!»

Zu Tisch mit Johannes Paul II.

Rom, den 24. November 1993. Alle Bischöfe der BKIO[106] essen anläßlich ihres ad limina Besuchs mit dem Heiligen Vater zu Mittag. Hier einige Auszüge aus ihrer Unterhaltung:

Frage:

— Wie sehen Sie in einem geistlichen Blickwinkel die Verbindung der Marienerscheinungen vor allem seit der Rue du Bac, La Salette, Lourdes und bis Fatima?

Antwort:

— Als ich Ali Agca im Gefängnis besuchte, sagte er mir: «Ich verstehe nicht, wie ein professioneller Killer wie ich, der kein Ziel verfehlt, Sie nicht getroffen hat! Was war an diesem Tag für ein Fest bei Ihnen? Was war da los?»

Ich habe ihm gesagt, daß es das Fest unserer Lieben Frau von Fatima war. Daraufhin sagte er: «Dann ist sie es, die sich dazwischengestellt hat!»

Ich verstehe dieses Zeichen im Glauben, und als ein Eingreifen Mariens zu diesem Zeitpunkt der Geschichte.

---

106 Bischofskonferenz des Indischen Ozeans, die folgende Inseln umfaßt: Maurizius, Rodrigues, La Réunion, Seyschellen und Komoren.

F - Sie wissen, daß die Meinungen, was die Weihe Rußlands an Maria anbetrifft, weit auseinandergehen. Manche sind der Ansicht, daß diese Weihe, die Maria in Fatima verlangt hat, vollzogen worden ist, andere meinen, das dies nicht der Fall sei.

A - Ich habe diese Weihe Rußlands an Maria vollzogen und habe die Bischöfe gebeten, sich anzuschließen. Natürlich habe ich diese Weihe aus Gründen der Form und der Wahrnehmung nicht ausdrücklich erwähnt, aber sie ist vollzogen worden. Schwester Lucia (die Seherin) hat das bestätigt.

F - In Bezug auf das dritte Geheimnis von Fatima haben die Zeitungen berichtet, daß Sie bei ihrer Reise nach Österreich behauptet hätten, es nütze nichts, es zu enthüllen... und das, wagten Sie zu sagen, obwohl Sie wußten, daß ganze Erdteile unseres Planeten verschwinden könnten, und daß im Zusammenhang mit dem Kalten Krieg (UdSSR / USA) damals manche daraus vielleicht politischen Nutzen ziehen würden?

A - In Generalaudienzen habe ich Amerikaner mehrmals schreien hören: «Consecrate USSR to the Heart of Mary!» (Weihe die UdSSR dem Herzen Mariens!) Man hätte es also ganz leicht politisch ausnützen können...

F - Es gibt also nur die Bekehrung mit der Waffe des Rosenkranzes (siehe Österreich), und deshalb verlangen Sie in der Enzyklika *Dives in Misericordia,* daß man die göttliche Barmherzigkeit erflehen soll, auch wenn die heutige Menschheit für ihre Sünden eine neue «Sintflut» verdient hätte, wie seinerzeit die Generation des Noah (Gn 8,15)? Da versteht man, daß bei den heutigen Sünden nur diese reine Barmherzigkeit uns retten kann.

A - Das stammt von Sr. Faustyna[107], einer polnischen Mystikerin die das Herz Jesu zutiefst verehrte.

Das Wichtigste ist wirklich die Bekehrung mit der Hilfe Mariens.

F - Wie in den Botschaften von Medjugorje?

A - Wie Hans Urs von Balthasar sagte, ist Maria eine Mutter, die ihre Kinder warnt. Viele haben Probleme mit Medjugorje, mit diesen

107 1938 offenbarte Jesus Sr. Faustyna, *daß «aus Polen der Funke hervorgehen wird, der die Welt auf Mein endgültiges Kommen vorbereiten wird»*. Der Hinweis auf den polnischen Papst ist hier offensichtlich (siehe § 1732 in Sr. Faustynas Tagebuch).

Erscheinungen, die schon so lange dauern, das versteht man nicht. Aber die Botschaften werden in einem besonderen Zusammenhang gegeben, der der Situation dieses Landes entspricht. Die Botschaften legen Gewicht auf den Frieden, auf die Beziehung zwischen Katholiken, Orthodoxen und Moslems. *Da liegt ein Schlüssel zum Verständnis dessen, was in der Welt geschieht, und zu ihrer Zukunft.*

* * *

Viele Priester und Bischöfe fragen sich, ob es wünschenswert ist oder nicht, Zeugen von Medjugorje in den Kirchen[108] sprechen zu lassen. Das galt auch für Monsignore Felipe Benites (Ascunción, Paraguay), der im Oktober 1994 eine Südamerika-Reise von Pater Slavko sich abzeichnen sah. Er nützte eine Rom-Reise aus, um sein Problem auf die bestmögliche Weise zu lösen: er wandte sich an den Papst persönlich. Dieser antwortete ihm ohne Umschweife:

— Erlauben Sie alles, was mit Medjugorje zu tun hat.

Einige stellen gewisse Worte des Heiligen Vaters aus dem Büchlein «Medjugorje und die Kirche» in Frage, aber das dürfte nicht das mindeste Problem verursachen. In meiner Gemeinschaft haben wir folgende goldene Regel: jede zitierte Aussage, die nicht verbürgt ist, überprüfen wir direkt bei der betreffenden Person! In unserem Fall hier, lebt sowohl Johannes Paul II. als auch Monsignore Benites noch. Es wäre wenig wissenschaftlich, einen Zweifel zu veröffentlichen, ohne zuvor diese beiden Personen befragt zu haben.

Da wir nun schon beim Heiligen Vater sind, kann ich folgende Anekdote nicht verschweigen, die mich sehr berührt hat. Jeder Seher hat in besonderer Weise für einen bestimmten Bereich der Welt Fürbitte zu halten. Marija wurde aufgetragen, für die Priester und die geweihten Seelen zu beten. Seit Beginn der Erscheinungen entwickelte

108 Die Einstellung des Papstes konnte ich selbst am 15. November 1996 in Rom überprüfen, als ich mit 30 weiteren Personen zu einer Privataudienz empfangen wurde. Als er zu mir kam, machte er wie bei den anderen auch ein Segenszeichen über mich. Da sagte ich ihm: «Ich lebe seit sieben Jahren in Medjugorje, und mein Auftrag ist es, die dortigen Botschaften durch Bücher, Cassetten, Radiosendungen, Vorträge überall auf der Welt zu verbreiten...» Bei diesen Worten hellte sich sein Gesicht auf, sofort legte er seine Hand auf meine Stirn und sagte mir: «Ich segne Sie!» Dann schaute er mit Freude mein Kinderbuch (*«Kinder, helft meinem Herz zu siegen!»*, Parvis-Verlag) an und das andere über Medjugorje (*«Medjugorje — Der Krieg Tag für Tag»*, Parvis-Verlag), und er segnete mich noch ein drittes Mal! Obwohl mehrere polnische Minister anwesend waren, war ich die einzige, die dreimal gesegnet wurde.

sie eine tiefe Liebe zum Heiligen Vater[109], was von dem nicht zu unterdrückenden Wunsch begleitet wurde, ihn einmal zu sehen. Sie sagte allen immer wieder (auch der Gospa): «Ich möchte den Papst sehen!»

Eines Tages, als Johannes Paul II. von zehntausenden von Menschen in Südamerika empfangen wurde, bereitete die Gospa Marija während der Erscheinung eine Überraschung: sie zeigte ihr den Papst und Marija sah ihn «live», wie er zu der Menschenmenge sprach.[110] Am Ende ihrer Extase beschrieb sie die Szene einigen, die ihr nahestanden, und berichtete ihnen das, was der Papst über das Attentat auf dem Petersplatz vom 13. Mai 1981 gesagt hatte.

Am nächsten Tag fällt einem dieser Freunde Marijas eine Zeitung in die Hand: das Titelphoto entsprach dem, was Marija am Abend zuvor beschrieben hatte, und der Titel wiederholte genau die Worte des Papstes, die Marija am Tag davor schon ihren Freunden berichtet hatte...

Einige Zeit später konnte sie den Papst mit einer Pilgergruppe in Parma (Italien) wirklich sehen. Er erkannte sie, ging zu ihr, tätschelte ihre Wange und sagte auf kroatisch: *«Budi dobra!» (Sei gut!)*

---

109 Marija macht kein Geheimnis daraus, daß sie vor einigen Jahren ihr Leben für den Heiligen Vater aufgeopfert hat (wie Vicka es für für die Sünder getan hat). Am 1. April 1997, ihrem Geburtstag, erschien ihr die Gospa viel länger als sonst, und natürlich küßte sie Marija auf die Wange, wie sie es immer bei Geburtstagen macht. Marija nützt diese Gelegenheit, um ihr Leben von neuem für den Heiligen Vater, in die Hände Mariens hinein aufzuopfern. Marija stand nicht einmal zwei Meter von mir entfernt, und ich konnte ihr strahlendes Gesicht sehen. Danach erklärte sie uns, daß dieses Opfer in jenen Tagen, in denen Johannes Paul II. zum ersten Mal in ihr Land (Sarajevo, Bosnien-Herzegowina) kommt, einen besonderen Sinn habe. Sie vertraute uns den Wunsch der Gospa an, daß wir in besonderer Weise für den Heiligen Vater beten sollen.

110 Hören Sie die Cassette: «Der Papst und die Jugendlichen gemeinsam», von Msgr. R. Rocardo, Diakonia (Nr. 108).

Botschaft vom 25. September 1994

«Liebe Kinder! — Ich freue mich mit euch und lade euch zum Gebet ein. Meine lieben Kinder, betet für meine Anliegen. Eure Gebete sind für mich notwendig, durch welche ich euch Gott näherbringen möchte. Er ist eure Rettung.

Gott schickt mich, um euch zu helfen und euch ins Paradies zu führen, welches euer Ziel ist. Deshalb, meine lieben Kinder, betet, betet, betet! Danke, daß ihr meinem Ruf gefolgt seid!»

In Medjugorje sterben, heißt mit dem Herzen sterben

Es gibt findige Köpfe, die die Heilige Jungfrau bitten, in Medjugorje sterben zu dürfen, wenn sie merken, daß sie ein gewisses Alter erreicht haben. Zum Glück erhört sie diese Bitte nicht, denn der kroatische Gastgeber hätte dadurch fürchterliche Unannehmlichkeiten, und für den Leiter der Pilgergruppe wäre es ein Schlag ins Kontor. Wir haben zwar schon erlebt, daß ein sehr alter Priester am Altar zusammengebrochen ist und seine Messe wohl im Himmelreich zu Ende zelebriert hat; oder daß ein altes Mütterchen im Schlaf hinüberging, kaum daß sie in Medjugorje angekommen war. Aber das ist selten... und überhaupt nicht ratsam! (Sie haben keinerlei Chancen, am Jüngsten Tag auf dem Erscheinungsberg aufzuerstehen, denn Ihre sterblichen Überreste werden sofort nach Split transportiert...)

Die Lösung liegt woanders. Als Französin aus der Hauptstadt Frankreichs bedauere ich genau wie Sie die unmenschliche Weise, mit der Sterbende und Tote in unseren Städten behandelt werden. Aber wenn jeder von uns sich diese Aufgabe zu Herzen nimmt, dann können wir vieles ganz gewaltig verbessern. Unter uns gibt es Bürgermeister kleiner Dörfer, Priester, Ärzte, Juristen oder Angestellte von Bestattungsinstituten usw... Im Gebet wird die Gospa jedem eingeben, was er in seiner Arbeit verändern kann, um allen zu erlauben, «mit dem Herzen zu sterben», und den Angehörigen «mit dem Herzen zu trauern».

Hier in Medjugorje haben die Kroaten eine sehr schöne Tradition erhalten. Sobald jemand stirbt, benachrichtigt man sofort die Kirche, damit die Totenglocken geläutet werden. Dann kommt unverzüglich ein Priester zu dem Verstorbenen und spendet ihm «bedingt» die letzten Sakramente, falls er sie nicht vor seinem Tod empfangen hat. Wenn die Leute im Dorf die Glocken hören, beginnen sie für denjenigen zu beten, der gerade unsere Erde verlassen hat. Wenn sie dann Bescheid wissen, wer es war, besuchen sie die Familie und helfen, die Beerdigung vorzubereiten. In der Abendmesse verkündet der Priester den Namen des Verstorbenen, und alle Anwesenden beten für den Entschlafenen, der am nächsten Tag um 15 Uhr beerdigt wird.

Während der 24 Stunden, in denen der Verstorbene noch zu Hause ist, wird sein Leichnam im offenen Sarg aufgebahrt, damit alle ihn noch ein letztes Mal sehen und an seiner Seite beten können. Fast ununterbrochen gleiten Rosenkränze durch die Finger und man sprengt Weihwasser (die Gospa hat diesen Gebrauch empfohlen). Kinder und Erwachsene sind gleichermaßen anwesend, denn man versucht hier nicht, den Tod zu verstecken. Als Marijas Vater gestorben war, hörte sie, wie ihre vierjährige Nichte ihrem dreijährigen Vetter erklärte: «Weißt du, eines Tages werden wir auch so wie Opa sein, wir sind alle gleich: man wird geboren, man wird groß, man geht in die Schule, man heiratet, man bekommt Kinder, man wird Großvater und dann stirbt man und kommt in den Himmel zum lieben Gott. So ist das!»

Es gibt erschütternde Szenen. Während dieser 24 Stunden der Totenwache, geht jedes Familienmitglied zu dem Verstorbenen, um ihm spontan sein Herz, seine Liebe und sein Leid laut auszudrücken. Man spricht mit ihm wie mit einem lebenden Menschen, dem man in erhebender Weise sein Herz öffnet; man vereinigt das Beste seiner selbst, um es ihm zu sagen, bevor er das Haus verläßt. Man verleiht nicht nur seinem Schmerz Ausdruck, sondern auch dem Dank für alles Gute, das er getan hat; man dankt Gott sogar, daß er ihn uns gegeben hat und ihn zu der Stunde wieder zu sich geholt hat, die er bestimmt hatte. Die Gospa hat gesagt: *«Hier habe ich wahre Gläubige gefunden!»*, ihre Art den Tod zu leben, ist ein Beispiel dafür!

Man schließt den Sarg erst, wenn der Priester für das Begräbnis kommt. Noch einmal betet er mit der Familie. Dann beginnt eine lange Prozession durch die Straßen, die bis zum Friedhof vom Rosenkranz begleitet wird. Alle diese Gebete sind für den Verstorbenen eine große Hilfe! Im Augenblick der Grablegung scheut man sich nicht zu schreien, das setzt den Kummer frei. Ein Angehöriger sammelt Geld, um Messen lesen zu lassen. Dann nimmt das Leben wieder seinen normalen Lauf, denn man muß kämpfen, um zu überleben! Was für eine gesunde Lebensweise!

Da dieses Volk mit der Natur und daher auch mit dem Schöpfer verbunden ist, ist es nicht depressiv! Für das Leben wie für den Tod hat man dieselben Worte: «Bogu hvala!» (Dank sei Gott!)

Wir wissen, daß die größte Hilfe, die wir einem Toten schenken können, die heilige Messe ist. Es gibt auf der Welt keine größere Liebesbezeugung als diese. Aber warum soll man warten bis jemand gestorben ist, um eine Messe für ihn lesen zu lassen? Wenn er sich dank der Frucht der heiligen Messe bekehrt bevor er stirbt, dann wird er im Himmel für alle Ewigkeit, eine viel größere Herrlichkeit besitzen! Wir haben nur die Zeit auf Erden, um den Grad unserer Herrlichkeit im Himmel zu bestimmen, denn «am Abend des Lebens werden wir nach unserer Liebe gerichtet werden»!

Außerdem kommen auch viele Kranke in dieses «neue Lourdes», das Medjugorje darstellt, und es werden tatsächlich viele geheilt. Fälle von Krebs im fortgeschrittenen Stadium, von Aids... aber auch da beweine ich die geistliche Verlassenheit, unter der Kranke zu Hause leiden. Manchmal kommen sie nach Monaten medizinischer Analysen, Untersuchungen, Krankenhausaufenthalten, erfolgloser Operationen und schmerzlichen Rückfällen... hier an, wie um die letzte Hoffnung auf Heilung nicht ungenützt zu lassen. Oft haben sie einen fürchterlichen Leidensweg hinter sich. Und wenn ich sie frage: «Haben Sie die Krankensalbung bekommen?», dann antworten die meisten: «Nein, darüber hat mir niemand was gesagt!» Wie schade! Wie viele Heilungen konnten wegen dieser Unkenntnis nicht stattfinden!

Nicht alle Kranken können nach Medjugorje kommen, aber alle Kranken können die Krankensalbung bekommen! Warum soll man warten, bis der Kranke am Rand des Todes steht, um ihm dieses Sakrament zu spenden, das ihn doch schon im Anfangsstadium der Krankheit heilen kann?[111]

Dieses Sakrament kann dem Kranken auch helfen, seinen «Übergang» in Frieden zu leben, wenn keine physische Heilung erfolgt. Denn in dieser zentralen Stunde, in der eine Ewigkeit auf dem Spiel steht, tut Gott alles, um diese Seele an sich zu ziehen, aber der Verkläger mischt sich womöglich auch ein. Er wird versuchen dieser Seele jegliches Vertrauen auf die Barmherzigkeit Gottes zu nehmen, damit ihr die Türen des Himmels verschlossen bleiben: «Es ist zu spät für dich! Bei all dem, was du gemacht hast, denkst du doch wohl nicht, daß Gott dir verzeihen wird, das wäre ja zu einfach!» usw.

Viele Familien sind sich des geistlichen Kampfes nicht bewußt, von dem der Sterbende dann ergriffen wird.[112] Einen Priester rufen, inbrünstig und lange bei ihm beten, ihm helfen, seinen Feinden wirklich zu verzeihen, ihn feinfühlig darauf vorbereiten, daß er bald vor Gott stehen wird, das sind die einzigen Liebeserweise, die ihm in dieser Situation nützlich sind.[113]

---

111 Nach den Worten von Pater Finet und auch von Pater Bondallaz, sah Marthe Robin manchmal, während sie die Passion Christi durchlebte, wie Jesus die Jünger kurz nach der Einsetzung der heiligen Eucharistie lehrte. Ihren Worten nach sprach Jesus ausführlich über die Sakramente mit ihnen, die sie spenden sollten: die heilige Messe, die Vergebung der Sünden, und er zeigte ihnen auch, wie sie das heilige Chrisam für die Krankensalbung bereiten sollten. Er sprach ihnen in bewegenden Worten über die Größe und die Würde des Priestertums! Jesus erklärte ihnen auch die verschiedenen Verwendungen für das heilige Chrisam, die Gebete, die sie dabei sprechen sollten, auf welche Stellen am Körper man es auftragen solle und bei welchen Gelegenheiten sie es verwenden sollten. Der heilige Chrisam ist ein wirksames Mittel bei Krankheiten des Körpers und der Seele (siehe die dazugehörigen Gebete, die so schön sind). Er sprach auch über alle möglichen Gnaden und Segnungen für Kranke und ihre Angehörige mit ihnen. Wenn Gott einem Kranken keine Heilung gewährt, dann kann dieser doch die Erde ohne Verwirrung und Angst verlassen. Denn er hat die ganze Hilfe bekommen, die die Kirche ihm schenken kann.

112 Manche Heilige haben Sterbenden geistlich beigestanden. Sr. Faustyna erzählt: «Heute kam der Herr zu mir und sagte: *"Meine Tochter, hilf mir, Seelen zu retten. Du wirst zu einem sterbenden Sünder gehen und den Rosenkranz zur Barmherzigkeit beten. Dadurch erhältst du für ihn Vertrauen in Meine Barmherzigkeit, denn er ist schon in der Verzweiflung."* Plötzlich befand ich mich in einer fremden Hütte, wo ein alter Mann in furchtbaren Qualen schon im Todeskampf lag. Um sein Lager herum waren viele Dämonen und die weinende Familie. Als ich zu beten begann, stoben die Geister der Finsternis mit Zischen und Drohungen auseinander, die Seele beruhigte sich und voller Vertrauen verschied sie im Herrn. Im gleichen Augenblick befand ich mich wieder in meinem Zimmer.» (Siehe das «Tagebuch der Schwester Maria Faustyna Kowalska», § 1797-1798, Seite 528.)

In Medjugorje richtet die Verwandtschaft des Sterbenden es oft so ein, daß ununterbrochen bei ihm der Rosenkranz gebetet wird, denn wer könnte besser wachen, um eine Seele zu beschützen und anzurühren, als Maria, die der Schlange den Kopf zertreten hat?[114] Wenn der Kranke weit weg ist, im Krankenhaus, kann man diese Gebetswache zu Hause organisieren. Aber sogar in Medjugorje habe ich manchmal betrübt erlebt, daß die Angehörigen mehr Zeit bei einem guten Raki und anderen nahrhaften Tröstungen verbrachten, als bei dem Sterbenden. Schon Jesus hatte im Hause des Lazarus Martha daraufhingewiesen, daß die Pflichten der Gastfreundshaft übertrieben werden und der wahren Liebe schaden können.

Wie stirbt man mit dem Herzen...? Indem man mit dem Herzen lebt![115]

---

113 Marthe Robin sagte: «Die Seele verläßt den Leib nicht so schnell, wie man denkt. Wenn man sich bewußt wäre, was da geschieht, dann würde man sich hinknien und für den Verstorbenen aus ganzem Herzen beten, anstatt ihn so eilig anzuziehen. (In: «Marthe Robin», von Dr. Assailly, hrsg. bei der Gemeinschaft Emmanuel.)

114 Auch Gebete zum heiligen Erzengel Michael sind sehr zu empfehlen.

115 In Medjugorje hat keiner der Seher Angst vor dem Tod. Vicka sagt: «Sterben ist nicht schlimm, es ist wie wenn man von einem Zimmer des Hauses in ein anderes geht, oder von einem Eck des Zimmers in ein anderes Eck.» Man muß bedenken, daß sie wie Jakov zusammen mit der Gospa den Himmel gesehen hat...
1986 sagte die Gospa zu Jelena: *«Wenn ihr euch mir überlaßt, dann werdet ihr den Übergang von diesem Leben in das andere Leben gar nicht merken. Ihr werdet auf Erden beginnen, das Leben des Himmels zu leben.»*

Botschaft vom 25. Oktober 1994

«Liebe Kinder! — Ich bin mit euch und freue mich auch heute, daß mir der Allerhöchste es geschenkt hat, mit euch zu sein, um euch zu lehren und auf dem Weg der Vollkommenheit zu führen.

Meine lieben Kinder, ich wünsche, daß ihr ein wunderschöner Blumenstrauß seid, den ich Gott zum Fest Allerheiligen schenken möchte.

Ich rufe euch auf, euch zu öffnen und nach dem Beispiel der Heiligen zu leben. Die Mutter Kirche hat sie auserwählt, daß sie euch eine Anregung für euer tägliches Leben sind. Danke, daß ihr meinem Ruf gefolgt seid!»

Ein Weggefährte, der vom Himmel fällt

Meine Gemeinschaft (der Seligpreisungen) pflegt eine sehr schöne Tradition, die konkret ihre Verbindung mit der Kirche des Himmels fördert. Am Vorabend jedes neuen Jahres, bitten wir einen Heiligen, uns auszuwählen, und während des ganzen Jahres hat er dann die Aufgabe, sich gut um uns zu kümmern. Er soll uns beschützen, uns den richtigen Weg eingeben und soll uns in die ihm eigene Gnade einführen. Um zu wissen, welcher Heilige uns ausgewählt hat, versammeln wir uns zum Gebet, und nachdem wir den Heiligen Geist angerufen haben, lassen wir ein Körbchen mit sorgsam zusammengefalteten Zetteln herumgehen. Auf jedem dieser Zettel steht der Name eines Heiligen und ein Satz, den er gesagt hat, oder der zu ihm paßt. Jeder von uns bekommt auch eine Aufgabe, die im Zusammenhang mit diesem Heiligen steht.

Es ist erstaunlich festzustellen, in welchem Maß die Heiligen sich ihren Dienst an uns zu Herzen nehmen, jeder entsprechend seiner Persönlichkeit! Wenn jemand den Heiligen, den er gezogen hat, noch nicht kennt, dann ist das eine Gelegenheit für ihn, ihn zu entdecken und sich von diesem Heiligen unterweisen und auferbauen zu lassen. Wenn er ihn schon ein bißchen kennt, dann hat er Gelegenheit, neue Seiten von ihm kennenzulernen und vor allem, ihn zu seinem Weggefährten zu machen.

Man muß wissen, daß die Heiligen uns aussuchen und nicht umgekehrt! Das ist beruhigend, wie alles, was von oben kommt!

Natürlich haben wir diese Tradition auch auf unsere Gäste und Freunde, auf unsere Familien und alle diejenigen ausgeweitet, die sehr glücklich darüber sind, einen Heiligen für das neue Jahr zu bekommen. Einmal mehr können wir über das Wirken der Vorsehung staunen, denn oft genug geht das Jahr nicht zu Ende, ohne daß der neue Weggefährte nicht erstaunliche Dinge für seinen *Schützling* erwirkt hätte. Dafür gibt es unzählige Beispiele! Ich werde nie jene Dame in Medjugorje vergessen, die in unserer Kapelle einen Zettel mit der seligen Sr. Faustyna gezogen hat. Sie riß die Augen weit auf und war ein bißchen enttäuscht, einen ihr völlig unbekannten Namen zu lesen. Aber nach ihrer Rückkehr nach Frankreich, kaufte sie ein Buch über Sr. Faustyna, das bei ihr einschlug wie der Blitz! Die ganze Botschaft über die Barmherzigkeit war für sie eine lebenswichtige Entdeckung. Im folgenden Jahr kam sie wieder nach Medjugorje und sagte mir: «Schwester, ohne die Hilfe von Sr. Faustyna hätte ich die Ereignisse dieses Jahres niemals bewältigen können. Sie hat mich an der Hand genommen, und zusammen mit ihr habe ich eine grundlegende Wendung in meinem Leben vollzogen. Ich frage mich, wie ich vorher leben konnte! Jetzt ist Jesus völlig lebendig für mich!»

Diese Tradition hat Nachahmer gefunden, und jetzt hört man, daß in dieser oder jener Familie, Pfarrei oder Gebetsgruppe... im neuen Jahr ein Körbchen herumgereicht wird!

Warum nicht auch in Ihrer Familie? Zu diesem Zweck habe ich auf den folgenden Seiten einige Heiligennamen zusammengestellt, damit Sie sie photokopieren und ausschneiden können. Das ist natürlich nur eine kleine Vorlage für den Anfang, denn jeder kann die Heiligen hinzufügen, die er kennt, und so das himmlische Gremium[116] bereichern, das er seinen Angehörigen schenken möchte!

Diese konkrete und sehr persönliche Form, unsere Gemeinschaft mit den Heiligen zu entfalten wird der Heiligen Jungfrau, der Königin

116 Die ausgewählten Namen dürfen nur Personen enthalten, die schon gestorben sind (also keine «Heiligen», die man bewundert, und die noch leben). Sie müssen von der Kirche anerkannt sein: entweder heiliggesprochen oder seliggesprochen oder verehrungswürdig sein, oder ihre Akte muß schon in Rom sein (wie im Fall von Charles de Foucault, Marthe Robin, usw.).

aller Heiligen sehr gefallen, denn in Medjugorje hat sie uns empfohlen, gleich nach der Bibel die Heiligenleben zu lesen. In ihrem Leben finden wir Situationen, Kämpfe, Probleme und auch Sündenfälle, in denen jeder von uns sich mit seiner eigenen Geschichte wiedererkennen kann. Wie haben sie es geschafft, die Heiligkeit trotz all dieser menschlichen Umstände zu leben?

Für die Heilige Jungfrau ist die Heiligkeit nicht eine verschwommene, weit entfernte und unerreichbare Theorie, sondern ein Sieg der Liebe in jedem Augenblick des Tages, so unbedeutend dieser Augenblick auch scheinen mag. Indem sie eine Verbindung zwischen diesen wunderbaren, heiligen Weggefährten und uns herstellt, heilt sie uns auch da von unserer mangelnden Inkarnation, anders gesagt, von unserem Mangel an Herz. So wie sie auf Erden mit ihren Händen das nahtlose Obergewand Jesu gewebt hat, so webt sie heute noch auch die kleinste Verbindung zwischen ihren Kindern des Himmels und den Kindern der Erde. Sie webt die Kirche der Endzeit. Dafür hat sie kein anderes Garn als die Liebe, und keinen anderen Webstuhl als ihr Herz.

Liebe Heilige... unsere Türen stehen euch offen!

Hl. Apostel Petrus «... Herr Du weißt alles, Du weißt auch, daß ich Dich liebe.» *Bete für den Heiligen Vater und den Vatikan*	**Hl. Margareta-Maria (Paray le Monial)** «Ich flehe euch an, eure Wohnung im Heiligsten Herzen Jesu zu nehmen.» *Bete für die, die versucht sind, Selbstmord zu begehen*
Heilige Maria Magdalena «... sie kam mit einem Alabastergefäß voll wohlriechendem Öl und trat von hinten an ihn (Jesus) heran. Dabei weinte sie, und ihre Tränen fielen auf seine Füße. Sie trocknete seine Füße» (Lk 7,37b-38). *Bete für die Bekehrung der Sünder*	**Joseph-Benoît Cottolengo** «Übt Nächstenliebe, aber übt sie mit Leidenschaft aus. Laßt euch nie zweimal rufen, seid immer bereit. Unterbrecht jegliche andere Tätigkeit, auch eine ganz heilige, und eilt den Armen zu Hilfe.» *Bete für die körperlich und seelisch Kranken*
Hl. Pfarrer von Ars «Es gibt welche, die darüber weinen, daß sie Gott nicht lieben... Nun! genau die lieben Ihn!» *Bete für die Heiligkeit der Priester*	**Marthe Robin (Frankreich)** «Jesus ich danke Dir, denn Du nimmst uns so, wie wir sind und schenkst uns dem Vater so, wie Du bist.» *Bete für die zum Priestertum Berufenen*
Hl. Therese vom Kinde Jesus «Um in Frieden zu leiden, genügt es, wirklich das zu wollen, was Jesus will.» *Bete für die, die bald sterben werden*	**Selige Sr. Faustyna** «Dein Elend strandet im Abgrund meiner Barmherzigkeit.» *Betet, damit sich die Beichtstühle wieder füllen*
Hl. Dominique Savio (Italien) «Was ihr einem meiner Geringsten tut, das tut ihr mir.» *Bete, für das Ungeborene Leben, damit es geschützt wird.*	**Hl. Simon von Cyrene** «Nicht du trägst das Kreuz, sondern das Kreuz trägt dich.» (Hl. Pfarrer von Ars.) *Bete für die Sterbenden*
Hl. Hildegard (17. Sept.) «Bete und vertraue, daß Gott dich nicht verläßt, und bald wird dir zu deiner Befreiung die Morgenröte aufgehen.» *Bete für die Bewahrung der Schöpfung*	**Hl. Edith Stein (9. Aug.)** «Die Sakramente sind für uns die verordneten Gnadenmittel und wir können sie gar nicht genug empfangen.» *Bete für die Einheit des Judischen Volkes und der Kirche*

Hl. Seraphim von Sarov (Rußland) «Das wahre Ziel des christlichen Lebens besteht in der Erfüllung durch den Hl. Geist.» *Bete für ein neues Pfingsten der Liebe*	**Hl. Joseph** «Darum sollst du den Herrn, deinen Gott lieben, mit ganzem Herzen, mit ganzer Seele und mit ganzer Kraft» (Dt 6,5). *Bete für das Volk Israel*
Hl. Erzengel Michael (Schutzpatron von Deutschland und Israel) «Satan ist mächtig. Deshalb brauche ich eure Gebete für die, die unter seinem Einfluß stehen, damit sie gerettet werden» (Maria in Medjugorje.) *Bete für die Arbeiter des Bösen*	**Hl. Ludwig Maria Grignion von Montfort** «Je mehr der Heilige Geist Maria in einer Seele findet, um so aktiver und mächtiger wirkt er, um Jesus Christus in dieser Seele hervorzubringen, und diese Seele in Jesus Christus.» *Bete für die Anliegen Mariens*
Jacinta von Fatima «Sag allen Menschen, daß Gott uns durch das Unbefleckte Herz Mariens Gnaden schenkt. Von ihr muß man sie erbitten.» *Bete für den Triumph des Unbefleckten Herzen Mariens*	**Hl. Theresa von Avila** «Der ganze geistliche Bau ruht einzig und allein auf der Demut. Je näher man Gott kommt, desto mehr muß diese Tugend wachsen. Wenn es nicht so ist, ist alles verloren.» *Bete für die geweihten Seelen*
Hl. Franz von Assisi «Ich kenne Jesus als Armen und Gekreuzigten, und das genügt mir.» *Bete, daß Jesus geliebt werde*	**Hl. Helena (Rom)** «O unschuldiger Jesus! Dein Kreuz ist mein Kreuz.» *Bete für mißhandelte Kinder*
Hl. Maximilian Kolbe (Polen) «Das Wichtigste ist nicht, viel nach unseren eigenen Vorstellungen zu handeln, sondern ganz in den Händen der Unbefleckten zu sein.» *Bete, daß die Unbefleckte in den Herzen regiere*	**Hl. Therese vom Kinde Jesus** «Man hat nie zu viel Vertrauen in den so mächtigen und so barmherzigen lieben Gott, man bekommt so viel von ihm, wie man erhofft.» *Bete für die Heiligkeit der Familien*
Sel. Pater Pio «Die Liebe ist gekreuzigt und man findet sie nur am Kreuz.» *Bete für die Beichtväter und Seelenführer*	**Hl. Bruder Konrad (21. April)** «In Gottes Namen» den Ärmsten dienen. *Bete für den Dienst der Seelsorge*

Die Heilige Familie von Nazareth «Joseph, Sohn Davids, fürchte dich nicht, Maria zu dir zu nehmen; denn das Kind, das sie erwartet, ist vom Heiligen Geist.» *Bete für die Einheit unter den Eheleuten*	**Hl. Bernadette (Lourdes)** «Bis zu meinem letzten Atemzug sind meine Waffen das Gebet und das Opfer. Erst dann wird die Waffe des Opfers wegfallen, aber die des Gebets wird mir in den Himmel folgen.» *Bringe Maria Opfer für ihre Anliegen dar*
Hl. Evangelist Johannes «Oh geöffnetes Herz Jesu, von reinster Liebe verzehrt, in Deine Wunde lege ich meine Verletzungen und meinen Mangel an Liebe» (Ephraim). *Bete für die Verzweifelten und Mutlosen*	**Hl. Katharina Labouré** «Mein Kind, das Kreuz wird verachtet werden, man wird es auf die Erde werfen und die Seite des Herrn erneut öffnen.» (Maria zu der Heiligen.) *Bete für die Feinde der Kirche*
Hl. Johannes der Täufer «Er muß zunehmen, ich aber abnehmen.» *Bete für die Propheten von heute*	**Hl. Vincenz von Paul** «Du brauchst den Armen, dem du hilfst genauso, wie er dich braucht.» *Bete um die Gabe des Mitleidens*
Hl. Antonius von Padua «Man bringt die Menschen dazu, Gott zu lieben, indem man so liebt, wie er liebt.» *Bete für die Ungläubigen*	**Hl. Nikodemus** «Ich bin für die verlorenen Schafe Israels gekommen.» *Bete für die Erleuchtung des Volkes Israel*
Hl. Don Bosco «Die Jugendlichen sind meine große, meine allergrößte Hoffnung. Aber viele von ihnen suchen das Glück dort, wo es verloren geht.» (Maria in Medjugorje.) *Bete für die Jugendlichen*	**Hl. Katharina von Genua** «Liebe Kinder, ich bitte euch, Tag für Tag für die Armen Seelen im Fegfeuer zu beten. Dadurch erhaltet auch ihr Fürsprecher, die euch in eurem Leben helfen können!» (Maria in Medjugorje) *Bete für die Seelen im Fegefeuer*
Sel. Anton Maria Schwartz Wien (17. Sept.) «Wir müssen mehr beten; wir beten immer noch zu wenig!» *Bete für die Entstehung vieler neuen Gebetskreise*	**Sel. Otto Neururer (13. Aug.)** «Euer Ja sei ein Ja, euer Nein ein Nein; alles andere stammt vom Bösen.» (Mt 5,37) *Bete um eine Erneuerung des Empfangs des Ehesakramentes in der Kirche*

Maria, Königin des Friedens «Ich brauche dich. Du bist wichtig für mich!» (Maria in Medjugorje.) *Bete für den Plan Mariens in Medjugorje*	**Hl. Dominikus (Frankreich)** «Mein Gott, was wird aus den Sündern werden? Mein Gott, hab Erbarmen mit den Sündern!» *Halte Fürsprache für die verhärteten Herzen*
Hl. Veronika «Es ist dein Antlitz, Herr, das ich suche!» *Tröste Jesus in der Anbetung*	**Charles de Foucault** «Mein Vater, ich überlasse mich Dir ganz. Mach mit mir, was Dir gefällt!» *Bete für die Bekehrung der Sünder*
Hl. Mechthild «Ich sage dir, kein Sünder ist so arg, daß, wenn er wahrhaft bereut, Ich ihm nicht zur selben Stunde all seine Schuld vergebe und mein Herz mit so viel Huld und Milde über ihn neige, als hätte es wie gefehlt.» *Ich bete für die Menschen im Gefängnis*	**Selige Sr. Faustyna** «Du wirst große Dinge tun, wenn du dich vollständig meinem Willen überläßt. "Es geschehe mir nicht, wie ich will, sondern nach Deinem Willen, o Gott." Wisse, daß diese Worte, wenn sie aus ganzem Herzen gesprochen werden, die Seele in einem Augenblick zum Gipfel der Heiligkeit bringen.» (Jesus zu Sr. Faustyna.) *Bete für die von Satan versuchten Priester*
Sel. Bernhard Lichtenberg (5. Nov.) «Die Sorge der anderen sind auch meine Sorgen.» *Ich bete für heute verfolgte Juden*	**Hl. Gertrud von Helfta (17 Nov.)** «Gottes Herz trösten.» *Jesus auf dem Kreuzweg betrachten und für Ostdeutschland beten*
Sel. Anton Maria Schwartz Wien (17. Sept.) «Ich will lieber durch Liebe als durch Härte fehlen.» *Ich bete für alle, die in der Kirche ein Hirtenamt innehaben*	**Francisco von Fatima** «Ich denke an Gott, der so traurig ist wegen der vielen Sünden! Es tut mir so weh, daß er traurig ist! Ich bringe ihm so viel Opfer wie ich kann. Wenn ich ihn nur trösten könnte!» *Bete für die Kinder*

Botschaft vom 25. November 1994

«Liebe Kinder! — Heute rufe ich euch zum Gebet auf. Ich bin mit euch und liebe euch alle. Ich bin eure Mutter und wünsche, daß eure Herzen meinem Herzen ähnlich sind. Meine lieben Kinder, ohne Gebet könnt ihr nicht leben und sagen, daß ihr mir gehört. Das Gebet ist Freude. Das Gebet ist das, was das menschliche Herz wünscht. Deshalb, meine lieben Kinder, nähert euch meinem unbefleckten Herzen, und ihr werdet Gott entdecken. Danke, daß ihr meinem Ruf gefolgt seid.»

Etwas zum Schmunzeln

Ein kleines, sechsjähriges Mädchen erfährt, daß es den Himmel, das Fegefeuer und die Hölle gibt. Sie versteht alles: nach dem Tod kommt man an einen dieser drei Orte, und es ist wichtig, viel zu beten, damit alle Menschen sich den Himmel aussuchen.

Am nächsten Tag kommt man in der Familie wieder auf dieses Thema zu sprechen, und sie verkündet:

— Also, ich bete immer für drei Sachen!

— Für welche denn, mein Liebling?

— Also ich bete, daß niemand in die Hölle kommt, wenn er tot ist; und ich bete auch für die, die im Fegefeuer sitzen, daß sie schnell herauskommen und in den Himmel gehen...

— Das sind jetzt aber erst zwei Sachen. Was ist die dritte?

— Das dritte, also das ist, daß ich für die Leute im Himmel bete, daß sie auch dort bleiben!

* * *

Vicka hatte mir erzählt, daß am Karfreitag 1982 Jesus als Erwachsener zusammen mit der Gospa erschienen war. Ich stellte ihr also ein paar Fragen zu dieser Erscheinung, unter anderem folgende:

— Was für eine Farbe haben Jesu Haare und Augen?

— Er hat braune Haare, sie sind ein bißchen gelockt, und er trägt einen Mittelscheitel. Seine Augen sind auch braun.

— Seine Augen sind braun? Super! So wie meine!

Da schaut sie mir tief in die Augen und sagt nach eingehender Beobachtung:

— Nein, viel schöner als deine!

* * *

Man kann Vicka nichts vormachen, und wenn jemand es übertreibt, kann sie explodieren! Vor ihrer Krankheit reagierte sie sehr heftig, manchmal stürmisch. Jetzt ist sie die Geduld in Person.

1981, als die kommunistischen Machthaber die Pfarrei auf tausenderlei Weisen verfolgten, wurden die Seher nach Ljubuski vorgeladen, um sie dort von neuem psychologischen Tests zu unterziehen. Man wollte feststellen, ob sie «normal» seien oder nicht...

Man setzt sie alle an einen Tisch und legt vor jeden von ihnen ein Blatt Papier, auf dem ein Tisch mit nur drei Beinen zu sehen ist. Der Seher soll dann folgende Frage beantworten: «Was fehlt diesem Tisch?» Marija schrieb sorgsam: «Es fehlt ein Bein», und die anderen Seher tun desgleichen... außer Vicka, die wütend ist, daß man sie einmal mehr für dumm verkauft und das Blatt aufgebracht zerknüllt und in ein Eck wirft. Niemand wollte mir den Wortschwall wiederholen, der in diesem Moment aus ihrem Mund kam.

Aber das war nicht ganz umsonst... Marija erklärte neulich lachend einer Pilgergruppe: «Wir sind die Einzigen im Dorf, die ein medizinisches Attest besitzen, das uns bescheinigt, daß wir normal sind!»

* * *

In der Messe hören Lucie (4 Jahre) und Vincent (5 Jahre) ganz brav den Gebeten zu. Plötzlich dreht sich Lucie zu ihrem großen Bruder um und fragt ihn:

— Vincent, was heißt das «*Herr, erbarme dich*»?

Der große Bruder ist sich seiner Überlegenheit auf religiösem Gebiet voll bewußt und gibt seiner Schwester zu verstehen, daß ihre Frage naiv ist.

— Das heißt «*Kyrie Eleison*», das ist doch ganz einfach!

— Aha! antwortet die kleine Schwester ganz beruhigt!

* * *

Eines abends hatten wir das Glück, zu ganz wenigen bei Marija zu sein, und sie begann, uns *aus der Vergangenheit* zu erzählen.

— Am Anfang waren wir (Seher) bei den Erscheinungen fast immer zusammen, außer Mirjana, die die Woche über in Sarajevo blieb. Aber ich muß sagen, daß wir Vickas Gegenwart ein bißchen fürchteten, weil...

Das Ganze spielte sich nämlich folgendermaßen ab: die Gospa erschien und grüßte uns, dann segnete sie uns, indem sie die Hände über uns ausstreckte; danach kam der Zeitpunkt, an dem wir mit ihr reden konnten. Und da fing, immer in der selben Reihenfolge, Ivan als erster an: «Ich vertraue dir alle Anliegen der Pilger an, die heute gekommen sind, und auch die Kranken und die Wünsche der anderen Menschen.» Dann ergriff Ivanka das Wort und sagte: «Auch ich vertraue sie dir an», und dann war Jakov dran: «Ich auch», und ich selbst sagte schließlich «Ich auch.» Doch dann ergriff Vicka das Wort und stürzte sich in eine endlos lange Rede, in der sie der Gospa alle Details der Lebensgeschichten erklärte, die sie kennengelernt hatte... «Und ich will dir die italienische Dame anvertrauen, die heute morgen gekommen ist; verstehst du, ihr Sohn ist sehr krank, er wird vielleicht sterben und seine Frau ist deshalb depressiv. Außerdem haben sie kein Geld mehr, um das Haus abzuzahlen, so daß der Besitzer sie hinauswerfen will... Es wäre gut, wenn Du den Mann heilen würdest, weil dann seine Frau auch gesund werden würde, das ist ja klar, und wer weiß, hinterher könnte er wieder Arbeit finden... und ich vertraue dir auch Iva an, die schon 94 Jahre alt ist und nicht mehr gut sieht. Sie müßte jemanden finden, der ihr hilft, denn gestern ist sie hingefallen und hat sich das Knie aufgeschlagen. Ich bin zufällig dazugekommen, wenn du das Blut gesehen hättest, das tat einem echt leid, so eine arme, verlassene Alte, du könntest doch etwas für sie tun, vor allem weil sie viel betet, das ist nicht so wie jemand der...»

Kurzum, fährt Marija fort, sobald Vicka anfing wußten wir, daß wir keinerlei Chance mehr hätten, mit der Heiligen Jungfrau zu reden. Dann war die Erscheinung vorbei, und wir haben nichts sagen können...

Nun, eines Tages, als sich diese tägliche Szene wie gewohnt abspielte, erzählte Vicka der Gospa ein sehr langes Anliegen und sie sprach sehr schnell. Mitten in einem Satz mußte sie dann tief Luft holen, um weiterreden zu können... die Gospa nützte diese günstige Gelegenheit, um «*Oce nas*» zu sagen, das «*Vaterunser*», das immer am Ende der Erscheinung steht. «im Himmel...» fuhren die anderen Seher fort, während Vicka die Luft ausatmete, die sie zur Fortsetzung ihrer Geschichte geholt hatte...

Ja, im Himmel hat man viel Humor! Das mag so manche beruhigen...

* * *

Hier noch ein Medjugorje-Rätsel: Warum ist die Gospa noch nie Pater Slavko erschienen?

Weil er, sobald er drei Lichtblitze sieht, ausruft: «Nicht Photos! Nur beten!» (sic!)

Botschaft vom 25. Dezember 1994

«Liebe Kinder! — Heute freue ich mich mit euch und bete mit euch für den Frieden: den Frieden in euren Herzen, den Frieden in euren Familien, den Frieden in euren Wünschen, den Frieden in der ganzen Welt. Möge der König des Friedens euch heute segnen und den Frieden schenken.

Ich segne euch und trage jeden von euch im Herzen. Danke, daß ihr meinem Ruf gefolgt seid!»

Vicka, ein Spezialfall...

Dazu bedarf es keiner Volksbefragung! Von den sechs Sehern ist Vicka bei weitem die beliebteste, sowohl bei den Dorfbewohnern, als auch bei den Pilgern. Bei jedem Wetter, im Sommer wie im Winter, steht sie in der Gartenlaube ihres elterlichen Hauses und wiederholt den Pilgern aus aller Herren Länder unermüdlich die wichtigsten Botschaften der Gospa. Wer hat nicht in der Begegnung mit ihr diese Freude des Himmels gefühlt, die sie in jedem Augenblick an der Quelle schöpft, indem sie sich ununterbrochen in den Dienst ihrer lieben Gospa stellt? Seitdem sie so schwer krank war (und auf wunderbare Weise geheilt wurde), hat Vicka eine andere Regelung für ihre Erscheinungen, denn die Heilige Jungfrau erscheint ihr zu einer anderen Zeit als den übrigen Sehern, in der Regel etwas früher und viel länger. Wenn Vicka einen vollen Tag vor sich hat oder vorhat zu verreisen, erscheint die Heilige Jungfrau ihr manchmal früh am Morgen.

Vickas Verfügbarkeit und ihr Empfang sind legendär, aber paradoxerweise wird niemand zu ihren Erscheinungen zugelassen, die privat bei ihr zu Hause stattfinden, wie auch bei ihrem Vetter Jakov. Aus welchem Grund? Ich weiß es nicht, denn Vicka antwortet als gute Kroatin auf jede (sinnlose!) Frage dieser Art lächelnd: «Das ist eben so!»

Neulich versetzte sie mich aber doch in Erstaunen. Ich kam gerade vom Hügel herunter und nützte die Gelegenheit, um bei ihr vorbeizugehen und zu schauen, ob sie da war, weil ich sie etwas fragen wollte. Sie war gerade von einer kroatischen Dame «belagert», die ihr ohne Ende all ihr Unglück wieder und wieder erzählte, so daß Vicka kaum Zeit hatte, von Zeit zu Zeit ein «Ich werde das der Gospa anvertrauen» in einem Ton einzuschieben, der deutlich sagte, daß es jetzt genug sei. Meine Ankunft war ihre Befreiung, und ich fragte sie:

— Hat die Gospa die Pilger eingeladen, sich heute abend Ivans Gebetsgruppe anzuschließen? (Wenn Ivan nicht da ist, wird er manchmal von Vicka vertreten.)

— Nein heute abend nicht, sagte Vicka und breitete die Arme aus, wohl bewußt, daß diese Antwort mich enttäuschte. Da nahm ich ihre Hände und spielte den Hanswurst, indem ich das Herz mimte, dem man einen Korb gegeben hat...

— Da haben wir es, die Gospa liebt uns nicht mehr, sie will uns nicht mehr sehen! Mehrere Wochen lang hat sie uns schon nicht mehr eingeladen, sie hat genug von uns; womöglich werden wir nie mehr eingeladen...!

Vicka brach in schallendes Gelächter aus und sagte mir:

— Warte mal, ich habe eine Überraschung für dich!

Da es kurz nach Weihnachten war, dachte ich, sie wolle mir eine Packung Pralinen geben, die ihr Pilger gebracht haben, und die die Kroaten nicht besonders mögen. Aber nein, sie gab mir ein Zeichen, mit ihr wieder in Richtung Hügel zu gehen und nahm mich mit in das Haus ihrer Eltern, in den *Raum im Obergeschoß*. Da erst begriff ich: es war bald die Stunde ihrer Erscheinung, und sie wollte, daß ich bei ihr bliebe. Unglaublich! Es war das erste Mal, daß sie mich spontan einlud.

— Vicka, eine solche Überraschung habe ich nicht erwartet das ist ein wunderbares Weihnachtsgeschenk!

— Tja, ich bin eben auch für Überraschungen zu haben, erwiderte sie im Tonfall eines schelmischen Kindes.

Wir begannen mitten in einem unbeschreiblichen Durcheinander, den Rosenkranz zu beten. Der ganze Raum um die Statue Unserer Lieben Frau von Lourdes herum glich einer Räuberhöhle... Taschen voller — nicht Perlenketten, sondern — Rosenkränze, die gesegnet werden sollten, Halskettchen mit Medaillen, kleinen Statuen in allen Größen, Farben und Geschmacksrichtungen, Hochzeitsanzeigen,

Photos aus der ganzen Welt, Kruzifixe, «hl. Josephs» und «hl. Ritas», «Kleine» und «Große» hl. Theresias, «Pater Pios», Bibeln und vor allem beeindruckende Stöße von Briefen — Liebes- und Bittbriefe an die Gospa — in denen alle Formen menschlichen Leidens beschrieben und ihr anvertraut waren. (Bei jeder ihrer Erscheinungen segnet die Heilige Jungfrau die religiösen Gegenstände und betet mit dem Seher für die Anliegen, die ihm die Pilger anvertrauen.)

Vicka bewegte sich mit großer Gewandtheit in ihrem Reich, während ich genau aufpassen mußte, wo ich meine Füße hinsetzte, um nicht aus Versehen auf ein «Jesuskind» zu treten, das da auf den Boden gerutscht war...

Am Ende des Rosenkranzes, stand Vicka vor der Statue, neben der die Gospa erscheinen würde, und begann die *sieben Vaterunser...* . Im Bruchteil einer Sekunde erhellte sich ihr Gesicht in einem unbeschreiblichen Lächeln, und ihre verzückten Augen schauten unverwandt auf die, die gerade angekommen war. Im selben Moment fiel sie jäh auf die Knie, und der dumpfe Aufschlag ließ mich denken, daß die armen Knie einen gewaltigen Stoß bekommen hatten... die Extase hatte begonnen, sowie eine sehr lebhafte Unterhaltung, die 17 Minuten dauerte. Man hätte meinen können, daß Vicka nur auf diesen Moment gewartet hatte, um ihrer so zärtlich geliebten Mutter eine Menge Dinge zu erzählen, die ihr am Herzen lagen. Ich fragte mich sogar — man möge mir verzeihen — wie die Gospa da noch zu Wort kommen konnte...!

In meinem Glück schloß ich die Augen, um in meinem Herzen meinerseits den Besuch zu empfangen, den die Heilige Jungfrau mir an jenem Tag auf so besondere Weise schenkte. Einmal mehr war ich zutiefst ergriffen (daran gewöhnt man sich nie!) zu sehen, wie die erhabenste göttliche Wirklichkeit unsere armselige Menschlichkeit berührt! Sie ist da. Sie hat den Himmel geöffnet, um zu dieser heutigen Verabredung bei den Ivankovics zu kommen, und dieser eiskalte, unaufgeräumte Raum wird zu einem Tabor. Unsere armseligen Herzen werden zu Festpalästen!

— Die Gospa hat uns gesegnet, erklärt mir Vicka nach der Erscheinung, und sie hat mit uns gebetet. Sie bittet uns, für ihre Anliegen zu beten und besonders für einen Plan, den sie gerade verwirklicht.

— Und wie war ihr Gesicht?

— Freudig, voller Freude!

Wir trennen uns schweigend, denn wir müssen im Tiefsten unseres Herzens verborgen das Glück freisetzen, daß die Mutter unseres Herrn zu uns kam...

An diesem Glück werden mehrere Kranke noch am selben Abend teilhaben, denn bevor Vicka schlafen geht, hat sie noch eine große Runde im Dorf zu machen. Für die Leidenden hat sie auch Überraschungen bereit![117]

117 Es gibt ein ausgezeichnetes Buch von Pater Janko Bubalo, in dem er Vicka interviewt: «Ich schaute die Gottesmutter», Miriam-Verlag, 1986.

Rückblick auf 1994

18. März: Mirjanas jährliche Erscheinung:

«Liebe Kinder, heute ist mein Herz voller Glück. Ich möchte gern, daß ihr euch jeden Tag so ins Gebet begebt wie heute, an diesem großen Gebetstag. Nur so kommt man zum wahren Glück, das Seele und Leib wirklich erfüllt. Als Mutter wünsche ich, euch dabei zu helfen, erlaubt es mir. Von neuem sage ich euch: öffnet mir eure Herzen und laßt mich euch führen. Mein Weg führt zu Gott. Ich rufe euch auf, euch zusammen auf den Weg zu machen, denn ihr seht ja selbst, daß wir mit unserem Gebet alles Böse zerstören. Laßt uns beten und hoffen.»

25. März: Msgr. Hnilica feiert in Medjugorje den 10. Jahrestag der Weihe der Welt und Rußlands an das Unbefleckte Herz Mariens.

15. April: Ivan nimmt an einem Hilfskonvoi von London nach Medjugorje teil. Er hat seine Erscheinungen vor mehreren «Ungläubigen» und Protestanten...

2. Mai: Vickas große Reise durch Kanada. In Quebec hat sie ihre Erscheinung in der Kirche von Saint-Roch vor 2000 Personen; so bricht sie mit ihrer Gewohnheit, die Gospa alleine zu empfangen.

Mai/Juni: Dreharbeiten für den Film «*Gospa*» in Medjugorje... kein großer Erfolg!

14. Juli: Geburt von Michaele Lunetti, Marijas erstem Kind.

17. Juli: Hochzeit von Milka Pavlovic, Marijas Schwester und Seherin des ersten Tages der Erscheinungen.

24. August: 7000 Personen sind in Beauraing (Belgien) um Ivan versammelt. Msgr. Léonard bezeugt dabei seinen Glauben an die Erscheinungen von Medjugorje.

11. September: Der Heilige Vater ist in Zagreb. (Er wird daran gehindert, nach Sarajevo zu kommen.) Marija hat ihre Erscheinung unauffällig in der Kathedrale.

23. Oktober: Ivans Hochzeit in Boston (USA) mit Laureen Murphy.

6. Dezember: Kardinal Vinko Puljic kommt nach Medjugorje mit dem Ziel, seiner Stadt Sarajevo humanitäre Hilfe zukommen zu lassen.

Dezember: Pater Jozo wird seiner Funktion als «Guardian» seines Klosters enthoben, und beginnt lange Predigtreisen auf der ganzen Welt.

Das Jahr 1995

Botschaft vom 25. Januar 1995

«Liebe Kinder! — Ich lade euch ein, die Türe eures Herzens zu öffnen, wie die Blume sich der Sonne öffnet. Jesus möchte eure Herzen mit Frieden und Freude erfüllen. Ihr könnt, meine lieben Kinder, den Frieden nicht verwirklichen, wenn ihr nicht mit Jesus im Frieden seid. Deshalb lade ich euch zur Beichte ein, damit Jesus eure Wahrheit und euer Friede sei.

Meine lieben Kinder, betet, daß ihr Kraft habt, zu verwirklichen, was ich euch sage. Ich bin mit euch und liebe euch. Danke, daß ihr meinem Ruf gefolgt seid!»

Ich war mit Pickeln übersät

Diese Botschaft erinnert mich an die Geschichte von Pascal D., der damals sehr weit weg von Medjugorje lebte. Und auch sehr weit weg vom Herrn, zum großen Kummer seiner Frau. Dabei hatte er den klassischen Weg eines katholischen Kindes durchlaufen: Taufe, Erste heilige Kommunion, Firmung, kirchliche Trauung, aber «kein Aha-Erlebnis, es herrschte völlige Funkstille», erklärt er, «Gott ließ mich in Ruhe, und ich ihn auch». Die Frömmigkeit seiner Frau ging ihm eher auf die Nerven, als daß sie sonst irgendetwas bewirkt hätte.

Im Januar 1994 hört er als neugieriger Skeptiker in Versailles einen Vortrag über Medjugorje, aber im Stillen hofft er etwas über die Zukunft der Menschheit zu erfahren, denn er hatte von diesen berühmten «Geheimnissen» gehört. In diesem Punkt wurde es eine totale Enttäuschung! Die Schwester (ratet mal, wer!) verlor kein Wort darüber.

Pascal kommt mit dem Buch *«Medjugorje, Worte des Friedens»* und zwei Kassetten über Medjugorje wieder nach Hause: «Die Gnade war eingedrungen, und ich war schon im Grund meines Herzens verwandelt, ohne daß ich mir dessen bewußt war», wird er später sagen.

— Ich habe also *«Medjugorje, Worte des Friedens»* gelesen, und im Gefolge dieser Lektüre hat sich alles verändert, schrieb er mir später. Bei allem, was die Heilige Jungfrau für uns getan hatte, wollte ich meinerseits eine ihrer drängendsten Bitten erfüllen und ihr auch etwas schenken. Ich beschloß also, beichten zu gehen. Ich will Ihnen lieber nicht sagen, Schwester, was für eine Menge Scheußlichkeiten der Priester an jenem Tag aus meinem Munde hören mußte. Dreißig Jahre Sünden! Diese Beichte zog viele Veränderungen in meinem Leben nach sich, ich lernte beten, auch den Rosenkranz, und zum größten Staunen meiner Frau ging ich in einen Gebetskreis (zuvor durfte man mir damit gar nicht kommen!). Was die Messe anbetrifft, so ging ich nicht nur sonntags hin, sondern oft auch wochentags. Ich ging nicht nur hin, ich rannte hin! Bei jeder Messe empfand ich eine große Freude tief in meinem Herzen.[118]

Aber ich muß sagen, daß mir nach dieser Beichte etwas Eindrucksvolles passiert ist: seit neun Jahren war ich von einer Hautkrankheit befallen, die ständig fortschritt. Ich litt an eitriger Akne mit Entzündungen. Mein Gesicht und meine Brust waren von Pickeln übersät. Es waren mehr als Pickel, es wurden Eiterbläschen! Wenn ein Pickel verschwand, kam sofort der nächste, so daß mein ganzes Gesicht von Narben gezeichnet war. Die Ärzte hatten viele verschiedene Behandlungen ausprobiert, aber nichts half. Nach dem Sakrament der Versöhnung verschwanden die Pickel einer nach dem anderen vollkommen, bis keinerlei Spur mehr übrig war (abgesehen von einigen wenigen, kaum sichtbaren Narben).

Am Arbeitsplatz fragten mich meine Kollegen:

— Hast du einen neuen Hautarzt?

— Ja, ich habe den Besten!

Ich habe mich Maria geweiht. Das bedeutete viele Entsagungen im Vergleich zu meinem früheren Leben! Der Haß, den ich anderen gegenüber empfand, ist völlig verschwunden. Selbst wenn es geistliche

118 Der heilige Pfarrer von Ars sagte: «Die Heiligen haben nicht immer gut angefangen, aber sie haben alle gut geendet.»

Kämpfe gibt, lebe ich wunderbare Stunden und halte mich an der Gospa fest wie ein Kind, das seine Mutter wiedergefunden hat. Was für ein Unterschied im Vergleich zu meinem alten Leben!

Botschaft vom 25. Februar 1995

«Liebe Kinder! — Heute lade ich euch ein, Missionare meiner Botschaften zu werden, welche ich hier durch diesen Ort, der mir lieb ist, gebe.

Gott hat mir erlaubt, so lange mit euch zu bleiben. Deshalb, meine lieben Kinder, lade ich euch ein, mit Liebe die Botschaften zu leben, die ich euch gebe und daß ihr sie der ganzen Welt überbringt, so daß der Fluß der Liebe in das Volk voll Haß und Unfrieden fließt.

Meine lieben Kinder, ich lade euch ein, daß ihr Friede werdet, wo Unfriede herrscht und Licht, wo Finsternis ist, so daß jedes Herz das Licht und den Weg des Heiles annimmt. Danke, daß ihr meinen Ruf gefolgt seid!»

Es gibt eine Zeit zum Umarmen

Es ist 4 Uhr, und ich gehe in dem kleinen Zimmer auf und ab, das meine amerikanischen Freunde für mich in ihrem Haus in Notre-Dame ganz in der Nähe der Universität hergerichtet haben. Seit zwei Wochen nehme ich immer wieder meinen Papierblock zur Hand, versuche, ein paar Zeilen zu schreiben und lege ihn erbärmlich wieder hin, denn mein Kopf ist leer. Ich kann weder beten, noch lesen, noch schreiben, und in meiner Verwirrung kann ich nur immer wieder an Maria denken und mir dabei sagen: «Sie hat mich noch nie verlassen... Sie hat mich noch nie verlassen... Sie wird dich morgen auch nicht verlassen...»

Morgen muß ich vor 5000 Menschen über das Gebet sprechen, mein Name steht auf dem Programm, es ist also nichts mehr daran zu ändern, ich muß hingehen. Meine Freunde der «*Queen of Peace*» (Königin des Friedens) haben mich wieder eingeladen, weil ihnen mein Vortrag vom letzten Jahr so gut gefallen hatte, und sie sind ganz glücklich, daß ich da bin... Wenn sie wüßten, in welch fürchterlichem Zustand ich mich befinde! Der Herr läßt diese Prüfung zu, in der ich nichts Geistliches mehr empfinde; ich weiß, daß das vorübergehen wird, aber ich muß in diesem Zustand auf das Podium steigen... das ist ein Graus! Es ist fast schon Zeit zum Abendessen, bald wird es dunkel werden, und ich habe immer noch nichts Interessantes gefunden, was ich morgen sagen könnte. Mein Freund Denis kommt ganz glücklich herbeigestürmt:

Sister! Ich habe eine super Botschaft für das Gebet gefunden, schreib sie auf, du mußt sie vorlesen, sie faßt das ganze Herz der Gospa zusammen...

Das Problem ist nur, daß er mir schon zehnmal Botschaften gegeben hat, die ich vorlesen soll, eine schöner als die andere. Ich häufe sie todtraurig an, denn ich habe noch immer keinen roten Faden für das, was ich sagen soll. Ich kritzle ein paar Zeilen hin, die mir schmerzlich nichtssagend scheinen. Mein Gehirn mit den armen grauen Zellen, die sich darin erbärmlich abmühen, zeigen keinerlei Ausschlag.

Ich gehe ins Bett, kann aber nicht schlafen, weil ich die ganze Nacht auf den Moment laure, in dem mein schlimmster Feind (mein Wecker) mir anzeigen wird, daß die Stunde geschlagen hat, in die Arena zu gehen.

Es ist 9 Uhr. Es ist soweit, ich bin in der Arena. Ich bin um 9.30 Uhr dran, nach dem Gebet des Freudenreichen Rosenkranzes. Die innere Trockenheit umfängt mich unentwegt, so wie der Frost an einem siberischen Baum hängt. Ich probiere es mit einer letzten Erpressung des Herrn:

— Wenn du mir nicht hilfst, dann werden 5000 hungrige Seelen in ihren Erwartungen enttäuscht. Es sind schließlich DEINE Kinder. Aber stell dir all diese Seelen vor, die du erfüllen wirst, wenn du mir deine Salbung gibst!

Im Tiefsten meines Herzens, jenseits des Lampenfiebers, weiß ich, daß er mir seine Salbung nicht verweigern kann.

Als der Leiter mich nach amerikanischer Manier in überschwenglichen Worten ankündigt, schaue ich in die Menge, die wild applaudiert[119], und ihr Vertrauen berührt mich. So gehe ich ans Mikrophon allein mit dem Glauben, daß die Gospa mich an der Hand hält.

---

119 Ich erzähle dieses Ereignis, weil vielen Zuhörern nicht im mindesten klar ist, was für ein unglaubliches Abenteuer die Prediger oder Zeugen des Evangeliums auf sich nehmen. Es ist gut, den Schleier zu lüften, und ein bißchen hinter die Kulissen zu schauen, damit sie die schwachen Instrumente, die wir sind, im Gebet tragen!

Die Worte fließen ohne allzu große Schwierigkeiten, und nach etwa 20 Minuten beginne ich, ein Ereignis aus meinem eigenen Leben zu erzählen, das noch aus der Zeit stammte, als ich nicht bekehrt war, und das die große Bedeutung des Gebetes verdeutlichen sollte. Als ich den überraschenden Ruf Jesu schilderte, der mich mit 25 Jahren dazu brachte, ihm nachzufolgen, schmilzt mein Herz plötzlich in mir dahin, und die fühlbare Liebe, die mich dabei umfing, ließ mich alle Selbstbeherrschung verlieren. Meine Kehle war wie zugeschnürt, ich brachte kein Wort mehr heraus! Tränen steigen mir in die Augen, Tränen der Liebe zwar, aber dennoch hindern sie mich daran, weiterzusprechen. So vergehen lange Sekunden, und diese völlig unvorhergesehene Stille verstärkt nur noch die Aufmerksamkeit dieser 5000 Herzen, die mir zuhören. Was ist geschehen? Ich weiß es: Gott ist vorübergegangen. Seine Salbung der Liebe breitet sich auf die ganze Versammlung aus, und es ist, als sei die Zeit stehengeblieben. Ich habe das Bedürfnis in mir, hinzuknien und anzubeten. Ich halte mich am Rednerpult fest, denn die Freude, die mich umfängt, könnte mich sogar aus dem Gleichgewicht bringen.

Nach und nach wird meine Kehle wieder frei, und ich sage ganz dumm: «I'm sorry, I'm sorry.»[120] Dann nehme ich meine Rede über das Gebet wieder auf und führe sie normal zu Ende.

Natürlich stürzten alle vor, um mir zu sagen, daß der gesegnetste Augenblick derjenige war, in dem ich nicht mehr weitersprechen konnte! Später, als ich mich von der Menschenmenge entferne, um mich etwas zu erholen, treffe ich eine deutsche Dame, die mir große Zeichen macht:

— Ich habe darum gebetet, Ihnen zu begegnen! Ich muß Ihnen etwas sagen!

Dann erzählt sie mir, daß sie vorher in der Versammlung war. Während sie mir ruhig zuhörte, sah sie Jesus, wie er sich mir ganz sanft näherte, so als wolle er mich in die Arme nehme. Und je mehr er mich an sein Herz drückte, desto mehr verlor ich die Selbstbeherrschung. Das dauerte eine gewisse Zeit, solange, wie ich nicht reden konnte. Dann zeigte er mir sein Kreuz und sagte mir etwas.

120 «Es tut mir sehr leid, es tut mir sehr leid!» (englisch).

Ich schaute diese völlig unbekannte Frau an (nur meine Freunde kennen sie) und höre ihr nur mit halbem Ohr zu, denn ich hüte mich vor Visionen. Oft ist viel Menschliches in dem, was die Leute erzählen, daher nehme ich diese Privatoffenbarung nicht für bahre Münze, es sei denn, daß diese etwas bestätigen, was mir der Herr noch auf andere Weise gezeigt hat. Nun entsprechen die Worte Jesu, die sie mir gerade gesagt hat, wörtlich denen, die er seit drei Wochen in mein Herz gelegt hat, und die ununterbrochen im Gebet wiederkommen, wie eine immer wieder auftretende Grundsee.

— Ach, hat er das wirklich gesagt?

— Ja, und er schien ganz glücklich.

Die Richtigkeit dieser Worte, die die Dame berichtete, ließ mich annehmen, daß auch der Rest der Vision wohl wirklich war. Denn ich hatte niemandem gesagt, was in meinem Herzen vor sich gegangen war.

Als ich an jenem Abend endlich allein vor dem Allerheiligsten war, dankte ich Jesus, aber tadelte ihn auch ein wenig:

— Bitte, mach nie mehr so etwas vor solchen Menschenmengen! Es gibt eine Zeit zum Umarmen![121]

Aber ich weiß wohl, Gott ist Gott, und er wird immer tun, was er will, zu der Stunde, die er will...

---

121 «Es gibt eine Zeit zum Umarmen und eine Zeit, die Umarmung zu lösen», Kohelet 3,5.

Botschaft vom 25. März 1995

«Liebe Kinder! — Heute lade ich euch ein, den Frieden in euren Herzen und in euren Familien zu leben. Es gibt keinen Frieden, meine lieben Kinder, wo man nicht betet, und es gibt keine Liebe, wo kein Glaube ist.

Deshalb, meine lieben Kinder, lade ich euch alle ein, daß ihr euch heute von neuem für die Umkehr entscheidet. Ich bin euch nahe und lade euch, meine lieben Kinder, alle in meinen Schoß ein, um euch zu helfen. Ihr aber wünscht es nicht, und deswegen versucht euch Satan, und ihr verliert den Glauben auch in den kleinsten Dingen. Deshalb, meine lieben Kinder, betet und durch das Gebet werdet ihr den Segen und den Frieden haben. Danke, daß ihr meinem Ruf gefolgt seid!»

Ich hatte eine jämmerliche Gewohnheit...

Die Gospa ist eine echte Mutter: sie ist nicht zimperlich, wenn es darum geht, die fauligen Ansammlungen aus unseren Herzen zu entfernen, die uns unbemerkt von innen her vergiften, und die — vom Himmel aus betrachtet — einen unerträglichen Gestank hervorbringen müssen. Den Gestank der Sünde nämlich, den mehrere Heilige, wie Katharina von Siena, körperlich riechen konnten; und manchmal so stark, daß sie davon in Ohnmacht fielen. Zur Stunde der großen, letzten Erhellung, werden diese beschämenden Bereiche unseres Wesens ans Tageslicht kommen... au weh! Es ist besser, vorher mit ihnen abzuschließen, solange noch Zeit ist, und dabei ist Maria die vollendete Verbündete des Priesters.[122] Vor allem ist sie ausgezeichnet im Aufspüren unserer Sünden, aber als gute Therapeutin läßt sie es damit noch nicht gutsein...

Das Zeugnis von Guillaume[123] ist nicht das Schlimmste, das wir erhalten haben, bei weitem nicht. (Die Tatsache, daß ich einen Schleier trage hält mich manchmal davon ab, das Schlimmste zu

122 Sie sagt: «*Liebe Kinder, ich bitte euch um Entsagungen, aber ich bin noch glücklicher, wenn ihr der Sünde entsagt, die in euch wohnt.*»

123 Es wird mit seiner Erlaubnis veröffentlicht.

veröffentlichen!) Aber es genügt, Guillaumes verborgene Schwäche mit 5, 10 oder 100 zu multiplizieren, um zu verstehen, bis zu welchem Grad die ganz Reine in unser Leben eingreift, um uns unsere Schönheit zurückzugeben.

Bei Guillaume war diese Gewohnheit so tief in ihm verwurzelt, daß sie zu einem unbewußten Automatismus geworden war. Es war stärker als er: sobald er eine Frau sah, schaute er sofort auf ihre Brust, um ihre Form zu mustern und ihre Größe einzuschätzen.

Nachdem er in Medjugorje bei einem Vortrag im «kleinen Wäldchen» gehört hatte, daß die Gospa jeden Tag die Erde besucht, um uns dabei zu helfen, mit dem Bösen zu brechen, kam ihm eine Idee. Er war auch durch meine eigene Heilung ermutigt worden, bat Maria, ihm zu helfen und beschloß, die *«24 Stunden der Gospa»* zu halten. Er versprach der Heiligen Jungfrau ein Geschenk, eine Anstrengung, ohne wirklich daran zu glauben, erklärte er mir später demütig: 24 Stunden lang wollte er auf diese «Blick-Manie» verzichten. Es gelang ihm fast ohne Aufwand, und seit jenem Tag erneuert er dieses Geschenk mit Freuden... er ist davon befreit!

«Dank sei Gott und der Gospa», schrieb mir Guillaume in der Freude ein anderer Mensch geworden zu sein! Dann fügte er noch folgendes Detail hinzu. «Ich muß Ihnen sagen, Schwester, daß ich 74 Jahre alt bin.»

Botschaft vom 25. April 1995

«Liebe Kinder! — Heute lade ich euch zur Liebe ein. Meine lieben Kinder, ohne Liebe könnt ihr weder mit Gott noch mit den Brüdern leben. Deshalb lade ich euch alle ein, eure Herzen der Liebe Gottes zu öffnen, die übergroß und offen für jeden von euch ist. Gott hat mich aus Liebe zu den Menschen unter euch geschickt, um euch den Weg des Heiles, den Weg der Liebe zu zeigen. Wenn ihr nicht zuerst Gott liebt, werdet ihr weder den Nächsten noch den, den ihr haßt, lieben können.

Deshalb, meine lieben Kinder, betet, und durch das Gebet werdet ihr die Liebe entdecken. Danke, daß ihr meinem Ruf gefolgt seid!»

Vergebung ohne Morphium

Meine Freundin Helga aus Mexico besitzt eine zweifache Gnade: ein leidenschaftliches Herz und einen erstaunlich wirkungsvollen Sinn für alles Praktische. Es war zu erwarten, daß sie eines Tages nach Medjugorje käme! Aber ich lasse sie selbst erzählen:

— Nach einer Novene zu Pater Pio[124] haben mir ein paar Freunde im September 1989 eine Reise nach Medjugorje geschenkt. Das war der Traum! Medjugorje ist wirklich das Vorzimmer des Himmels! Wenn man dort ankommt, hat man den Eindruck, endlich zu Hause zu sein, in unserem wahren Zuhause.

Während ich am 14. September zum Fest der Kreuzerhöhung inmitten von zehntausenden von Menschen auf den Krizevac stieg, machte ich die Erfahrung der Liebe Jesu auf ganz übernatürliche Weise. Ich konnte fühlen, wie sehr er uns während seiner Passion geliebt hat, und daß seine Liebe zu uns immer stärker aus seinem Herzen strömte, je mehr er leiden mußte. Ich hatte den Eindruck, als sei sein Herz vor Liebesfülle gebrochen; sogar noch bevor der römische Soldat es durchbohrte.

Am Tag meiner Abreise konnte ich mich nicht entschließen, Medjugorje zu verlassen, ich wollte für immer dableiben! Ich schluchzte

124 Eine Möglichkeit, die all jene sich merken sollten, die kein Geld zum Reisen haben.

hinter die Kirche und flehte Jesus an, mir zu erlauben, dazubleiben. Aber seine eigenen Worte drängten sich mir auf: *«Wer die Hand an den Pflug legt und zurückschaut, der ist des Reiches Gottes nicht würdig.»*

Als ich wieder in Mexiko war, wollte ich alle Gnaden leben, die ich in Medjugorje bekommen hatte und beschloß, alles so zu machen wie in Medjugorje: ich begann, jeden Tag alle drei Teile des Rosenkranzes zu beten, ganz regelmäßig beichten zu gehen, mich gut auf jede Eucharistie vorzubereiten, mittwochs und freitags bei Wasser und Brot zu fasten, die Bibel zu lesen und Anbetung zu halten. Mit einem Wort, ich hatte begonnen, die Botschaften zu leben!

Ich wollte auch alles lesen, was mit Medjugorje zu tun hatte, und so entdeckte ich eines Tages etwas Erstaunliches: Maria hatte in Jelenas Gebetsgruppe einmal das *Vaterunser* kommentiert! *«Ihr wißt nicht, wie man das Vaterunser betet»*, hatte sie ihnen gesagt. Sie hatte ihnen dann die Anweisung gegeben, eine Woche lang nur das *Vaterunser* zu beten, um zu lernen, es mit dem Herzen zu beten. Als sie damit anfingen, merkten die Jungendlichen, daß gewisse Sätze im *Vaterunser* für sie persönlich nicht stimmig waren, und sie sie daher nicht aus tiefstem Herzen beten konnten. Zum Beispiel konnten manche nicht ehrlich sagen: *«Dein Wille geschehe!»* und andere nicht: *«Vergib uns unsere Schuld, wie auch wir vergeben unseren Schuldigern...»*

Diese Geschichte berührte mich so tief, daß ich beschloß, vom nächsten Tag an auch eine Woche lang diese Erfahrung zu leben. Aber wie groß war mein Erstaunen, als ich feststellte, daß ich nicht einmal die ersten Worte dieses Gebetes mit dem Herzen beten konnte: *«Vaterunser...»* Ich versuchte es vergebens, es war mir unmöglich, Gott meinen Vater zu nennen. Ich begann also nachzudenken und erinnerte mich, daß mein Vater wegen der Scheidung meiner Eltern nicht um mich war, als ich ihn am meisten gebraucht hätte. Sehr schnell stieg in meinem Herzen ein echter Zorn gegen Gott auf, der es zugelassen hatte, daß ich keinen Vater gehabt hatte, und ich sagte ihm:

— Wie kannst Du von mir verlangen, Dich «Vater» zu nennen, wo ich doch nicht einmal weißt, was es heißt, einen Vater zu haben!? Du weißt genau, daß Papa uns verlassen hat, als ich sechs Jahre alt war, und daß ich ihn praktisch nicht kenne, weil er wieder geheiratet und sich nie mehr für uns interessiert hat.

Während dieser ganzen Woche machte ich Gott weiterhin Vorwürfe, aber gegen Ende der Woche konnte ich anfangen, Ihm zu verzeihen. Zuerst verzieh ich Gott, daß er erlaubt hatte, daß meine Eltern sich scheiden ließen. Dann bat ich ihn um die Gnade, meinen Eltern verzeihen zu können, daß sie nicht das Nötige getan hatten, um ihre Ehe zu retten, und schließlich bat ich ihn um die Gnade, meinem Vater verzeihen zu können, daß er uns verlassen hatte.

Am nächsten Tag in der Messe traute ich meinen Ohren nicht! Das Tagesevangelium war genau jenes, wo Jesus seine Apostel beten lehrt, indem er sagt: «Wenn ihr betet, sollt ihr sagen *Vaterunser...*» Im Auto auf dem Heimweg fühlte ich das dringende Bedürfnis, ganz laut und mit ganzer Kraft zu rufen. «Vaterunser! Ja, du bist auch mein Vater, mein geliebter Vater, mein Papa im Himmel, ich liebe dich, ich liebe dich ganz unbeschreiblich! Bitte verzeih mir, daß ich dich bis jetzt nie mit ganzem Herzen *Vater* genannt habe!»

Ich weinte, bis ich nicht mehr konnte und flehte zu Gott, meinem Vater, daß er mir erlauben möge, meinen irdischen Vater wiederzusehen, ihn nicht sterben zu lassen, bevor ich ihm nicht gesagt hätte, daß ich ihn liebe, daß ich ihm verzeihe, daß er uns verlassen hatte. Ich bat Gott, meinen beiden Schwestern dieselbe Gnade zu gewähren.

Fünf Jahre später hörte ich, daß mein Vater Krebs habe und sein Zustand kritisch sei. Mit meinen beiden Schwestern gingen wir ihn besuchen, und wir konnten diese Besuche drei Monate lang jeden Tag wiederholen. Wir baten uns gegenseitig um Verzeihung, und mein Vater bat meine älteste Schwester sogar darum, meiner Mutter zu sagen, wie sehr er sich Vorwürfe mache wegen des Leides, das er ihr zugefügt hatte, als er sie verließ. Er bat sie, ihm zu verzeihen. Bei jedem meiner Besuche, erzählte ich ihm von Gott und von der Heiligen Jungfrau. Mein Vater hatte Angst zu sterben und wehrte sich gegen den Gedanken, daß er nicht gesund werden würde.[125]

Im Endstadium des Krebses litt mein Vater sehr und nahm dreimal pro Tag Morphium. Es war jedoch nicht leicht, Morphium zu

125 Siehe das Buch: «Suche den Frieden und jage ihm nach», von Pater J. Philippe, Parvis-Verlag, 1996.

bekommen. Jedesmal mußten wir ein besonderes Rezept vorweisen, das von einem Arzt ausgestellt war.

Eines samstags hatte mein Vater kein Morphium mehr und meine Schwester wollte welches besorgen. Aber beide Ärzte, die ihn behandelten, waren über das Wochenende weg, und es gab keinerlei Möglichkeit, ein ärztliches Rezept zu bekommen.

Mein Vater weinte vor Schmerzen. Ich schlug ihm also vor zu beten, worauf er mir antwortete, daß er vergessen habe, wie man betet. (Dazu muß ich erklären, daß meine ganze Familie protestantisch ist, nur ich bin 1985 katholisch geworden.) Ich sagte meinem Vater, daß wir zunächst Gott um Verzeihung bitten müßten, aber er antwortete mir, daß er weder gestohlen noch jemanden umgebracht habe!

— Aber sage mir, Papa, hast du Gott immer von ganzem Herzen geliebt, und deinen Nächsten wie dich selbst?

— Hm... nein! Aber wer macht das schon?

— Also, Papa, dann mußt du Gott dafür um Vergebung bitten.

Das akzeptierte er, und wir beteten zusammen, um von Gott Vergebung zu erlangen. Wir sagten Gott, daß wir zwar nicht verstehen, wieso man durch solches Leiden gehen müsse, aber daß wir dieses Leiden für das Heil meines Vaters und das der ganzen Welt aufopferten. Nach einem *Vaterunser* sagte mir mein Vater:

— Bitte sage deinen katholischen Freunden, daß sie für mich beten sollen. Daß sie Gott bitten sollen, mich zu ihm zu holen. Ich fühle mich sehr müde und bin jetzt bereit zu sterben.

In den folgenden Tagen fühlte mein Vater überhaupt keine Schmerzen mehr. Und das ohne Morphium! Er starb ganz friedlich am darauffolgenden Freitag, und der Herr erlaubte mir, bis zum letzten Moment an seinem Bett zu sein.

Dennoch erfüllte mich immer eine Traurigkeit:

— Mein Vater im Himmel, sagte ich eines Tages zu Gott, ach, wenn mir mein irdischer Vater auch nur ein einziges Mal vor seinem Tod gesagt hätte, daß er mich liebt...!

In den darauffolgenden Minuten, als ich mit der Sekretärin meines Verlegers am Telefon sprach, nahm ihr ein sehr lieber Freund (im Alter meines Vaters) den Hörer aus der Hand und sagte:

Mein kleines Kind, ich wollte dir nur sagen, wie sehr ich Dich liebe!

Botschaft vom 25. Mai 1995

«Liebe Kinder! — Ich rufe euch auf, meine lieben Kinder, mir mit euren Gebeten zu helfen, möglichst viele Herzen meinem Unbefleckten Herzen näherzubringen. Satan ist stark und will mit allen Kräften immer mehr Personen sich selber und der Sünde näherbringen. Deshalb lauert er unentwegt, um in jedem Augenblick immer mehr zu ergreifen.

Ich bitte euch, meine lieben Kinder, betet und helft mir, euch zu helfen. Ich bin eure Mutter, ich liebe euch und deshalb möchte ich euch helfen. Danke, daß ihr meinem Ruf gefolgt seid!»

Als es unmöglich wurde...

Es ist schon schwer genug zu leben, wenn wir bei unseren menschlichen Plänen unüberwindbare Hindernisse auf unserem Weg vorfinden. Aber wenn es sich bei diesen Plänen um solche handelt, die von Gott zu kommen scheinen und seiner Verherrlichung dienen sollen, dann verstehen wir gar nichts mehr, dann fühlen wir uns verlassen; oder schlimmer noch, wir hegen den sehr feinsinnigen Verdacht, daß Gott nicht zu Ende führt, was er begonnen hat, und daß es darum besser sei, alles aufzugeben.

Einer meiner Freunde war zum Priestertum berufen worden, und er hatte Jesus großzügig sein «Ja» geschenkt. Er hatte ein sehr edles Herz und war wirklich intelligent. Da brach eine Lawine von Problemen über ihn herein, so daß ihm sein Entschluß, Priester zu werden, bald nicht mehr realisierbar erschien. Vorne eine Mauer, links eine Barriere, rechts ein Graben... Alles schien sich verschworen zu haben, um ihn seine Berufung aufgeben zu lassen. Sogar der Direktor des Priesterseminars lehnte ihn ab. Da begann er zu zweifeln und kam zu der Überzeugung, daß er ungeeignet sei. Und doch blieb der Ruf im Tiefsten seines Herzens lebendig und war nicht zu leugnen.

Er kannte Marthe Robin, sie hatte seine Berufung bestätigt, und eines Tages ging er nun wieder zu ihr, um ihr zu sagen, daß er doch nicht Priester werden würde, denn alles (außer seinem Herzen) spreche dagegen, und es sei völlig unmöglich, in dieser Richtung weiterzugehen.

Marthe lebte in einer großen Vertrautheit mit der Heiligen Jungfrau (sie erschien ihr jede Woche, wenn Marthe die Passion durchlebte). Sie gab meinem Freund folgende, unvergeßliche Antwort:

— *Wenn etwas menschlich unmöglich geworden ist, dann ist es an der Heiligen Jungfrau Maria, es für uns zu erlangen!*

Heute ist mein Freund Priester, und ich habe selten einen so guten Priester gesehen!

Botschaft vom 25. Juni 1995 (14. Jahrestag der Erscheinungen)

«Liebe Kinder! — Heute bin ich glücklich, euch in so großer Anzahl zu sehen, und daß ihr gefolgt seid und gekommen seid, meine Botschaften zu leben. Ich lade euch ein, meine lieben Kinder, freudige Träger des Friedens in dieser unruhigen Welt zu sein. Betet für den Frieden, daß sobald wie möglich die Zeit des Friedens zu herrschen beginnt, welche mein Herz mit Ungeduld erwartet. Ich bin euch, meine lieben Kinder, nahe und halte für jeden von euch vor dem Allerhöchsten Fürsprache. Ich segne euch alle mit meinem mütterlichen Segen. Danke, daß ihr meinem Ruf gefolgt seid!»

Lauf ganz schnell hin!

Als ich das letzte Mal in Paris war, hatte die Gospa nicht wirklich vor, mich in Ruhe zu lassen. Kaum angekommen, vernehme ich schon den noch geheimen Bericht über das, was sie dort gerade erst vollbracht hatte... und es ist schwer, darüber zu schweigen!

Es war im letzten Januar. Die Oberin der Schwestern der Nächstenliebe nimmt das Telefon ab. Am anderen Ende meldet sich eine Männerstimme, die von weit weg kommt und einen starken, ausländischen Akzent hat. Es ist eine dringende Nachricht des Erzbischofs von Recife in Brasilien. Seitdem sie Oberin in der Rue du Bac ist, müßte sie eigentlich an solche Anrufe gewöhnt sein, aber einmal mehr macht ihr Herz einen Freudensprung und sie muß tief durchatmen, um dem Erzbischof zu antworten. Er sagt, er habe alle Beweise und alle Dokumente in der Hand und verbürge sich für die Wahrheit dieser Geschichte...

Was für eine Geschichte? Sie begann drei Wochen davor. Eine Brasilianerin kommt in Paris an. Sie hatte darauf bestanden, diese lange Reise zu machen, denn seit einiger Zeit ist ihr Mutterherz vor Schmerz gebrochen, und sie hatte sagen hören, daß die Heilige Jungfrau in der Rue du Bac oft Großes für diejenigen tut, die dort zu ihr flehen. Sie hat ihre kleine Sandra mitgenommen. Sie will Sandra in die Rue du Bac mitnehmen und um ein Wunder bitten. Sie will sie auf den Sessel setzen, auf dem Maria selbst gesessen hatte als sie Katharina Labouré erschienen war, und dann würde sicher etwas geschehen. Sie will mit Maria von Mutter zu Mutter sprechen. Sie wird zu ihr rufen. Sandra ist erst fünf Jahre alt, und ihre Krankheit ist als unheilbar erklärt worden! So kann es nicht bleiben, was für eine Zukunft hat sie mit einer solchen Lähmung zu erwarten?

Maria wird ihre Verzweiflung sehen und sie nicht abreisen lassen, ohne etwas zu tun...

Mutter und Tochter gehen unter dem großen Torbogen des Klosters hindurch, erreichen hinten im Hof die Kapelle der Wundertätigen Medaille[126] und treten ein.

Die Menschen sind dicht gedrängt und beten. Die Mutter erkennt die Räumlichkeiten, die sie so oft auf Postkarten gesehen hat, und geht langsam zum Chorraum vor. Auf Knien betet sie zusammen mit der Kleinen. Sie hat den Sessel erblickt. Schade, er ist von einem Seil umgeben, man kann ihn nicht erreichen! Aber für die Brasilianer, wie für die Orientalen sind solche Seile nicht unbedingt ein Hindernis. Und die kleine Sandra ist nicht von so weit her gekommen, um den Sessel nur mit den Augen zu berühren!

Was tun...? Ah, da sind gerade Schwestern, die am Altar beschäftigt sind.

— Schwester, bitte, lassen Sie die Kleine sich auf den Sessel setzen!

— Entschuldigen Sie, das kann ich Ihnen nicht erlauben, denn sonst würden das alle wollen, und das ist unmöglich...

Das Herz der Mutter gerät bei diesem Verbot ins Wanken. Dieser Sessel war Teil ihres Planes, ja ihrer ganzen Pilgerfahrt! Da muß eine Lösung gefunden werden...

Ach, die Schwestern sind gegangen, bemerkt sie wenig später. Da erhellt eine Idee ihr armes Herz und sie flüstert ihrer Tochter ins Ohr:

— Hör gut zu. Du wirst unter dem Seil durchkriechen und auf allen Vieren unter den Sessel kriechen. Wenn du unter dem Sessel

126 1830 erschien die Hl. Jungfrau der Katharina Labouré, in der Kapelle des Klosters der Schwestern der Nächstenliebe, in der Rue du Bac in Paris. Im Verlauf der ersten Erscheinung setzt sich Maria in einen Sessel, der am Altar steht, und unterhält sich mit der kleinen Schwester, die vor ihr kniet. In der zweiten Erscheinung empfängt Katharina Labouré den Auftrag die *Wundertätige Medaille* prägen zu lassen.

bist, berührst du mit deiner Hand die Stelle, auf der die Heilige Jungfrau gesessen hat, und dann kommst du schnell hierher zurück. Aber lauf ganz schnell hin!

Das läßt sich die Kleine nicht zweimal sagen. Sie krabbelt so schnell es ihre grausame Behinderung erlaubt zu dem Sessel. Aber anstatt den Anweisungen ihrer Mutter zu folgen, legt sie lange ihre Wange auf den Samt des Sitzes! Die Mutter ist wie erstarrt. Dann kommt die Kleine ruhig zu ihr zurück.

— Warum hast Du das gemacht? schimpft die Mutter, ich hatte dir doch gesagt, du sollst nur *unter* den Sessel kriechen, und zwar ganz schnell!

— Aber Mama, antwortet das Kind strahlend, die DAME selber hat mir doch gesagt, daß ich meinen Kopf auf ihre Knie legen soll!

Als sie wieder in Brasilien sind, ist das Kind völlig geheilt. Die Geschichte erregte dort so großes Aufsehen, daß der Erzbischof von Recife es selbst den Schwestern der Nächstenliebe in der Rue du Bac mitteilen wollte. Er hatte alle medizinischen Dokumente, alle notwendigen Papiere in der Hand, um diese menschlich unerklärliche Heilung zu bestätigen.

— Wissen Sie, antworten die Schwestern unermüdlich, Wunder gibt es hier jeden Tag!

Botschaft vom 25. Juli 1995

«Liebe Kinder! — Auch heute lade ich euch zum Gebet ein, denn nur im Gebet werdet ihr mein Kommen zu euch begreifen können. Der Heilige Geist wird euch im Gebet erleuchten, damit ihr begreift, daß ihr umkehren müßt. Meine lieben Kinder, ich möchte aus euch einen wunderschönen Blumenstrauß machen, bereit für die Ewigkeit; aber ihr nehmt den Weg der Umkehr, den Weg des Heiles nicht an, den ich euch durch diese Erscheinungen anbiete. Meine lieben Kinder, betet, bekehrt eure Herzen und nähert euch mir. Das Gute soll das Böse besiegen. Ich liebe euch und segne euch. Danke, daß ihr meinem Ruf gefolgt seid!»

Seid ihr meiner schon überdrüssig?

Das Kommen der Gospa zu verstehen, oder auch nur zu versuchen, es zu verstehen, ist nicht jedermanns Sache. Für Medjugorje-Freunde ist die negative Haltung des Bischofs von Mostar[127] natürlich eine Wunde, aber es tut auch weh, manchmal zu hören: «Was! Sie erscheint noch immer? Das geht ja ewig!»

Auf die Frage des kleinen Jakov 1981: «Gospa, wie lange wirst Du uns erscheinen?» hatte sie geantwortet: «Seid ihr meiner schon überdrüssig?»

Es gibt auch jene, die zwar an die Erscheinungen glauben, die sich aber unwohl dabei fühlen, daß Maria täglich und seit so langer Zeit erscheint.

— Schwester, sagte mir Msgr. Brandt, der Erzbischof von Straßburg im Oktober 1993 (er steht Medjugorje positiv gegenüber und hatte mich einmal in einer großen Kirche seiner Diözese einen Vortrag halten lassen), eine einzige Sache stört mich an Medjugorje: ist es nicht ein Zeichen mangelnder Zurückhaltung seitens der Heiligen Jungfrau, daß sie jeden Tag und seit so langem erscheint?

Da sprang ich von meinem Stuhl auf (das gehört sich ja nicht vor einem Bischof!) und konnte nicht umhin, ihm zu sagen:

---

127 Siehe das Heft «Medjugorje und die Kirche», Parvis-Verlag, 1995. In diesem Heft sind alle Texte und Erklärungen der Kirche zu Medjugorje enthalten. Es ist unentbehrlich!

— Hochwürden, wenn Sie einen Sohn hätten, der nach einem Unfall im Krankenhaus im Koma liegt und zwischen Leben und Tod schwebt, würden Sie denn dann nicht Tag und Nacht an seinem Bett wachen, bis er wieder zum Leben kommt?

— Ah, ich verstehe... das heißt sozusagen, daß Medjugorje die Intensivstation ist!

Das hatte er richtig verstanden!

«Nein, liebe Gospa, wir sind Deiner nicht überdrüssig! Erscheine uns noch lange Zeit, denn wir brauchen dich ganz dringend, und deine mütterliche Gegenwart hat schon Millionen deiner Kinder das Leben wiedergeschenkt. Laß dich nicht von unserem kühlen Empfang abschrecken, er gehört eben zu dieser «Lepra» unserer Herzen, von der du uns ja heilen willst!»

Eines Tages vertraute mir Marija folgendes an: «Weißt Du, gestern, als die Gospa erschien, habe ich sie am Kleid festgehalten und sie angefleht: "Verlaß uns nicht, komm noch lange, ganz lange zu uns...!" Ich wollte sie gar nicht mehr loslassen!»

Pater Daniel Ange, ein großer französischer Prediger, erklärt sehr einleuchtend die lebensnotwendige Bedeutung dieser Erscheinungen in der heutigen Zeit:

«Schaut Medjugorje an! In diesen Erscheinungen eröffnet und enthüllt sich unsere Zukunft. Ich sehe, was mich erwartet. Ich weiß, daß ich eines Tages die Farbe der Augen Mariens sehen werde, daß ich ihr einen Kuß geben werde, daß ich ihre Wange streicheln werde... Deshalb bin ich nicht eifersüchtig auf Vicka, weil mich dasselbe in ein paar Tagen, Wochen, Monaten erwartet... Das ist meine Zukunft!

Es ist die Aufgabe der Erscheinungen, eschatologisch und prophetisch zu sein, und uns auf das auszurichten, was jenseits des Todes ist: darauf, Gott zu schauen und einen verklärten Leib zu haben, wie den der Mutter Gottes. Die Erscheinungen haben eine sehr bedeutende Aufgabe in einer vollkommen auf sich selbst bezogenen Welt, in der man völlig verschlossen auf nacktem Beton lebt. Da mitten drin... uff! atmet man wieder auf, sieht man den Himmel sich öffnen!»

Hat nicht Lourdes seit einem Jahrhundert mehr für den Volksglauben getan, als alle «rationalistischen» Bücher gewisser Theologen zusammen? Heute führt Medjugorje dieselbe Rettungsaktion aus, aber die Dosis ist viel stärker, denn die Krankheit, die bekämpft werden soll, ist nicht mehr nur schlimm: sie ist tödlich!

Wozu soll man sich vom Rationalismus austrocknen lassen, der die Gnade scharfsinnig ausbootet? Gibt es denn eine Lehre, die es der Mutter Gottes verbieten würde, ihre Kinder jeden Tag zu besuchen? Schon die Pharisäer fanden, daß Jesus übertreibe. Das geht jetzt weiter. Aber das Volk selbst erkennt genau Wer da spricht, Wer es nährt, Wer es heilt, kurz, Wer es liebt; deshalb kommen die Menschen zu Millionen nach Medjugorje.

Die Seher von Medjugorje wissen das und leben diese Wirklichkeit in großer Demut. Sie respektieren ihren Bischof und beten ehrlich für ihn. Hier ist ein Priester jemand, der verehrt und als geweiht anerkannt wird.

Eines Tages besuchten die sechs Seher Msgr. Zanic zu seinem Namenstag, und Marija sagte zu ihm:

— Monsignore, wir beten sehr viel für Sie, wissen Sie!

— Ja, aber ihr betet für mich wie für einen Sünder!

— Nein, Monsignore, wir beten für Sie wie wir für unseren Bischof beten!

Viele Pilger leiden darunter, daß ihr Heimatpfarrer Medjugorje ablehnt. Aber nach und nach ändert sich vieles. Sobald einer von ihnen bereit ist, sich einer Pilgerreise anzuschließen, ist alles gewonnen, denn einige Stunden in einem Beichtstuhl in Medjugorje genügen, um ihn von innen heraus begreifen zu lassen, was in den Herzen an außerordentlichen Dingen geschieht. Diejenigen, die in Frankreich im Beichtstuhl chronisch arbeitslos sind, weinen in Medjugorje vor Freude: seit ihrer Priesterweihe hatten sie so etwas nicht erlebt.

Aber es gibt noch ein anderes Mittel. Marija erzählte folgende Begebenheit:

«In Frankreich traf ich einen Priester, der völlig gegen Medjugorje war und schon lange nicht mehr an seine Berufung glaubte. In seiner Gemeinde gab es Mitglieder, die viel dafür beteten, daß er die Anbetung des Allerheiligsten und den Rosenkranz erlaube. Aber alles war blockiert. Da beschloßen sie, folgende Botschaft der Gospa in die Tat umzusetzen: *"Euer einziges Mittel sei immer nur die Liebe."* Eines Tages fragte die "first lady" des Dorfes den Pfarrer, ob sie die Kirche putzen und mit Blumen schmücken dürfe. Er war einverstanden. Bald bezeugte der Pfarrer sein Vertrauen ihr gegenüber, ohne daß das Wort Medjugorje gefallen wäre. Nach und nach halfen auch andere Leute aus der Gemeinde. Da erlaubte der Pfarrer ihr Gebetstreffen in der Kirche. Da Frieden in den Herzen dieser Diener herrschte, erlaubte er danach auch die Anbetung und schließlich den Rosenkranz... Man konnte die Botschaften leben! Inzwischen ist dieser Pfarrer der geistliche Vater der Jugendlichen und des ganzen Dorfes geworden. Er hat eine Gebetsgruppe, die in Verbindung mit Medjugorje steht.»

«Was die Priester oft blockiert ist der Fanatismus, schließt Marija daraus. Sie fühlen sich auch oft negativ beurteilt, wenn sie dieses oder jenes nicht tun, worum die Gospa bittet. Aber wenn man eine demütige, liebende, dienende Haltung einnimmt, dann löst die Gospa selbst die Blockaden. In den USA, zum Beispiel, in Bâton-Rouge kenne ich eine Gemeinde, die leer war. Inzwischen ist die Kirche so voll, daß sie sogar die Anbetung rund um die Uhr einführen konnten. Und wie kam es dazu? Ein einziges Ehepaar, das aus Medjugorje zurückkam...»

Botschaft vom 25. August 1995

«Liebe Kinder! — Heute lade ich euch zum Gebet ein. Das Gebet soll für euch das Leben sein. Eine Familie kann nicht sagen, daß sie im Frieden ist, wenn sie nicht betet. Deshalb soll euer Morgen mit dem Morgengebet beginnen und der Abend mit der Danksagung enden.

Meine lieben Kinder, ich bin mit euch, ich liebe und segne euch und wünsche, daß jeder von euch in meiner Umarmung ist. Ihr könnt nicht in meiner Umarmung sein, wenn ihr nicht bereit seid, jeden Tag zu beten. Danke, daß ihr meinem Ruf gefolgt seid!»

Der Rosenkranz auf amerikanisch

Mein Freund Denis Nolan lehrte als Religionsprofessor an der Universität von Notre-Dame (Indiana). Mit seinem bemerkenswert kindlichen Herzen hatte Denis schnell seine Schüler gewonnen, denn er spickte seine Vorlesungen mit tausend Anekdoten, die er in seinem eigenen Leben und dem seiner Bekannten aufgelesen hatte, und die aufzeigen, wie sehr Jesus und Maria in den alltäglichen Lebensumständen erfahrbar und am Werk sind. Ich bin nicht ganz sicher, ob er aus ihnen eifrige Theologiestudenten machte, oder nicht eher Christen, die von ihrem Gott begeistert und ausgezeichnete Zeugen sind.

Nach seiner Rückkehr aus Medjugorje bekamen seine Studenten selbstverständlich in aller Form einen ausführlichen Bericht über seine Pilgerreise, und die guten Anregungen der Gospa sollten sofort in die Tat umgesetzt werden: alle beschlossen einmütig, vor jeder Vorlesung ein Gesätz des Rosenkranzes zu beten. Sehr schnell begann es Früchte der Gnaden und Segnungen auf die Studenten zu regnen, was die Vorlesungen noch mehr zu Austauschgruppen über die Wunder des lebendigen Gottes werden ließ. Unter den anderen Studenten gab es viele Bekehrungen, und diese ganze Medjugorje-Geschichte fand Nachahmer. Denis stieß auf Protestanten, Juden und sogar Atheisten, die ihn um Rosenkränze baten![128]

Im Oktober 1987 fuhr Denis noch einmal nach Medjugorje, und sobald er zurück war, vertraute ihm eine der Studentinnen folgendes an:

— Mister Nolan, während Ihrer Abwesenheit haben wir weiterhin vor jeder Vorlesung ein Gesätz des Rosenkranzes gebetet. Die Professoren, die Sie vertraten, waren völlig dagegen (sie dachten, daß wir versuchten, die Unterrichtszeit zu verkürzen). Da sie den Rosenkranz nicht vorbeten wollten, haben wir unser Gesätz allein gebetet. Vor ein paar Tagen, als wir in der Klasse herumfragten, wer Gebetsanliegen habe, sagte ich ganz laut: «Beten wir, daß Gott meinen Bruder Brian beschützt.»

Da fragte sie Denis: «Wieso hast du für deinen Bruder gebetet?» Sie antwortete ihm, daß er eines Tages in einer Vorlesung gesagt habe: «Wenn ihr kein besonderes Gebetsanliegen habt, dann betet für eure Familienmitglieder.» So hatte sie es sich angewöhnt, für ihren Bruder zu beten.

Am nächsten Tag hatte er ein Geschäftstreffen mit einer Dame im *Ramada Inn* in Indianapolis. Er bemerkte, daß er aus unvorhersehbaren Gründen zehn Minuten Verspätung haben würde. Er rief sie zehn Minuten vor der ausgemachten Zeit an, um sie zu fragen, ob sie zehn Minuten länger als vorgesehen warten könne. Sie antwortete ihm: «Ja, einverstanden.» Genau zehn Minuten nach der ursprünglich ausgemachten Zeit, als mein Bruder gerade sein Auto auf dem Parkplatz des Ramada Inn abstellte, sah er, wie ein Jet[129] über dem Hotel abstürzte und mit dem Cockpit genau in den Raum stieß, in dem diese Frau auf ihn wartete. Sie war auf der Stelle tot.

Und Denis fügte hinzu:

— Was für ein Glück hatte dieser junge Mann, daß seine Schwester es sich angewöhnt hatte, ihn jeden Tag unter den Schutzmantel der Heiligen Jungfrau zu stellen, während sie das Gesätz des Rosenkranzes vor der Vorlesung betete. Seine Eltern haben mir später gesagt,

128 «Zum Beispiel war die Schublade eines Schreibtisches des Theologischen Institutes voll mit Rosenkränzen, erzählte er. Ich kann mich nicht erinnern, daß mich ein einziger Student oder Professor in den elf vorhergehenden Jahren um einen Rosenkranz gebeten hätte. Nachdem die Erscheinungen Mariens in Medjugorje konkret bekannt wurden, waren nicht nur alle Rosenkränze weg, sondern ich konnte die Nachfrage gar nicht mehr befriedigen.

129 Dieser Unfall sorgte in den Medien für große Aufregung.

daß er sich bewußt ist, daß der Glauben seiner Schwester ihm das Leben gerettet hat. (Und der Ruf der Heiligen Jungfrau in Medjugorje hatte ihren Glauben vertieft und sie ermutigt, den Rosenkranz zu beten.)

Denis erzählt noch eine andere Begebenheit:

— Eines Tages vertraute mir eine andere Studentin (Linda F.) an, daß ihr Vater einen Monat zuvor in ihr Zimmer gekommen war, um ihr zu eröffnen, daß ihre Mutter und er sich scheiden lassen würden. Zusammen mit ihrem Bruder, einem Studenten im zweiten Studienjahr, beschloß sie (eine Studentin im letzten Studienjahr), jeden Abend im Keller zusammen den Rosenkranz für ihre Eltern zu beten.

Eine Woche darauf, sagte sie mir, war ihr Vater wieder in ihr Zimmer gekommen, um ihr zu sagen, daß die Scheidung annulliert sei. Eine Woche danach erzählte sie mir, daß sie zusammen mit der ganzen Familie zum ersten Mal seit zehn Jahren in der Messe gewesen sei! In der folgenden Woche, vertraute sie mir an, daß ihr Familienleben glücklicher sei, als es ihrer Erinnerung nach jemals gewesen sei. All das kam davon, daß ihr Bruder und sie begonnen hatten, jeden Abend den Rosenkranz zu beten, und daß sie die ganze Familie unter den Schutzmantel der Heiligen Jungfrau gestellt hatten!

Botschaft vom 25. September 1995

«Liebe Kinder! — Heute lade ich euch ein, euch in das Allerheiligste Sakrament des Altares zu verlieben. Betet Ihn, meine lieben Kinder, in euren Pfarreien an und so werdet ihr mit der ganzen Welt verbunden sein. Jesus wird euch zum Freund werden, und ihr werdet nicht über Ihn sprechen wie über jemanden, den ihr kaum kennt. Die Einheit mit Ihm wird euch zur Freude, und ihr werdet Zeugen der Liebe Jesu, die Er für jedes Geschöpf hat. Meine lieben Kinder, wenn ihr Jesus anbetet, seid ihr auch mir nahe. Danke, daß ihr meinem Ruf gefolgt seid!»

Wenn Jesus Wellen schlägt

Dieser Denis Nolan, von dem soeben die Rede war, wuchs in einer Farm in Kalifornien auf. Stämmig gebaut, 46 Jahre alt, Vater von acht Kindern und kein Träumer, sondern ein Mann, der mit beiden Beinen fest im Leben steht.

Eines Tages fragte er sich, was unserer zerbrochenen Welt eigentlich schöneres und kraftvolleres geschehen könne, als diese zärtlichen Besuche der Mutter Gottes in Medjugorje. Die Antwort ließ nicht lange auf sich warten, er bekam sie bei einer Pilgerfahrt.

An jenem Tag wohnt Denis der Abendmesse bei. Er sitzt aufrecht zwischen zwei Kroatinnen, die aus vollem Halse ihren Glauben singen, und ihre Hände zu Jesus erheben, sobald er bei der Wandlung auf dem Altar erscheint.[130] Auch Denis hebt die Augen auf zum Altar und sieht, daß Wellen beginnen, aus der Hostie zu strömen! Sie verbreiten sich sanft in der ganzen Kirche. Es ist ein Strahlen aus aufeinanderfolgenden Wellen, Wellen, die kein menschliches Wort beschreiben kann, aber die so wirklich sind, daß sie sich bis zu Denis fortsetzen, und er davon sogar körperlich das Gleichgewicht verliert. Er ist mitten ins Herz getroffen, sein Körper schwankt unter der Stoßwelle der Liebe Jesu. Die Wellen folgen in einem sanften,

130 Hören Sie die Cassette: «Die Eucharistie, Jesus real gegenwärtig», von Y. Villedieu, Diakonia (Nr. 29).

regelmäßigen Rhythmus aufeinander, wie die Wellen des Ozeans bei schönem Wetter.

Nach der Messe befragt Denis erst einmal unauffällig andere Männer seiner Gruppe:

— Ist dir während der Messe nichts besonderes aufgefallen?

— Doch, man hätte meinen können, daß ein wellenförmiges Strahlen von der Hostie ausging. Sogar mein Körper geriet davon ins Wanken... Aber ich sagte mir, daß ich der einzige sei, der das sah, und daß Jesus mich durch seine Realpräsenz berühren wollte... Du hast es also auch gesehen?

Während der acht Tage seiner Wallfahrt wiederholte sich diese Erfahrung jedesmal, wenn Denis in der Messe war oder vor dem Allerheiligsten betete. Die Wellen erfüllten die ganze Kirche (oder Anbetungskapelle), nichts entging ihrer Berührung. In jener Woche machte eine ganze kleine Pilgergruppe dieselbe Gnadenerfahrung.

Nun hatte Denis seine Antwort, und in seiner Freude konnte er nicht anders, als sie allen mitzuteilen: die größte Gabe, die uns in Medjugorje geschenkt wird, sind nicht die Erscheinungen, sondern die Eucharistie![131]

«Betet meinen Sohn an, sagt uns die Gospa. *Betet ununterbrochen das Allerheiligste an. Ich bin während der Anbetung der Gläubigen immer anwesend, dabei werden besondere Gnaden erteilt»*[132] (15. März 1984).

Auch hier hat sie sich nicht damit begnügt, die Dinge mit Worten auszudrücken, sondern hat für Denis, seine Freunde und so viele andere den Schleier ein wenig, ein ganz klein wenig gelüftet...

---

131 In den Erscheinungen und Botschaften wird deutlich, daß Maria uns auf Jesus, auf den eucharistischen Jesus ausrichten will. Die Tatsache, daß sie zwanzig Minuten vor der Abendmesse erscheint, ist bezeichnend: ihr Kommen bereitet uns darauf vor, unendlich viel mehr zu empfangen als sie, nämlich Gott selbst.
Die wenigen Unterweisungen, die sie der Gebetsgruppe über das Fasten gegeben hat, gehen in dieselbe Richtung. Das Fasten, das sie am meisten erfreut, ist das Fasten von der Sünde. ***«Verwerft die Sünde, die in euch wohnt!»*** Das ermöglicht es uns, Jesus mit reinem Herzen zu empfangen. Aber die Gospa hat das Fasten bei Wasser und Brot nie als ein Opfer bezeichnet, sagen uns die Seher, und das ist erstaunlich. Wenn Maria dagegen beschlossen hat, uns mittwochs bei Wasser und Brot fasten zu lassen, dann deshalb, um uns auf den Empfang des eucharistischen Brotes vorzubereiten. Sie schenkt uns das Empfinden für das Brot als DEM lebenswichtigen Grundnahrungsmittel wieder. Das Fasten am Mittwoch erspart uns die Ablenkung durch andere Nahrungsmittel, die den Geschmackssinn anregen. Wir hängen ausschließlich vom Brot

Botschaft vom 25. Oktober 1995

«Liebe Kinder! — Heute lade ich euch ein, hinaus in die Natur zu gehen, denn dort werdet ihr Gott, dem Schöpfer, begegnen.

Ich lade euch heute ein, meine lieben Kinder, Gott für alles, was Er euch gibt, zu danken. Im Danken werdet ihr den Allerhöchsten und all das Gute, was euch umgibt, entdecken.

Meine lieben Kinder, Gott ist groß, und groß ist Seine Liebe zu jedem Geschöpf. Deshalb betet, um die Liebe und die Güte Gottes zu begreifen. Als ein Geschenk der Güte und der Liebe Gottes, des Schöpfers, bin auch ich mit euch. Danke, daß ihr meinem Ruf gefolgt seid!»

---

ab. Wenn es dann Donnerstag ist (diesen Tag sollen wir jedesmal wie den Gründonnerstag begehen), sind wir darauf vorbereitet, ein anderes Brot zu empfangen, das Brot des Himmels.

Und wenn Maria uns bittet, auch am Freitag bei Wasser und Brot zu fasten, dann geschieht das, um Gott für das Lebendige Brot zu danken, das er der Welt am Gründonnerstag geschenkt hat. Sie läßt uns sozusagen bei Wasser und Brot bleiben, um diese Gabe des Eucharistischen Brotes in uns zu vertiefen und zu schützen, weitab von allen anderen Lebensmitteln, die unser Herz davon ablenken würden. Auf diese Weise ist die große Gabe des Gründonnerstags durch dieses Fasten bei Wasser und Brot, wie in einer Schatulle von Liebe eingefaßt. Wir müssen festhalten, daß sie dieses Fasten nie mit der Erinnerung an die Passion verbunden hat. Das Fasten ist ein freudiges Feiern des Brotes!

So wird deutlich, daß der Mittelpunkt unseres Lebens sehr wohl die heilige Messe ist. Aus diesem Blickwinkel betrachtet, ist es leicht verständlich, warum das Fasten gegen die Dämonen so wirkmächtig ist.

132 Schwester Faustyna schrieb in ihr Tagebuch: «Nächtliche Anbetung am Donnerstag. Von 23 bis 24 Uhr hielt ich diese Heilige Stunde für die Bekehrung hartnäckiger Sünder, besonders derer, die ihre Hoffnung auf Gottes Barmherzigkeit verloren haben. Ich erwog, wieviel Gott gelitten hat und welche große Liebe Er uns gezeigt hat; wir aber glauben nicht, daß Gott uns so sehr liebt. O Jesus, wer kann das verstehen? Was für ein Schmerz für unseren Erlöser und womit soll Er uns von Seiner Liebe überzeugen, wenn selbst der Tod uns nicht überzeugt? Ich habe den ganzen Himmel eingeladen, um zusammen mit mir für die Undankbarkeit mancher Seelen dem Herrn Genugtuung zuteil kommen zu lassen.

Jesus gab mir zu erkennen, wie lieb Ihm das Sühnegebet ist. Er sagte mir: ***"Das Gebet einer demütigen und liebenden Seele besänftigt den Zorn Meines Vaters und zieht ein Meer von Segen herab."*** Nach der Anbetung, auf halbem Wege zur Zelle, umringte mich eine große Schar riesiger, schwarzer Hunde. Sie sprangen und heulten und wollten mich in Stücke reißen. Ich merkte, daß es nicht Hunde, sondern Satane waren. Einer von ihnen sagte wütend: "Dafür, daß du uns in dieser Nacht so viele Seelen weggenommen hast, werden wir dich in Stücke reißen." Ich entgegnete: *"Wenn dies der Wille des barmherzigsten Gottes ist, so reißt mich in Stücke, ich habe das verdient, weil ich die Elendigste aller Sünder bin, aber Gott ist allzeit heilig, gerecht und unendlich barmherzig!"* Auf diese Worte sagten die Teufel: "Fort von hier, denn sie ist nicht allein, mit ihr ist der Allmächtige." Sie verschwanden wie Staub, wie ein Straßengeräusch. Ich aber ging ruhig in meine Zelle, das "Te Deum" fortführend und sann über die unendliche und unerforschte Barmherzigkeit Gottes nach.» (Siehe das «Tagebuch der Schwester Maria Faustyna Kowalska», § 319-320, Seite 123.)

Die kleine Florence aus Montpellier

Es ist gar nicht so selten in Medjugorje, daß Pilger die Heilige Jungfrau mit eigenen Augen sehen. Es wäre schade, diese gute Gelegenheit ungenützt zu lassen, durch diese Zeugnisse einen der ergreifendsten Züge der Persönlichkeit unserer Mutter zu erfassen. Wen wählt sie aus? Wer von ihren Kindern, die sie zu Tausenden hierher zieht und alle zärtlich liebt, erhält von ihr das Privileg, sie zu sehen? Allein die Tatsachen können diese Frage beantworten, und eine der schönsten Antworten, die ich kenne, und aus der das Evangelium herausstrahlt, ist die Geschichte der kleinen Florence.

Die kleine Florence Majurel aus Montpellier ist 16 Jahre alt, mongoloid und kann fast nicht sprechen. Am Abend des 15. August, um 22 Uhr, geht sie mit ihrer Mutter zum Blauen Kreuz am Fuße des Podbrdo, um mit Ivans Gebetsgruppe der Erscheinung beizuwohnen. 2000 Menschen sind im Gebet vertieft. In dem Moment, in dem Ivans Extase beginnt, lächelt die Kleine plötzlich und schaut unverwandt auf einen Punkt neben dem Kreuz und sagt:

— Was ist das, Mama? (Sie kann nicht «wer ist das» sagen.)

Die Mutter ahnt, daß etwas Besonderes geschieht und beobachtet sie. Florence grüßt mehrmals mit dem Kopf, so als wolle sie nachahmen, was ihr vorgemacht wird, dann beginnt sie, die Hände zu falten und langsam ihre Finger ineinander zu legen, was sie noch nie zuvor hatte machen können. Sie lächelt noch immer, als sie kurz vor dem Ende der Erscheinung drei Küsse mit der Hand hinüberschickt, wie es die Kinder zum Abschied tun.

Da fragte ihre Mutter sie:

— Was hast Du gesehen?

— Heilige Jungfrau! (sic!) antwortet Florence.

— Und wie war sie?

— Schön!

Am nächsten Tag fängt Florence zum ersten Mal in ihrem Leben alleine an, «Gegrüßet seist Du Maria, voll der Gnaden» (das ist alles) zu sagen, obwohl sie noch nie die Worte dieses Gebetes hatte aussprechen können. Jetzt betet sie zwei Drittel des *Ave Maria*. Doch ihre Mutter wollte das Ganze noch einer Prüfung unterziehen. Da

Florence keine Farben bezeichnen kann, legte ihre Mutter sechs Blätter Papier in verschiedenen Farben vor sie hin und bat sie zu sagen, welche Farbe dem Kleid der Heiligen Jungfrau entspreche. Sofort legte Florence ihren Finger auf das goldene Papier. Um sie auf die Prüfung zu stellen, zeigte ihre Mutter ihr das gelbe Papier und sagte: «Ich glaube eher, daß es so war!» Da wird Florence wütend: «Nein, das!», sagt sie und zeigt wieder das goldene Papier. Da war die Mutter erschüttert: In der Tat erscheint die Gospa am 15. August, wie auch an Ostern oder an Weihnachten ganz in Gold gekleidet...

Was für ein schönes Geschenk für Florence und für all jene, die von der Welt so oft verachtet werden, was für ein schönes Beispiel der unsagbaren Zärtlichkeit Gottes für die ganz Kleinen, die leicht Verletzbaren! Was für eine schöne Antwort des Himmels auf die moderne Medizin, die so schnell die Abtreibung dieses kleinen Lebens wegen seiner Behinderung beschließt, wo doch diese Unschuldigen so oft Sühne leisten für die Sünden derer, die sie ausschließen. Sie sind Tempel des lebendigen Gottes, und indem die Gospa beschloß, Florence zu ehren, will sie alle Behinderten durch sie ehren.

Botschaft vom 25. November 1995

«Liebe Kinder! — Heute lade ich euch ein, daß jeder von euch von neuem Gott, der jeden von euch gerettet und erlöst hat, zuerst zu lieben beginnt und dann die Brüder und Schwestern in eurer Nähe.

Meine lieben Kinder, ohne Liebe könnt ihr in der Heiligkeit nicht wachsen und könnt auch keine guten Werke tun. Deshalb, meine lieben Kinder, betet, betet ohne Unterlaß, daß Gott euch Seine Liebe offenbart.

Ich habe euch alle eingeladen, euch mit mir zu vereinen und zu lieben. Auch heute bin ich mit euch und lade euch ein, die Liebe in euren Herzen und in den Familien zu entdecken. Damit Gott in euren Herzen leben kann, müßt ihr lieben. Danke, daß ihr meinem Ruf gefolgt seid!»

Kleine Füße auf dem Parkett

François-Joseph ist gerade sechs Jahre alt geworden — er ist mein Neffe und Patenkind. Jeden Abend beten seine Eltern mit ihm, während er vor dem Einschlafen in seinem Bett sitzt, und sie segnen ihn gemäß der Lehre der Gospa in Medjugorje. Im Gebet gibt es Raum, damit das Kind Gott spontan danken kann für die schönen Dinge, die es an jenem Tag erlebt hat, und Ihn um etwas bitten kann. Zum Beispiel: «Segne diesen und jenen, der leidet», usw.

An jenem Abend schien alles ganz normal und die Eltern verlassen das Kind. Sie lassen die Tür, die zu ihrem eigenen Schlafzimmer führt, nachts einen Spalt weit offen. Zehn Minuten vergehen, dann hören sie das Geräusch von zwei kleinen Füßen auf dem Parkett. Sie nehmen an, daß das Kind in ihr Zimmer stolpern wird, um einen letzten Gute-Nacht-Kuß oder ähnliches zu bekommen. Aber nein! Die Füße sind stehengeblieben, und die Eltern gehen unauffällig zur Tür, um zu sehen, was da vor sich ginge. Das Kind steht vor dem kleinen Altar, den es selbst mit einem Kreuz, einer kleinen Statue, Blumen (die verwelkt sind, wie man zugeben muß), Bildern (nicht immer die geschmackvollsten) und religiösen Gegenständen hergerichtet hat, die es irgendwo aufgetrieben hat... In seinen Armen hält es den kleinen Hund, den es vor zwei Tagen geschenkt bekommen hat und bedingungslos liebt. Er drückt ihn an sein Herz als wolle es ihn ersticken. Dem armen Tier ist es aber dennoch gelungen, seinen Kopf auf François-Josephs Schulter zu legen, es ist eine rührende Szene. Da betet das Kind aus dem tiefsten Grund seines Herzens folgendes Gebet:

— Herr, segne meinen kleinen Hund genauso, wie du das Jesuskind im Bauch von Maria gesegnet hast!

Botschaft vom 25. Dezember 1995

«Liebe Kinder! — Ich freue mich auch heute mit euch und bringe euch den kleinen Jesus, damit Er euch segnet.

Ich lade euch ein, liebe Kinder, daß euer Leben mit Ihm vereint sei. Jesus ist der König des Friedens und nur Er kann euch den Frieden geben, den ihr sucht. Ich bin mit euch und bringe euch auf besondere Weise Jesus dar, jetzt in dieser neuen Zeit, in der man sich für Ihn entscheiden soll. Diese Zeit ist die Zeit der Gnade. Danke, daß ihr meinem Ruf gefolgt seid!»

Er hat die Kerzen ausgeblasen!

Der kleine Loïck ist erst sechs Jahre alt, aber sein Herz wird schon von unkontrollierbaren Ängsten und einem Gefühl von Unsicherheit gequält. Seine Eltern verstehen sich nicht gut, und das Kind hat diesen Mangel an Frieden bis tief in seine Psyche aufgenommen: seine Mutter braucht am Abend fast zwei Stunden, um seine Ängste zu beruhigen und ihm zu helfen einzuschlafen. Ein befreundetes Ehepaar, die Patentante von Loïck und ihr Mann, schlagen deshalb vor, ihn zusammen mit anderen Kindern nach Medjugorje mitzunehmen. Von der Bretagne aus wird das eine lange Reise, aber alles ist gut durchgeplant, damit die Kinder sowohl in der Freizeit als auch im geistlichen Bereich auf ihre Kosten kommen. Sie werden gut spielen und gut beten!

Eines Abends kommt Loïck in Medjugorje zu seiner Patin und sein kleines Gesicht strahlt ganz hell:

— Patin, Patin! Weißt du was? Na ja, während des Gebetes ist Jesus zu mir gekommen! Ich habe ihn ganz echt gesehen, und auch, daß er zwei Kerzen hatte. Dann hat er mir die Kerzen gezeigt, sie waren angezündet und weißt du was? Er hat mir gesagt: *«Loick, siehst du diese Kerzen?»* Und er hat sie beide ausgeblasen. Dann hat er gesagt: *«Hast du gesehen, wie ich die Kerzen ausgeblasen habe? Genauso wie ich diese Kerzen ausgeblasen habe, blase ich auch deine Ängste aus!»*

Loïcks Veränderung wurde noch am selben Abend sichtbar, er war von einem großen Frieden erfüllt. Seitdem schläft er ein, sobald er im Bett liegt, wie ein Baby im Arm seiner Mutter.

Am nächsten Tag ging er wieder zu seiner Taufpatin. Es fiel ihm schwer, seine Freude zu bremsen. Nachmittags hatte sie die Kinder vor das ausgesetzte Allerheiligste mitgenommen, und sie hatten lange dort beten können, während sie ihnen von Zeit zu Zeit eine kleine Anregung dazu gab, die leicht verständlich war.

— Weißt du was? Na ja, während der Anbetung hat Jesus in meinem Herzen mit mir gesprochen! Er hat mir gesagt: *«Mach oft das Kreuzzeichen, und mach es richtig! Wenn du wo ein Kreuz siehst, dann mach ein Kreuzzeichen.»*

Da verstand die Taufpatin, daß Jesus, nachdem er das Herz des kleinen Loick von den Leiden geheilt hatte, die zu schwer für ihn gewesen waren, ihm nun das Schild gezeigt hatte, das er verwenden sollte, damit das Böse in der Welt und dessen Urheber ihn nicht von neuem quälen können. Mit sechs Jahren hatte er den Frieden erhalten und ein einfaches Mittel, um diesen Frieden in seinem Herzen zu bewahren: das Kreuzzeichen.

Wie so oft in Medjugorje konnten die Kinder bei einer Erscheinung dabeisein. An jenem Tag waren keine anderen Pilger dabei und die Gospa nützte das aus, um Ivan eine Botschaft für diese Kinder zu geben. Ivan berichtete, daß sie sehr glücklich war, die Kinder hier zu sehen, und sie segnete jedes von ihnen einzeln. In der Botschaft bat sie die Kinder, daß sie ihre Familien segnen sollen, da sie selbst gesegnet worden waren. Jeder sollte diesen Segen weitergeben. Sie fügte (für die Begleiter) auch noch hinzu: *«Bringt weiterhin Kinder hierher!»*

Bei dieser Erscheinung war auch die kleine Magali anwesend, die fast zwölf Jahre alt war. Dieses kleine Mädchen war immer krankhaft an ihrer Mutter gehangen, so daß sie nicht die mindeste Trennung von ihr ertrug. Zeltlager, Schule, Ferien, all das war eine Qual für sie, und sie weinte sich die Seele aus dem Leib. Als sie größer wurde, behinderte sie das immer mehr.

Auf den Rat der Patin hin, nützte Magali die Erscheinung Mariens, um ihr ihre irdische Mutter hinzuhalten, und sie bat Maria, wirklich ihre Mutter zu werden. Sie sagte zu Maria: «Ich wähle dich als meine

Mutter!» Ihre irdische Mutter wußte ja nichts von diesem Gebet, und so telefonierte sie nach Magalis Rückkehr der Patin, um ihr von ihrem Erstaunen zu berichten.

— Ich erkenne meine Tochter nicht wieder, sagte sie, sie ist ruhig, lieb, frei geworden, sie hängt sich nicht mehr verzweifelt an mich, da muß irgendwas geschehen sein...

Magali hatte in Medjugorje wirklich eine große Befreiung erlebt, sie hatte sich in den Schoß Mariens geflüchtet.

Rückblick auf 1995

Januar: Pater Slavko und Mirjana reisen auf die Inseln Maurizius und Réunion.

Februar: Pater Petar Ljubicic verläßt zum großen Bedauern aller Medjugorje. Er wird sich um die kroatische Gemeinde in Zürich (Schweiz) kümmern.

2. Februar: Eine Statue der Heiligen Jungfrau von Medjugorje, die ein Priester einem Familienvater in Civittavecchia (Italien) mitgebracht hatte, weint blutige Tränen. Untersuchungen werden eingeleitet.

Februar: Pater Jozo ist in Frankreich: Er wird in mehreren Kirchen aufgenommen, unter anderem in der Kathedrale von Chartres. In Paris trifft er den Nuntius, Msgr. Antonelli, der Medjugorje sehr offen gegenübersteht.

18. März: Mirjanas jährliche Erscheinung:
«Liebe Kinder, als Mutter lehre ich euch nun schon seit so vielen Jahren den Glauben und die Liebe Gottes. Ihr habt dem lieben Vater gegenüber keine Dankbarkeit gezeigt, und habt ihm auch keine Ehre erwiesen. Ihr seid leer geworden, und euer Herz ist hart und lieblos gegenüber dem Leiden eurer Nächsten.

Ich lehre euch die Liebe und zeige euch, daß der liebe Vater euch geliebt hat, und daß nicht ihr ihn zuerst geliebt habt. Er hat seinen Sohn für eure Rettung geopfert, meine Kinder! Solange ihr nicht liebt, werdet ihr die Liebe eures Vaters nicht erkennen können. Ihr werdet Ihn nicht erkennen, denn Gott ist Liebe.

Liebt und habt keine Angst, denn, meine Kinder, in der Liebe gibt es keine Angst. Wenn eure Herzen für den Vater offen sind, und wenn sie von Liebe zu ihm erfüllt sind, wozu dann Angst haben vor dem, was kommt? Es haben nur die Angst, die nicht lieben, weil sie die Strafen erwarten und wissen, wie leer und hart sie sind. Kinder, ich führe euch zur Liebe, zum lieben Vater. Ich führe euch zum ewigen Leben. Das ewige Leben ist mein Sohn. Nehmt ihn auf, dann habt ihr die Liebe aufgenommen.»

23. März: Vicka begleitet 310 Kriegsinvalide, die in Rom vom Papst empfangen werden.

2. April: Demonstration der Bevölkerung vor der Residenz von Msgr. Peric in Mostar, damit die Franziskaner ihre Gemeinden behalten.

6. April: Kardinal Kuharic und Dr. Radic (der Vizepräsident Kroatiens) besuchen den Papst in Rom und laden ihn nach Split ein. Der Papst antwortet, daß er gerne dorthin komme, so wie nach Maria Bistrica und nach Medjugorje (*Sloboda Dalmacija* vom 8. April, Seite 3).

15. April: Vier junge Menschen der Gemeinschaft vom Abendmahlssaal werden in der Osternacht getauft. In Medjugorje sind sie von den Drogen losgekommen.

Mai: Pater Jozo ist in den USA und in Kanada. Er wird zum *Geistlichen Führer* der Indianernation Mic Mac gewählt und bekommt den traditionellen Kopfschmuck (aus Federn).

10. Mai: Msgr. Lagrange aus Gap (Frankreich) kommt nach Medjugorje, gefolgt von Kardinal Wamala (Uganda) und Kardinal Mergéot (Insel Maurizius).

15. Juni: Der amerikanische Pilot Scott O´Grady, dessen Flugzeug über Bosnien abgeschossen worden ist, erklärt vor der Presse, daß er seine Rettung der Heiligen Jungfrau von Medjugorje verdankt, die ihm während der sechs Tage erschien, in denen er sich in der explosiven Gegend um Banja Luka versteckte, bevor er gerettet wurde.

17. Juni: Msgr. Grillo, der Bischof von Civittavecchia (Italien), setzt die Statue der Mutter Gottes von Medjugorje feierlich ein und gibt sie für die Verehrung durch die Gläubigen frei. «Diese Gnade bekommen wir aus Medjugorje!» erklärt er. (Anfang Februar hatte diese Statue vor drei Zeugen, zu denen auch seine Schwester gehörte, in die Hände des Bischofs blutige Tränen geweint.) Pater Jozo konzelebriert mit ihm und achtzig weiteren Priestern bei dieser Messe vor 3000 Menschen.

25. Juni: Ivankas jährliche Erscheinung. Die Jungfrau bittet, für die Familien zu beten, denn Satan will sie zerstören. Sie lädt uns ein, die Boten des Friedens zu sein.

Juli: Eine kontemplative Gemeinschaft läßt sich in Medjugorje nieder. Die Gründerin dieser Gemeinschaft vom «Kostbaren Blut», Gugliermina, ist Italienerin.

Die vier ersten Waisenhäuser werden unter der Schirmherrschaft Pater Slavkos in der Nähe von Medjugorje eingeweiht. Jedes dieser Häuser wird von einem bestimmten Land finanziert. Informationen unter: Pater Slavko, Zupni Ured, 88266 Medjugorje, via Split, Kroatien, Fax: 00387 - 88 651 444.

29.-30. Juli: Marija und Pater Tardif sind im Stadion in Monza (Italien).

9. August: Einweihung der «*Casa San Giuseppe*» in den Bergen, die den Exerzitien von Pater Jozo dient. Marija hat dort manchmal Erscheinungen.

30. August: Vicka begleitet 1000 Kriegswaisen nach Rom, zu einer Audienz mit Johannes Paul II im Petersdom.

Oktober: Jelena setzt ihr Theologiestudium in Rom fort.

15. Oktober: Geburt von Kristina Maria in Boston, dem ersten Kind von Ivan und Laureen. Die Familie lebt zeitweise in Medjugorje und zeitweise in Boston.

17. Oktober: Alle Bischöfe von Bosnien-Herzegowina werden vom Papst nach Rom zitiert, um über den Frieden zu sprechen.

Dezember: Geburt von Anamaria, dem ersten Kind von Jakov und Anna-Lisa.

Das Jahr 1996

Botschaft vom 25. Januar 1996

«Liebe Kinder! — Heute lade ich euch ein, euch für den Frieden zu entscheiden. Bittet Gott, daß Er euch den wahren Frieden schenkt. Lebt den Frieden in euren Herzen und ihr werdet verstehen, liebe Kinder, daß der Friede ein Geschenk Gottes ist.

Liebe Kinder, ohne Liebe könnt ihr den Frieden nicht leben. Die Frucht des Friedens ist die Liebe und die Frucht der Liebe ist die Versöhnung. Ich bin mit euch und lade euch alle ein, meine lieben Kinder, zuerst in der Familie zu verzeihen, und dann werdet ihr auch den anderen verzeihen können. Danke, daß ihr meinem Ruf gefolgt seid!»

Wenn der Mutterschoß ein Grab ist

«*Ohne Liebe könnt ihr keinen Frieden leben*», heißt es. Aber wenn der Schoß meiner Mutter ein Grab war, wenn die Wurzel meines Lebens aus der «Nicht-Liebe» stammt, bin ich dann dazu verurteilt, niemals in den Genuß des Friedens zu kommen?

Sophie kam durch ein Wunder nach Medjugorje. Sie ist Englischlehrerin, 40 Jahre alt, sehr charmant und erzählt mir mit Begeisterung ihr Abenteuer, von dem sie immer wieder sagt: «Es ist verrückt, wirklich verrückt!» Man muß allerdings zugeben, daß in ihrem Leben weder Gott noch Satan arbeitslos waren...

Das Fiasko in Sophies Leben begann mit ihrer Zeugung: ihre Mutter wollte diese Schwangerschaft nicht. Als sie erfuhr, daß sie Zwillinge erwartete, lehnte sie sie noch heftiger ab. Bei der Geburt geht das Fiasko weiter, ihr Zwillingsbruder wird tot geboren. Sophie wird immer den Tod als Folge der Nicht-Liebe und eine Leere in den menschlichen Beziehungen empfinden: denn ihr erstes Gegenüber, ihre erste Liebe war ein Toter! Sie wuchs ohne Gott und ohne menschliche Stütze auf.

Mit 20 Jahren heiratet sie, weil sie schwanger ist. Neuerliches Scheitern: sie schafft es nicht zu lieben, und er auch nicht. Die Ehe gleicht zwei Mauern, die aneinanderstoßen und dabei kaputtgehen. Sie läßt sich scheiden. Für ihre kleine Claire beginnt derselbe tragische Weg eines zerrissenen Kindes. In der Meinung, es nun besser getroffen zu haben, heiratet Sophie zum zweiten Mal und stellt zu ihrem Entsetzen fest, daß es eher schlimmer ist als zuvor. Das Gefühl, eine *Un-Person* zu sein, erstickt sie, und sie kann sich nicht mit ihrem Mann austauschen. Ihre Kommunikation beschränkt sich auf die Kette «Zorn-Vorwürfe-Groll», in dieser oder einer anderen Reihenfolge. Sie steht von neuem vor der dunklen Wand der Nicht-Liebe. Aber ein weit schlimmeres Ereignis löst für Sophie einen wahren Abstieg zur Hölle aus: als sie einen kleinen Jungen zur Welt bringt, durchlebt sie von neuem das ganze Drama des Todes ihres Zwillingsbruders, die ganzen Schuldgefühle, die sie seither mit sich herumträgt, und ihr wird klar, daß ihr eigener Schoß, genau wie bei ihrer eigenen Mutter, kein Leben und keine Liebe birgt.

In ihrer Verzweiflung zwingt sie sogar ihren Körper, das Leben zu verwerfen. Nach der Entbindung entwickelt sie eine tödliche Krankheit, die die Medizin als «auto-immun» bezeichnet, was soviel bedeutet wie selbst-zerstörerisch. Ihre Immunkörper, die normalerweise den Organismus gegen Krankheiten schützen, wenden sich gegen ihren eigenen Organismus, um ihn von inner her zu zerstören. In ihrem Körper herrscht Krieg, weil in ihrem Herzen der Tod herrscht. Ein Gedicht von Paul Eluard fällt ihr in die Hände: «Danke, Mama, daß du mich geschaffen hast.» Sie schreit auf...! Wie sie ihr Leben haßt!

Kollagenose, rheumatische Polyarthritis, Anämie... der Rollstuhl wird immer wahrscheinlicher, und am Ende würde ein langsamer Tod nach einem fürchterlichen Leiden stehen. Sie bekommt schwerste Medikamente.

Natürlich findet sie wie alle, die den Retter nicht kennen, einen Pseudo-Retter: den Heiler XY. Er ist teuer, sie muß ihm alle drei Wochen Haarsträhnen liefern, aber in seinem Büro hängt ein Christus-

Bild, also... «Im Grunde muß er ein guter Mensch sein», sagt sie sich. Und tatsächlich schreitet die Krankheit nicht weiter fort.

Aber wie bei allen Heilungen, die von Heilern bewirkt werden, hört das Übel auf der einen Seite auf, um auf einer anderen Seite wieder hervorzukommen, und zwar schlimmer. Der Mann führt Sophie in die Esoterik und okkulte Praktiken ein. Sophie übt jeden Tag fasziniert das automatische Schreiben aus.

— Meine Hand ging von selber los, ich war gezwungen zu schreiben! sagt sie mir.

Sie klappert alle zwielichtigen Buchläden von Paris ab, um Bücher im New-Age-Stil zu kaufen und sie gierig zu verschlingen. Sie macht Yoga und praktiziert bald die Öffnungen des Chakras. Da kommen ohne Vorwarnung fürchterliche Ängste in ihr hoch, die sie Tag und Nacht verfolgen. Bisher ungewohnte Angstzustände lähmen sie.

Eines Nachts, als die gerade unter dem Diktat eines Dämons gewesen war (sie war guten Glaubens, daß sie sich dadurch an die «Energien des Kosmos» anschließe), fuhr sie schweißgebadet und halbtot vor Angst aus dem Schlaf auf. Sie sieht Satan bei ihr stehen, der seine scheußliche, schwarze Hand nach ihr ausstreckt. Der Horror! Zum ersten Mal in ihrem Leben spricht sie den Namen Gottes aus und ruft ihn zu Hilfe; es ist ihr allererstes Gebet... mit dem Herzen!

Zu ihrem großen Erstaunen antwortet der Herr auf ihren Schrei und läßt sie seine Gegenwart fühlen. Da begreift Sophie, daß dieser Gott LEBENDIG ist, daß er GUT ist, daß er FRIEDEN ist. Ihr Leben wendet sich sehr schnell um 180°. Sie beginnt, jeden Tag zu beten und entdeckt den katholischen Glauben. Später begreift sie, daß Esoterik und christliches Leben nicht zusammengehen können, und sie trifft ihre Wahl: sie wird mit Jesus, dem wahren Retter gehen, der keine Bombe unter dem Teppich versteckt hält, um sie zu zerstören.

— Und was ist mit Medjugorje? fragte ich.

— Es ist verrückt! Jesus hat mir seine Mutter gegeben!

— Erzähle vom Krizevac... von deiner neuen Geburt...

— Ich betete zusammen mit der Pilgergruppe den Kreuzweg. Als wir an der 13. Station ankamen, wo Maria den Leib Jesu in ihren Armen empfängt, sagte mir Bruder Cyrill: «Sophie, kannst du die

Meditation von Pater Slavko lesen?» In einer Naivität sagte ich zu und las.[133]

Ich sehe, wie Sophies Augen feucht werden... Ihre Stimme wird tonlos...

— Also, ich lese; aber an einer bestimmten Stelle kommt der ganze Alptraum wieder in mir hoch! Ich konnte nicht mehr, ich brach in Tränen aus und jemand anders mußte an meiner Stelle weiterlesen... Hier, an dieser 13. Station wartete Maria auf mich.

An dieser Stelle stand: *«Maria, ich bitte dich für die Kinder, die abgelehnt werden, die nicht die Wärme eines Mutterschoßes kennen. Sei ihre Mutter, gib ihnen wieder Freude am Leben. O Maria, ich bitte dich für die Mütter, deren Schoß zum Grab des Lebens geworden ist, weil sie ihr Kind getötet haben oder es nach seiner Geburt abgelehnt haben. Gib ihnen das Leben wieder!»*

In einem Augenblick war ich an die Wurzel all meines Leidens gekommen: der Schoß meiner Mutter war wie ein Grab gewesen! Ich hatte mein Leben an einem Ort des Todes begonnen! Ich hatte das Leben gar nicht bekommen!

Und die Meditation ging folgendermaßen weiter:

«Liebe Kinder..., ich habe euch so, wie ihr seid, auf besondere Weise auserwählt. Ich bin eure Mutter und liebe euch alle...»

Da ist Maria meine Mutter geworden; meine Wurzel und der Schoß, in dem ich entstehe. Das Erstaunlichste ist, daß alles ganz sanft vor sich ging. Ich fühlte wie einen Hauch, etwas ganz leichtes, und schon war es geschehen. Ich rechnete mit einer Erschütterung, aber nein! Vor diesem Kreuzweg war ich Waise, hinterher hatte ich meine Mutter. Und alles geschah ganz sanft. Ich habe jetzt einen großen Frieden, einen unglaublichen Frieden!

Und Sophie fügte ganz leise hinzu, so als wolle sie ein schlafendes Kind nicht wecken:

— Und jetzt kann ich aus tiefstem Herzen sagen: «Herr, ich danke dir, daß du mich geschaffen hast!»

133 Aus dem Buch «*Mit dem Herzen beten*». In Medjugorje erhältlich.

Botschaft vom 25. Februar 1996

«Liebe Kinder! — Heute lade ich euch zur Umkehr ein! Das ist die wichtigste Botschaft, die ich euch hier gegeben habe.

Meine lieben Kinder, ich wünsche, daß jeder von euch zum Träger meiner Botschaften werde. Ich lade euch ein, meine lieben Kinder, die Botschaften, die ich euch in diesen Jahren gegeben habe, zu leben.

Diese Zeit ist Zeit der Gnade. Besonders jetzt, da euch auch die Kirche zu Gebet und Umkehr aufruft, lade auch ich euch ein, meine lieben Kinder, meine Botschaften zu leben, die ich euch in dieser Zeit, seit ich hier erscheine, gegeben habe. Danke, daß ihr meinem Ruf gefolgt seid!»

Ein bißchen Tesa-Film und viel Liebe

Véronique D. ist 40 Jahre alt und wird sich umbringen, das ist jetzt beschlossene Sache. «Jetzt ist genug gelitten, das Leben ist zu grausam!» Ihre Stimmung ist weit unter Null, sie irrt durch Paris[134] und geht langsam an einer Reihe Autos vorbei, die am Straßenrand parken. Ein kleines Papier an einem Autofenster fällt ihr auf, und sie geht näher hin.

«Botschaft der Seligen Jungfrau Maria in Medjugorje», liest sie und hat den Eindruck, auf einem anderen Planeten zu landen.

«... Kleine Kinder, habt keine Angst, denn ich bin mit euch, auch wenn ihr glaubt, daß es keinen Ausweg mehr gibt und Satan regiert. Ich bringe euch den Frieden. Ich bin eure Mutter und die Königin des Friedens. Ich segne euch mit dem Segen der Freude, damit Gott für euch alles im Leben sei. Danke, daß ihr meinem Ruf gefolgt seid!»

Sie liest, und liest wieder, und liest noch einmal... Sie hat den Eindruck, an einer unsichtbaren Quelle zu trinken. Sie kostet jedes Wort lange aus, und ihr Herz belebt sich wieder, es schlägt wieder ohne diese entsetzliche Fessel des Todes. Später sucht Véronique die Spur dieses besagten «Medjugorje», dieses unbekannten, merkwür-

134 Hören Sie die Cassette: «Medjugorje, eine Mutter, die von der Leere befreift», von Sr. Emmanuel, Diakonia (Nr. 93).

digen Namens. Und eines Tages kommt sie in Medjugorje an... um zu danken! Auf diese Weise haben wir von ihrem Weg erfahren.

Die Gospa sucht Arme und Hände, daran mangelt es! Aber wenn sie welche findet, dann nützt sie sie gründlich und sie dienen als Ventil für diese grenzenlose Mutterliebe, die sie nicht zurückhalten kann, und die nur eines will: retten. Der Besitzer jenes Autos hat Veroniques Geschichte nie erfahren. Aber er weiß, daß er der Gospa seine Hände zur Verfügung gestellt hat, um ihre Botschaften — unter anderem — auf sein Auto zu kleben.[135]

135 Wir haben Ihnen die Arbeit erleichtert: Sie können die vier folgenden Seiten photokopieren, um so ein paar Botschaften zu verbreiten. Sie können eine schöne Tradition einführen, wenn Sie Freunde empfangen oder Maria in Ihrem Gebetskreis feiern: schneiden Sie diese Botschaften aus und schenken Sie nach dem Gebet jedem eine davon.

«Wichtig ist es, den Heiligen Geist zu bitten, daß er auf euch herabkommt. Wenn man den Heiligen Geist hat, hat man alles.» (21. Oktober 1983)	«Wenn ihr Schwierigkeiten habt und etwas braucht, dann kommt zu mir.» (1983)
«Liebe Kinder! — Auch weiterhin sind mir eure Gebete notwendig. Ihr fragt euch: "Warum so viele Gebete?" — Schaut euch um, liebe Kinder, und ihr werdet sehen, wie sehr die Sünde auf dieser Erde die Herrschaft an sich gerissen hat. Deswegen betet, damit Jesus siegt.» (13. September 1984)	«Wenn ihr in die Messe geht, sollte euch der ganze Weg zur Vorbereitung auf die Messe dienen. Außerdem sollt ihr die Kommunion mit offenem, reinem Herzen empfangen... Herzensreinheit und Offenheit! Geht nicht aus der Kirche, ohne in rechter Weise Dank gesagt zu haben.» (Oktober 1984)
«Liebe Kinder! — Heute abend bitte ich euch besonders, das Herz meines Sohnes Jesus zu verehren. Leistet für die dem Herzen meines Sohnes zugefügte Wunde Genugtuung! Dieses Herz ist durch alle möglichen Sünden verletzt worden.» (5. April 1984)	«Liebe Kinder! — Heute abend möchte ich euch bitten, daß ihr in den Tagen dieser Novene um das Ausgießen des Heiligen Geistes auf eure Familien und eure Pfarrei betet. Betet — ihr werdet es nicht bereuen! Gott will euch Gnaden geben, mit denen ihr Ihn bis ans Ende eures irdischen Lebens preisen werdet.» (2. Juni 1984)
«Liebe Kinder! — Heute lade ich euch ein, lebt in dieser Woche die Worte: "Ich liebe Gott." Liebe Kinder, mit Liebe werdet ihr alles erreichen, auch das, was ihr für unmöglich haltet. Gott wünscht von dieser Pfarrei, daß ihr vollkommen Ihm gehört, und das wünsche ich auch.» (28. Februar 1985)	«Liebe Kinder! — Heute lade ich euch ein, daß ihr in euren Häusern jeden Tag die Bibel lest. Sie soll an sichtbarer Stelle liegen, damit sie euch immer zum Lesen und zum Beten anregt.» (18. Oktober 1984)
«Betet, meine lieben Kinder, für die Gesundheit meines vielgeliebten Sohnes, der leidet, den ich aber für diese Zeiten auserwählt habe.» (25. August 1994)	«Betet, liebe Kinder, daß sich der Plan Gottes durchsetzt und daß jede Arbeit des Satans zur Ehre Gottes beendet wird.» (7. Februar 1985)
«Liebe Kinder! — Heute möchte ich euch einladen: betet, betet, betet! Im Gebet werdet ihr die größte Freude erfahren und aus jeder unausweichlichen Situation einen Ausweg finden.» (28. März 1985)	«Liebe Kinder! — Ich möchte euch bitten, in diesen Tagen das Kreuz in den Mittelpunkt zu stellen. Betet besonders vor dem Kreuz, denn von ihm kommen große Gnaden.» (12. September 1985)

«Ich bitte euch: Ladet alle zum Rosenkranzgebet ein! Mit dem Rosenkranz werdet ihr alles Unheil überwinden, das der Satan jetzt in die Katholische Kirche hineinbringen möchte. Priester, betet alle den Rosenkranz! Weiht eure Zeit dem Rosenkranzgebet!» (25. Juni 1985)	«Liebe Kinder! — Heute lade ich euch ein, daß ihr besonders jetzt mit dem Gebet dem Satan entgegentretet. Der Satan möchte jetzt stärker wirken, weil ihr um sein Wirken wißt. Liebe Kinder! Legt euch die Waffenrüstung an und besiegt ihn mit dem Rosenkranz in der Hand!» (8. August 1985)
«Gebt mir alle eure Gefühle und alle eure Probleme. Ich möchte euch trösten in euren Versuchungen, möchte euch mit Frieden, Freude und Liebe Gottes erfüllen.» (20. Juni 1985)	«Liebe Kinder! — Heute lade ich euch ein, bringt in eure Häuser mehr geweihte Sachen und tragt jeder etwas Geweihtes an euch. (18. Juli 1985)
«Liebe Kinder! — Ich fordere euch wieder zum Gebet mit dem Herzen auf. Denn wenn ihr, liebe Kinder, mit dem Herzen betet, wird das Eis (in den Herzen) eurer Brüder schmelzen, und alle Hindernisse werden beseitigt sein.» (23. Januar 1986)	«Gleich einer Mutter möchte ich euch alle zur Heiligkeit aufrufen, damit ihr diese auch anderen vermitteln könnt. Ihr seid den anderen ein Spiegel.» (10. Oktober 1985)
«Liebe Kinder! — Ich lade euch ein zur Liebe gegenüber dem Nächsten, zur Liebe gegenüber dem, der euch Böses antut. So werdet ihr mit Liebe die Absichten der Herzen erkennen können. — Betet und liebt, liebe Kinder! Mit Liebe seid ihr imstande, auch das zu vollbringen, was euch als unmöglich erscheint.» (7. November 1985)	«Heute lade ich euch ein, daß ihr an euren Herzen zu arbeiten beginnt; jetzt sind alle Feldarbeiten beendet. Zur Reinigung ganz verwahrloster Räume nehmt ihr euch Zeit, aber das Herz laßt ihr unbeachtet. Deshalb arbeitet mehr daran, mit Liebe jeden Teil eures Herzens zu reinigen.» (17. Oktober 1985)
«Ich wünsche nichts für mich, sondern alles für die Rettung eurer Seelen. Der Satan ist stark; deshalb, meine lieben Kinder, bindet euch durch beharrliches Gebet an mein mütterliches Herz.» (25. Oktober 1988)	«Liebe Kinder! — Ich möchte euch zum Miterleben der heiligen Messe einladen. Viele von euch haben die Freude und die Schönheit der heiligen Messe erfahren, und es gibt solche, die ungern zur heiligen Messe kommen. Jedes Kommen soll euch Freude bereiten. Kommt mit Liebe und nehmt mit Liebe die heilige Messe an!» (3. April 1986)

«Ihr wißt nicht, liebe Kinder, wie groß meine Liebe ist, und ihr könnt sie nicht annehmen! Auf verschiedene Weise möchte ich sie euch zeigen, aber ihr, liebe Kinder, erkennt sie nicht. Liebe Kinder, nehmt mich in eurem Leben an, so werdet ihr alles annehmen können, was ich euch sage und wozu ich euch einlade.» (22. Mai 1986)	«Liebe Kinder! — Jetzt seid ihr so sehr um die materiellen Dinge besorgt und dadurch in die Gefahr geraten, all das zu verlieren, was Gott euch schenken möchte. Ich lade euch ein, liebe Kinder, betet um die Gaben des Heiligen Geistes.» (17. April 1986)
«Liebe Kinder! — Heute lade ich euch zur Heiligkeit ein. Ohne Heiligkeit könnt ihr nicht leben. Deshalb besiegt mit Liebe jede Sünde. Durch Liebe könnt ihr alle Schwierigkeiten überwinden, die auf euch zukommen.» (10. Juli 1986)	«Liebe Kinder! Wirkt besonders mit der Liebe dort, wo ihr lebt. Das einzige Mittel sei euch immer die Liebe. Wendet durch die Liebe alles zum Guten, was der Satan vernichten oder an sich ziehen will. Nur so werdet ihr ganz mir gehören, und ich werde euch helfen können.» (31. Juli 1986)
«Liebe Kinder! — Ich bedanke mich für all die Liebe, die ihr mir erweist. Ihr wißt, liebe Kinder, daß ich euch grenzenlos liebe. Ich bitte Tag für Tag den Herrn, daß er euch helfe, die Liebe zu erfahren, die ich euch erweise.» (21. August 1986)	«Liebe Kinder! — Heute möchte ich euch einladen, daß ihr Tag für Tag für die Armen Seelen im Fegfeuer betet. Jede Seele braucht das Gebet und die Gnade, um zu Gott und zu seiner Liebe zu gelangen. Dadurch gewinnt auch ihr, liebe Kinder, neue Fürsprecher, die euch im Leben helfen werden zu begreifen.» (6. November 1986)
«Liebe Kinder, ihr vergeßt, daß ich von euch Opfer wünsche, um euch helfen und von euch den Satan vertreiben zu können. Daher lade ich euch von neuem ein, mit besonderer Ehrfurcht Gott Opfer darzubringen.» (18. September 1986)	«Liebe Kinder, ohne euch kann ich der Welt nicht helfen! Ich wünsche, daß ihr in allem — sogar in den kleinsten Dingen — mit mir zusammenwirkt. Deshalb, liebe Kinder, helft mir, daß euer Gebet aus dem Herzen kommt und daß ihr euch alle mir ganz anvertraut.» (28. August 1986)
«Ich rufe euch zur Weihe an mein unbeflecktes Herz auf. Ich wünsche, daß ihr euch persönlich, als Familie und als Pfarrei, weiht, damit alles durch meine Hände Gott gehöre.» (25. Oktober 1988)	«Seid nicht ängstlich und besorgt. Gott wird euch helfen und euch den Weg zeigen. Ich wünsche, daß ihr mit meiner Liebe alle liebt, Gute und Böse. Nur so wird die Liebe in der Welt zu herrschen beginnen.» (25. Mai 1988)

«Liebe Kinder, ich bitte euch, gebt dem Herrn eure ganze Vergangenheit: alles Böse, das sich in euren Herzen angesammelt hat. Ich wünsche, daß jeder von euch glücklich sei, aber mit der Sünde kann es keiner sein. Deshalb, liebe Kinder, betet, und ihr werdet im Gebet diesen neuen Weg der Freude erkennen.» (25. Februar 1987)	«Liebe Kinder! — Jeden von euch rufe ich auf, daß er in der Liebe Gottes zu leben beginnt. Liebe Kinder, ihr seid bereit, Sünde zu begehen und euch ohne Überlegung in die Hände Satans zu übergeben. Ich rufe euch auf, daß sich jeder von euch bewußt für Gott und gegen Satan entscheidet.» (25. Mai 1987)
«Ich wünsche, daß jeder von euch hier auf Erden glücklich sei, und daß jeder von euch mit mir im Himmel sein möge. Dies ist, liebe Kinder, das Ziel meines Kommens und mein Wunsch.» (25. Mai 1987)	«Liebe Kinder! — Ich lade euch zur vollkommenen Hingabe an Gott ein. Alles, was ihr besitzt, soll in Gottes Händen sein, denn nur so werdet ihr Freude im Herzen haben.» (25. April 1989)
«Ihr wißt, daß ich euch liebe und daß ich aus Liebe für euch brenne. Deshalb, liebe Kinder, entscheidet auch ihr euch für die Liebe, damit auch ihr brennt und Tag für Tag die Liebe Gottes erkennt. Liebe Kinder, entscheidet euch für die Liebe, damit sie in euch allen vorherrscht, aber nicht die menschliche Liebe, sondern die Liebe Gottes.» (20. November 1986)	«Liebe Kinder! Ich möchte, daß ihr begreift, daß Gott jeden von euch auserwählt hat, um ihn für den großen Erlösungsplan der Menschheit zu verwenden. Ihr könnt nicht begreifen, wie groß eure Rolle im Plan Gottes ist. Deshalb betet, liebe Kinder, damit ihr im Gebet den Plan Gottes mit euch begreifen könnt. Ich bin mit euch, daß ihr ihn vollkommen verwirklichen könnt.» (25. Januar 1987)
«Meine lieben Kinder, freut euch über Gott den Schöpfer, der euch so wunderbar geschaffen hat! Betet, daß euer Leben eine freudige Danksagung sei, die wie ein Fluß der Freude aus eurem Herzen strömt.» (25. August 1988)	«Meine lieben Kinder, habt keine Angst, denn ich bin mit euch, auch dann, wenn ihr denkt, es gebe keinen Ausweg und daß der Satan die Herrschaft an sich gerissen hätte. Ich bringe euch den Frieden! Ich bin eure Mutter und die Königin des Friedens.» (25. Juli 1988)
«Man muß viel beten, und nicht sagen: "Es ist nicht so schlimm, daß wir heute nicht gebetet haben." Ihr müßt euch bemühen, zu beten. Das Gebet ist der einzige Weg zum Frieden. Wenn ihr betet und fastet, bekommt ihr alles, um was ihr bittet.» (Zu Jelena, am 29. Oktober 1983)	«Liebe Kinder, Satan ist ziemlich stark. Deshalb bitte ich euch, daß ihr mir eure Gebete für diejenigen darbringt, die unter seinem Einfluß stehen, damit auch sie gerettet werden. Gebt Zeugnis mit eurem Leben! Opfert euer Leben für die Rettung der Welt! Im Himmel werdet ihr vom Vater den Lohn empfangen, den Er euch verheißen hat.» (25. Februar 1988)

Botschaft vom 25. März 1996

«Liebe Kinder! — Ich lade euch ein, daß ihr euch von neuem entscheidet, Gott über alles zu lieben. In dieser Zeit, in der man wegen einer konsumistischen Geisteshaltung vergißt, was es bedeutet, zu lieben und die wahren Werte zu schätzen, lade ich euch, kleine Kinder, von neuem ein, Gott auf den ersten Platz eures Lebens zu setzen. Laßt euch nicht von Satan durch die materiellen Güter anziehen, sondern, kleine Kinder, entscheidet euch für Gott, der Freiheit und Liebe ist! Wählt das Leben und nicht den Tod der Seele!

Kleine Kinder, in dieser Zeit, in der ihr das Leiden und den Tod Jesu betrachtet, lade ich euch ein, daß ihr euch für das Leben entscheidet, das durch die Auferstehung erblüht ist, und daß sich euer Leben heute durch die Umkehr erneuere, die euch zum ewigen Leben führen wird. Danke, daß ihr meinem Ruf gefolgt seid!»

Colettes Apostolat

«Brustkrebs in sehr weit fortgeschrittenem Stadium...!»

Professor Joyeux legt die Untersuchungsergebnisse von Colette wieder hin und benachrichtigt Christian, ihren Mann, daß Colette sofort operiert werden muß.

Es ist ein Schock für die ganze Familie und für die Gemeinschaft der Seligpreisungen[136], in der sie lebt, denn Colette ist eine dynamische Frau voller Leben, jung, schön...

Nach der Operation beginnt für Colette ein langer Kreuzweg, denn es bilden sich Metastasen in anderen Organen. Sie wird von Tag zu Tag schwächer. Im Januar 1994 beschließen Christian und Colette etwas Verrücktes: sie kommen nach Medjugorje trotz des kritischen Gesundheitszustandes von Colette, die sich kaum auf den Beinen

136 Eine Laien-Gemeinschaft, die 1973 in Frankreich von Ephraïm Croissant, einem verheirateten Diakon, gegründet wurde. Es gibt heute 70 Häuser dieser Gemeinschaft auf der Welt. Für weitere Informationen schreiben Sie bitte an folgende Adresse: Gemeinschaft der Seligpreisungen — Haus Maria, Freude aller Freuden, Ordensritterweg 1, D - 59581 Warstein, Tel.: 0292/597030, Fax: 0292/5970334; oder — Kloster Maria Heil der Kranken, Maria Langegg 1, A-3642 Aggsbach Dorf, Tel. 02753/393.

halten kann. Dazu kommt noch eine schwere Angina, so daß Colette sechs von acht Tagen in Medjugorje das Bett hüten muß. Sie, die davon geträumt hatte, auf den Bergen beten zu gehen, und Vicka zu besuchen! Sie opfert alles ohne zu klagen Maria auf.

Doch eine Überraschung wartet auf sie: man hat Vicka benachrichtigt, sie eilt in Colettes Zimmer und betet lange über ihr, in dieser Schlichtheit, die so typisch für sie ist. Während sie auf kroatisch ihre Segenssprüche murmelt, lächelt sie ihr ermutigend zu. Als sie Colette verläßt, küßt sie sie und sagt ihr:

— Mach dir keine Sorgen, die Gospa ist immer mit dir!

Da wir Gottes Pläne mit unserem Leben, die so viel schöner sind als die unseren, nie kennen, warteten wir alle auf Colettes Heilung und erfahren mit großer Enttäuschung, daß sich ihr Zustand rapide verschlechtert. Colettes Leiden wird trotz der Behandlungen der modernen Medizin unerträglich. Aber sie versetzt alle in Erstaunen mit ihrem unerschütterlichen Frieden und der spontanen Freude, die sie mitten in den tragischsten Situationen ihres schmerzhaften Weges zum Tod bekundet. Seit Medjugorje hüllt der Segen Mariens sie ganz ein, man hat sogar den Eindruck, daß er sich vertieft, um schließlich Colettes Gesicht zu verklären.

— Nach Vickas Gebet, hat mich die Heilige Jungfrau keine Sekunde mehr alleine gelassen, wird sie mir später sagen, sie hat mich gelehrt, in Einheit mit Jesus zu leiden, sie sie selbst es getan hat, und du wirst es mir nicht glauben, wenn ich dir sage, daß ich mich um so tiefer mit Jesus vereint fühle, je mehr ich leide. Die Momente intensivsten Leidens sind für mich Momente intensivster Freude, einer wirklich göttlichen Freude, die ich dir nicht beschreiben kann. Ich fühle die Freude, die es ihm bereitet, Seelen zu retten. Das ist eindrucksvoll! Wenn man mich armes krankes Ding da so fest im Bett liegen sieht, würde man nicht denken, daß ich die glücklichste Frau der Welt bin!

Im Juli 1995 kommt das Ende. Ihr armer gezeichneter Körper ist am Ende seiner Kräfte. Ihre Familie und alle, die sie lieben, umringen sie und flüstern ihr das Übliche ins Ohr: «Colette, wenn Du dann dort oben bist, vergiß nicht...» Colette bereitet sich darauf vor, mit Maria aufzubrechen, in dem Frieden, den ein Leben schenkt, das alles gegeben hat, was es hatte, und noch viel mehr. Einige Monate zuvor hatte ihr Jesus während der Anbetung (sie hat das Allerheiligste in ihrem Zimmer) gezeigt, wie sich ihre Ankunft im Himmel abspielen würde... Sie sieht eine wahnsinnige Freude bei allen Auserwählten, als sie in einem prächtigen weißen Kleid in den Himmel kommt, sie ist die Schönste, die Einzige, und Jesus kommt ihr entgegen, nimmt sie in seine Arme und tanzt, tanzt, tanzt ohne Ende mit ihr...

Aber der Juli 1995 war nicht Gottes Datum, denn entgegen jeder (medizinischen!) Erwartung, stirbt Colette nicht und bekommt neue Kraft ganz übernatürlichen Ursprungs. Was ist geschehen?

An der Schwelle des Todes bekam Colette «Besuch» von Marthe Robin, die sie fragte, ob sie einverstanden sei, noch eine gewisse Zeit zu leben, um ihr Apostolat der «in Liebe Gekreuzigten»[137] noch etwas zu verlängern, um ihren Brüdern zu helfen.

Colette war nicht besonders vertraut mit Marthe Robin, aber dieser Besuch war der Anfang einer außergewöhnlichen Zusammenarbeit zwischen diesen beiden Seelen.

Hatte Colette nicht ihre Krankheit und ihr Leben für ihre Brüder und Schwestern der Gemeinschaft aufgeopfert?

Sichtbare Zeichen dieser Barmherzigkeit für die Seelen ließen nicht lange auf sie warten. In den darauffolgenden Tagen wird Colette von einem so überwältigenden Mitleiden für die anderen erfaßt, daß sie sich selbst nicht mehr erkennt. Das kommt nicht aus ihr selbst! In der Tiefe der Herzen sieht sie wie in einem Film die Verletzungen und die verborgenen Leiden eines jeden, und die Einzelheiten der Situationen, die diese Verletzungen ausgelöst haben. Sie sieht, hört und nimmt sogar den Dialog oder die verborgenen Gedanken der Eltern bei der Zeugung des Kindes wahr. Sie sieht dieses Kind im Leib seiner Mutter, das außerordentliche Bewußtsein für die Liebe, die es trotz seiner mikroskopisch kleinen Größe schon hat, und sie entdeckt, wie dieses winzige kleine Wesen den Mangel an Liebe, die Konflikte, die Unreinheiten oder die Ablehnung seiner Eltern aufgenommen hat. Das Baby ist sich über alles bewußt, ganz deutlich und klar! Sie weint vor Kummer, aber es sind nicht ihre Tränen, sie spürt,

---

137 Dieses Wort hat Jesus selbst gebraucht, als er Marthe ihre Berufung und ihre Aufgabe erklärte: «*Du wirst meine kleine "aus Liebe Gekreuzigte" sein*» (1929).

daß die Heilige Jungfrau in ihr weint wegen dieser Herzen, die noch vor ihrer Geburt gequält und zerrissen werden. Die Heilige Jungfrau weint über die krummen, unglücklichen Wege, die das Kind später einschlägt wegen dieser ersten, so tiefen Verletzungen.

Nun beginnt für Colette ein Apostolat, das es noch nie zuvor gegeben hat: Im Gebet sagt sie jedem, was Gott ihr zeigt[138]; und die bestimmten Momente, in denen das Kind «nein» zum Leben, «nein» zu Gott, «nein» zur Liebe gesagt hat, wie um sich zu schützen vor dem Abgelehnt-Sein, dem es zum Opfer gefallen ist. Aber das Erkennen ist eine Sache, das Heilen eine andere! Was zwanzig Jahre Psychoanalyse nicht schaffen könnten, um jemanden wieder aufzurichten, das gelingt Colette als Werkzeug Gottes in ein oder zwei Begegnungen mit der jeweiligen Person.

Das Mitleiden von Jesus und Maria, das in ihr war, strömte wie eine mächtige Quelle aus ihrem Herzen und ließ die Heilung beginnen.[139]

Gott alleine weiß, wie viele Auferstehungen in Colettes Zimmer stattgefunden haben. Man ging zu ihr, und hinter ihrem Lächeln, ihrem Humor, ihrer Freude, ihrer Geduld... sah man Maria, fand man die Mutter unseres Lebens, die uns an ihr Herz drückt, um unsere Lebensfreude wiederherzustellen, um uns unsere wahre Identität[140] wiederzugeben.

Acht Monate später, am 2. März 1996 (dem ersten Samstag des Monats), lebte Colette endlich ihren Einzug in den Himmel. In der Stunde ihres Ostern, ist Christian mit zweien ihrer Kinder und einer

---

138 Dies gehört zum Charisma der Erkenntnis und der Prophetie, wie es in der Bibel beschrieben ist. Zum Beispiel wenn der Prophet Nathan zu David geht und ihm im Auftrag Gottes sagt, was er getan hat, um seine Umkehr zu bewirken (2 Sam 12,1-15). Das hat natürlich nichts mit der «Wahrsagerei» zu tun, die sich verschiedener Mittel (Photos, Kaffee-Marken, Pendel, Spielkarten...) bedient, um die Geister zu befragen (anstatt den Heiligen Geist)!

139 Ich selbst habe von diesem Charisma profitiert. Seit 30 Jahren konnte ich nur mit Medikamenten schlafen und litt unter fürchterlicher Schlaflosigkeit. Colette sah, daß das nicht physisch bedingt war, sondern die Folge von spiritistischen Sitzungen, an denen ich vor meiner Bekehrung teilgenommen hatte, als ich noch jung war. «Der Teufel hat sich dadurch in dein Leben eingeschlichen, und hat noch Einfluß auf deinen Schlaf. Er versucht, dich auf diese Weise zu erschöpfen und zu zerstören, sagte sie mir. Er ist wütend, weil du berufen bist, denjenigen Jesus und Maria zu bringen, die nach seinem Willen nie etwas von Gott hätten hören sollen.» Colette betete, und innerhalb von zwei Monaten verschwand die Schlaflosigkeit samt der Medikamente.

140 Diesen Dienst lebte Colette im Einverständnis mit ihrem geistlichen Führer, der die Echtheit der erhaltenen Gnaden überprüfte.

Schwester der Gemeinschaft bei ihr. Colette kann nichts mehr sagen, aber sie hört noch alles. Neben ihrem Bett beten sie den Rosenkranz. Als sie beim letzten Glorreichen Geheimnis angekommen sind, der Krönung Mariens im Himmel, sagt Sr. Catherine zu Colette:

— Auf, Colette, jetzt kannst du gehen! Sie warten alle auf dich, da oben!

Und in diesem Moment verließ Colette sie, ihr Atem hörte ganz langsam auf.

Heute setzt sie ihre Arbeit unter uns auf andere Weise fort, indem sie zu denen kommt, die sie um Hilfe bitten. Aber da sie wirklich von hier stammt und weiß, daß wir die schönen Dinge Gottes immer mit eigenen Augen sehen, mit den Händen berühren und mit unseren Ohren hören müssen, hat sie, gleich nachdem sie im Himmel war, zu anderen, von Gott vorbereiteten Herzen gesprochen, damit sie ihr unglaubliches Apostolat fortsetzen...

Ja, wenn wir die in Medjugorje erhaltene Gnade sorgfältig gießen, dann läßt die Gospa sie so wachsen und sich vervielfachen! Was für ein Versprechen für jeden von uns! Denn Colette hat nichts anderes getan, als den Segen Mariens in einer fruchtbaren Erde aufzunehmen.

Botschaft vom 25. April 1996

«Liebe Kinder! — Heute lade ich euch von neuem ein, in euren Familien das Gebet an die erste Stelle zu stellen. Meine lieben Kinder, wenn Gott an der ersten Stelle eures Lebens steht, werdet ihr in allem, was ihr tut, den Willen Gottes suchen. So wird für euch die tägliche Umkehr leichter werden.

Meine lieben Kinder, sucht demütig danach, was in euren Herzen nicht in Ordnung ist, und dann werdet ihr begreifen, was ihr tun müßt. Die Umkehr wird eine tägliche Aufgabe sein, die ihr mit Freude verrichten werdet. Meine lieben Kinder, ich bin mit euch und segne euch alle und lade euch ein, durch Gebet und Umkehr meine Zeugen zu werden! Danke, daß ihr meinem Ruf gefolgt seid!»

Eine der Früchte von Colette

«In Sünde empfing schon meine Mutter mich»[141], sagt sich Fabienne immer wieder, «aber Unbefleckt ist meine himmlische Mutter empfangen worden». Sie hat diesen Satz im Oktober 1994 in Lourdes, bei einem Vortrag gehört, und seitdem bewegt sie ihn unablässig in ihrem Herzen. Sie spürt undeutlich, daß sich in ihm eine große Wahrheit und ein Rettungsanker für sie verbergen.

Fabienne ist 25 und kann nicht mehr vor lauter Leiden. Ihr inneres Unbehagen läßt sie nie in Ruhe. Sie hat ihre Identität nicht gefunden; sie hat den schmerzlichen Eindruck, anmaßend zu sein und ihr fürchterlicher Mangel an Selbstvertrauen zerstört alle ihre Beziehungen zu den anderen. Sie fürchtet sich vor deren Blick, und ihre krankhafte Schüchternheit beeinträchtigt ihr Verhalten. «Eine echte Eigenbrötlerin!» sagt sie sich bitter. Fabienne hat die richtige Diagnose gestellt: Sie hat sich in sich selbst eingemauert.

Ihre Begegnung mit Colette besteht aus mehreren Etappen, und schon beim ersten Gebet ist Fabienne erstaunt: Warum spricht

141 Ps 51.

Colette mit ihr so viel über den heiligen Hieronymus? Wer ist denn der überhaupt?

— Der heilige Hieronymus hatte alles dem Herrn gegeben, alles, bis auf seine Sünden, sagt Colette ihr.

— Wie hat ein Heiliger es geschafft, seine Sünde nicht zu beichten...? fragt sich Fabienne verwirrt, ohne die Verbindung mit ihrem eigenen Problem zu erkennen...

Fabienne beschließt, nach Medjugorje zu fahren, da Colette sie dazu ermuntert hatte. Nach ihrer Rückkehr überstürzen sich die Ereignisse. Im Gebet sieht Colette Fabienne «in einer Fruchtblase, aus der sie nicht herauswill». Sie weiß zwei Dinge über Fabienne: Ihre Eltern hatten ein kleines Mädchen von zwei Jahren verloren, Fabienne war also sehr erwünscht und wurde ein Jahr nach dem Tod ihrer Schwester geboren. Nun läßt der Herr sie hinter das Geheimnis kommen. Fabiennes Eltern hatten sie tatsächlich sehr ersehnt, aber nicht als ein einmaliges, eigenständiges zweites Kind. Sie wünschten sich Fabienne als Ersatz für ihre erste kleine Tochter. Sie wollten ihr verlorenes Kind wiederfinden. Colette geht noch weiter, sie erklärt Fabienne, daß sie sich im Schoß ihrer Mutter wegen dieser Geschichte gegen ihre Eltern aufgelehnt hat, daß sie nicht geboren werden wollte, daß sie *nein* zum Leben gesagt hat. Gleichzeitig weigerte sich sich auch, ein Mädchen zu sein.

Sobald Colette ihr gesagt hatte, was sie im Schoß ihrer Mutter durchgemacht und gelitten hatte, als sie gerade erst gezeugt worden war, erlebte Fabienne eine spontane Heilung. (Für Colette war das ein wunderbarer Trost, den sie sich in den Stunden völliger Erschöpfung immer ins Gedächtnis rief, wenn ihr Dienst für andere sie immer mehr in Anspruch nahm.)

Eine Woche später bereitet Fabienne alles für eine zweite Reise nach Medjugorje vor. Colette ruft sie an und bittet sie:

— Wenn du dort bist, geh zu einem Priester, um diese Sünde zu beichten.

Fabienne ist bestürzt... Wie soll sie einem Priester erklären, daß sie im Schoß ihrer Mutter gesündigt hat, indem sie das Leben ablehnte!?

— Geh zu Pater Slavko, sagt ihr Colette. Er wird dich verstehen.

«Ich gehe... ich gehe nicht...» Fabienne steht während der Reise einen großen Kampf aus. In Medjugorje sagt der kanadische Priester, der die Messe am ersten Tag liest, in seiner Predigt:

— Wie der Herr es vom heiligen Hieronymus verlangt hat, so sollen auch wir ihm das schenken, was er am meisten ersehnt: unsere Sünde!

Fabienne traut ihren Ohren kaum, ihr Geist wird klar, sie versteht jetzt, warum dieses Wort ihr immer wieder ins Gedächtnis kam: «In Sünde empfing schon meine Mutter mich, aber Unbefleckt ist meine himmlische Mutter empfangen worden.» Das, was Gott vom heiligen Hieronymus verlangt hatte, das sollte sie jetzt auch tun.

Sie ging also zu Pater Slavko, und diese Beichte erlaubte der inneren Heilung Fabiennes, sich voll zu entfalten. Mit der Verzeihung und dem Erbarmen konnte Fabienne plötzlich aus tiefstem Herzen ihr Leben annehmen. Nach all diesen fürchterlichen Jahren eines Lebens im Tunnel, in dem sie wie von einer Radaranlage geleitet gegen ihren Willen voranging, konnte Fabienne endlich die Freude erleben, Gottes Hand auf sich zu spüren. Ihr wurde klar, daß er nun endlich seinen göttlichen Plan mit ihr erfüllen konnte, und daß sie es wert war! In ihrem Herzen wußte sie, daß sie in einmaliger Weise geschaffen, geliebt und auserwählt war. Die ganze Verwirrung, die durch das Gefühl entstanden war, jemanden ersetzen zu müssen, verschwand. Fabienne begriff endlich, daß sie aus Gott geboren war, und daß die wahre Quelle, die wahre Wurzel ihres Lebens im Schoß des Vaters im Himmel gründete, viel mehr als im Schoß ihrer leiblichen Mutter. Sie entdeckte ihren Schöpfer! Sie begann, ganz neu zu atmen, und die greifbarste Frucht ihrer Heilung sprang allen in die Augen: Fabienne, die Eigenbrötlerin, die Unnahbare, die grundsätzlich Unwirsche wurde eine verständnisvolle junge Frau voller Barmherzigkeit und Frieden. Diese Ausstrahlung ist so stark, daß es eine wahre Freude ist, mit ihr zusammenzukommen.

Aber zwei Dinge hatte Colette über Fabiennes Leben nicht gewußt... Wollen Sie sie wissen?

1. Sie hatte in jenem Jahr den hl. Hieronymus als heiligen Beschützer bekommen[142] (sie hatte das merkwürdig gefunden: ein fast unbekannter Heiliger!)

2. Neun Monate lagen zwischen dem Tag, an dem sie in Lourdes in das mütterliche Wasser der Heiligen Jungfrau (Sie wissen schon, diese eiskalten Wasserbecken...) getaucht war, und dem Moment, als sie in Medjugorje, auf Colettes Gebet gestützt, diese Erfahrung der erneuten Entbindung, dieser neuen Geburt machte.

Unter den Menschen, denen Colette helfen konnte, war Fabiennes Fall nicht der Schlimmste, bei weitem nicht, wenn man an all jene denkt, die von ihren Müttern nicht erwünscht waren, oder die eine echte Ablehnung erfahren haben. Viel tiefe Verzweiflung wurzelt in diesen Verletzungen, viele chronische Ängste oder lebensbehindernde Blockaden. Aber für jedes Elend hat Gott ein Erbarmen bereitet, und er hat es im Unbefleckten Herzen seiner Mutter versteckt... Jetzt wissen Sie, an welche Adresse Sie sich wenden müssen!

142 Siehe das Kapitel «Ein Weggefährte, der vom Himmel fällt», vom 25. Oktober 1994.

Botschaft vom 25. Mai 1996

«Liebe Kinder! — Heute möchte ich euch danken für all eure Gebete und Opfer, die ihr mir in diesem Monat, der mir geweiht ist, dargebracht habt.

Meine lieben Kinder, ich wünsche, daß ihr alle in dieser Zeit aktiv werdet, die durch mich auf besondere Weise mit dem Himmel verbunden ist. Betet, um verstehen zu können, daß ihr alle durch euer Leben und Beispiel am Werk der Erlösung mitwirken sollt. Meine lieben Kinder, ich möchte, daß die Menschen umkehren und in euch, mich und meinen Sohn Jesus erkennen. Ich werde für euch Fürsprache halten und euch helfen, daß ihr Licht werdet. Indem ihr den anderen helft, findet auch eure Seele Heil. Danke, daß ihr meinem Ruf gefolgt seid!»

Ja, aber wenn ich eine Dummheit mache?

Ich bin sehr stolz auf die Kinder, denn wenn die Gospa uns einlädt, Gebete und Opfer darzubringen, sind sie immer die ersten, die dazu bereit sind, und mit wieviel Eifer!

Als ich im April 1992 erfuhr, daß es hier im Land Konzentrationslager gab, konnte ich nicht mehr stillhalten. Ich wollte hingehen, diesen fürchterlichen Skandal in die Welt hinausschreien... aber das hätte nur einen Toten mehr verursacht. Also betete ich zur Gospa, daß sie sich meiner auf eine andere Art bedienen solle. Das ließ nicht lange auf sich warten! Einige Tage später, am Ende meiner Anbetungszeit, mußte ich einen Bleistift nehmen, um all das aufzuschreiben, was in meinem Herzen aufbrach. Und unter Vickas Leitung wurde ein ganz besonderes Unternehmen geboren: «*Ihr kleinen Kinder, rettet Medjugorje!*»[143] Auf diese Weise hörten Tausende von Kindern den Ruf der Gospa, daß sie ihr durch ihr Gebet und ihre Opfer helfen sollten, den Krieg und den Strom des Bösen zu beenden. Erst im Himmel werden wir die Wunder sehen, die diese unschuldigen

143 Siehe das Buch: «Medjugorje, der Krieg Tag für Tag» von Sr. Emmanuel, S. 89: «Die Kinder werden den Haß besiegen», Parvis-Verlag, 1993.

Herzen erlangt haben, damit unsere Welt nicht ganz im Grauen versinkt.

Aber die verfügbaren Mittel waren während des Krieges sehr begrenzt; zudem gefällt das Wort «Medjugorje» oder das Wort «Opfer» nicht allen Verantwortlichen in der Katechese. Ich habe also folgendes mit der Gospa vereinbart: «An dem Tag, an dem du eine andere Kinder-Aktion starten möchtest, bin ich sofort dabei... aber diesmal nehmen wir Fatima, damit niemand einen Anfall bekommt, und wir werden das *Imprimatur* beantragen, damit es nicht heißt, es sei eine schwere Sünde und Freiheitsbeschneidung, wenn man den Kindern vorschlägt, Opfer zu bringen.»

Und zwei Jahre später... war es dann soweit! Da Maria wußte, daß ich wenig Zeit hatte, hat sie mir selbst alles Nötige besorgt! Die beste Zeichnerin hat sich von sich aus angeboten, ein Kardinal hat innerhalb von 24 Stunden sein *Imprimatur* gewährt..., kurzum, das Buch[144] war kurz vor dem «Marien-Monat» fertig. Und was sagt Maria den Kindern in diesem Monat Mai...? *«Heute möchte ich euch für alle Gebete und Opfer danken...!»*

Seitdem bekomme ich die Malbücher der Kinder, die ihre Novene für Maria abgeschlossen haben. Man kann nur dahinschmelzen, wenn man liest, was sie alles zum Aufopfern, Schenken und Bitten gefunden haben!

Der kleine Olivier bekam das Buch genau neun Tage vor seiner Ersten heiligen Kommunion. So schlugen ihm seine Eltern vor, sich mit dieser Novene darauf vorzubereiten. Jeden Tag suchte er also etwas, was er aufopfern könnte, aber sein kleiner, vierjähriger Bruder, sah es gar nicht ein, wieso nur sein Bruder dieses Privileg haben soll. Schließlich bekommt er einen Anfall und erklärt: «Und ich, und ich! Was ist mein Opfer heute?» Man machte ihm ein paar Vorschläge, die er sofort in die Tat umsetzte. Wie sein Bruder war er derart mit dem ganzen Herzen bei der Sache, so daß nun die Eltern sich ganz dumm vorkamen... «Und wir...?»

---

144 «Kinder, helft meinem Herzen zu gewinnen!» Prachtvoller Fatima-Bildband für Kinder von sechs bis elf Jahren, Parvis-Verlag. Wurde in elf Sprachen übersetzt.

So beschlossen sie, ihren Söhnen in ihrem Abenteuer mit der Gospa zu folgen, und die ganze Familie erlebte eine große Erneuerung ihrer gegenseitigen Liebe.

* * *

Kurz darauf gab die kleine, siebenjährige Chrystelle uns allen eine tiefe Lehre in mystischer Theologie über den geistlichen Kampf. Sie beendete ihre Novene und verkündete ihrer Mutter:

— Mama, jetzt weiß ich, wie ich mich Maria weihen kann: ich gebe ihr mein Herz, und sie gibt mir ihr unbeflecktes Herz! Wir machen so etwas wie einen Tausch!

Aber eine heikle Frage brachte Christelle plötzlich durcheinander.

— Ja, aber wenn ich eine Dummheit mache... was geschieht dann...?

Sie denkt einen Augenblick nach, und dann ist ihr alles klar:

— Ah, ich weiß es! Wenn eine Dummheit zu mir kommt, dann wird sie gleich das Unbefleckte Herz sehen und ganz schnell weglaufen!

Botschaft vom 25. Juni 1996 (15. Jahrestag der Erscheinungen)

«Liebe Kinder! — Heute bedanke ich mich bei euch für alle eure Opfer, die ihr mir in diesen Tagen dargebracht habt. Meine lieben Kinder, ich lade euch ein, daß ihr euch mir öffnet, und daß ihr euch für die Umkehr entscheidet. Eure Herzen, meine lieben Kinder, sind mir noch nicht ganz geöffnet, deshalb rufe ich euch von neuem auf, daß ihr euch dem Gebet öffnet, damit euch der Heilige Geist im Gebet helfe, so daß eure Herzen aus Fleisch und nicht aus Stein werden. Meine lieben Kinder, danke, daß ihr meinem Ruf gefolgt seid, und daß ihr euch entschieden habt, mit mir den Weg der Heiligkeit zu gehen.»

Kommen Sie nicht zufällig aus Jerusalem?

Die Gegend um Medjugorje könnte sich in der Umgebung von Safed oder Cana befinden, so sehr ähnelt seine Landschaft der Galiläas. Dieselbe Flora, dasselbe weiße und herrliche Licht, das alle Mittelmeerlandschaften erhellt, dieselben friedlichen Täler, in denen Dornengewächse, Feigenbäume, Weinstöcke und Granatapfelbäume nebeneinander stehen, ohne die unvermeidlichen Steine zu vergessen, die heute noch der Alptraum der israelischen Bauern sind. Die Jungfrau aus Nazareth wird sich hier nicht fremd vorkommen, wie es in Norwegen sicher der Fall wäre!

Aber die außerordentliche Verbindung mit der Bibel, an die die Erscheinungen von Medjugorje denken lassen, liegt nicht so sehr in der äußerlich sichtbaren Verwandtschaft der Herzegowina mit dem Land Israel. Sie gründet vielmehr in der Person Mariens selbst, in ihrer Art, die Dinge zu tun, in ihrer Art zu beten, in ihren Haltungen und sogar in ihrem Vokabular. Ihre ganzes Wesen spiegelt wunderbar das einer biblischen Frau aus dem Stamm Davids wider.[145]

145 Zu diesem Thema gibt es folgende Cassetten von Y. Villedieu: «Wurzeln der Kirche», «Sendung für Welt und Kirche» und «Brautschaft von Israel und Kirche», Diakonia (Nr./1-3).

Rita F., die amerikanische Assistentin von Pater Slavko, feierte neulich ihren Geburtstag. Zur Feier des Tages lud Marija sie ein, bei der Erscheinung in ihrer kleinen Kapelle dabeizusein, und Rita brachte eine Rose für die Heilige Jungfrau mit. Marija wußte nicht, daß Rita jüdischer Herkunft ist. Die Heilige Jungfrau erschien, und nachdem Marija das Magnificat gebetet hatte, das immer am Ende einer Erscheinung steht, erklärte sie allen mit einem schelmischen Lächeln, was sie gerade erlebt hatte:

— Heute abend hat uns die Gospa alle gegrüßt und dann gesegnet; und gleich darauf hat sie ihren Blick zu der Rose gewendet. Sie war ganz glücklich über diese Rose! Aber dann habe ich überhaupt nichts mehr verstanden, weil sie angefangen hat, in ihrer Muttersprache zu beten!

Ritas Freunde verstanden das Geschenk! Vor allem Bernard Ellis, unser englischer Freund, der aus einer praktizierenden jüdischen Familie stammt, und der an jenem Tag bei uns war.

— Sie hat in ihrer Muttersprache gebetet, weil sie sich wie zu Hause fühlte!, sagte ich ihm, um ihm eine Freude zu machen!

Er hatte Tränen in den Augen: Am selben Morgen hatte er Gott um ein Zeichen gebeten, das ihm bestätigen sollte, daß die, die in Medjugorje erscheint, wirklich die Mutter des Messias ist. Dieses Zeichen überstieg seine Erwartung!

Die Heilige Jungfrau spricht perfekt kroatisch; warum sollte sie also in ihrer Muttersprache beten, auf die Gefahr hin, ihre kleine Marija aus der Fassung zu bringen, die sie ja nicht mehr verstehen kann?[146]

Unsere Übersetzungen geben nicht immer den ursprünglichen Wortsinn wieder.[147] Es stimmt, daß wir uns vom Sinn der ursprünglichen Worte entfernt haben; diese Worte, die entweder Gott selbst oder seine Engel gesprochen haben, diese Worte, die aus 3000 Jahren intensiver Unterweisung des Volkes der Bibel herkommen, und die den unverletzten Wortlaut des Herzens Gottes in sich tragen.

146 Marias Muttersprache war Aramäisch, aber sie sprach sehr wahrscheinlich Hebräisch.
147 Im Juni 1996 sagte Papst Johannes Paul II., daß das englische «*Hail Mary*» nicht den wahren Gruß des Engels wiedergebe, einen Gruß, der vor Freude überströmte.

Welche Freude ist es für uns, wenn wir sehen, daß Maria in ihren Botschaften dieselben Worte der Bibel verwendet, die Worte der Offenbarung! Aber welche Resonanz können diese Worte in unseren Herzen haben, wenn die deutsche Entsprechung eine ganz andere Wirklichkeit ausdrückt?!

Als Beispiel werden wir zusammen einige Worte dieser Botschaft vom 25 Juni durchgehen:

• ***Umkehr:*** Die hebräische Wurzel dieses Wortes, das sich wie ein roter Faden durch die Geschichte des Volkes Israel zieht (also auch durch die Geschichte jeder unserer Seelen), ist meilenweit entfernt von diesem ganzen abstoßenden Gefolge mißlicher Inhalte, wie übermenschliche Verzichte und Anstrengungen, die wir ihm heute zuordnen. Das Wort *Teshouva*, «Rückkehr», drückt im Gegenteil den positiven und beruhigenden Gedanken an die Rückkehr der Verbannten aus. Rückkehr wohin? Nach Hause!

Endlich kommt er wieder in sein Land, zu den Seinen, in das Haus, in dem sein Vater und seine Mutter ihn gezeugt haben, dorthin, wo es sich gut leben und lieben läßt, dorthin, wo alle seine Wurzeln sind. Er hat die herbe Erfahrung gemacht, von seinem Vaterhaus entfernt zu sein, die Erfahrung des Mangels auf psychischer und auf materieller Ebene, die Erfahrung der Sklaverei bei barbarischen Völkern, und nun kehrt er zu den Seinen zurück, nimmt sein Gut wieder in Besitz, ist endlich in Sicherheit und hat alles in Fülle.

Meine Umkehr lenkt meine Schritte zurück zu meinem Geburtshaus, und ich wohne von jetzt an bei den Meinen. Im Gebet sehe ich meinen inneren Kompass, ich erkenne, daß ich verdorben war (meine «Uhr» ging falsch), und ich bringe meine Ausrichtung wieder in Ordnung.

In Medjugorje sagt uns Maria, daß ihre wichtigste Botschaft die Umkehr ist. Natürlich! Wenn ich nicht mit Jesus am Herzen des Vaters ruhe (Joh 1,17), bin ich ein lebloser Mensch!

«Die Welt ist weit weg von Gott, deshalb hat sie keinen Frieden»; «Ich bin gekommen, um euch näher an das Herz Gottes zu bringen», sagt sie und tut es auch.

• ***Heiligkeit:*** Für die Mehrzahl der Christen ist das... ein Graus! Zum Davonlaufen, denn: Widersagung in der Früh, Entsagung zu

Mittag, Verzicht am Abend, und nochmal Widersagung in der Nacht! Wir wollen aber atmen, leben, uns pudelwohl fühlen! Und diese armen Heiligen in ihren Nischen, was haben sie nicht alles durchmachen müssen! Todeskampf in Leib und Seele... nein! Wir wollen die schönen Dinge des Lebens genießen, wir wollen das Glück!

Und außerdem, für wen halte ich mich? Die Heiligkeit ist unerreichbar, völlig außer Reichweite für mich! Werde ich etwa Wunder wirken, durch die Luft schweben oder Brot vermehren? Bloß nicht träumen! Das ist alles für ganz seltene, sehr spezielle Menschen, die in Weihwasser geboren sind. Ich dagegen bin ganz normal, so wie alle Menschen. Und es wäre ja Hochmut zu denken, daß so ein armer Kerl wie ich heilig werden wird! Warum nicht gleich Napoleon?

«Liebe Kinder, sagte Maria zur Gebetsgruppe, *ich weiß, daß viele von euch Angst haben vor der Heiligkeit...»*

Kadosh, «heilig», heißt auf hebräisch «getrennt». So wie Gott das Licht von der Finsternis getrennt hat, und wie man die Spreu vom Weizen trennt. Ich bin «heilig», weil ich nicht «von der Welt» bin, obwohl ich in der Welt lebe. Seit meiner Taufe bin ich «beiseite genommen», um Gott anzugehören. Er selbst gibt mir Anteil an seiner eigenen Heiligkeit, denn Er allein ist heilig.

Die Gospa bat Jelenas Gebetsgruppe, *nicht die anderen Jugendlichen nachzuahmen, die auf der Suche nach Vergnügen sind.* Das soll in keiner Weise eine Entbehrung bedeuten, sondern es bedeutet ganz im Gegenteil den Überfluß: warum soll ich die kostbaren Schätze meines Erbes sinnlos vergeuden, indem ich mich mit dem Dieb, dem Lügner, dem Mörder verbünde, wo ich doch alles habe, was Gott hat, wenn ich die Heiligkeit wähle, weil ich dann untrennbar mit ihm verbunden bin? In Medjugorje beruhigt die Gospa all jene auf wunderbare Weise, die Angst vor der Heiligkeit haben: ein Heiliger wird keineswegs «um seinen Nachtisch gebracht», sondern ein Heiliger hat in seinem Herzen die Fülle der Liebe. Und ist das nicht der durchdringendste, einschneidenste und tiefste Wunsch jedes Menschen? *«Ohne Heiligkeit, könnt ihr nicht leben!»* sagt sie.

Ich zitiere für die Jugendlichen oft folgendes Wort Mariens: «Ihr begebt euch unbewußt in Satans Hände», und ich füge hinzu: «Wollt ihr das beste Mittel wissen, um euch in die Hände Satans zu begeben?

Das ist ganz einfach! Ihr müßt nur machen, was alle machen. Das wirkt unfehlbar. Wenn ihr dagegen macht, was das Evangelium und die Gospa sagen, dann ist das genauso unfehlbar, und ihr begebt euch in die Hände Gottes, und dort werdet ihr alles finden, was ihr sucht. Wenn ihr die Heiligkeit lebt, wird unsere Welt, die nach Gott hungert, wie angezogen werden und zu euch kommen und euch fragen, wie die jungen atheistischen Kommunisten in Sarajevo Mirjana gefragt haben: «Wir sehen, daß du etwas hast, was wir nicht haben. Einen Frieden, ein Glück... Wir wollen das auch haben! Sag uns, wie du das machst!»

• ***Herz:*** «Du sollst den Herrn, deinen Gott, lieben von ganzem Herzen...» *Levav*, «Herz», auf hebräisch, schließt die guten und die schlechten Neigungen ein. Dieser Vers aus dem Deuteronomium, den Jesus zitiert, bedeutet: in deinem Herzen gibt es Fleisch und Stein. Kein menschliches Herz besteht nur aus Fleisch oder nur aus Stein. Aber es überwiegt entweder das Fleisch, oder es überwiegt der Stein. Gott ist derjenige, der den Stein in eine Quelle verwandelt. Liebe Gott mit deinem ganzen Selbst, so wird er nach und nach das, was in dir Stein ist, in Fleisch verwandeln. Das ist es auch, was Maria in dieser Botschaft sagen will.

Oh, ich merke, daß ich anfange, ein zweites Buch zu schreiben mit all diesen hebräischen Wurzeln! Ich muß aufhören... Sie jedoch nicht! Lassen Sie beim Lesen der Botschaften nie mehr den Gedanken zu: «Aber das ist ja farblos, fad und ohne Würze...», nein! Suchen Sie unter Ihren Priestern denjenigen, der Ihnen die Schätze der Bibel erschließen kann, und Ihnen die außergewöhnliche Würze auch des geringsten Jotas offenbaren wird! Und wenn Sie mit Unserer Lieben Frau von Lourdes, Unserer Lieben Frau von Fatima, Unserer Lieben Frau von Guadalupe, Unserer Lieben Frau von Tschenstochau, Unserer Lieben Frau von Altötting verhandeln, dann fragen Sie sie immer:

— Doch im Grunde, gnädige Frau... kommen Sie nicht zufällig aus Jerusalem?

Botschaft vom 25. Juli 1996

«Liebe Kinder! — Heute lade ich euch ein, euch jeden Tag für Gott zu entscheiden.

Meine liebe Kinder, ihr sprecht viel über Gott, aber ihr gebt nur wenig Zeugnis mit eurem Leben. Darum, meine lieben Kinder, entscheidet euch für die Umkehr, damit euer Leben wahrhaftig sei vor Gott, so daß ihr in der Wahrheit eures Lebens die Schönheit, die Gott euch geschenkt hat, bezeugt.

Meine lieben Kinder, ich lade euch von neuem ein, euch für das Gebet zu entscheiden, denn durch das Gebet könnt ihr die Umkehr leben. Jeder von euch wird in der Einfachheit einem Kind ähnlich werden, das für die Liebe des Vaters offen ist. Danke, daß ihr meinem Ruf gefolgt seid!»

Ein unwiderstehliches Spielzeug

Marija und Paolo hatten uns für die Dreharbeiten meiner Fernsehsendungen über die Botschaften ihr Haus überlassen. Mit dem superprofessionellen, amerikanischen Team von Mark Chodzko und Denis Nolan, haben wir also unser Studio in der kleinen Kapelle eingerichtet, in der Marija ihre täglichen Erscheinungen hat, wenn sie in Medjugorje ist. Das blendende Licht der Scheinwerfer ersetzte eine zeitlang das milde, himmlische und unerschaffene Licht, das Maria begleitet, wenn sie in diesem «Oberhaus» erscheint.

Ruzka, Marijas ältere Schwester, kochte für uns, und wir wurden gute Freunde. Ich genoß das vollkommene Einverständnis — ja sogar Bündnis — das zwischen diesem Filmemacher Mark aus Hollywood und dieser kroatischen Frau herrschte, die ihr Leben damit verbracht hatte zu dienen, zu helfen und hart für ihr tägliches Brot zu arbeiten. Eine Martha aus Betanien, die dazu noch das Herz der Maria hatte. Ruzka ist für mich das ergreifende Bild der biblischen Frau, die den *Shalom*, in ihrem Haus zu bewahren versteht: das Herz in Gott, die Füße fest auf dem Boden, die Hände in Babywindeln und das Gesicht fröhlich, was immer passiert. Nichts entgeht ihr von dem, was die Menschen und die Dinge anbelangt. Sie bewegt das alles in ihrem

Herzen, und manchmal, wenn sie Vertrauen hat zu den Leuten, die sie umgeben, sagt sie kostbare Dinge, die Gold wert sind. Ihre Bekanntschaft heilt mich von den letzten Pariser Viren, die noch in mir lebendig sind! Zudem ist sie eine der vertrauenswürdigsten Zeugen des Medjugorje der ersten Monate, aus dem Blickwinkel des demütigen Volkes der Seher-Familien betrachtet.

Eines Abends, als sie den Kaffee fertig hatte, der stärker nicht hätte sein können, fing sie unvermittelt an, über die heroischen Zeiten von Medjugorje zu erzählen, in denen die Polizei und die falschen Freunde ihnen das Leben zur Hölle machten, aber die außerordentlichsten Gnaden auf das Dorf herabkamen.

«Eines Abends, erzählt sie, war ich in der Kirche, und wir waren so zahlreich, daß sich einige sogar im Chorraum dicht zusammendrängen mußten! Ich stand einen Meter von Pater Jozo entfernt. Während des Rosenkranzgebetes veränderte sich sein Gesicht plötzlich und drückte größtes Erstaunen aus. Ein paar Minuten lang schaute er unverwandt auf einen Punkt etwas oberhalb der Anwesenden, in Richtung Empore, und er stand mit offenem Mund fasziniert da. Ich sah seinen Gesichtsausdruck sehr genau, ich wußte, daß etwas geschah. Dann senkte er den Kopf wieder und blieb nachdenklich und in sich gekehrt. Da ich ihn gut kannte, fragte ich ihn nach dem Gebet: "Was haben Sie gesehen?" Er schaute mich an, ohne etwas zu sagen und gab mir auf diese Weise zu verstehen, daß ich keine Antwort bekommen würde. Für mich war klar, daß er die Gospa gesehen hatte. Ich kannte meine Schwester, ich wußte, wie man die Gospa anschaut. Erst später versicherte er, daß die Gospa als Mutter inmitten ihrer Kinder und ihres Volkes gegenwärtig ist, und daß sie mit uns betet. Von jenem Tag an hatte er keine Zweifel mehr und verteidigte die Seher.»

Später richtete sich die Unterhaltung auf den Bischof von Mostar, Msgr. Zanic. «Ich war da, als er nach den ersten Erscheinungen hierher kam. Er sprach lange mit den Sehern. Ich sehe ihn noch vor mir, wie er abends in der Kirche mit dem Daumen und dem Zeigefinger einen Kreis bildete (sie macht seine Geste nach) und mit Festigkeit und Überzeugung zum Volk sagte: "Die Seher lügen nicht, sie sagen die Wahrheit!" und er wiederholte mit Nachdruck: "Istina, Istina!" (Wahrheit, Wahrheit!). Er schrie sogar!»

— Aber Du selbst, Ruzka, hast Du es gleich geglaubt?

— Ja, sofort! Mit dem Herzen weiß man es genau, wenn etwas wahr ist! Ich sehe nichts, ich höre nichts, aber ich weiß genau, daß sie da ist. Meine kleine Ivana hat sie gesehen! An jenem Tag gab es fast keinen Ordnungsdienst, es war unmöglich, diese Menschenmengen zu kontrollieren, und die armen Seher waren so eingezwängt, daß man Angst hatte, sie würden erdrückt werden! Ich ging mit Ivana, die damals gerade 18 Monate alt war, zu der Erscheinung. Sie saß auf meinem Arm, und ich hielt sie ein bißchen hoch, damit sie Luft bekam. Ohne es zu wollen war ich von den Leuten, die Marija umringten, praktisch genau dorthin geschoben worden, wo die Gospa stand, etwa eineinhalb Meter vor den Sehern. Da spielte sich eine merkwürdige Szene ab. Die kleine Ivana auf meinem Arm zog sich plötzlich hoch, und ihre Hände versuchten etwas Unsichtbares zu fassen, woran sie mit allen ihren kleinen Kräften zog, aber das sie nicht zu fassen bekam. In ihrer Nähe schaute ein Priester aus Split fasziniert diesem Geschehen zu. Er brach in Tränen aus.

Nach der Erscheinung erzählte Marija, daß die Kleine auch die Heilige Jungfrau gesehen hatte, und daß sie mit ihrer Krone von zwölf Sternen spielte, die sie zu erhaschen versuchte, worüber die Heilige Jungfrau sehr lachen mußte. Was den Priester anbetrifft, so erklärte er folgendes: er hatte nicht an die Erscheinungen geglaubt und war mit dem Ziel gekommen, sie zu entlarven. Aber die Heilige Jungfrau hatte ihm ein unumstößliches Zeichen gegeben:

«Ein Kind kann nicht lügen!» wiederholte er unter Tränen.

Dieser Priester wurde dann später ein großer Verteidiger von Medjugorje.

Ruzka fügte noch hinzu, daß damals die Menschenmengen mit kommunistischen Spionen gespickt waren, und man durfte nicht das mindeste sagen, ohne nicht ein großes Risiko einzugehen. Aber ihre kleine Ivana hatte im Namen aller gesprochen, und viel deutlicher als alle Erklärungen von Bischöfen oder Theologen zusammen!

Um zu überzeugen hatte die Gospa ein kleines Kind neben sich gestellt.

Botschaft vom 25. August 1996

«Liebe Kinder! — Hört, denn ich möchte zu euch sprechen und euch aufrufen, mehr Glauben und Vertrauen in Gott zu haben, der euch unendlich liebt. Meine lieben Kinder, ihr wißt nicht in der Gnade Gottes zu leben, daher rufe ich euch alle von neuem auf, das Wort Gottes in euren Herzen und Gedanken zu tragen. Setzt, meine lieben Kinder, die Heilige Schrift auf einen sichtbaren Ort in euren Familien, lest sie und lebt. Lehrt eure Kinder, denn wenn ihr ihnen kein Beispiel gebt, gehen Kinder in die Gottlosigkeit. Betrachtet und betet und dann wird Gott in euren Herzen geboren werden und euer Herz wird froh sein. Danke, daß ihr meinem Ruf gefolgt seid!»

Das Tauschgeschäft von Therese

Stellen Sie sich ein kleine Bretonin von 53 Jahren vor, eine Bäuerin, die schon gläubig war, bevor sie überhaupt geboren war, und die die Reise ihres Lebens nach Medjugorje antritt. Das ist Therese. Es hatte einer höheren Gewalt bedurft, um sie aus ihrem Dorf zu locken und zu den Füßen der Gospa zu bringen: Therese hat einen Kummer, der so groß ist, wie ihr gutes Mutterherz. Seit drei Jahren führt ihr Schwiegersohn einen ununterbrochenen Kampf gegen ihre Tochter Vera und ebenso gegen seine Schwiegerfamilie, die er «bigott» findet. Er sagt klar und deutlich, daß er nicht an Gott glaubt, und daß er nicht die Absicht habe, sich mit solchen Dummheiten abzugeben. So reist Therese also nach Medjugorje, um all das Maria anzuvertrauen.

An jenem Tag hatte ihre Tochter einen Termin beim Rechtsanwalt, um die Scheidung zu beantragen. Therese bewegt all ihren Kummer in ihrem Herzen während der langen Busreise. Sie ist entsetzt, ihre Enkeltochter Harmony zwischen ihrem Papa und ihrer Mama hin- und hergerissen zu sehen. Sie schlagen sich und sprechen über Scheidung vor ihren kleinen Ohren. Dabei träumt Harmony nur davon, einen kleinen Bruder oder eine kleine Schwester zu bekommen!

Als Therese in Medjugorje angekommen ist, erfährt sie von dem *Tauschgeschäft*, das man mit der Heiligen Jungfrau machen könne.[148]

Sie beschließt also, ihr Problem und ihr Leiden völlig der Gospa zu überlassen und sagt ihr: «Kümmere dich um Vera und ihre Familie, während ich mich meinerseits darum kümmern werde, für deine Anliegen zu beten.» Nachdem sie diesen Vertrag abgeschlossen hatte, ging sie zum Blauen Kreuz, wo sie inbrünstig für die betet, die Maria uns anvertraut: die Ungläubigen, die Jugendlichen, die Sünder, die Priester, den Frieden in den Herzen usw.

Am ersten Abend erfährt sie am Telefon, daß ihre Tochter schließlich doch ihren Termin beim Rechtsanwalt abgesagt hat, weil sie noch einmal versuchen möchte, ihre Ehe zu retten.

Die Tage vergehen, und jeden Abend, wenn das Programm in der Gemeinde abgeschlossen ist, eilt Therese zum Blauen Kreuz, wo sie lange und in großem Vertrauen für die Anliegen Mariens betet.

Als sie wieder in Frankreich ist, erfährt sie zu ihrem großen Erstaunen, daß ihr Schwiegersohn nicht mehr derselbe ist. Ihre Tochter erzählt ihr, daß er eines Abends gegen 22 Uhr im Bett fernschaute, als er sie plötzlich rief:

— Vera, kommt schnell und sieh! Schau dieses große blaue Kreuz über dem Fernseher!

Vera sah überhaupt nichts, aber ihr Mann besteht darauf:

— Doch, schau doch, sie ist da!

Er wurde von der Angst geschüttelte... ein Rationalist wie er!

Da erklärte Therese ihrer Tochter, daß sie dieses Blaue Kreuz kenne! Jeden Abend habe sie in Medjugorje vor diesem Kreuz gebetet, und zwar genau um diese Zeit.

Die Gospa hatte ihr Tauschgeschäft wirklich angenommen: sie hatte sich um den Schwiegersohn gekümmert, während Therese sich um ihre Anliegen kümmerte.

Seither (das hatte ich im Juni 1995 zugetragen) haben Vera und ihr Mann den Weg zurück in die Kirche gefunden. Sie haben das Sakrament der Versöhnung empfangen, was Vera seit zehn Jahren und

148 Albert, ein Pilger, hat diesen Austausch mit dem Himmel in Medjugorje eingeführt, von dem Jesus schon zur heiligen Katharina von Siena gesprochen hatte: «Kümmere dich um meine Angelegenheiten, dann werde ich mich um die deinen kümmern.» Alberts erstaunliche Geschichte kann man auf der Cassette «Eine Mutter, die von der Leere heilt» (Nr. 93) hören, und in dem Buch «Medjugorje — Der Krieg Tag für Tag», Parvis-Verlag, nachlesen.

ihrem Mann seit 20 Jahren nicht mehr passiert war... Die Gewalt, die Schläge, die haßerfüllten Worte haben aufgehört; sie beten jeden Tag in der Familie, und die kleine Harmony hat eine gute Nachricht für Sie: im Herbst wird sie einen kleinen Bruder bekommen!

Botschaft vom 25. September 1996

«Liebe Kinder! — Heute lade ich euch ein, eure Kreuze und Leiden in meinen Anliegen darzubringen. Liebe Kinder, ich bin eure Mutter und möchte euch helfen, indem ich euch die Gnade bei Gott erbitte. Meine lieben Kinder, bringt eure Leiden Gott dar, damit sie zu einer wunderschönen Blume der Freude werden. Daher, liebe Kinder, betet, damit ihr begreift, daß das Leiden zur Freude werden kann und das Kreuz zum Weg der Freude. Danke, daß ihr meinem Ruf gefolgt seid!»

Myriam, Du bist doch so wie ich!

Winter 1991. Endstadium. Eugénie windet sich vor Schmerzen in ihrem Bett. Die wiederholten Chemotherapien haben sie erschöpft, aber nicht den Lungenkrebs eindämmen können, der sie erbarmungslos zerfrißt. In dem kleinen Haus im Val d'Oise (in der Nähe von Paris) leben ihre Kinder und Enkel weiter wie immer, während für sie die Begegnung mit dem Gott ihrer Väter rasch näherkommt. Und das ist ihr überhaupt nicht lieb!

Eugénie ist in Blida, in Algerien geboren, und stammt aus einer alten jüdischen Familie, deren Stammbaum Rabbiner und Männer des Gebetes aufweist, die treue Stützen der örtlichen Synagogen waren, in denen die sefardische Liturgie ohne Anstoß mit dem Ruf der Muezzin zusammengeht. Ihre Mutter Rahel hat sie in der reinen jüdischen Tradition erzogen, aber, um ehrlich zu sein, Eugénie hat von all dem nur einen Köhlerglauben bewahrt. Um nichts in der Welt würde sie es unterlassen, den *Kippur* (den Tag der großen Vergebung) zu feiern, am Freitag bei Sonnenuntergang die Kerzen des Sabbat anzuzünden und das Sabbat-Brot auf den Tisch zu legen, das sie mit eigenen Händen geflochten hat. Aber abgesehen davon vergißt Eugénie lieber ein bißchen diesen Gott, den sie kaum kennt, und der ja vielleicht stundenlange Gebete von ihr verlangen könnte, wo doch im Haus so viel zu tun ist. Um durchzukommen, hatte sie sehr hart kämpfen müssen, was ihren schwierigen Charakter nicht gerade positiv beeinflußt hat. Sie ist eine Frühaufsteherin, die ihr Leben lang gedient hat, und die jetzt ihr Leben in einem Pariser Vorort beenden muß, wo sie als Emigrantin verachtet wird. Eine in ihrem Herzen verborgene Qual macht sie schwermütig, denn einer ihrer Söhne lebt in einem Behindertenheim. Der Kelch ist sehr bitter, trotz der Zuneigung ihres anderen Sohnes Paul, der sie bei sich behalten hat und ihr Schicksal teilt.

Die Dezemberkälte hat sich über Paris gebreitet, und Weihnachten ist nahe. Die kleine, sechsjährige Esther, Pauls Tochter, verkündet allen, daß man die Oma keineswegs bald beerdigen würde, denn sie werde gesund werden... «Wunschdenken eines kleinen Mädchens», denkt die Familie.

In einer Ecke des Wohnzimmers thront eine Marien-Ikone, denn Paul hat Eliane, eine Katholikin, geheiratet, und diese Vermischung stört niemanden. Diese Ikone hat sich übrigens neulich etwas Unglaubliches geleistet, als Oma Eugénie sie gerade anschaute! Da sie sich um Paul fürchterliche Sorgen machte, da er gerade auf der Suche nach Arbeit war, konnte sie nicht umhin, ganz laut zur Ikone hinüberzurufen:

— Myriam, Du bist doch so wie ich, Du bist Mutter, und Du bist Jüdin! Hilf meinem Sohn Paul!

Da ertönt eine Stimme hinter ihr, die kristallklar und ganz deutlich sagt:

— Mach Dir keine Sorgen, ich werde deinem Sohn nahesein!

Eugénie dreht sich um... niemand da! Es war die Stimme einer Frau gewesen, jung und so himmlisch sanft, daß Eugénie dabei von einer solchen Ladung Liebe erfüllt wird, daß sie es kaum aushält. Sie schwankt vor Erstaunen, vor Freude und auch vor Angst... Sie läuft in die Küche, um zu sehen, ob vielleicht jemand dort sei; nichts! Sie ist alleine, also... ist es *Myriam*, die zu ihr gesprochen hat! Von der Ikone geht jetzt auch ein außergewöhnlicher Duft aus; Rosenduft? Jasminduft? Eugenie kann es nicht bestimmen. Der Duft bleibt noch lange, und alle, die den Raum betreten, können ihn wahrnehmen.

Übrigens war Pauls Bewerbungsgespäch erfolgreich. Wider jedes Erwarten wurde er als Handelsingenieur angenommen. Als er nach Hause kam, rief er in den Raum:

— Es ist unglaublich, während des Gesprächs hat man einen unerklärlichen Duft gerochen, irgend etwas ganz Feines, so zwischen Rose und Jasmin... Aber... hier auch! Es ist derselbe Duft!

Der kleinen Esther ist nichts von dem Gespräch der Erwachsenen entgangen. Sie verehrt die Ikone und lebt auch eine Beziehung zu der Heiligen Jungfrau, die sie auf ganz besonderen Wegen leiten wird. Wenn sie laut und deutlich verkündet, daß Oma Eugénie nicht sterben wird, dann weiß sie, warum sie das sagt. Und tatsächlich ist Eugénie kurz vor Weihnachten geheilt. Die Ärzte finden keine Spur von Krebs mehr. Und sie hat einen Bärenhunger!

Eines nachts im Januar spuckt Eugénie Blut, und das macht ihr große Angst. Von neuem ruft sie Myriam zu Hilfe. Diesmal kommt die Ikone um 4 Uhr in der Früh von selbst in ihre Arme und bekommt dabei ein paar Blutflecken ab, während Eugénie dieselbe himmlische Stimme vernimmt, die von der Ikone ausgeht:

— Mach Dir keine Sorgen, es ist nichts Schlimmes!

Als man sie ins Krankenhaus bringt, ahnt sie noch nicht, was sie für einen Schrecken bekommen wird, als sie den Röntgenarzt sagen hört:

— Machen Sie sich keine Sorgen, es ist nichts Schlimmes! Nur eine kleine Ader, die geplatzt ist.

Am darauffolgenden Freitag bittet Eugénie Paul, ihr das «Vaterunser» auf hebräisch zu übersetzen, denn an diesen Abend, dem Sabbat, werden alle es zusammen beten.

Die Verbindung die nun zwischen Myriam und Eugénie entsteht, ist sehr geheimnisvoll, aber so stark, daß Eugenie sich innerhalb weniger Tage in eindrucksvoller Weise verändert. Sie, die praktische, ständig beschäftigte Frau, die früher so leicht ihrer Umgebung das Leben sauer machte, wird ein Engel an Geduld, an Güte und an Fröhlichkeit. Sie lernt das «Gegrüßet seist du, Maria» und betet es ohne Unterlaß. Mitten in der Nacht wacht sie von diesem ununterbrochenen Gebet auf und betet es im Frieden bis zur Morgendämmerung weiter, bevor sie ihren Tag einer jüdischen Großmutter beginnt, die darauf aus ist zu helfen, zu trösten und Fürbitte zu halten. Sobald ein Problem oder ein Kummer auftaucht, ruft sie «Mama!», und unterhält sich im geheimen mit ihrer *Myriam*, um alles von ihr zu bekommen, was sie will. Hat sie nicht an jenem Tag Maria an ihrer «schwachen

Stelle» berührt, als sie ihr sagte: «Du bist doch so wie ich, du bist Mutter, und du bist Jüdin!?» Offensichtlich ist *Myriam* an jenem Tag «schwach» geworden![149]

Eugénie hat überhaupt keine christliche Bildung, und sie lebt all diese Ereignisse mit der Unschuld eines Kindes. Da die ganze Familie nach Lyon umgezogen ist, kommen sie im Januar 1995 zu meinem Vortrag über Medjugorje in die Kirche St. Nizier. Danach herrscht allgemeine Erregung in der Familie, weil ihr klar wird, daß *Myriam* in dieses Dorf in Ex-Jugoslawien kommt, um den Glauben zu erklären. Da muß man unbedingt hin! Nur Eliane kann sich freimachen, und Eugénie legte ihrer Schwiegertochter voller Arglosigkeit ans Herz: «Dort wirst Du sicher verstehen, was mir geschehen ist, und wenn du zurück bist, wirst du es mir dann erklären! Ach, wenn ich nur hingehen könnte!»

Eliane bringt ihr aus Medjugorje eine Statue der Heiligen Jungfrau mit, die Eugénie in ihrem Zimmer behält. Sie dreht sogar ihr Bett herum, damit sie sie anschauen kann. Sie fühlt ihre Gegenwart und spricht mit offenem Herzen mit ihr. Gnaden aller Art strömen auf diese Hausgemeinschaft herab! Jeden Tag bei Einbruch des Abends sagt Eugénie leise aber bestimmt: «Jetzt beten wir!» Daraufhin kniet sich die ganze Familie vor die Statue von Medjugorje hin und betet den Rosenkranz für die Anliegen der Königin des Friedens. Da Eugénie alles gerade heraussagt und kein Geheimnis aus ihrer Beziehung zu *Myriam* macht, sagt sie oft: «Sie ist da, sie ist da! Siehst du nicht?!»

Durch Medjugorje wurde Eugénie ein Geheimnis klar, das für sie neu war: die Fruchtbarkeit des Leidens. Heißt nicht das Wort *Myriam* auf hebräisch «Ozean des Wohlgeruchs» und auch «Ozean der Bitterkeit»? Das Unbefleckte und Schmerzhafte Herz Mariens erschloß sich Eugenie nach und nach, deren mütterliche Gefühle sich auf die ganze sündhafte und leidende Menschheit ausgedehnt hatten. Sie, die früher so besitzergreifend gewesen und ganz auf ihre eigenen Kinder ausgerichtet war, hatte begonnen, jeden Menschen retten zu wollen[150]

149 Dazu gibt es folgende Cassette: «Das Charisma Mariens», von Ephraïm, Diakonia (Nr. 1).

150 Mehr zu diesem Thema in dem Buch von Jo Croissant: «Die priesterliche Frau, oder das Priesterum des Herzens», Parvis-Verlag, 2. Auflage, 1994.

und sagte über Myriam: «Sie hat viel mehr gelitten als ich!» Die Kruzifixe faszinierten sie. Sie dachte an ihren anderen Sohn, der gekreuzigt und gedemütigt war.

Sie wurde von neuem krank, denn ein Tumor war in dem anderen Lungenflügel ausgebrochen. Aber sie lebte das Leiden auf ganz andere Weise. Sie mußte oft in einem Sauerstoffzelt liegen und legte auf diesem letzten Kreuzweg eine heldenhafte Haltung an den Tag. Nie klagte sie über ihr Leiden! Im Gegenteil, ihr Gesicht war wie verklärt. Wenn ihre Familie sie umringte, sang sie gerne: «Jesuskind, Du König der Liebe, ich vertraue Dir, ich schenke Dir mein Herz. Komm darin wohnen und behalte mich immer bei Dir!»

Freunde und Nachbarn kamen strahlend wieder aus ihrem Zimmer heraus, weil sie bei ihr ein solches Licht gefunden hatten. Sogar Priester kamen sie besuchen und baten sie: «Beten Sie für mich und für meine Gemeinde!» Sie versprach es, und alle gingen im Frieden, bereichert und strahlend wieder weg.

Eugénie erlosch in einem großen Frieden am 5. Juni 1996 im Alter von 81 Jahren. Sie wurde nach dem traditionellen jüdischen Ritus beerdigt, der ganz harmonisch mit einigen *Vaterunser*, *Gegrüßt seist du, Maria,* und anderen Jesus-Kind-Anrufungen erweitert wurde.

Zwei Mutter-Herzen hatten sich gefunden, verstanden und geliebt... das war die ganze Geschichte...[151]

151 Die kleine Esther wurde getauft und hat dieselben Charismen wie ihre Großmutter. Eines Tages wird sie uns selbst ihr Geheimnis enthüllen. Ich glaube nicht, etwas zu verraten, wenn ich sage, daß *Myriam* sie gleichzeitig Freude und Martyrium erleben läßt, denn als sie sich diesem Zwerg von sechs Jahren zeigte, vertraute sie ihr die Last eines furchterregenden Auftrags an: *«Geh jetzt und bringe den Kindern Deiner Schule den Rosenkranz bei, den ich dich beten gelehrt habe.»* Die kleine Esther machte sich sofort ans Werk, aber wurde schnell vom Spott der Kinder, den Vorwürfen der Eltern und der Lehrer gekreuzigt. Wollte dieses kleine Emigrantenkind etwa diese staatliche Schule hier auf den Kopf stellen, die so stolz darauf ist, Gott hinausgeworfen zu haben? Die Heilige Jungfrau hatte ihr unter Tränen gesagt: *«Wenn sie wüßten, wie sehr ich sie liebe! Sag es ihnen! Und die Kinder sollen für Frankreich beten!»* Einige Kinder jedoch glaubten ihr und bildeten eine kleine Rosenkranzgruppe in Verbindung mit der sehr lebendigen örtlichen Gemeinde.

Botschaft vom 25. Oktober 1996

«Liebe Kinder! — Heute lade ich euch ein, daß ihr euch Gott, dem Schöpfer öffnet, so daß Er euch ändert. Meine lieben Kinder, ihr seid mir lieb, ich liebe euch alle, und ich rufe euch auf, mir näher zu sein, und daß eure Liebe zu meinem Unbefleckten Herzen eifriger sei. Ich möchte euch erneuern und euch mit meinem Herzen zum Herzen Jesu führen, das noch heute für euch leidet und euch zur Bekehrung und Erneuerung aufruft. Durch euch möchte ich die Welt erneuern! Begreift, meine lieben Kinder, daß ihr heute das Salz der Erde und das Licht der Welt seid. Meine lieben Kinder, ich lade euch ein, ich liebe euch und flehe euch auf besondere Weise an:

Bekehrt euch! Danke, daß ihr meinem Ruf gefolgt seid!»

Der Baum hat die Zeche gezahlt

Das Ereignis in New York war nötig, damit wir die außerordentliche Macht der Tugend der Demut besser begreifen. Schon der heilige Pfarrer von Ars hatte sie einmal gepriesen, als man ihn fragte, welches die größte Tugend sei: «die Demut», hatte er sofort geantwortet.

— Und die Zweitwichtigste?

— Die Demut.

— Und die Drittwichtigste?

— Die Demut...

Okay, aber wir brauchen konkrete Beispiele.

Es gibt eines, von dem ich nicht sprechen kann, ohne auf die Knie zu fallen. Eine meiner Freundinnen, Karen, fragte Marija eines Tages:

— Wenn die Gospa vor dir ist; mit was für einem Blick schaut sie dich dann an? Wer bist du, deinem Gefühl nach, für sie?

Marija lächelt und sammelt sich ein paar Sekunden lang, so als lebe sie in ihrem tiefsten Innern die Erscheinung nach, um die richtigen Worte zu finden. Dann sagt sie mit ihrer leisen, klaren Stimme:

— Wenn die Gospa kommt, wenn sie mich anschaut, dann habe ich den Eindruck, daß ich für sie die Königen des Friedens bin, und daß sie ganz erfreut ist, das Privileg zu haben, zu mir zu kommen.

— Wie bitte! Kannst du das wiederholen!?

— Ja, so ist es, sie ist ganz erfreut über dieses Privileg, das ihr von Gott gewährt wird...

— Aber da steht die Welt doch auf dem Kopf!!

— Das ist die Demut der Gospa.

Karen war sprachlos. Aber einige Zeit später wird sie eingeladen, in einer großen Kirche mitten in New York, in der Kirche Hl. Pius X., über Medjugorje zu sprechen. Natürlich war eine große Menschenmenge dort dichtgedrängt versammelt, um ihr zuzuhören. Es war schon dunkel, eine klare Sommernacht.

Karen beginnt eine wunderbare Beschreibung der Heiligen Jungfrau, wie die Seher sie erfahren können, für die sich ja jeden Tag ein kleiner Teil des Schleiers lüftet. Sie sprach von der Demut Mariens und zitierte natürlich die ergreifenden Worte Marijas, die wir gerade wiedergegeben haben.

— Maria ist das mächtigste Geschöpf gegen Satan, weil sie das demütigste Geschöpf ist...

Plötzlich hielt sie inne, lächelte und fügte hinzu:

— Ich warne Sie, was ich Ihnen jetzt sagen werde, gefällt Satan überhaupt nicht, weil es etwas ist, was er weder erfinden, noch nachahmen, noch akzeptieren kann... und zwar: im Reich Gottes ist Maria die Kleinste...[152]

Kaum hatte sie dieses letzte Wort ausgesprochen, als ein Höllenlärm losbrach und die ganze Kirche bis in ihr Fundament erzittern ließ. Es gab einen Kurzschluß, alle saßen im Dunkeln, und ohne Mikrophon. Starr vor Schreck blieb das Publikum einen Moment regungslos, und manche fragten sich, ob nicht das Ende der Welt angebrochen sei! In einem ganz friedvollen Lachen vernahm man dann die leise Stimme Karens:

— Sehen Sie, ich hatte es Ihnen gesagt: er kann es überhaupt nicht leiden, daß Maria so klein ist!

---

152 Die Bezeichnung «Kleinste» bezieht sich natürlich auf den Freudenschauer Jesu, in dem er ausrief: *«Ich preise dich Vater, Herr des Himmels und der Erde, weil Du all das den Weisen und Klugen verborgen, den Kleinsten aber offenbart hast»* (Luk 10,21); und: *«Denn wer unter euch allen der Kleinste ist, der ist groß»* (Luk 9,4).

Die Priester holten Stablampen heraus, um die Situation zu beleuchten, und es brauchte eine halbe Stunde, bis das betende Publikum wieder halbwegs Licht hatte. Zwar betete man in Erregung, aber wie nie zuvor mit dem Herzen! Draußen, ein paar Meter vor dem Kirchenschiff, liegt die riesige Platane am Boden, sie ist in zwei grauschwarze Hälften gespalten. Der Blitz hatte sie hingestreckt. Der Blitz? Es hatte doch an jenem Abend nicht geregnet und nicht gewittert und auch keinen Blitz gehabt; die Sterne glänzten wie Kronleuchter am Himmel von New York. Ich konnte sie dort nicht beobachten, aber vielleicht hatten sie auch begonnen zu tanzen, um ihre Königin zu preisen...!

Die Demut Mariens? Oh, lassen Sie sich von mir eine letzte kleine Geschichte erzählen:

Ein Mitglied der Gebetsgruppe pflegte ein geheimes Treiben: Er wohnte ganz nahe bei den Sehern, und richtete es so ein, daß er am Ort der Erscheinungen selbst einen kleinen Brief für die Heilige Jungfrau ablegen konnte. Das war zu der Zeit, als sie täglich erschien. Oft beschränkte sich der Inhalt dieser kleinen Liebesbriefe auf ganz wenig, weil er aus Mangel an Zeit in aller Eile schreiben mußte. Es kam sogar vor, daß er nur ein einfaches, kleines Herz auf ein Papier malte, aber die Geste blieb erhalten. Eines Tages unterbrach er seine schöne Gewohnheit, weil die sehr zahlreichen Pilger seine ganze Zeit in Anspruch nahmen, und acht Tage lang war er «arbeitslos in Sachen Liebesbriefe» und sagte sich dann: «Ach, diese kleinen Briefchen sind sowieso nichts wert, was soll die Gospa schon mit meinen armseligen Kritzeleien (sic!) anfangen, sie sieht mein Herz, das ist das Wichtigste...» Am neunten Tag aber legte er, kurz vor der Erscheinung, wieder drei oder vier Zeilen in sein geheimes Versteck, freilich ohne daß jemand davon wußte. Nach der Erscheinung suchte Marija sofort neugierig mit dem Blick nach jenem Bruder, kaum daß sie sich wieder erhoben hatte.

— Zeliko? Komm mal her...

— Was gibt es? fragt er mit tonloser Stimme.

— Die Gospa ist ganz ganz glücklich gewesen! Sie hat mir gesagt, ich solle dir folgendes ausrichten, was ich aber nicht verstanden habe: «*Ich danke dir sehr für deinen Brief, der mir eine sehr große Freude bereitet hat! Denn während dieser acht Tage haben mir deine Briefe sehr gefehlt...»* Das ist es, was sie dir sagen läßt.

An jenem Tag schmolz Zeliko vor Freude dahin und war lange Zeit ganz still!

So bewunderungswürdig ist die Mutter, die Jesus jedem von uns gegeben hat. Wer könnte jemals die göttliche Feinfühligkeit ihres Herzens ergründen, wer könnte ein Hundertstel ihrer Freude ermessen, die sie bei der kleinsten spontanen Geste unsrerseits empfindet?

Liebe Gospa, an dem Tag, an dem Jesus mir gesagt hat. «*Siehe, deine Mutter*», hat er mir mehr als den Himmel und die Erde zusammen gegeben, mit allem was sie enthalten. Er hat mir seinen wertvollsten Schatz geschenkt![153]

Und meine Freude, Dich zu haben, wer könnte sie mir entreißen?

153 Dazu gibt es folgende Cassette: «Ein Protestant entdeckt Maria», von Ephraïm, Diakonia (Nr. 3).

Botschaft vom 25. November 1996

«Liebe Kinder! — Heute lade ich euch von neuem zum Gebet ein, damit ihr euch durch Gebet, Fasten und kleine Opfer auf das Kommen Jesu vorbereitet. Diese Zeit, meine lieben Kinder, möge für euch eine gnadenreiche sein. Nutzt jeden Augenblick, um Gutes zu tun, denn nur so werdet ihr die Geburt Jesu in euren Herzen erleben. Wenn ihr mit eurem Leben ein Beispiel gebt und zum Zeichen der Liebe Gottes werdet, wird die Freude in den Herzen der Menschen siegen. Danke, daß ihr meinem Ruf gefolgt seid!

Die Messe des kleinen Mario

Rita saß auf dem Rand unseres Sofas in Medjugorje, und sie weinte so sehr, daß sie mir nur mit Mühe ihren unglaublichen Kreuzweg erzählen konnte. Da sie von Natur aus bescheiden und zurückhaltend ist, hätte sie lieber geschwiegen, aber ich habe ihr versichert, daß ihr Bericht anderen Paaren helfen würde. So nimmt sie aus reiner Liebe jeden Abschnitt der Vergangenheit wieder auf.

Rita war eine robuste Flämin aus einem kleinen Dorf in Belgien. Sie war liebevoll, schön und kerngesund, bis zu dem Tag, an dem sie ein Kind erwartete.

«Mein erstes Kind wurde nach acht Monaten Schwangerschaft tot geboren, erklärt sie. Als man mir das sagte, ist mein Herz vor Schmerz zerbrochen, um so mehr als ich mein Baby nicht einmal hatte sehen können. Es war ein Mädchen, das 1 kg wog. Da meine Freundinnen auch entbunden hatten, sah ich ständig Photos von Säuglingen, und ich selbst hatte gar nichts, nicht einmal ein Foto, nicht einmal eine Erinnerung! Die Ärzte hatten eine Insuffizienz der Plazenta diagnostiziert und noch eine Menge anderer Probleme.

Dieser Alptraum sollte für Rita weitergehen und sich noch sechsmal wiederholen. Sieben Kinder, die im Mutterschoß oder bei der Geburt starben. Und jedesmal neue medizinische Behandlungen, um zu versuchen, dieses kleine Leben zu schützen, aber diese Behandlungen schadeten der Mutter durch ihre Nebenwirkungen, wie der

Korpulenz, unter anderem. Jedesmal ein neuer Schlag in Ritas Gefühlsleben, jedesmal wurde ihr Herz von neuem durchbohrt.

Durch ihre Freundin Anne-Marie entdeckt Rita Medjugorje und beschließt, eine Wallfahrt dorthin zu machen. Hier lernt sie wieder beten, was sie seit ihrer frühesten Jugend aufgegeben hatte. Ihr Glaube wird gestärkt, und sie beginnt, in Gott einen Freund, einen Verbündeten, einen Vater zu sehen. Aus tiefstem Herzen bittet sie ihn um eine lebendes Kind, fügt jedoch die Worte hinzu, die den Zustand der Bekehrung von dem der Unbekehrtheit unterscheiden: «Herr, Dein Wille geschehe, nicht meiner!»

Vier Monate später kommt sie wieder nach Medjugorje, und Vicka verspricht ihr zu beten, damit ihr ein Kind geschenkt werde. Rita fährt nach Tihaljina, und an jenem Tag schlägt Pater Jozo vor, alle Anwesenden zu segnen. Die Pilger stellen sich in einer Reihe auf und empfangen von ihm die Handauflegung auf dem Kopf. Als er bei Rita ankommt segnet er sie, ohne von ihrem Leiden zu wissen, nicht wie die anderen, sondern legt die Hände auf ihren Bauch und betet lange schweigend, bevor er zum nächsten Pilger weitergeht. Rita wußte damals noch nicht, daß sie in der vierten Woche schwanger war. Die Schwangerschaft verlief genauso schwierig wie die vorhergehenden, aber... der kleine Junge wird lebend geboren! Ein Tag vergeht, zwei, drei, zehn, fünfzig, hundert, und er lebt! Um der Heiligen Jungfrau zu danken, gibt Rita ihm den Namen Mario. Ihre Freude ist unbeschreiblich.

Heute ist dieser kleine Junge acht Jahre alt. Er hat soeben hier in Medjugorje erfahren, durch welches Wunder er geboren wurde, und wie er zu seinem Namen kam. Seine Mutter erzählt uns, daß er, seitdem er vier Jahre alt ist, wenn er alleine in seinem Zimmer ist, stundenlang «Messe spielt». Dazu sammelt er einige weiße Tücher, ein paar Gegenstände und ein paar Bilderbücher zusammen, deren Seiten er mit großem Ernst umwendet und halblaut dazu Gebete spricht, Bruchstücke von dem, was er sich in der Kirche gemerkt hatte, und die er umbaut, neu erfindet und mit seinen eigenen Worten ausschmückt. Wenn man behaupten wollte, daß die Engel, die ihm zuhören, dabei ernst bleiben, würde man sich wohl täuschen! Und auf keinen Fall darf man ein wichtiges Element der Messe vergessen: die tatkräftige und betende Gegenwart der Versammelten. Löwen, Giraffen, Leoparden sollen auf die Gebetsrufe antworten! Und er läßt es nicht mit einer, zwei oder drei äußerst strengen Predigten bewenden. Zur Kommunion wird die ganze Tierschau ordentlich vor den Altar gestellt, und das Kind geht mit religiösem Ernst von einem Stofftier, römischen Soldaten oder Düsenjägerpiloten zum anderen.

Und seine Mutter fügt mit jener Zärtlichkeit, die typisch ist für diejenigen, die viel gelitten haben, hinzu:

— Ich habe nie verstanden, Schwester, warum er manchen die Kommunion gab, und anderen nicht...?!

— Vielleicht fand er, daß einige Gläubige schon zu lange nicht bei der Beichte waren!!

Rita lächelt und sagt:

— Was wird aus diesem Kind werden? Ich vertraue es jeden Tag Maria an. Sein Vater hat uns verlassen. Ich bin alleine und bin von schwacher Gesundheit...

— Aber, Rita, jetzt haben Sie dank ihres Zeugnisses Tausende von Freunden, die Sie im Gebet mittragen werden!

— Wissen Sie, Schwester, Unsere Liebe Frau von Medjugorje hat mich zu ihrem Sohn Jesus geführt. Mir ist klar geworden, daß ich in der Freude wie im Leid mit diesen unsichtbaren Freunden rechnen kann, sie helfen mir mehr, als irgendjemand sonst!

Botschaft vom 25. Dezember 1996

«Liebe Kinder! — Heute bin ich auf besondere Weise bei euch, und indem ich den kleinen Jesus in den Armen halte, lade ich euch ein, meine lieben Kinder, euch Seinem Ruf zu öffnen. Er lädt euch zur Freude ein.

Meine lieben Kinder, lebt mit Freude die Botschaft des Evangeliums, die ich euch seit der Zeit, seitdem ich bei euch bin, wiederhole. Meine lieben Kinder, ich bin eure Mutter, und ich möchte euch den Gott der Liebe und des Friedens entdecken lassen. Ich wünsche nicht, daß euer Leben in der Trauer sei, sondern daß es entsprechend dem Evangelium, in der Freude für die Ewigkeit verwirklicht wird. Nur so wird euer Leben einen Sinn haben. Danke, daß ihr meinem Ruf gefolgt seid!»

Sogar Gott spielt Verstecken!

In Medjugorje warten die Seher ungeduldig auf den Weihnachtsabend, weil sie dann das Jesuskind wiedersehen können. Jedes Jahr befrage ich den einen oder anderen Seher, um Neues von dem Kleinen zu hören. Dieses Jahr erklärte uns Marija, daß das Kind *tutto tranquillo* — ganz ruhig — in den Armen seiner Mutter lag und sie voller Liebe betrachtete. Wie ist er angezogen? Eigentlich ist er gar nicht angezogen, er erscheint in dem goldenen Schleier seiner Mutter eingehüllt.

An manchen Weihnachtsabenden schläft das Jesuskind mit geballten Fäustchen. Aber manchmal ist es ganz wach und schaut voll Erstaunen nacheinander jede Person an, die bei der Erscheinung anwesend ist. «Das ist normal, sagt Vicka, er entdeckt seine Umgebung, wie jedes andere Kind auch!»

Aber das unvergeßlichste Weihnachten war 1981, das «erste Weihnachten»:

«Am Anfang der Erscheinungen, als wir noch etwas linkisch und verlegen waren, erzählt Marija, wollte das Jesuskind uns helfen, uns wohl zu fühlen. Während seine Mutter mit uns betete und mit uns sprach, lag der kleine Jesus in ihren Armen, ohne daß wir ihn sehen konnten. Aber plötzlich hob er seinen kleinen Arm und begann, mit dem Schleier seiner Mutter zu spielen, wie Kinder es tun. Dann ließ er langsam und schüchtern seine Augen unter dem Schleier hervorschauen, dann den ganzen Kopf und sah uns in die Augen. Er lächelte uns an und versteckte seinen kleinen Kopf wieder hinter dem Schleier. Dann kam er von neuem zum Vorschein, schaute uns an und verschwand wieder in seinem kleinen Versteck. Da begriffen wir, daß das Jesuskind mit uns Verstecken spielte! Noch ein drittes Mal wiederholte er sein Spielchen, was uns natürlich riesig freute. Nachdem er uns zugelächelt hatte, zwinkerte er uns zu, was uns ganz tief berührte! Ein Baby kann nicht so schauen und lächeln. Aber wir begriffen, daß es wirklich Gott war, den wir da vor uns hatten...»

Man muß noch hinzufügen, daß Marija dieses schelmische Spiel genau beobachtete und begann, ihren Meister vor ihren Freunden nachzuahmen. Bestürzung in ihrer traditionell-kroatischen Umgebung! Ein junges Mädchen zwinkert doch nicht mit den Augen! Da erklärt Marija mit einem gewissen stolzen Humor: «Aber das hat mir doch das Jesuskind beigebracht!»

Man wird dieses «Bad der Unkompliziertheit»[154] nie genug anpreisen können, das Medjugorje unseren armen westlichen Gehirnen anbietet, die von übertriebenen Informationen erdrückt, von unmenschlichem Papierkram übersättigt und einem verwirrenden Intellektualismus vertrocknet sind, die allesamt eher dazu beitragen, den Kopf zu verlieren, als uns weiterzubringen. Oh, wie gern schwimme ich in diesem Bad! Was für eine Heilung!

Die Seher sind Kinder geblieben, und ich höre Marija noch, wie sie uns folgende Begebenheit erzählt:

«Es war in der ersten Zeit. Die Kommunisten hatten uns mitgenommen, um uns in Ljubuski endlosen Verhören zu unterziehen.

---

154 In ihrem Tagebuch schreibt Sr. Faustyna: «Heute, während der heiligen Messe, erblickte ich an meinem Betstuhl das Jesuskind. Es war ungefähr ein Jahr alt und bat mich, es auf den Arm zu heben. Als ich es in meine Arme nahm, schmiegte es sich an mein Herz und sagte:
— An deinem Herzen fühle Ich mich wohl.
— Obwohl Du so klein bist, weiß ich, daß du Gott bist. Weshalb nimmst Du im Umgang mit mir die Gestalt eines kleinen Kindes an?
— Weil Ich dich geistige Kindheit lehren will. Ich will, daß du ganz klein bist, denn wenn du klein bist, trage Ich dich an Meinem Herzen, so wie du Mich jetzt an deinem Herzen hältst.»
(«Tagebuch der Schwester Maria Faustyna Kowalska», § 1481, Seite 436.)

Dort haben sie uns sehr hart behandelt, indem sie uns weder zu essen noch zu trinken gaben und versuchten, uns auf tausend Weisen Angst zu machen; sie drohten uns, uns ins Gefängnis oder in eine psychiatrische Klinik zu stecken... Wir waren erschöpft. Aber wir haben nicht klein beigegeben, und schließlich haben sie uns wieder freigelassen. Als die Gospa uns erschien, erzählten wir ihr zusammen den entsetzlichen Tag, den wir gerade hinter uns hatten und berichteten ihr jeden Moment, jede Drohung ganz genau und wiederholten jedes Wort, das wir gehört hatten. Sie hörte uns mit großem Interesse zu und blieb fast eine ganze Stunde bei uns, bis wir mit unserem Bericht fertig waren. Dann, am Schluß, beruhigte sie uns und sagte lächelnd: *"Ich war auch mit euch dort und habe alles gesehen!"* Da begriffen wir, daß sie uns aus reiner Liebe angehört hatte, denn sie wußte schon alles. Als Mutter war es ihr aber eine große Freude, daß wir ihr unsere Herzen vertrauensvoll ausschütteten, um ihr unser Leid zu klagen.»

Medjugorje, die Schule der geistigen Kindheit!

Dieser Bericht erinnert mich an ein Wort, das Jesus zu Sr. Faustyna gesagt hat:

«Meine Tochter, man sagt Mir, daß du viel Schlichtheit besitzest. Also warum sagst du Mir dann nicht alles, was dich betrifft, sogar die kleinsten Einzelheiten? Sage Mir alles. Wisse, daß du Mir damit große Freude bereitest.

— Aber Du weißt doch alles, Herr.

— Ja, Ich weiß alles; aber du entschuldige dich nicht damit, daß Ich alles weiß, sondern rede zu Mir über alles mit der Einfalt eines Kindes, denn Mein Ohr und Mein Herz sind dir zugeneigt und deine Sprache ist Mir lieb.»[155]

155 («Tagebuch der Schwester Maria Faustyna Kowalska», § 921, Seite 299.)

Rückblick auf 1996

15. Januar: Mirjana und Pater Slavko reisen zu den Inseln Maurice und Réunion. Pater Slavko reist allein nach Uganda weiter.

24. Januar: Geburt von Francesco Maria, dem zweiten Sohn von Marija.

Januar: Pater Jozo tritt eine apostolische Reise durch Italien an und wird dabei von Kardinal Piovanelli aus Florenz unterstützt. Pater Jozo wird 13 Kardinälen und Bischöfen begegnen, die Medjugorje positiv gegenüberstehen.

18. März: Mirjanas jährliche Erscheinung:

«Liebe Kinder, ich möchte, daß ihr heute lange über die Botschaft nachdenkt, die ich euch durch meine Dienerin gebe. Meine Kinder, die Liebe Gottes ist groß. Verschließt nicht die Augen, verschließt nicht die Ohren, wenn ich euch noch einmal sage: Groß ist seine Liebe! Hört meinen Ruf und die flehentliche Bitte, die ich an euch richte. Weiht euer Herz und macht eine Wohnung Gottes daraus. Möge Er dort immer wohnen können. Meine Augen und mein Herz werden hier sein, auch wenn ich nicht mehr erscheinen werde. Handelt in allen Dingen so, wie ich es euch aufgetragen habe, und in der Weise, in der ich euch zu Gott führe. Verwerft den Namen Gottes nicht, auf daß auch ihr nicht verworfen werdet. Nehmt meine Botschaften an, damit auch ihr angenommen werden könnt. Meine Kinder, entscheidet euch! Dies ist die Zeit der Entscheidung. Habt ein gerechtes und unschuldiges Herz, damit ich euch zu eurem Vater führen kann, denn wenn ich hier bin, so deshalb, weil Seine Liebe so groß ist. Danke, daß ihr hier seid.»

17.-21. März: Jährliches Treffen der Leiter von Medjugorje in Tucepi.

19. März: Eröffnung des deutschsprachigen Hauses der Gemeinschaft der Seligpreisungen:

«Haus St. Joseph», auf der Straße zum Krizevac.[156]

156 Gemeinschaft der Seligpreisungen, Haus St. Joseph, 88266 Medjugorje, Bosnien-Herzegowina, Tel. 00387 / 88651 480, Fax 00387 / 88651 759.

April-Mai: Dreharbeiten für die 52 Fernsehsendungen mit Sr. Emmanuel für die USA. Kontaktadresse: «Children of Medjugorje», P.O. Box 1110, Notre-Dame, IN 46556 (USA) — Fax: 00 (1) 219 28 77 875.

Juni: Mirjana verliert das Baby, das sie erwartete. Sie sagte: «Herr, Du hast es gegeben, Du hast es wieder genommen, ich danke Dir...»

6. Juni: Die Tageszeitung La Croix bringt folgende Schlagzeile: «Der Vatikan bestätigt, daß die Wallfahrten nach Medjugorje verboten sind...» Diese Nachricht wird von ausländischen Zeitungen aufgenommen. Dieser Irrtum ist nie berichtigt worden. Tausende von Menschen annulierten ihre Wallfahrt.[157]

21. Juni: Konzert mit dem Operntenor José Carreras. Präsident Tudjman (Kroatien) ergreift die Gelegenheit, um nach Medjugorje zu kommen.

25. Juni: 15. Jahrestag der Erscheinungen. Ivankas jährliche Erscheinung: die Heilige Jungfrau bittet darum, für diejenigen zu beten, die unter Satans Einfluß stehen.

Dieser 15. Jahrestag wurde in einer riesigen Freude gefeiert, und ein wahrer Gnadenregen fiel auf die Menschenmengen herab, die sich aus den fünf Kontinenten dort eingefunden hatten. Sie waren so zahlreich, daß sie dicht gedrängt um die ganze Kirche standen, wohin man auch schauen konnte. Über 250 Priester, drei Bischöfe, Tausende von Pilgern und, am beeindruckendsten, Hunderte von Ungläubigen,

---

157 Dr. Navarro Valls hat am 21. August 1996 über die Nachrichtenagentur CNS (Catholic News Service) dementiert, daß der Vatikan Wallfahrten nach Medjugorje verbietet. Er gab folgende Erklärung ab:
«Sie können den Menschen nicht sagen, daß sie nicht nach Medjugorje gehen dürfen, solange nicht bewiesen ist, daß die Erscheinungen falsch sind. Es gibt auch keine Erklärung in diesem Sinn. Jeder, der es möchte, kann also nach Medjugorje fahren. Wenn katholische Gläubige irgendwo hinfahren, so haben sie ein Recht auf geistliche Begleitung. Die Kirche verbietet es also den Priestern auch nicht, die Pilgerreisen, die von Laien nach Medjugorje (Bosnien-Herzegowina) organisiert werden, zu begleiten, genauso wenig, wie sie ihnen verbietet, eine Gruppe von Gläubigen nach Südafrika zu begleiten.
In der Haltung des Vatikans Medjugorje gegenüber hat sich nichts geändert. Das Problem ist nur, daß, wenn ein Bischof eine Wallfahrt organisiert, den Ereignissen von Medjugorje eine kanonische Bestätigung gegeben wird (wogegen die Kirche diese Ereignisse noch prüft). Das ist anders, wenn eine Pilgergruppe von einem Priester begleitet wird, der Beichte hören kann. Es ist traurig, daß die Worte von Msgr. Bertone so einschränkend ausgelegt werden konnten. Haben die Kirche und der Vatikan "Nein" gesagt (zu den Reisen nach Medjugorje)? Nein!»

die «durch Zufall» hergekommen waren und deren Herzen von Gott erfüllt waren, als sie wieder abfuhren. Die Heilige Jungfrau beging das Fest, indem sie mit drei Engeln auf dem Berg erschien, und sie sagte zu Ivan, wie glücklich sie sei, uns hier so zahlreich zu sehen. «*Ich trage euch alle in meinem Herzen. Betet mehr, denn ich brauche eure Gebete. Betet in euren Gebetsgruppen für die Priester.*»

Ende Juli: Ivan reist für sieben Monate in die USA.

31. Juli bis 6. August: Internationales Festival der Jugendlichen.

1. August: Die Gebetsgruppe von Jelena bildet sich neu. Sie hatte seit 1991 nicht mehr bestanden.

21. August: Angesichts der massiven Verbreitung von Unwahrheiten über Medjugorje, gibt Dr. Navarro Valls, der Sprecher des Heiligen Stuhles, eine offizielle Erklärung ab, um die Position der Kirche neu zu erklären (vgl. Fußnote).

5. September: Geburt von David-Emmanuel, dem zweiten Kind von Jakov und Annalisa (es wird am 20. Oktober getauft).

21. September: Pater Jozo leitet den Anbetungsabend, der die Ankunft des Papstes in Reims (Frankreich) vorbereiten soll.

1.-20. November: Missionsreise von Pater Jozo in sieben Länder Lateinamerikas: Porto Rico, Panama, Cosa Rica, Nicaragua, Honduras, El Salvador und Mexiko. Am 15. spricht er zu 7000 Gangstern in Mexiko...

14.-15. November: Außerordentliche Versammlung der Franziskaner aus der Herzegowina mit ihrem Ordensgeneral in Mostar. Versuch, den Konflikt zwischen Diözesan- und Franziskanerpriestern zu schlichten.

15. November: Ephraïm (der Gründer der Gemeinschaft der Seligpreisungen), seine Ehefrau und Sr. Emmanuel treffen mit Johannes Paul II. in Rom zusammen, um über Medjugorje zu sprechen. (Siehe Fußnote im Kapitel vom 25. August 1994.)

Die Jahre 97-98

Botschaft vom 25. Januar 1997

«Liebe Kinder! — Ich lade euch ein, daß ihr über eure Zukunft nachdenkt. Ihr schafft allein durch eure Kräfte eine neue Welt ohne Gott, und darum seid ihr unzufrieden und ohne Freude im Herzen. Diese Zeit ist meine Zeit, und daher, meine lieben Kinder, lade ich euch von neuem ein zu beten. Wenn ihr Einheit mit Gott gefunden habt, werdet ihr Hunger nach dem Wort Gottes verspüren, und euer Herz, meine lieben Kinder, wird vor Freude überfließen. Ihr werdet, wo immer ihr seid, die Liebe Gottes bezeugen. Ich segne euch und wiederhole, daß ich bei euch bin, um euch zu helfen. Danke, daß ihr meinem Ruf gefolgt seid!»

Vorsehung, funktioniert das noch?

Was die Zukunft anbelangt, habe ich eine heiße Spur!

Mehr noch als Greta Garbo ist die heilige Vorsehung «Die Göttliche» schlechthin. Sie hat ihre ganz eigenen Sitten und Gebräuche, und ich würde ihre zwei Haupttrümpfe als «Liebe» und «Humor» definieren. Wenn es jemanden gibt, der uns amüsante Geschichten beschert, dann ist sie es! Sie übertrifft sich selbst so sehr in der Art, wie sie ihre Liebhaber verwöhnt, daß jeder einzelne von ihnen sich mit Recht für den glücklichsten Mensch der Welt hält. Wie kommt es dann, daß sie nur so wenig Liebhaber hat?

Nur ganz wenige kennen ihre Adresse, das ist das Problem. Und es gibt noch weniger, die bei ihr wohnen. Wollen Sie einen Tip? Nichts einfacher als das: Wenn Sie ihr noch nie begegnet sind und in ihrem Leben auf der Straße des kleinen, zufälligen Glücks fahren, dann schlagen Sie jetzt sofort eine Kurve im 180°-Winkel ein, ja, genau da, wo sie gerade sind. Achtung, es wird heiß, denn jetzt sind Sie ihrem Haus ganz nahe. Aber Achtung, man muß die Wegbeschreibung ganz genau befolgen; sie könnten versucht sein, keine ganz so scharfe Kurve einzuschlagen, weil es auf Ihrem Weg noch andere, anziehende Wegweiser gibt, vor allem, wenn Sie breite Straßen bevorzugen. Meiden Sie sie! Zum Beispiel eine breite und sehr befahrene Straße mit Namen Absicherungs-Straße: fahren Sie dort nicht hinein! Eine auf den ersten Blick sehr verführerische Einkaufsstraße mit Namen Große Besitzallee: die sollen Sie auch nicht nehmen! Die Geschäfte wirken verlockend, verkaufen aber nur Antidepressiva. Eine Hauptverkehrsader mit Namen Mißtrauens-Promenade müssen Sie fliehen, dort gibt es giftige Abgase. Auch eine Fußgängerzone mit Namen Träumerei-Straße lohnt sich nicht, es ist nur eine Sackgasse. Und bloß nicht die weltbekannte St.-Sorgerich-Promenade, sie führt in eine schmutzige und graue Moorlandschaft. Nein, all diese Straßen werden Sie nicht zur Göttlichen Vorsehung führen, denn die Straße dorthin ist unauffällig (man übersieht sie leicht). Es ist die Vertrauens-Straße. Dort wohnt sie in einem alleinstehenden Haus, und auf dem Türschild kann man lesen: «Haus zur Hingabe». Dort sind Sie richtig! Treten Sie ein, fühlen Sie sich wie zu Hause, die Göttliche erwartet Sie wie den Messias...

Wenn Sie erst einmal dort sind, werden Sie von Überraschung zu Überraschung gehen!

Ein unglaubliches Gefühl von Sicherheit wird Sie erfüllen, das ist die erste Überraschung. Nach und nach werden dann ihre alten Beziehungen zur Großen Besitzallee, der Mißtrauens-Promenade, der Träumerei-Straße, der St.-Sorgerich-Promenade von ihnen abfallen wie stinkende alte Lumpen, die Sie nicht mehr tragen wollen. Die Göttliche wird Sie in eine Ihnen unbekannte Welt einführen, in der Sie sich wie ein Fisch im Wasser fühlen, und in den Genuß einer außergewöhnlichen Freiheit kommen werden. Dazu muß man wissen, daß die Göttliche durch ihre Intelligenz, ihr Wissen, ihr Geschick und die unbeschreibliche Feinfühligkeit ihres Herzens eine derartige Genialität entfaltet, daß sie mühelos mit den verfahrensten und sogar tragischsten Situationen im Leben ihrer Liebhaber fertig wird. Keine kann ihr widerstehen!

In Medjugorje konnte die Gospa uns nur schwer ihre Adresse verheimlichen, ohne das Risiko einzugehen, ihrem Sohn in den Rücken zu fallen. Deshalb erinnert sie uns ohne Unterlaß an die entscheidenden Abschnitte dieses göttlichen Weges.

«Überlaßt Gott immer eure Lasten, und macht euch keine Sorgen» (11. Oktober 1984).

«Gott wird euch große Geschenke machen, wenn ihr euch ihm ganz überlaßt» (19. Dezember 1985).

«Überlaßt euch mir, damit ich euch in jeder Hinsicht führen kann. Kümmert euch nicht um materielle Dinge» (17. April 1986).

«Überlaßt euch ganz Gott[158]*, damit er euch trösten und heilen kann, und euch alles vergibt, was ein Hindernis auf dem Weg der Liebe ist»* (25. Juni 1988).

«Ich rufe euch zur völligen Hingabe an Gott auf. Auf daß alles, was ihr besitzt, in den Händen Gottes sei» (25. April 1989).

«Überlaßt eure Sorgen Jesus. Hört auf das, was er im Evangelium sagt: Und wer unter euch kann durch seine Sorgen die Dauer seines Lebens auch nur um eine Elle verlängern?» (30. Oktober 1983).

«Habt Vertrauen und bleibt in der Freude. Adieu, meine geliebten Engel» (26. November 1981).

Wenn diese Anhaltspunkte, die die Botschaften der Gospa durchziehen, so wenig befolgt werden, so leider deshalb, weil die anderen Wege, die die Welt von heute uns vorschlägt, alle ihre Mittel aufbieten, um die Aufmerksamkeit auf sich zu ziehen. Und weil sie glänzen, stürzen sich alle (oder fast alle) kopfüber hinein! Das Dumme ist bloß, daß es nicht lange glänzt, und wer kann die fürchterliche Verheerung beschreiben, die in den Herzen, den Seelen, dem Innenleben und sogar dem Körper durch einen St. Sorgerich oder eine Große

---

158 Ein Ehepaar meiner Gemeinschaft kam 1977 zu Marthe Robin, die ihnen über die Hingabe als Lösung für ihre Probleme erzählte:
— Aber Marthe, wenn man es nicht schafft, sich hinzugeben?
— Nun, dann muß man sich trotzdem hingeben!
Außerdem sagte sie sehr gerne: «Die Hingabe ist wachsam, aktiv und aufmerksam auf die geheimsten und tiefsten Wünsche Gottes. In der Hingabe läßt uns der Liebe Gott nicht in Ruhe», fährt sie fort, «in der Hingabe gehören wir ihm.»
«Es geht nicht nur darum, das zu geben, was man hat, sondern bis zur Wurzel selbst auch das, was man ist, denn das kommt vom Vater und gehört dem Vater. Es geht nicht nur darum, Überflüssiges, einen Teil, und sei es einen großen Teil unseres Lebens, unserer Taten, unseres Dienstes abzugeben, sondern die ganze Substanz unseres Wesens. Hingabe bedeutet, in der Erfüllung der Wünsche Gottes bis zum Letzten zu gehen.» («Marthe Robin, une femme d'espérance pour le XXIe siècle», von Jacques Pagnoux, Le Sarment Fayard, 1996.)

Besitzallee angerichtet wird? Wer kann die tödliche Traurigkeit, die Leere und die verborgene Enttäuschung beschreiben?

Armelle lebte friedlich mit ihrem Mann und ihren Kindern. Das kann aber der Teufel nicht ausstehen. Er beschließt also, ihr eine dieser zahlreichen Unglücks-Prophezeiungen unter die Nase zu halten, die seine Leidenschaft sind, und von denen es bei den Unglücksbuchhändlern wimmelt. Natürlich hatte er peinlich genau darauf geachtet, daß darin auch das genaue Datum des angeblich bevorstehenden, großen «crash» angegeben ist, wie es so seine Angewohnheit ist. Die Falle funktioniert prächtig, und die Frau, die sonst eine gute Christin ist, beginnt sich quälende Gedanken zu machen. Von einem Gedanken ist sie nun besessen und verfolgt: sie muß, um jeden Preis das Unmögliche möglich machen, um das Überleben ihrer Familie sichern. Und schon beginnt sie einen Lagerplan zu erstellen, um gewaltige Vorräte anzulegen. Zunächst geht es um die Heizung, das Licht und das Kochen. Und da es daran nicht liegen soll, kauft sie 30 große Gasflaschen. Aber wo soll man die lagern? Also wird das Auto ausquartiert, und die Gasflaschen werden in der Garage gelagert. Ein Tag vergeht, zwei Tage vergehen, und der Friede ist auch vergangen. Es genügt der Frau nicht, den Dämon «Großes Besitztum» umarmt zu haben, sondern sie liefert sich jetzt mit Leib und Seele seinem Zwillingsbruder «St. Sorgerich» aus. Tagsüber starrt sie gedankenverloren ins Leere und kaut an den Nägeln, und nachts zittert sie bei dem Gedanken an einen Zigarettenstummel, der die ganzen Gasflaschen und das ganze Haus mit zum Explodieren bringen könnte. Der Horrorfilm entwickelt sich rasant weiter, denn ihre Schlaflosigkeit bewirkt eine beunruhigende Erschöpfung, ihre Geistesabwesenheit gehen ihrem Mann und ihren Kindern auf die Nerven, ihre Ängste machen sie aggressiv... kurzum, die Strategie des Teufels war erfolgreich: es ist Sand im Getriebe. Eine Familie ist so verletzlich, so schnell zerstört!

Aber nein! Dieses Zeugnis hat ein «Happy-End», denn eine Medjugorje-Pilgerin erzählte Armelle von der «Göttlichen», so daß sie die Richtung änderte und sich für das Vertrauen in die Vorsehung entschied. Der Schiffbruch dieser Familie wurde rechtzeitig verhindert, danke, Herr!

Ganz anders verlief die Geschichte von Cathy, meiner wunderbaren Freundin aus den USA. Sie hat mit 47 Jahren acht Kinder, und lebt schon seit ihrer Hochzeit mit Denis in großer Freude von den Schätzen der Göttlichen Vorsehung, um so mehr, als die beiden sich voll und ganz für Medjugorje einsetzen und bevorzugte Werkzeuge in den Händen der Gospa sind. Wenn Cathy mir ihre Abenteuer erzählt, weiß ich immer nicht, ob ich weinen oder lachen soll! Und dies war ihr jüngstes Abenteuer:

Sie beschließt, die Bitte Mariens in ihrer Botschaft vom 25. August 1996 wortwörtlich zu befolgen: *«Liebe Kinder, hört auf mich, denn ich möchte zu euch sprechen, und euch dazu einladen, mehr Glauben und mehr Vertrauen in Gott zu haben...»* Einen Monat später, als sie gerade in ihr Zimmer ging, um sich zu sammeln, freut sie sich über diese Verschnaufpause. Kaum hatte sie die Zimmertür geschlossen, als sie in ihrem Herzen vernimmt, daß der Herr sie bittet, zum Einkaufen zu gehen. Das war nun ganz und gar nicht nach Cathys Willen, denn es war ein ungünstiger Zeitpunkt (Stoßzeit). Wegen ihrer gerade getroffenen Entscheidung gehorcht sie jedoch dieser inneren Eingebung und bringt das schwere Opfer, einkaufen zu gehen. Sie lädt einen riesigen Einkaufswagen voll, und kauft doppelt soviel ein wie sonst, damit sie möglichst lange nicht mehr einkaufen gehen müßte. Während sie an der Kasse Schlange steht, drängt sich eine Frau vor und nimmt ihren Platz ein. Cathy beschließt im Frieden zu bleiben und stillschweigend zu beten. Als sie selbst zur Kasse kommt, spricht sie ein Herr aus dem Laden an und sagt: «Herzlichen Glückwunsch, sie sind unsere 5000ste Kundin! Sie sind somit die Siegerin unseres großen Gewinnspiels! Als Preis erhalten Sie den ganzen Inhalt ihres Einkaufswagens umsonst geschenkt!»

Sie dankte dem Herrn mit einem wissenden Lächeln, um so mehr, als sie ihm ihre besorgniserregende finanzielle Lage anvertraut hatte. Sie beglückwünschte sich selbst, diese Eingebung vernommen zu haben, aber noch mehr, ihr auch gehorcht zu haben![159]

---

159 Cathy betet jeden Tag sehr viel, und das ermöglicht ihr, besser in dieses «Gespräch» mit Gott einzutreten. Jesus hat zu Sr. Faustyna gesagt: *«Bemühe dich, in Sammlung zu leben, damit du Meine Stimme hören kannst, die so still ist, daß sie nur von Seelen vernommen werden kann, die in Sammlung leben...»* («Tagebuch der Schwester Maria Faustyna Kowalska», § 1779, Seite 525.)

Manchmal schaltet sich die Göttliche in Geldnöten ein[160], aber sie versteht sich auch auf 1000 andere Dinge, und sie hat eine besondere Gabe für menschliche Begegnungen, wie die Folge dieser glorreichen Geschichte zeigt:

Nachdem Cathy an jenem Tag nicht sehr begeistert in den Supermarkt gegangen war, kam sie nun ganz beschwingt wieder heraus! Sie geht zu ihrem Auto auf dem Parkplatz, belädt den Kofferraum und... *avanti!* Nach Hause! Aber die Göttliche war noch nicht am Ende (sie ist übrigens nie am Ende, es ist besser, das gleich zu sagen). Als sie das erste Mal rechts abbiegen will, vernimmt Cathy von neuem eine innere Eingebung: «Fahre nach links!»

— Aber, Herr, das ist nicht mein Weg, das ist ein Umweg!

— Fahre nach links...

Immer noch ihrem Versprechen treu, biegt Cathy nach links ab, mit jenem leicht absurden Gefühl, das manchmal in unserem Herzen auftaucht, bevor unsere Hingabe vollkommen wird. Sie betet und sagt sich: «Wir werden sehen!» Und wen erblickt sie da etwas weiter vor einem Schaufenster? Eine liebe Jugendfreundin, die sie seit über 20 Jahren nicht mehr gesehen hatte!

---

160 Helen Call ist Büroangestellt in den USA. Sie erzählt folgendes:
«Als ich das erste Mal von Mejugorje hörte, schien mir, als sei ich von einem Lichtblitz getroffen worden. In meinem Herzen wußte ich, daß ich dort hinfahren mußte. Aber ich hatte keine Ahnung, wo ich das Geld dafür hernehmen sollte! Im März 1996, als ich gerade im Internet arbeitete, kam mir der Gedanke nachzuschauen, ob es dort nicht etwas über Medjugorje zu finden sei. Es gab jede Menge! Ich fand die Nachrichten der "Kinder von Medjugorje", in denen ein Pilger zitiert wurde, der sagte: "Wenn ihr kein Geld habt, bittet die Gospa, es euch zu geben!" Ich fühlte mich von Medjugorje so sehr angezogen, daß ich mir selbst (und Gott!) versprach hinzufahren. Dann betete ich für die nötige Geldsumme. Ein Reisebüro nannte mir den genauen Preis: 1500 $. Das war ganz schön teuer, dennoch bewahrte ich eine unerhörte Ruhe und Frieden. An jenem Nachmittag sagte mir mein Chef bezüglich des Informatikprojekts, an dem ich arbeitete:
— Ich denke, daß wir eine Prämie für Sie herausschlagen könnten, stellen Sie doch einen Antrag.
Das erfüllte mich mit großer Freude, denn ich war sicher, auf diese Weise die 1500 $ für meine Reise zu bekommen.
— Was meinen Sie wieviel das ungefähr sein wird?
— Oh, mindestens 5000 $, antwortete mein Chef.
— Nein, ich wäre schon mit 1500 $ zufrieden...
— Stellen Sie trotzdem den Antrag für 5000 $!
Nachdem der Antrag alle Stufen der Hierarchie durchgemacht hatte, kam er zu uns zurück und die Prämie belief sich auf... 1500$!
Mein Chef war sehr enttäuscht, aber für mich war das ein wunderbares Augenzwinkern Gottes! Ich hatte auf einen Dollar genau die Summe bekommen, die ich benötigte!»
Danke, Göttliche!

— Jane! Unglaublich, du bist also in South Bend?!

— Cathy! Das ist eine Fügung!

In Wirklichkeit ging es Jane unter aller Kanone, denn mit 45 Jahren erwartete sie ihr sechstes Kind, und alle gaben ihr zu verstehen, daß dieses Kleine keine Daseinsberechtigung habe. Die demütigenden Bemerkungen derer, die sie liebte, hatten sie ganz ratlos gemacht, und die unangebrachten Witze und vor allem die einmütigen Ratschläge abzutreiben, hatten sie in eine Depression schlittern lassen. Sie war schon schwach geworden und nahe daran, ins Auge zu fassen, daß dieses Kind sich seinen Millionen kleiner Geschwister anschließen würde, die niemals das Licht der Welt erblickt hatten...

— Verstehst Du, ich bin 45!

— Na und, ruft Cathy fröhlich aus, ich habe mit 45 nicht mein sechstes, sondern mein achtes Kind bekommen! Wenn du sehen könntest, wie sehr es alle beglückt! Komm, du sollst es kennenlernen.

An jenem Tag ging Janes Stimmungsbarometer so steil in die Höhe, daß sämtliche Stimmen, die zur Abtreibung rieten, plötzlich wie verblüfft verstummten. Heute zählt Amerika einen kleinen Schatz mehr. Danke, Göttliche!

Botschaft vom 25. Februar 1997

«Liebe Kinder! — Auch heute lade ich euch auf besondere Weise ein, daß ihr euch Gott, dem Schöpfer, öffnet und aktiv werdet. Ich rufe euch auf, meine lieben Kinder, daß ihr in dieser Zeit erkennt, wer eure geistige oder materielle Hilfe braucht. Mit eurem Beispiel, meine lieben Kinder, werdet ihr die ausgebreiteten Hände Gottes sein, die die Menschheit sucht. Nur so werdet ihr begreifen, daß ihr berufen seid, Zeugnis zu geben und frohe Träger der Liebe und des Wortes Gottes zu werden. Danke, daß ihr meinem Ruf gefolgt seid!»

Die fünf Millionen werden wir bekommen!

Allison ist fünf Jahre alt, und ich kenne ihre Mutter, Mary McDonell, die in der Nähe von Chicago wohnt, sehr gut. Sie zieht mich oft auf, weil ihre Tochter meine englischen Cassetten über Medjugorje auswendig kann. Sie zitiert ihrer Mutter ganze Abschnitte daraus, und gibt dabei ganz treu meine Satzbau-Fehler wieder... au Backe! Eines Tages fragt Allison ihre Mutter:

— Mama, gibt es eine heilige Allison?

— Hm... nein, Liebling, das ist schade, ich glaube nicht.

— Dann werde ich die heilige Allison werden, Mama!

Seit jenem Tag arbeitet Allison hart an diesem Vorhaben, heilig zu werden und würde keine Gelegenheit versäumen, die ihr die Vorsehung (Verzeihung... die Göttliche!) bietet. Als das Buch «Kinder, helft meinem Herzen zu gewinnen»[161] ins Haus kam, las die Mutter es ihr vor. Aber die Kleine wollte es nicht mehr beiseite legen, bevor sie es nicht bis zur letzten Seite gelesen hätte, so begierig nahm sie jedes Wort auf. Als die Mutter es ganz vorgelesen hatte, wollte sie zu etwas anderem übergehen, aber die Kleine ließ nicht locker:

— Und jetzt, Mama, müssen wir gleich mit den Gebeten und den Opfern anfangen, um der Heiligen Jungfrau zu helfen!

161 Von Sr. Emmanuel, Parvis-Verlag, 1996.

Mary hatte sich in Medjugorje nach einer eher dunklen als lichtvollen Vergangenheit bekehrt, und sie ist sich ganz klar bewußt, daß ihr Leben dank des Gebetes aus dem Abgrund gerettet worden ist. So stimmte sie zu:

— Natürlich, mein Liebling, aber wie willst du das machen?

— Hm... komm mit in mein Zimmer!

Allisons Zimmer sieht wie jedes Kinderzimmer in Amerika aus: eine Überfülle an Spielzeug und Dingen aller Art. Allison ging als erstes zu ihren geliebten Puppen. Sie ergriff ihre liebste, hielt sie ihrer Mutter hin und erklärte:

— Diese Puppe schenken wir Kate (ihrer kleinen Schwester). Und das bekommt Don (ihr Bruder Donald). Und mit einer Ruhe und einer Freude, die ihre Mutter erschütterte, nahm die kleine Allison alle ihre Lieblingsspielsachen und teilte sie einem Kind zu, das sie kannte. «Dies für den, und jenes für die.» Ein wahrer Wirbelsturm! Mary hatte Mühe, ihre Tränen zurückzuhalten.

Doch an jenem Tag fing Allison gerade erst damit an, Opfer zu bringen. Mary sagt mir manchmal: «Ich frage mich, was Gott da mit ihr vor hat...?» Doch vorläufig beglückt Allison ihre Familie mit ihrem Geisteswitz.

Neulich ging Allison mit ihrer Mutter in die Kirche, wo sie zum ersten Mal in ihrem Leben Weihrauch sah, der vor dem ausgesetzten Allerheiligsten aufstieg.

— Was ist das Mama?

— Das ist Weihrauch, mein Liebling. Siehst du, mit unseren Gebeten ist das genauso, sie steigen unablässig zum Himmel auf, und hast du bemerkt, wie gut das riecht?

— Oh, Mama, der Weihrauch kommt in mein Herz!

— Nein, mein Liebling, nicht in dein Herz. In den Himmel!

— Aber, Mama, der Himmel ist doch in meinem Herz!

Pater Pio sah das Unsichtbare. Je mehr er sich mit Leib und Seele mit Christus vereinte, desto mehr erkannte er voll Erstaunen die Schönheit der Kinder und die wichtige Rolle, die sie in dieser Zeit zu spielen haben, in der der größte Teil der Menschheit die Spur Gottes verloren hat. Er wiederholte gern folgenden Satz: «Die Kinder werden die Welt retten!» Eines Tages, als er sein Ende nahen fühlte, rief er einen jungen Mitbruder zu sich, in dem er eine leidenschaftliche Seele ahnte und sagte ihm folgendes:

— Andreas, hör mir gut zu: Fünf Millionen Kinder würden genügen, um die Welt zu retten. Wenn ich nicht mehr bin, dann sollst du Kindergruppen bilden. Leite sie an zu beten, Anbetung zu halten, lehre sie, Opfer zu bringen. Alle sollen sich dem Unbefleckten Herzen Mariens weihen. Das ist jetzt das Wichtigste.

Da machte sich Pater Andreas daran, mit einfachen Mitteln eine wahre Armee von kleinen Betern aufzubauen, die dem Geist der Botschaften von Fatima folgen. Er stellt häufig fest, daß das Milieu, das seinem Ruf am zugänglichsten ist, die Medjugorje-Gebetsgruppen sind. Bei einem großen Medjugorjetreffen in den USA erzählte er uns von diesem Auftrag Pater Pios, und endete mit dem Ausruf:

— Eine Million Kinder habe ich schon, aber wo finde ich die vier Millionen, die noch fehlen?

Und wenn wir Deutschen Gott unsere Million Kinder schenken würden? Nach all den Dummheiten, die wir in den letzten Jahrzehnten zustande gebracht haben, wäre das doch eine gute Sache...?!

Die Gospa lädt uns ein, *für unseren Schöpfer offen zu sein und aktiv zu werden*... Nun, da habe ich eine gute Nachricht für sie: unsere kleinen Engel sind sehr aktiv!

Wir erhalten in einem ununterbrochenen Strom die Malhefte der Kinder[162], in denen sie ihre «kleinen Siege anmalen», nachdem sie gebetet und Opfer gebracht haben. Hier einige Gebete, die ich samt Rechtschreibfehlern bei ihnen aufgelesen habe...

— Wir werden gewinnen Maria, ich versprech´s dir... Danke im voraus. (Aude, 9 Jahre)

— Danke, Jesus, daß du ein Licht anzündest für die, die im Dunkel sind. (Violette, 7 Jahre)

— Maria, ich hab immer vor allem Angst. Ich bitte dich mir zu helfen meine Angst zu besiegen ich halte dir meine Hände hin gib mir deine ich muß schwimmen lernen. (Aurore, 10 Jahre)

162 Das Malheft wird mit dem Fatima-Bildband «Kinder, helft meinem Herzen zu gewinnen!» (Parvis-Verlag) mitgeliefert. Es können auch einzelne Exemplare zusätzlich bestellt werden.

— Herr und Maria, hilf deiner armen Sünderin. (Blandine, 11 Jahre)

— Mit mir is das nicht imer einfach aber für dich werd feasuchen, dich froh zu machen, ich sag nicht das ichs schaffe, aber ich werds feasuchen für dich. (Mathias, 10 Jahre)

— Maria, mach den Kriegen auf der Welt ein Ende und mach, daß alle Menschen sich lieben, die Weißen, die Schwarzen, die Gelben und sogar die Indianer. (Emilie, 9 Jahre)

— Maria, ich liebe dich und ich bitte dich daß du meinem Papa der im Himmel ist, von mir ein Bussi gibst. (Marie, 6 Jahre)

— Ich wünsche mir, daß mein Papa eines Tages das Leben von JESUS versteht. (Coralie, 9 Jahre)

— Maria, hilf allen die plem-plem sind. (Manon, 8 Jahre)

— Meine liebe Mama, für mich bist du alles, du bist meine Patronin, meine himmlische Mutter, meine mystische Rose... (Maria, 8 Jahre)

— Maria ich liebe dich und das weißt du ja sowieso, weil die Liebe, die ich für dich habe für mich höher ist als alles und vor allem Kriege aufhören macht, wenn man sich verschlägt ist das blöd. (Audrey, 9 Jahre)

— Heile mich von meinem Asthma, von meinem linken Auge und von meinen Zähnen. Damit ich für immer und ewig gesund bin. Mein Gebet ist, das Jesus meine Mama heilen soll das sie besser in der Messe aufpassen kann. und das Papa und Mama sich nicht mehr aufregen können. (Amélie, 8 Jahre)

— Heile mich von meinen Läusen, von meinen Nissen, von meinen schlechten Gedanken; ich Bete das mein Papa gerne in die Messe geht; und das der heilige Geist weiter auf Sonja runterkommt. (Christel, 8 Jahre)

— Ich verstehe dein Leiden wo du mit eigenen Augen gesehen hast wie dein Sohn am Kreuz stirbt. Maria mach daß die Familien sich nicht mehr streiten und daß der Teufel sie in ruhe laßt. (Isabelle, 11 Jahre)

— ... jetzt, damit du mir verzeist, auch wenn ich weis, das du mir nicht bös bist, werde ich mich dir weihen. Maria heute schenke ich dir mein Herz und nehme dein unbeflecktes Herz zu mir mit, damit es mir lernt so zu lieben wie du liebst... unterschrieben, deine Lieblingstochter Jennifer. (10 Jahre)

— Herr gib den Familien die Hunger haben Freude, damit sie gesättigt werden. (Jean, 8 Jahre)

— Maria, ich weiß, daß mein Papa zurückkommen wird, aber hilf mir durchzuhalten bis er zurückkommt, aber mach das er bald zurückkommt. Ich schenke dir mein Herz mit der Novene, die dich hoffentlich freuen wird. Camille, die dich sehr liebt. (10 Jahre)

— Liebe Maria, wie du siehst bin ich ganz begeistert darüber, diese Novene anzufangen. Mama sagt daß Jesus und du überall auf der Welt gleichzeitig seid. Stimmt das? Wenn ich bete, und von ganzem Herzen, komme ich dann in den Himmel? Könntest du mir nicht helfen, meine Sünden aufzuhören. Ich hoffe, daß du mit «ja» auf alle meine Fragen antwortest. Werde ich dich eines Tages sehen? Naja, vielleicht gehe ich dir auf den Wecker. Wenn ja bist du ja nicht verpflichtet, meinen Brief zu lesen, aber ich schreibe trotzdem weiter, weil ich sicher bin, daß du ihn lesen wirst. (Brief von Myriam)

— Maria, mach daß es viel Lebensfreude gibt, und wenn es nur so wenig gibt, werde ich dir helfen. (Blandine, 11 Jahre)

— Maria hilf mir nein zu sagen zu dem Krieg, den ich manchmal hervorrufe. (Simon, 13 Jahre)

— Maria bete für meine Großeltern danke daß du meinem Ruf gefolgt bist. (Armel, 9 Jahre)

— Meine Gebete: ein Rosenkranz für die, die für Gott blind sind, sechs Gesätzchen für die Frauen, die glauben, daß sie abtreiben werden und ein Rosenkranz für die Leute im Alkohol. (Amandine, 7 Jahre)

— Du, die du ein Land im Krieg beschützt, hindere sie daran sich gegenseitig umzubringen, weil ich weiß, daß du das kannst. Es ist traurig. wenn einer einen anderen umbringt, oder vielleicht zwei und zwei einander umbringen. (Audrey, 9 Jahre)

— Danke das du mir eine Mama gegeben hast, die mich liebt. (Anaïs, 9 Jahre)

— Du bist die liebste. Ich bin sicher, das du gewinen wirst. (Lucie, 7 Jahre)

Niemand hier auf Erden wird je den Einfluß der kleinen Jacinta aus Fatima auf die Pläne Gottes ermessen können. Sie war erst sechs Jahre alt, als die Heilige Jungfrau sie einlud, Opfer für die Sünder zu bringen. Wer wagt es heute im Religionsunterricht noch, die Kinder zu diesem Abenteuer des Opfers anzuleiten und zu sagen, welch unbeschreibliche Macht das Opfer über das Herz Gottes hat? Viele Erwachsene projizieren ihre eigenen Blockaden auf die Kinder... Aber immer mehr Eltern ergreifen die Hand der Gospa und lehren so ihre Kinder. In der Folge nun einige Beispiele, die wir bei diesen Kindern aufgelesen haben: sie sind köstlich!

— Aushalten das man mir we tutt. die Novene weitermachen obwohl ich keine Lußt mehr habe. (Florian, 7 Jahre)

— Meine Leiden in meiner Familie, die miteinander streitet. (Amandine, 7 Jahre)

— Habe den Polizist gespielt, obwohl die Claire drangewesen wäre! (Marie, 10 Jahre)

— Ich habe die Mama nicht gerufen, um Pipi zu machen und bin alleine gegangen. (Edouard, 6 Jahre, nach einer Operation)

— Ich habe nicht *Raumschiff Enterprise* angeschaut, sondern bin in die Messe gegangen. (Julie, 10 Jahre)

— Roland nicht naß machen, wenn er trocken ist. (Marie, 9 Jahre)

— ... Hilf mir bitte, damit ich auch kapiere, wo ich Opfer bringen kann. (Maud, 9 Jahre)

— Mich hinknien und mit den Armen das Kreuz machen. (Blandine, 11 Jahre)

— Mein Opfer ist, mich Oft zu schneuzen. (Amélie, 8 Jahre)

— Ich habe zusätzliche Lektionen in der Badewanne gelernt; ich bin Omas Hecke schneiden gegangen, statt zu spielen. (Thibaut, 10 Jahre)

— Ich habe nicht gemurrt, um einen ganzen Kaugummi zu bekommen; ich habe mich beim Arbeiten nicht so viel ausgeruht. (Agnes, 10 Jahre)

— Ich habe die zene gebutzt; ich habe den Deckel wiedergefunden. (Lucie, 7 Jahre)

— Ich habe meine Schwester nicht gehaut! (Jean, 8 Jahre)

— Ich habe Antoine das Wurstpackchen aufmachen lassen; ich habe ihn als ersten baden lassen; ich habe Antoine geholfen den Bleistiftspitzer wiederzufinden. (Mélanie, 8 Jahre)

— Von 11.30 bis um 14 Uhr habe ich mich angestrengt, um mit der Mama lieb zu sein. (Gabriel, 9 Jahre)

— Bei Nathalies Geburtstag nicht die Hauptperson spielen. (Cécile, 10 Jahre)

— Wenig Kuchen essen und nur um 4 Uhr reinhauen. (Anne, 8 Jahre)

— Ich habe kein zweites Bonbon genommen. (Jean, 8 Jahre)

Ja, einige Kinder werden so aktiv, daß sich ihrer Umgebung manchmal die Augen öffnen. Mathieu ist sieben Jahre alt, und ein befreundeter Priester läßt ihn ein Jahr lang bei einer «Kinder-Anbetung» mitmachen. Zum Beginn des folgenden Jahres gibt ihm seine Mutter folgendes zu bedenken:

— Du gehst doch schon in den Religionsunterricht; warum willst du zusätzlich noch in die «Kinder-Anbetung» gehen?!

— Aber Mama, warum verstehst du denn nicht! Im Religionsunterricht lerne ich Jesus kennen, und in der Gebetsgruppe lerne ich ihn lieben!

Bei manchen «Kindermissionen» laden wir die ganz Kleinen ein, die Augen zu schließen und in ihrem Herzen zu überlegen, welches Geschenk sie Maria bis zum Abend machen könnten. Wenn wir dann fragen: «Wer hat etwas gefunden?» gehen fast alle Finger in die Höhe und überall ruft es: «Ich! Ich!», und man muß aufpassen, daß die Versammlung nicht in ein Wett-Schenken ausartet. Die Kinder verstehen die Dinge Gottes viel schneller als wir. Sie hatten noch keine Zeit, gegen den Heiligen Geist immun zu werden, und zudem können sie noch nicht besonders gut rechnen...

Manchmal erzählen uns Lehrer mit Tränen in den Augen: «Nach dem, was gerade geschehen ist, können wir den Religionsunterricht nicht mehr wie vorher abhalten...» Ja, ich glaube, daß an jenen Tagen die Gospa lange vor Sonnenuntergang durch die Herzen der Kinder geht und vor Freude jubelt, weil ihre Schatztruhe zum Bersten voll wird...

Und wann ist die nächste Sammlung...?

Botschaft vom 25. März 1997

«Liebe Kinder! — Heute lade ich euch auf besondere Weise ein, das Kreuz in die Hände zu nehmen und die Wunden Jesu zu betrachten.

Bittet Jesus, daß er eure Wunden heilt, die ihr, liebe Kinder, in eurem Leben durch eure Sünden und die eurer Eltern bekommen habt.

Nur so werdet ihr, liebe Kinder, verstehen, daß die Welt die Heilung des Glaubens an Gott, den Schöpfer, braucht. Durch das Leiden und den Tod Jesu am Kreuz werdet ihr verstehen, daß auch ihr nur durch das Gebet zu echten Aposteln des Glaubens werden könnt, wenn ihr in Einfachheit und Gebet den Glauben, der eine Gabe ist, lebt. Danke, daß ihr meinem Ruf gefolgt seid!

Die Weihe des Mutterschoßes

Die Kapelle der Gemeinschaft «Oase des Friedens»[163] platzt aus allen Nähten. Sie kann so klein sein wie sie will, das hindert die italienischen Pilger in keiner Weise daran, sich hineinzudrängen und ohne Rücksicht auf Verluste diejenigen zusammenzudrücken, die sich vor ihnen befinden! Draußen hängen Menschentrauben an den Fenstern, die mit dem Blick das Tagesereignis verfolgen...

Marija Pavlovic-Lunetti kniet mit leicht erhobenen Augen auf einer Stufe des Altares. Ihre Lippen bewegen sich kaum, ihr Gesichtsausdruck ist ernst; man hat den Eindruck, daß sich an jenem Abend etwas ganz Besonderes ereignet, denn die Gospa bleibt länger als sonst.

Es ist der 12. April 1997, wir sind im Herzen Medjugorjes und es ist 18.45 Uhr. Zur selben Zeit beendet der Heilige Vater in Sarajevo seinen Besuch der ausgebombten Stadtviertel und begibt sich zur Kathedrale. Marija erhebt sich wieder, und unser Freund Tim setzt im Handumdrehen seine schwere Kamera in Bewegung. Er wird, ohne es zu wissen, die ergreifende Geschichte verewigen, die wir aus Marijas

163 Eine Gemeinschaft, die 1988 von Pater Gianni Sgreva (Passionist) in Italien gegründet wurde. Adresse: Gemeinschaft «Oasi della Pace»; Postlagernd; 88266 Medjugorje – via Split, Kroatien.

Mund hören werden, und dank derer die Gospa heute noch die verborgene Verzweiflung so vieler Frauen vertreibt und heilt.

Marija stellt sich neben den Tabernakel, und man kann aus ihrer Fröhlichkeit schließen, daß sie aus einem übervollen Herzen sprechen wird. «Heute ist ein großer Tag: Es ist das erste Mal, daß der Heilige Vater in mein Land kommt. Viele haben ihm davon abgeraten, aber er wäre trotz seiner Schwäche sogar zu Fuß gekommen, so groß war sein Wunsch, hierher zu kommen! Er kommt wirklich wie ein Friedensträger mitten in diese Ruinen.» Kurz zuvor hatte sie im Fernsehen seinen Blick gesehen, als er diese von Bomben verheerte und vom Tod gezeichnete Hauptstadt besichtigte. «Schon gestern hat die Gospa mit mir für ihn gebetet. Sie bittet uns, viel für ihn zu beten, für seine Gesundheit... er ist der liebste ihrer Söhne! Heute abend war die Gospa glücklich, als sie erschienen ist, sie hat uns gegrüßt und uns alle mit ihren ausgebreiteten Händen gesegnet.»

In der Zuhörerschaft sind Arme und Reiche in ihrem Blick, ihren Ohren und ihrem Herzen gleichermaßen vereint, denn alle wissen, daß Maria ihren innersten Schrei gehört und sie angeschaut hat. Alle erwarten von Marija ein Wort, einen Satz, eine Botschaft, und sei es nur ein ganz kleines Stückchen Himmel, das ihnen erlauben würde, ihren Weg anders fortzusetzen. Wie schön sind diese Gesichter, die auf das Unsichtbare gerichtet sind, so als seien sie über die Schwerkraft erhaben!

Marija erzählt von der Liebe Mariens für den Papst, für das zerstörte Sarajevo... und plötzlich, ohne sichtbaren Zusammenhang, beginnt sie folgende Geschichte...

Eine tief verletzte Frau war zu Marija gekommen und hatte ihr gesagt:

«Ich komme zu dir, weil ich nicht den Mut habe, einen Priester aufzusuchen. Ich wage nicht, zur Beichte zu gehen. Weißt du, ich habe acht Abtreibungen hinter mir! Ich habe Angst, daß der Priester zornig wird und mich aus dem Beichtstuhl jagt. Aber ich glaube, daß du etwas tun kannst: Du kannst die Heilige Jungfrau bitten, mir zu helfen. Ich bin vollkommen deprimiert und mein Leiden ist so groß, daß ich nicht einmal mehr schlafen kann. Verstehst du, mein Mann war gegen das Leben. Wir waren nicht sehr reich. Jetzt kann ich keine

Kinder mehr bekommen. Jede neue Abtreibung war ein neuer Schock für mich. Ich bin zu dir gekommen, damit du mich der Gospa anempfiehlst. Wirst du das tun?»

Marija wurde immer aktiv, wenn es darum ging, daß das Leben geliebt und geschützt wird. Sie hörte dieser Frau mit Liebe zu und empfahl sie Maria noch am gleichen Abend an. Die Gospa betete für sie und drückte wider Erwarten eine außerordentliche Hoffnung dieser Frau gegenüber aus, die Hoffnung, die sie in jedes ihrer Kinder setzt, vor allem, wenn menschlich gesehen alles verfahren ist.

Von nun an wird sie eine Trägerin des Lebens für die anderen sein», sagt sie zu Marija.[164]

Diese Frau versöhnte sich mit Gott, auf Marijas Rat hin beichtete sie all ihre Sünden bei einem Priester, und die Entdeckung der Barmherzigkeit verwandelte ihr Herz so sehr, daß sie heute mit Vollmacht Zeugnis gibt von der Heilung ihres Schlafes und ihres ganzen Wesens.[165] Ihr Herz hat Frieden mit Gott, und sie empfindet endlich Freude am Leben. Sie geht zu Frauen, die abtreiben wollen, um ihnen von ihrer Erfahrung zu erzählen, und das brachte diese Frauen davon ab, ihre Kinder zu töten. Jetzt erhebt sie ihre Stimme zur Rettung des Lebens! Sie geht in die Krankenhäuser, auch in das, wo sie selbst ihre Abtreibungen hatte vornehmen lassen. Ihr Einfluß ist groß! Diesem Einfluß ist es zu verdanken, wenn viele Mütter das Kind behalten haben, das sie erwarteten. Sie erklärt Marija: «Ich tue mein Möglichstes, um die Mütter zu überzeugen. Zuerst bete ich, dann erzähle ich meine Geschichte und die ganze Unruhe, die ich in meinem Herzen

---

164 In «Evangeliae Vitae» spricht Johannes Paul II. wie die Gospa, und wieder einmal weiß man nicht so genau, wer bei wem abgeschrieben hat: «Einen besonderen Gedanken möchte ich euch, *den Frauen*, vorbehalten, *die sich für eine Abtreibung entschieden haben.* Die Kirche weiß, wie viele Bedingtheiten auf eure Entscheidung Einfluß genommen haben können, und sie bezweifelt nicht, daß es sich in vielen Fällen um eine leidvolle, vielleicht dramatische Entscheidung gehandelt hat. Die Wunde in eurem Herzen ist wahrscheinlich noch nicht vernarbt. Was geschehen ist, war und bleibt in der Tat zutiefst unrecht. Laßt euch jedoch nicht von Mutlosigkeit ergreifen, und gebt die Hoffnung nicht auf. Sucht vielmehr das Geschehene zu verstehen und interpretiert es in seiner Wahrheit. Fals ihr es noch nicht getan habt, öffnet euch voll Demut und Vertrauen der Reue: der Vater allen Erbarmens wartet auf euch, um euch im Sakrament der Versöhnung seine Vergebung und seinen Frieden anzubieten. Ihr werdet merken, daß nichts verloren ist, und werdet auch euer Kind um Vergebung bitten können, das jetzt im Herrn lebt. Mit Hilfe des Rates und der Nähe befreundeter und zuständiger Menschen werdet ihr mit eurem erlittenen Zeugnis unter den beredtesten Verfechterinnen des Rechtes aller auf Leben sein können.»

hatte». Sie fügt hinzu: «Das Leben ist so kurz, ich muß mich jetzt beeilen, ich muß laufen! Nicht nur im Namen meiner eigenen Kinder, sondern für so viele andere, die in Gefahr sind, abgetrieben zu werden!»

So möchte Maria in jedem von uns handeln können. Weit davon entfernt, sich über unsere tödlichen Verletzungen zu empören, verwandelt sie sie in Quellen des Lebens. Mehr noch: Jesus und Maria werden von unseren Verletzungen angezogen! Wenn wir nur Jesus all das Übel geben, das sich in uns angesammelt hat, so heilt er uns durch seine eigenen, ewig glorreichen Wunden.

Wenn Maria, die Mutter, uns anschaut, sieht sie dann unsere Sünden, all diese häßlichen Flecken, die sogar unsere Stimme und unsere Augen verschleiern? Verzieht sie, die ganz Reine, das Gesicht? Macht sie diese hochnäsigen Bemerkungen, von denen es in unseren gesellschaftlichen Unterhaltungen nur so wimmelt, wie zum Beispiel: «Was? Acht Abtreibungen! Die übertreibt wirklich! Und wer ersetzt ihr das alles: der Steuerzahler!»

Wenn die Mutter Maria uns anschaut, durchdringt ihr Blick die dunklen Schichten unserer Finsternis und dringt zu den Spuren Gottes in unserem tiefsten Inneren vor, dorthin, wo kein Übel jemals hingelangt ist, und wo die Herrlichkeit des Schöpfers stärker erstrahlt

---

165 Jahrtausendelang wählte Gott das Hebräische, um sein Volk zu lehren. Er benützte ganz fleischliche und für den Leib lebensnotwendige Realitäten, um die erhabensten und lebensnotwendigsten Realitäten der Seele zu benennen. Heute noch verwendet ein Jude, der über die Barmherzigkeit sprechen möchte, das hebräische Wort für «Uterus», «Gebärmutter», in der Mehrzahl: «*Rahamim*». Welch ein Bild! Wie wunderbar! Wenn ich mich für das Böse entscheide, so ist Gott nicht wie ein Polizist, der sich in Ludwig XIV. verkleidet und mir von seinem weitentfernten Thron aus Strafen schickt! Wenn die Sünde mich beschmutzt hat, so dreht sich Gottes «Herz im Leibe herum», wie bei einer Mutter, die ihr Kind ertrinken sieht und nur von einem Gedanken getrieben wird: es um jeden Preis zu retten! Das ist die wahre Barmherzigkeit: ein Uterus, der das Leben Tag für Tag im Verborgenen webt, ein Hafen der Liebe, ein Heim, ein Ort der Zärtlichkeit! (Das hebräische Verb mit dem Stamm «Raham» bedeutet «zärtlich lieben».) Und wenn ich mich weit weg von diesem Haus verirrt habe, dann schreien alle Fasern meines Gottes: «Komm zurück!», denn sie winden sich vor Schmerz in der Erwartung meiner Rückkehr. Und wenn ich wieder da bin und sicher im mütterlichen Schoß des Vaters ruhe, dann überhäuft er mich mehr denn je mit den Schätzen seiner göttlichen Nähe. Das lateinische Wort «Miserere-corde» (Elends-Herz) hat seinen Wert, aber es verdunkelt die mütterliche Dimension der Barmherzigkeit, die Gott ihr ursprünglich verliehen hatte.
Unter den 13 Namen Gottes in der Bibel (der Name bezeichnet die Identität), wie «der Höchste», «der Ewige», «der Mächtige»... findet man auch «Harahaman...», der «Barmherzige», oder besser «der Gebärende»! (Ex 34,6, am Sinaï.)

als eine Sonne. Und sie ist davon ganz bezaubert, sie brennt vor Liebe. Bei dieser Frau, unserer Schwester und Freundin, hat Maria sofort das göttliche Abbild gesehen: «*Gerade sie wird zur Trägerin des Lebens werden!*» Wer würde es wagen, von der Mutter der Barmherzigkeit zu verlangen, daß sie ihren Blickwinkel ändert?! Ihren Ausschnitt der Wirklichkeit korrigiert?! Wir wissen, daß mitten in den tausend Stimmen, die uns feinsinnig anklagen, sie, die Mutter, den richtigen Blick hat, weil sie das Große, weil sie das Schöne im Blick hat.

Freunde von Medjugorje hatten mich gebeten, einige Vorträge in Kalifornien zu halten. Als ich in San Francisco angekommen war, stellte ich fest, daß die Straßen schön, reich und super sauber sind, aber kinderleer. Ausgestorben! Ich rufe die Gospa zu Hilfe, ich flehe sie an, die Worte ihres mütterlichen Herzens auf mein Herz zu legen für diese Gesellschaft, in der man den Mord an Tausenden von Kindern bis zum neunten Monat unter dem raffinierten Begriff «therapeutischer Abbruch» legalisiert. Die Antwort ließ nicht lange auf sich warten. Als ich die erste Gelegenheit wahrnahm, in der Öffentlichkeit zu sprechen, gab ich die Eingebung weiter, die ich im Gebet erhalten hatte:

— Der Teufel wütet gegen das menschliche Leben, er will es mit allen Mitteln zerstören und endgültig auslöschen. Widerstehen Sie ihm! Im Geiste Marias von Fatima und auch von Medjugorje (wo sie jeden einzelnen einlädt, sich ihr zu weihen), schlage ich allen Frauen vor, daß sie ihren «mütterlichen Schoß» dem Unbefleckten Herzen Mariens weihen. Was bedeutet das? Verheiratete Frauen können zum Beispiel folgendes zu Maria sagen:

«Hiermit übergebe ich dir diesen Ort meines Leibes; von nun an gehört er dir. Möge alles, was dort geschieht, deinen Plänen und dem Willen Gottes dienen. Von nun an wirst Du selbst entscheiden, wie viele Kinder dort empfangen und zum Leben kommen werden. Beschütze diesen kostbaren Ort vor aller Unreinheit, vor aller Krankheit und vor allen Machenschaften, die dich hindern könnten, deine Wünsche dort zu verwirklichen. Er sei das Abbild deines unvergleichlichen Mutterschoßes. Segne im voraus alle Kinder, die geboren werden und segne diejenigen, die dort schon das Leben bekommen haben. Heile mich von den Folgen und Verletzungen der Dinge, die früher geschehen sind, und die dir mißfallen haben. Und wenn an diesem Ort der Tod gewohnt hat[166], so heile in meinem ganzen Wesen die Schäden, die dadurch entstanden sind.[167] Empfange in deinem mütterlichen Schoß das kleine Wesen, das ich verloren habe. Liebste Mutter, alles, was mein ist, sei dein; so wie du mein hast werden lassen, was dein war...»

Mit einigen Abwandlungen kann auch ein junges Mädchen oder eine unverheiratete Frau diese Weihe sprechen.[168] Ein junges Mädchen übergibt Maria ihre Zukunft als Mutter, und ihre Fähigkeit, Leben zu schenken, damit sie sich gemäß der Gnade Gottes entfalte, vor allen satanischen Angriffen geschützt und niemals Ort der Sünde werde. Wenn jemand unter der Einsamkeit leidet, und darunter, nicht Mutter werden zu können, wird die Weihe dieser Situation angepaßt, und die ganz wichtige Dimension des verborgenen Martyriums eingefügt, das allein schon tausendfach die «Rückkehr zum Leben» nach dem Heilsplan Gottes schenken kann. Was die Großmütter betrifft, so finden sie in ihrer Vergangenheit und ihrer Nachkommenschaft genug Inhalt für ihre Weihe.

Natürlich haben die Ehemänner einen sehr wünschenswerten Anteil an dieser Weihe! In San Francisco hatte ein Mann seine Frau nach dem zweiten Kind gebeten, die Eileiter unterbinden zu lassen, aber jetzt vertraute er mir mit Tränen in den Augen an, daß sie medizinisch alles versuchen wollen, um eine neue Schwangerschaft zu ermöglichen.

Ein Paar erzählte mir: «Diese gemeinsam vollzogene Weihe bewirkte bei uns eine Befreiung. Wir hatten Angst vor dem Leben,

---

166 Nach einer Fehlgeburt kann eine Frau versucht sein, sich gegen Gott aufzulehnen, oder sie kann in die Depression geraten. Maria wird ihr in diesen Schwierigkeiten helfen. Nach einer Abtreibung kann eine Frau sich selbst ablehnen, ihren inneren Frieden verlieren, Ängsten oder Depressionen ausgesetzt sein. Im Fall der Abtreibung gibt es eine moralische Verantwortung, die die Bitte um Verzeihung vor Gott verlangt. Dabei hilft Maria dem Priester, ersetzt ihn aber nicht.

167 Eine Frau im Alter von 40 Jahren sagte mir: «Als ich 20 war, habe ich abgetrieben. Später wollte ich heiraten, aber es hat nie geklappt. Jetzt habe ich eine Hautkrankheit, ich bin dick..., aber seit meiner Bekehrung hat Maria meinem Leben einen Sinn gegeben. Ich opfere mit Freude mein Leiden unter der Einsamkeit und der Krankheit auf, damit keine Frau mehr eine Abtreibung vornehmen läßt. Jeder Tag ist eine neue Gelegenheit für mich, für Jesus und das Leben zu arbeiten.

168 Durch das Gelübde der Keuschheit weiht eine Klosterschwester Gott ihren ganzen Leib und weiß, daß er ihre Mütterlichkeit auf andere, auf göttliche Weise erblühen lassen wird.

Angst vor der Zukunft. Jetzt haben wir eine neue Freude in unserer Beziehung, wir sind offen für das Leben. Möge Maria uns alle Kinder geben, die Gott für unsere Familie vorgesehen hat!»

Das Glück steigert sich noch, wenn der Mann den weiblichen Schoß ehrt und achtet, dem er selbst das Leben verdankt. Vor allem also den seiner Mutter, aber auch den seiner Frau, den der anderen Frauen in seiner Umgebung, den seiner Töchter... Großer Segen kommt herab, wenn die Männer mit ganzem Herzen dafür beten, daß die Frauen der Mutter Gottes gleichen mögen, der schönsten aller Frauen, und nicht diesen traurigen Zeitschriften-Stars.[169] Im Fall einer schmerzlichen Situation mit unschuldigen Opfern, die die Weihe als Paar unmöglich macht, gibt die Gospa im Gebet ein, was zu tun ist und zeigt jedem Menschen eigens die wunderbare Fruchtbarkeit, die Gott für ihn vorbereitet hat.

Neulich bin ich in der Nähe der Kirche dem kleinen Paul begegnet. Er ist sieben Monate alt. Er thronte ganz glücklich mitten in der Menschenmenge in seinem Kinderwagen. Sein Vater sprach mich an:

— Schwester, schauen Sie, dieses Kind! Es verdankt sein Leben der Gospa! Wissen Sie, die Botschaften über das Leben, von denen Sie letztes Jahr in Lisieux gesprochen haben...

— Wie das!?

— Ja, meine Frau und ich hatten sozusagen «die Kinder aufgehört»; aber nach Lisieux haben wir Maria gesagt, daß sie durch uns Leben schenken kann; und ein Jahr später ist der kleine Paul geboren!

Ich betrachte das Kind voll Zärtlichkeit; in der Tat, es hat etwas an sich...! Ich streichle seine Hand, als er mir plötzlich ein strahlendes Lächeln schenkt, eines der schönsten (zahnlosen) Lächeln, das ich bei einem so kleinen Kind je gesehen habe. Es war wie ein Augenzwinkern aus vollkommener Freude. («Aha, du bist das also», schien er mir ganz leise zu sagen...) Ich habe mich sofort in Paul verliebt, und in den folgenden Tagen habe ich ihn überall gesucht... vergebens! Seine Eltern waren nach Frankreich zurückgekehrt...

Kleiner Paul, wenn du groß bist, dann versuche, wieder zu mir zu kommen. Vielleicht wirst du der Gospa helfen können und der Welt

---

169 Zu diesem Thema gibt es das wunderbare Buch von Jo Croissant, «Die priesterliche Frau oder das Priestertum des Herzens», Parvis-Verlag, 1994.

zurufen, daß das Mittel gegen unsere Kultur des Todes die Weihe an ihr Unbeflecktes Herz ist. Und du wirst dann aus eigener Erfahrung hinzufügen können: «Vertrauen Sie Ihre Fruchtbarkeit der Heiligen Jungfrau an, sie sucht Mutterschöße, um dort alles Leben hineinzulegen und zu segnen, die der Himmlische Vater der Erde wie dem Himmel so sehnlich schenken will!

Botschaft vom 25. April 1997

«Liebe Kinder! — Heute lade ich euch ein, daß euer Leben mit Gott, dem Schöpfer, verbunden sein möge, denn nur so wird euer Leben einen Sinn haben, und ihr werdet verstehen, daß Gott Liebe ist. Gott sendet mich aus Liebe zu euch, damit ich euch helfen kann zu verstehen, daß es ohne Ihn weder eine Zukunft noch Freude und vor allem kein ewiges Heil gibt.

Meine lieben Kinder, ich lade euch ein, die Sünde sein zu lassen, und zu jeder Zeit zum Gebet zu greifen, um im Gebet die Bedeutung eures Lebens zu erkennen. Gott gibt sich dem, der Ihn sucht. Danke, daß ihr meinem Ruf gefolgt seid!»

Sie hat sogar einen Siphon!

Medjugorje, am 15. August 1997, englische Morgenmesse, die Kirche St. Jakob ist zum Bersten voll. Als Pater Charles Mangano sein Zeugnis gibt, erhebt sich stürmischer Beifall in seiner Zuhörerschaft. Es ist ein reines Wunder, daß er heute hier die Messe feiern kann, nur die Gospa war fähig, so etwas zu inszenieren! Ich bin keine Ovationen während der Messe gewohnt, aber an jenem Tag habe ich zugegebenermaßen Gott zugezwinkert und ihm gesagt: «Danke, Herr, daß Du die Amerikaner erschaffen hast!!»

Ich wünschte, ich könnte hier den so köstlichen New Yorker Akzent dieses 36jährigen Priesters wiedergeben, der seine Bewunderung für die Heilige Jungfrau ausdrückt, und der die Lieder singt, die er für sie komponiert hat. Wenn Sie schon nicht in den Genuß seiner Aussprache kommen, so versäumen Sie doch wenigstens nicht seine Worte; sie sind ein wahres Geschenk Mariens!

Heute ist für mich ein Jahrestag, denn am 15. August 1984 bin ich das erste Mal zu Mariä Himmelfahrt nach Medjugorje gekommen. Damals war ich voller Sorgen, Zweifel und sogar Ängsten, denn ich fühlte in meinem Herzen den Ruf, Priester zu werden. Aber ich war mir nicht sicher: kam dieser Gedanke von mir selbst oder von Gott? Ich begriff den Willen Gottes für mich nicht und fragte mich: «Bin ich denn fähig, das Priestertum zu leben? Bin ich bereit, auf ein Familienleben, eine Frau und Kinder zu verzichten...?» Als ich zum ersten Mal auf den Gedanken kam, Priester zu werden, war ich 16. Als ich zum ersten Mal nach Medjugorje fuhr, war ich 24. Ich hatte gerade mein Theologie- und Philosophiestudium beendet und hatte mir in den Kopf gesetzt, Universitätsprofessor zu werden, falls das mit dem Priester nichts werden sollte. An diesem konkreten Punkt meines Lebens mußte ich eine klare Entscheidung treffen, denn es war die letzte Gelegenheit, mich im Priesterseminar anzumelden. Und ich war vollkommen deprimiert!

Eines war sicher: ich liebte Jesus zutiefst, ich betete jeden Tag. Ich wollte ganz ehrlich das Richtige tun, ich wollte dem Herrn nachfolgen. Das ist übrigens der Grund, warum ich so zu kämpfen hatte, denn sein Wille war für mich wirklich nicht klar.

Am Ende der Pilgerreise flanierte ich um die Kirche herum und besah mir interessiert die Umgebung dieses Heiligtums. Ich war tief berührt, all diese Priester zu sehen, die da den ganzen Tag Beichte hörten. Da es kurz zuvor geregnet hatte, knieten die Leute buchstäblich im Schlamm, es war wirklich ergreifend. Was mich am meisten beeindruckte, waren jedoch die Priester selbst: sie führten die Leute zu Jesus zurück!

Der befreundete Priester, der unsere Gruppe begleitete, hatte uns gebeten, um 18 Uhr in den Bus zu steigen und dort auf ihn zu warten, während er mit einem anderen Priester zusammen der Erscheinung beiwohnen würde, denn sie hatten das Glück gehabt, an jenem Tag zum Erscheinungszimmer zugelassen zu werden. Sie würden also mit den Sehern beten, und dann im Laufschritt zum Bus kommen, sobald die Erscheinung vorbei sei, damit wir sogleich nach Split losfahren und dort das Schiff in Richtung Italien nehmen könnten. Die ganze Gruppe stieg auch in den Bus, nur ich nicht.

Gegen 18 Uhr fiel mir ein Fenster auf der rechten Seite der Kirche auf. Unter diesem Fenster waren große Fässer angesammelt, und darüber lagen Bretter, auf die Leute gestiegen waren, um durch das Fenster zu schauen. Da habe ich mir gesagt: «Das muß dieses berühmte Fenster sein?!» Ich beschloß, auch auf die Fäßer zu steigen. Das Problem war nur, daß es keinen Platz mehr gab. Doch kaum hatte ich mich den Brettern genähert, als jemand heruntersprang, so daß ich mit einem Satz den freigewordenen Platz einnehmen konnte. Ich war nun also hoch oben auf meinen Brettern und schaute durch das Fenster. Da wurde mir klar, daß das wohl dieses Erscheinungszimmer sein mußte. Wenn es das war, dann durfte ich mich auf keinen Fall mehr wegbewegen! Vierzig Minuten hing ich dort oben stehend an den Fenstergittern! Vierzig Minuten, ohne zu wissen, ob es wirklich das Erscheinungszimmer war! Da sah ich meinen Freund, den Priester, eintreten, und ich werde nie seinen Gesichtsausdruck vergessen, als er mich hinter den Gittern erblickte: «Was tust du denn hier?! Wie bist du dort hochgekommen?! Du müßtest doch im Bus sein!»

(Hier versäumen Sie das Beste, denn Pater Charles beginnt, diese wortlose Unterhaltung zu mimen, und wie eifrig er selbst mit dem Kopf nickte, um ihm zu verstehen zu geben: «Ja, ja, Kumpel, ich bin's! Da staunst du, was?»)

Dann kniete er sich hin und die Kinder (Seher) traten ein. Während die Kinder beteten, fielen sie im Bruchteil einer Sekunde plötzlich auf die Knie; au Backe, die Kniescheiben! Ich schaute sie unablässig an, die Zimmerdecke auch, und ich erinnere mich an meinen ersten Gedanken: «Es ist so total alltäglich...!» In der Tat hatte ich einen Lichtblitz, ein Geräusch, einen Donnerschlag erwartet... kurzum, irgendetwas Besonderes, ein Ereignis im Stil des *Horeb.* Aber es geschah nichts Außergewöhnliches. Je länger ich zuschaute, desto mehr sagte ich mir: «Es ist so total alltäglich...» Um ehrlich zu sein, ich war enttäuscht. In mir war ein Kampf, denn ich sah mich schon mit denselben Fragen wieder zu Hause ankommen, mit denen ich weggefahren war; aber schließlich akzeptierte ich, daß es wohl so sein soll. Ich machte gute Miene zum bösen Spiel. Da hörte ich die Stimme Gottes in meinem Herzen: *«Ich wirke doch durch das, was alltäglich ist.»* Da gefiel mir das alles plötzlich, und ich brauchte keine Engelsgesänge, himmlische Trompeten und Lichtblitze mehr... Okay, es ist in Ordnung so!

Ich schaute immer noch die Kinder an, als ich plötzlich Maria in meinem Herzen vernahm, ich habe wirklich gehört, wie sie sagte: «Charles, höre auf herumzuhetzen, höre auf, dich zu ängstigen, und laß mich dir deine Berufung beweisen!» Im selben Moment machte ich eine starke gefühlsmäßige Erfahrung... wie soll ich sagen... Stellen Sie sich eine große Badewanne voll schmutzigem Wasser vor; man zieht den Stöpsel heraus, und plötzlich wird dieses ganze schmutzige Wasser angezogen und dreht geräuschvoll Kreise um das Loch des Abflußrohres, immer schneller, immer lauter, und das macht das Geräusch eines...

(Hier mimt Pater Charles einen Siphon[170]... Haben Sie schon einmal das Geräusch einer sich leerenden Badewanne mit New Yorker Akzent gehört? Ich ja, an diesem Tag!)

... Das ist genau das Bild dessen, was ich innerlich fühlte, fuhr Pater Charles fort. Es war, als würde ich gesäubert, von all meiner Negativität entleert. Alle meine Sorgen, meine Ängste, meine Zweifel und andere Bedenken wurden abgesaugt wie schmutziges Wasser von einem Siphon. Und alle meine Fragen im Stil von: «Werde ich es schaffen? werde ich es nicht schaffen? will ich es wirklich...?» verließen mich vollständig. Ich war von einem riesigen Frieden erfüllt. Ich konnte die Gegenwart der Heiligen Jungfrau in einer solchen Stärke fühlen, es gibt keine Worte, um diese Erfahrung zu beschreiben[171], es war als nehme sie mich in ihre Arme, als lege sie mich an ihr Herz, ich werde das nie vergessen. Ich war entzückt, daß mir so etwas hatte passieren können, ich war wie im Schock. Ich hatte so etwas in keiner Weise erwartet, ich war nicht gekommen, um eine Erfahrung zu machen, ich war gekommen, um meine private Prüfung der Ereignisse von Medjugorje durchzuführen und zu sehen, ob es echt ist oder nicht. Ich war nicht gekommen, damit Maria zu meinem Herzen spricht! Diese Erfahrung war so stark, daß ich mich fragte: «Träume ich vielleicht?» Ich erinnere mich, daß ich in diesem Moment laut sagte: «Das ist es also! Ich werde Priester! Dafür will ich leben: um Menschen zu Jesus zu führen. Genau das will ich!» Da fiel mein Blick

---

170 Doppelt gebogenes Rohr, das Abwasser ohne Geruchsbelästigung beseitigt.

171 Eine englischsprechende Schwester meiner Gemeinschaft hat mir geholfen, dieses Zeugnis aufzuschreiben. Während sie das Band abhörte, sah ich ihre Augen feucht werden, und sie rief aus: «Aber das ist ja unglaublich!» In der Tat war auch sie im Sommer 1984 nach Medjugorje gekommen, hatte dieselben Fässer, dieselben Bretter, dasselbe Fenster gefunden, hatte sich hoch oben vor dieses besagte Fenster gestellt, um den Moment der Erscheinung zu beobachten, und war von einer ähnlichen Erfahrung wie die von Pater Charles ergriffen worden. Das beweist, daß der Siphon tatsächlich zu den bevorzugten Instrumenten der Gospa gehört für jene, die — sei es auch nur *durch Zufall* — in ihre Schönheitswerkstatt kommen.

wieder auf die Priester, die auf der rechten Seite Beichte hörten... Ja, das ist es, ich werde Priester!

Das war eine entscheidende Erfahrung, und in dieser ganzen Geschichte fühlte ich mich so unbeschreiblich klein. Sie hat mein Leben radikal verändert, und zwar von Grund auf!

Gibt es eine größere Freude, als Menschen dahinzubringen, daß sie Jesus kennen, Jesus lieben, von Jesus leben? Den Menschen zu helfen zu beten, die Liebe Gottes zu erfahren, sie zum Glauben zurückzuführen... Woaoh!

Nachdem ich wieder in New York war, bin ich ins Priesterseminar eingetreten. Ich bin 1990 zum Priester geweiht worden, bin seit sieben Jahren Priester, und heute... BIN ICH HIER, MAMA!

Botschaft vom 25. Mai 1997

«Liebe Kinder! — Heute lade ich euch ein, daß ihr Gott verherrlicht, und daß der Name Gottes in euren Herzen und eurem Leben heilig sei. Meine lieben Kinder, wenn ihr in der Heiligkeit Gottes seid, ist Gott mit euch, und er schenkt euch Frieden und Freude, die von Gott allein durch das Gebet kommen.

Deswegen, meine lieben Kinder, erneuert das Gebet in euren Familien, dann wird euer Herz den Heiligen Namen Gottes verherrlichen, und der Himmel wird in eurem Herzen herrschen. Ich bin euch nahe und trete für euch vor Gott ein. Danke, daß ihr meinem Ruf gefolgt seid!»

Hört mit der Verleumdung auf!

Wir sind in dem Dorf Unatine, in der Nähe von Bzovik, in der Slowakei, in der Hitze eines glutheißen Sommers.

Der kleine Palko traut seinen Augen nicht! Er kommt gerade von den Feldern zurück, wo er mit seinem Bruder Jozko die Schafe gehütet hat, als er in der Ferne einen riesigen Brand erblickt. In seinem Dorf ist Feuer ausgebrochen! Die Häuser brennen wie Stroh eines nach dem anderen ab, und... auch sein eigenes Haus steht in Flammen! Der Kleine ist erst sechs Jahre alt, aber er kapiert sofort: schon so haben sie nicht jeden Tag zu essen, obwohl sie hart auf dem Feld arbeiten, aber jetzt, mit diesem Brand... O Jesus, hilf uns! Was soll aus uns werden!?

Palkos Herz blutet und betet.

Dabei hatte er noch gar nicht an das Schlimmste gedacht. Der Brand ist nicht zufällig ausgebrochen, sondern durch die Arglosigkeit einiger Kinder, die ganz in der Nähe von Palkos Haus mit Feuer gespielt haben. Der Vater dieser Kinder weiß es, und als er das Ausmaß der Verheerung erkennt, bricht er in Panik aus und erklärt laut und deutlich, daß er den «Verbrecher» kenne, es sei kein anderer als Palko.

Diese Verleumdung hätte im Keim erstickt werden können, wenn eine ernsthafte Untersuchung stattgefunden hätte, aber das war nicht der Fall. Die zarte Stimme dieses kleinen Hirten wurde schnell von den lauten Stimmen der Erwachsenen erstickt, und niemand schenkte seinem armseligen Alibi Glauben. Völlig einmütig beeilten sich die Dorfbewohner, diese Nachricht zu verbreiten, ohne auf den Gedanken zu kommen, sie erst einmal zu überprüfen.

Ein langer Kreuzweg hatte soeben begonnen. Er sollte sieben Jahre dauern. Die Mutter des kleinen Palko wußte, daß er unschuldig war. Bevor sie Jahre später starb, erinnerte sie ihn an die Bemerkung, die er damals gemacht hatte, als seine Familie und er in den Bann der Dorfbewohner geraten waren, als mit dem Finger auf sie gezeigt wurde und sie vor Kummer zerbrachen: «Auch wenn die Leute glauben, daß ich das angestellt habe und wütend auf mich sind, ich weiß, daß Jesus nicht wütend auf mich ist, weil er genau weiß, daß ich es nicht war... nicht wahr, Mama?» Diese tiefgläubige Frau litt unendlich mehr unter der ungerechten Verfolgung, die ihre Familie erdulden mußte, als unter dem Verlust all ihres Besitzes.

Aber eines Tages wird der Dorfpfarrer in ein Haus gerufen. Dort liegt der Familienvater unter fürchterlichen Gewissensqualen im Sterben. Er beichtet eine alte Sünde, einen von Eiter triefenden Abszeß, der lange quer in seinem Herzen steckengeblieben war und ihm Tag für Tag den Frieden geraubt hatte. Der Priester gibt ihm eilig die Absolution, um diesem Ärmsten der Armen, der so lange das Lebensnotwendige — nämlich den Frieden — wegen seiner Feigheit entbehrt hatte, wieder in den Stand der Gnade zu bringen... Aber er ist ratlos. Denn das Übel wird weiterhin Unheil anrichten, wenn die Wahrheit nicht ans Tageslicht kommt.

«Jesus hat dir alles vergeben; aber jetzt mußt du öffentlich sagen, was du gerade gebeichtet hast, denn ein Unschuldiger ist angeklagt worden, und seine ganze Familie hat darunter schwer zu leiden. Das wird deine Buße sein.»

Dieser Mann läßt also das ganze Dorf zusammenkommen und gesteht sein falsches Zeugnis und seine Feigheit: «Ich bekenne, daß wir, meine Kinder, den Brand verursacht haben. Ich habe alles erfunden... Palko ist unschuldig...» Alle gehen mit Tränen und sehr nachdenklich nach Hause, während dieser Mann mit dem strahlenden

Mantel der unendlichen Barmherzigkeit bekleidet seine Seele Gott zurückgibt.

Dies geschah in den Jahren 1927-1934, und der kleine Palko war kein anderer als der zukünftige Bischof Paolo Hnilica, der noch heute weiterhin Schafe weidet (vgl. Kapitel vom 25. August 1991), aber seine slowakischen Felder haben sich auf den ganzen Ostblock ausgedehnt.[172] Und er sucht Seelen, die er leidenschaftlich begeistern kann!

Hier haben wir eines von hunderttausend Beispielen, in denen es so einfach gewesen wäre, das Übel am ersten Tag mit der Wurzel auszureißen. Eine Verleumdung kann immer entstehen, aber warum findet sie so oft genauso viele Hausierer[173], die sie herumerzählen, wie Menschen, die ihnen zuhören? In meiner Gemeinschaft haben wir eine Goldene Regel, ohne die der Teufel uns schon längst hätte zerstören können; denn für ihn ist es ein Kinderspiel, Zwietracht zu säen. Diese Regel besteht darin, nichts Negatives über jemanden anderen für bare Münze zu nehmen — und noch weniger, es herumzuerzählen — ohne zuvor die betreffende Person selbst gesprochen zu haben. In 90% der Fälle stellt man dann fest, daß die Situation verzerrt oder unvollständig dargestellt worden war, und man ist froh, bis zur Quelle vorgedrungen zu sein. Dem «Vater der Lüge», der auch der Ankläger unserer Brüder ist, sind Klarstellungen ein Graus, denn er braucht die Finsternis, um arbeiten zu können. Ein einfaches, brüderliches Gespräch, das im Frieden des Gebetes gut vorbereitet worden ist[174], genügt dann, um seinen finsteren Aufbau wie ein Kartenhaus zum Einstürzen zu bringen! Das Ergreifendste ist, wenn die verleumdete Person tatsächlich einen Fehler begangen hat, diesen unter Tränen zugibt und demütig ihre Schwäche eingesteht, indem sie um unser unterstützendes Gebet bittet. Wer sind wir, daß wir in alten

172 Der kleine Palko empfing in dieser Prüfung eine tiefe Liebe zur Wahrheit. Er zahlte mehrmals einen teuren Preis dafür (in den kommunistischen Arbeitslagern). Kürzlich erst, in Rom, als wir uns über die Unwahrheiten unterhielten, die in den Medien über Medjugorje verbreitet werden, sagte er mir: «Wenn du die Wahrheit kennst, ist es deine Pflicht, sie zu sagen, sie zu veröffentlichen. Wenn du sie verschweigen würdest, wäre das ein schwerer Fehler.»

173 Der Pfarrer von Ars sagte: «Der Verleumder gleicht einer Raupe, die über die Blumen kriecht und sie dabei mit ihrem Schleim beschmutzt.»

174 Jesus weiß genau, warum es wichtig ist, zunächst unter vier Augen mit seinem Bruder zu reden (Mt 18,15).

Müllsäcken kramen dürften, um das herauszuholen, was Jesus selbst schon mit seinem Blut[175] gereinigt und sogar vergessen hat?

Erinnern wir uns an das besagte Erlebnis, als die Seher während einer Erscheinung jeden einzelnen Dorfbewohner zur Gospa geführt hatten, damit sie sie berühren konnten, wobei einige das Kleid der Gospa wegen ihrer Sünden beschmutzt hatten (vgl. Kapitel vom 25. April 1994). Marija gab dazu folgende sehr bezeichnende Erklärung ab:

«Als wir (die Seher) bemerkten, daß diese oder jene Person einen Fleck auf dem Kleid der Gospa hinterließ, waren wir wütend! In unserem Zorn sagten wir uns dann: "Was!? Der hat das gemacht!? Oh, das werde ich nicht vergessen!" Aber gleich nach der Erscheinung, als unsere Rolle beendet war, konnten wir uns an kein einziges Übel mehr erinnern; es war unmöglich zu behalten, wer das Kleid beschmutzt hatte! An jenem Tag hat uns die Gospa eine große Lehre erteilt...»

Die Kirche hat das Beichtgeheimnis immer heilig gehalten. Aber auch den Laien wird das Stillschweigen über die Fehler der andern empfohlen. Es ist eine spitzfindige Sünde, das Übel im Gedächtnis zu behalten, und die Gospa will uns davon befreien, denn die üble Nachrede und die Verleumdung[176] haben darin ihre Wurzeln. Am 12. April 1984, als der «Krieg der Sprachen» das Werk im Dorf von Medjugorje zu zerstören drohte, gab Maria folgende Botschaft: *«Liebe Kinder, ich flehe euch an, mit den üblen Nachreden aufzuhören und für die Einheit der Gemeinde zu beten, denn mein Sohn und ich haben einen besonderen Plan für diese Gemeinde...»*

Einer meiner Freunde, der Priester ist, hatte die Gnade, Marthe Robin oft besuchen zu können. Eines Tages bat sie ihn dringend,

---

175 Die selige Maryam von Bethlehem sagt, daß dies einer neuen Kreuzigung Jesu gleichkommt. Die Mystiker sind sich einig darin, daß die üblen Nachreden und die Verleumdungen für Gott ein Graus sind; in unzähligen Fällen hat Gott zum Heil anderer Seelen erlaubt, daß sie die entsetzlichen Folgen dieser Sünden nach dem Tod «gesehen» haben: ein langes und schmerzvolles Fegefeuer oder sogar die Hölle (vgl. 1 Kor 6,10: «... täuscht euch nicht! Weder Unzüchtige, noch Götzendiener ... noch Lästerer werden das Reich Gottes erben»). Manche werden mir wohl diese Zeilen vorwerfen, aber ich will doch den Leser warnen, der eine schwere Verleumdung auf dem Gewissen und sie noch nicht von ganzem Herzen gebeichtet hätte.

176 Übel nachreden bedeutet, Schlechtes über jemanden zu sagen, seine Fehler zu enthüllen, auch wenn sie wahr sind. Verleumden bedeutet, dem Ruf oder der Ehre eines Menschen durch Anklagen zu schaden, von denen man weiß, daß sie falsch sind.

unermüdlich die Barmherzigkeit Gottes zu bezeugen und die Sünder mit einer ganz besonderen Güte zu empfangen. Dann erzählte sie ihm die Episode von der Ehebrecherin (Joh 8,1), so wie sie sie gesehen hatte, denn in ihren Ekstasen wohnte sie manchmal Szenen aus dem Leben Jesu bei. Hier gebe ich das Wesentliche aus ihrem Bericht wieder:

«Jesus bewahrte gegenüber den Anklagen der Schriftgelehrten und Pharisäer gegen diese Frau das Schweigen. Er schien sie nicht zu sehen und hielt seinen Blick gesenkt. Er schaute genauso wenig diese Frau an, obwohl sie zu ihrer Beschämung gut sichtbar aufgestellt worden war. Er begann, mit seinem Finger auf den Boden zu schreiben. Einigen ging das Schweigen Jesu auf die Nerven und es machte sie unruhig, ihn solche Zeichen schreiben zu sehen, so daß sie wagten, näherzukommen. Was er wohl schreiben mochte? Der erste der Pharisäer, der neben Jesus ankam, entdeckte erstaunt, daß Jesus seine verborgenen Sünden kannte, denn sie standen dort mit diesen Buchstaben aus dem Boden geschrieben. Völlig verwirrt und verängstigt schaute er Jesus an, der ihn mit einem einzigen Wort vor den Augen der anderen vernichten könnte. Aber im Gegenteil, mit einer großen Güte und einer demütigen Majestät löschte der Herr mit seiner Hand die Sünden des Mannes aus. Vorbei! Verschwunden! Der Mann las die Vergebung in den Augen Jesu und ging schweigend weg. Dann schrieb Jesus die verborgene Sünde des zweiten hin, der ebenfalls erschüttert wegging, nachdem er das gelesen hatte. So kam einer nach dem anderen zu Jesus. Und diese Ankläger der Frau, die im Tiefsten ihrer Seele beschämt, in ihrer Intimität aber geachtet worden waren, verließen einer nach dem anderen den Platz.

Was die üblen Nachreden und die verderbten Absichten angeht, so wurden sie dort zusammen mit den Steinen liegengelassen, die für die Sünderin bestimmt gewesen waren. Ja, die größte Freude des Lammes Gottes ist es, die Sünde der Welt zu tilgen!»

In Kana hat Jesus Wasser in Wein verwandelt; aber ist es nicht noch ein viel größeres Wunder, unseren Essig, der mit unseren Giften und unseren Bitterkeiten versetzt ist, zu trinken, wie er es am Kreuz getan hat, um dafür das Blut seines Herzens entspringen zu lassen? Und er sehnt sich danach, dieses Wunder jeden Tag für uns zu wirken, wenn wir nur bereit sind, ihm das Gift zu überlassen, das noch in uns wohnt und die Liebe tötet.

Wer weiß, vielleicht ist im Himmel mehr Freude über einen einzigen Verleumder, der Buße tut, als über 99 Prostituierte, die nicht... doch, doch! die die Buße genauso brauchen! Denn um uns mit in Sein Reich zu nehmen, hat Jesus nur eine einzige Tür für alle gelassen, für die wahren Sünder wie für die falschen Gerechten: die seiner göttlichen, königlichen, unergründlichen Barmherzigkeit.

Botschaft vom 25. Juni 1997 (16. Jahrestag der Erscheinungen)

«Liebe Kinder! — Heute bin ich auf besondere Weise bei euch und bringe euch meinen mütterlichen Segen des Friedens. Ich bete für euch und halte Fürsprache vor Gott für euch, damit ihr versteht, daß jeder von euch ein Träger des Friedens ist. Den Frieden könnt ihr nicht haben, wenn euer Herz nicht im Frieden mit Gott ist. Daher, meine lieben Kinder, betet, betet, betet, weil das Gebet das Fundament eures Friedens ist. Öffnet eure Herzen und schenkt Gott die Zeit, damit Er euer Freund ist. Wenn eine echte Freundschaft mit Gott geschaffen ist, kann sie kein Sturm zerstören. Danke, daß ihr meinem Ruf gefolgt seid!»

Ein Franziskaner auf dem Parkplatz

Es war mitten im Krieg, Ende 1993. Das ganze Gebiet um Medjugorje genoß eine gewisse Ruhe, aber nicht einmal 100 km weiter weg wurde Bosnien noch mit Feuer und Schwert verheert. Erwarten Sie von mir keine Erklärung über die damalige Situation, denn Sie werden kaum eine größere Niete in Fragen Politik finden als mich!

An jenem Tag ging ich ins Pfarramt, um einen Brief hinzubringen, als ich einen Franziskaner aus jener Gegend traf. Er ging zu seinem Auto, das auf dem Parkplatz stand und schien eilig abfahren zu wollen. Ich rief ihn herbei:

— Pater, welche Freude, dich hier zu sehen! Du lebst also, gelobt sei Jesus!

— Oh, Sestra! Du lebst auch, Dank sei Gott!

So begrüßte man sich in den Jahren 1992-1993 unter Kroaten. «Einer wird mitgenommen und einer wird zurückgelassen...», heißt es im Evangelium (Mt 24,40), und dieser Krieg erinnerte uns entscheidend daran, daß niemand ewig auf dieser Erde ist.

— Wohin des Wegs? Sag mir nicht, daß du schon wieder abfährst, wo du gerade erst angekommen bist!

— Ich bin schon zu spät dran. Ich habe eine lange Reise vor mir... und eine der schwierigsten!

Ganz sicher wird er Lebensmittel, Medikamente, Kleider und Sakramente zu Flüchtlingen in ein gefährdetes Gebiet bringen, sagte ich mir beunruhigt.

— Und... wo führt dich deine Reise hin?

Das Echo auf meine Frage ist ein sehr bezeichnendes Schweigen.

— Okay, wenn du es mir nicht sagen kannst, dann werde ich für dich beten, ohne zu wissen, worum es geht, das bin ich gewöhnt, *nema problema!*

Noch immer schweigt er, aber ich sehe an seiner gerunzelten Stirn, daß er zögert und das Für und Wider abwägt.

— Hör zu, sagt er leise. Ich weiß, daß du betest, ich werde dir sagen, wo ich hingehe, aber versprich mir, daß du es niemandem sagst. Wenn man dich fragt, wo ich bin, dann weißt du von nichts. Und wenn du siehst, daß ich nicht wiederkehre... dann bete für mich!

— Gehst du nach Bosnien?

Ich werde nie seinen Blick in jenem Moment vergessen, noch den Ton seiner Stimme, noch die Entschiedenheit seines ganzen Wesens. In ein paar nüchternen Worten teilte er mir das Vorhaben mit, das ihn wohl sein Leben kosten würde.

— Ich gehe nach... (ich habe es versprochen, ich halte mein Versprechen!) Dort hat es schon Hunderte von Toten gegeben. Sie sind seit fast einem Monat von den Moslems eingeschlossen. Man kann weder hinein noch heraus, sie haben nichts mehr und sind von der Vernichtung bedroht. Sie haben keinen Priester. Man kann doch nicht das Volk ohne Sakramente lassen.

Ich legte meine Hand in die seine, vielmehr nahm ich seine Hände in meine. Nachdem ich mehrmals geschluckt hatte, gelang es mir schließlich, tonlos zu sagen:

— Und wie wirst du die feindlichen Reihen durchqueren?

Er deutete ein Lächeln an. Es stimmt, ich hätte daran denken müssen, alle Franziskaner hier sind Haudegen in Mönchskutten.

— Weißt du, das ist mein Land, ich bin in dieser Gegend geboren... es gibt immer eine Möglichkeit!

— Die Gospa wird mit dir sein!

— Also, auf! Ich werde volltanken und losfahren.

— Segne mich, bevor du gehst.

Er legte seine Hände auf meinen Kopf und sprach diesen schönen, kroatischen Segensspruch, in dem die Königin des Friedens erwähnt wird. Und ohne ein weiteres Wort... fuhr er ab!

* * *

Ich sah diesen Pater viele Monate später wieder, als er nach seiner Rückkehr die Abendmesse in Medjugorje feierte. Der Herr hatte ihn beschützt. Er nahm seinen Dienst in der Gegend wieder auf, als sei nichts gewesen, und heute noch kommt es vor, daß er die Geheimnisse Gottes für die Menschenmengen aller Ländern und Sprachen feiert, die sich in Medjugorje drängen. Wer von ihnen käme auf den Gedanken, daß dieser demütige Jünger Jesu, der sich in nichts von anderen Priestern unterscheidet, vor dem Martyrium nicht zurückgeschreckt ist? Wer könnte sich vorstellen, wenn er heute den Leib Christi aus seiner Hand empfängt, daß dieser Priester Gefahr lief, vermißt gemeldet zu werden? Und daß er sich morgen ebenso wenig entziehen würde, und auch unter Lebensgefahr seinem Volk beizustehen würde, wenn es ihn bräuchte? Niemand vermutet, daß derjenige, der da am Mikrophon mit einer so nüchternen Stimme und schlichten Gesten das Evangelium liest, bis ins Letzte das Wort Jesu gelebt hat: «*Es gibt keine größere Liebe als sein Leben hinzugeben für seine Freunde.*»

Das ist seit Jahrhunderten bei meinen franziskanischen Brüdern in diesem Land Tradition, sie ist tief im Denken des kroatischen Volkes verankert, und es ist mir eine Freude, ihr heute Ehre zu erweisen.

Botschaft vom 25. Juli 1997

«Liebe Kinder! — Heute lade ich euch ein, auf meinen Ruf zum Gebet zu antworten. Ich möchte, liebe Kinder, daß ihr in dieser Zeit einen Raum für das persönliche Gebet findet. Ich will euch zum Gebet mit dem Herzen führen. Nur so werdet ihr verstehen, daß euer Leben ohne Gebet leer ist. Den Sinn eures Lebens werdet ihr entdecken, wenn ihr Gott im Gebet entdeckt. Deshalb, meine lieben Kinder, öffnet die Tür eures Herzens, und dann werdet ihr verstehen, daß das Gebet Freude bedeutet, ohne die ihr nicht leben könnt. Danke, daß ihr meinem Ruf gefolgt seid!»

Da wurde der Rosenkranz aus der Schublade gezogen...

Wer sind Sherry und Ron? Ein Ehepaar, das auf großartige Weise die Früchte verkörpert, die Medjugorje in zehn Flugstunden Entfernung bei Menschen tragen kann, die noch nie dort gewesen sind. Letzten Monat in Notre-Dame (USA) hatten sie die gute Idee, die Gelegenheit zu nützen und mir vor meiner Abreise alles von der Picke auf zu erzählen...

Sherry und Ron träumten davon, ein Kind zu bekommen. Nach acht Jahren ist sie schwanger; ihre Freude kennt keine Grenzen. Bei der ersten Ultraschall-Untersuchung ist alles in Ordnung, aber ein paar Wochen später, bewegt sich das Baby nicht seinem Alter entsprechend. Die zweite Ultraschall-Untersuchung ergibt, daß das Baby an einer unheilbaren Herzkrankheit leidet, und die Ärzte sind sich sicher: dies wird in Kürze den Tod des Babys bedeuten.

Die Eltern sind von großem Kummer erfüllt, und sie beten inständig. Wie nicht anders zu erwarten, raten viele «Freunde», das Baby abzutreiben, ohne auf seinen Tod zu warten. Aber weder Sherry noch Ron können sich an den Gedanken gewöhnen, daß sie dieses kleine Leben verlieren sollen, das sie schon so sehr lieben. Man wird das Baby also operieren, obwohl die Chancen auf Erfolg verschwindend gering sind: 1%! Die Ärzte versuchen eine Bluttransfusion durch die Nabelschnur, denn das Baby hat einen schweren Eisenmangel. Es ist erst 23 Wochen alt, und der Tod kann jeden Moment eintreten. Nach diesem körperlich und seelisch sehr anstrengenden Eingriff kehren Sherry und Ron innerlich zerbrochen nach Hause zurück. Da erinnert sich Sherry an einen Holz-Rosenkranz, den ihre Freundin Liz ihr aus Medjugorje mitgebracht hatte, und den sie damals zusammen mit anderen unnützen Dingen in eine Schublade gesteckt hatte. Sie kommt auf den Gedanken, diesen Rosenkranz beim Beten auf ihren Bauch zu legen, und sie drückt ihn ganz fest auf die Bauchdecke, so als wolle sie ihn ihre kleine Tochter spüren lassen. Sie wird diesen Moment nie vergessen: zum ersten Mal beginnt das Kind, sich zu bewegen, man hätte meinen können, daß es versuchte, den Rosenkranz zu fassen!

Immer wenn Sherry und Ron in den folgenden Tagen zusammen den Rosenkranz beten, bezeugt die Kleine ihre Gegenwart durch alle möglichen Sprünge und Bewegungen im Schoß ihrer Mutter. Ein wahrer kleiner «Johannes der Täufer»! Da beantragt Sherry eine neue Ultraschall-Untersuchung. Während der Untersuchung betete Ron neben dem Gerät, als der Arzt plötzlich aufgeregt das ganze medizinische Personal zusammenruft und auf den Bildschirm zeigt: das ganze Wasser, von dem der Körper des Kindes aufgequollen war, und das zu seinem Tod führen sollte, war völlig verschwunden! Die Ärzte können es nicht fassen, es ist unerklärlich! Sie sagen dem Ehepaar, daß sie völlig beruhigt nach Hause zurückkehren können und das Baby normal geboren werden kann. Eine Operation ist unnötig!

Anna-Mary kommt im September 1994 zur Welt. Ich habe sie letzten Monat zusammen mit ihren Eltern gesehen. Sie strotzt vor Gesundheit und Lebensfreude und läuft überall herum! Ihre Mutter sagte mir, daß sie im Alter von einem Jahr eine wahre Leidenschaft für Statuen der Heiligen Jungfrau entwickelte. Sobald sie eine sieht, läuft sie darauf zu und überhäuft sie mit Küssen. Durch diese Geschichte ist es Maria gelungen, ihre Eltern in wahre Apostel und Anhänger ihrer Pläne zu verwandeln. Unermüdlich laden sie Angehörige und Freunde zum Rosenkranzgebet ein, denn «durch das Rosenkranzgebet geschehen Wunder!»[177], sagen sie.

Wunder warten in der Tat Tausende über unseren Köpfen auf uns! Zum Glück sind einige aktiv damit beschäftigt, sie auf uns herabkommen zu lassen. Meine kleinen Freunde Allison (6 Jahre) und Don (5 Jahre) zum Beispiel, sind auf diesem Gebiet wahre *Profis*...

Sie haben in ihrem Zimmer eine Statue der Heiligen Jungfrau aus der Rue du Bac stehen. Kürzlich, als sie die Strahlen betrachteten, die von den Händen Mariens ausgehen, erklärte man ihnen, daß diese Hände Gnaden verteilen. Die Gnaden, um die man sie bittet, aber manchmal hält Maria auch welche zurück, weil unglücklicherweise niemand darum bittet. Die beiden Kleinen waren sehr beeindruckt und begannen, über diese erstaunliche Geschichte nachzudenken. Es war offensichtlich, daß sie über einer Unternehmung zur Wiedergutmachung brüteten.

Am selben Abend beim Zubettgehen, hörte ihre Mutter folgende Unterhaltung: Allison kniete auf ihrem Bett und verkündete ihrem kleinen Bruder: «Du nimmst die linke Hand und ich die rechte.» Der Kleine war mit dieser Verteilung einverstanden und begann ganz konzentriert, mit gefalteten Händen vertrauensvoll zu beten und sagte dabei: «Maria, gib mir diese Gnaden, auf, bitte, gib sie mir!»

«Das Himmelreich gehört den Kindern, und denen, die ihnen ähnlich werden...»

---

177 Ich erzähle diese Begebenheit nicht, um den Eindruck zu erwecken, der Rosenkranz habe magische Kräfte, oder solche Heilungen seien die Regel. Nein! Manchmal läßt Gott eine Prüfung zu, schenkt aber durch das Gebet Kraft und Frieden. Dann wird das Kreuz zur Quelle der Freude. Es würden viel mehr Heilungen geschenkt, wenn die Umgebung für den Kranken beten und fasten würde. In der Rue du Bac (1830) sagt uns Maria, daß sie *über Gnaden verfügt, die sie noch nicht gewähren kann, weil niemand sie erbittet.*
Die Kirche empfiehlt das Rosenkranzgebet für die Ausbildung der Priesteramtskandidaten mit folgenden Worten: «Zu fördern sind die Verehrung der seligen Jungfrau Maria, auch durch den Rosenkranz, das betrachtende Gebet und andere Frömmigkeitsübungen, in denen die Alumnen den Geist des Gebetes erlangen und Kraft für ihre Berufung gewinnen.» (Codex Iuris Canonici, Canon 246, § 3.)

Botschaft vom 25. August 1997

«Liebe Kinder! — Gott hat mir diese Zeit als Geschenk für euch gegeben, damit ich euch lehren und auf den Weg des Heils führen kann. Liebe Kinder, jetzt versteht ihr diese Gnade nicht, aber bald wird die Zeit kommen, daß ihr diesen Botschaften nachtrauern werdet. Darum, meine lieben Kinder, lebt alle Worte, dich ich euch im Laufe dieser Gnadenzeit gegeben habe, und erneuert das Gebet, bis daß das Gebet für euch eine Freude wird. Besonders lade ich all jene ein, die sich meinem Unbeflecktem Herzen geweiht haben, den anderen ein Beispiel zu werden. Ich lade alle Priester, Ordensmänner und Ordensfrauen ein, den Rosenkranz zu beten und ihn andere beten zu lehren. Der Rosenkranz ist mir, meine lieben Kinder, besonders lieb. Durch den Rosenkranz öffnet mir euer Herz, und dann kann ich euch helfen. Danke, daß ihr meinem Ruf gefolgt seid!»

Wer wagt es, dem Heiligen Vater Konkurrenz zu machen?

Stellen Sie sich so eine köstliche polnische Großmutter vor, die Ihnen Gebäck aus ihrer Gegend anbietet und dabei ihre erhebende Lebensgeschichte erzählt.

Zofia wird 1930 in Wilno geboren. Es ist unnötig, hier die Entbehrungen, Demütigungen und den tiefen seelischen Schmerz zu beschreiben, die sie zusammen mit Tausenden von Polen erlitten hat, die 1939 alle aus Litauen verjagt wurden...

Sie heiratet Marek und wird damit Frau eines großen polnischen Dichters. Sie führt das Leben einer leidenschaftlichen Hausfrau und Mutter, die mit Geschick vorgehen muß, um ihre Familie vor der kommunistischen Unterdrückung zu schützen.

Schon 1957 arbeiten ihr Mann und sie in einer katholischen Laienbewegung eng mit Karol Wojtyla zusammen, der damals noch ein einfacher Priester war. Eine tiefe Freundschaft verbindet die drei. Später führt Marek seine Zusammenarbeit mit dem Heiligen Vater im Vatikan fort und steht heute noch in brieflichem Kontakt mit ihm.

Zwischen zwei von Zofias Leckereien konnte ich ein paar dieser Briefe mit eigenen Augen anschauen...

1982 herrschte wieder eine fürchterliche Zensur in Polen nach der großen Hoffnung, die durch die Solidarnosc geweckt worden war. Zofia erfährt von den Ereignissen in Medjugorje am 1. Oktober 1983, und in dieser Atmosphäre der Traurigkeit ist Medjugorje der Hoffnungsstrahl, der sie sagen läßt: «Gott hat uns nicht fallen gelassen!» Eine neue Hoffnung auf Freiheit erwacht in ihr. Wegen der Grenzkontrollen und der Zensur des Schriftwechsels ist es ihr unmöglich, mit ihren ausländischen Freunden in Verbindung zu bleiben. Aber an jenem 1. Oktober war eine berühmte Pianistin über die Grenze gekommen und hatte diese guten Nachrichten gebracht. Als sie über die unüberwindbaren Schikanen des kommunistischen Regimes sprechen, sagt Zofia zu ihr:

— Das kann nicht mehr lange dauern, Sie werden sehen, Gott wird etwas tun, um den Triumph des Bösen zu beenden.

— Vielleicht hat er schon damit begonnen, erwidert die Musikerin geheimnisvoll.

Dann erzählt sie, daß sie in Deutschland, wo sie gerade gewesen war, gehört habe, daß die Mutter Gottes seit zwei Jahren in Jugoslawien erscheint. Man hat ihr sogar ein kleines Buch mit den Botschaften Mariens an die Seher geschenkt. Zofia bittet sie, ihr dieses Buch zu leihen. Die beiden Frauen treffen sich im Kloster von Sr. Faustyna, und Zofia bekommt vor dem Grab dieser Seligen, am Jahrestag ihres Todes, dem 5. Oktober, dieses Dokument in die Hände.

— Ich habe die ganze Nacht hindurch das Buch von der ersten bis zur letzten Seite gelesen, erzählt Zofia. Am Morgen sprach ich sofort mit einer Freundin darüber, die besser deutsch versteht als ich, und die schnell die wichtigsten Seiten daraus übersetzen könnte, damit die Polen erfahren, daß Gott in das Schicksal unserer Welt eingreift, und auf welche Weise er es tut! Meine Freundin Maria las die ganze Nacht in diesem Buch. Am Morgen rief sie mich an: «Man muß nicht nur ein paar Seiten übersetzen, das ganze Buch muß übersetzt werden! Ich fange sofort an.» Ich melde meine Zweifel an: «Eine solche Übersetzung nimmt vielleicht zu viel Zeit in Anspruch?» Sie antwortete mir entschieden: «Die Übersetzung wird einen Monat dauern!» Und sie hielt Wort. Ihr Mann Stanislaw erfuhr mit großer Freude, daß die Vorsehung durch den Mund Mariens zu unserer Welt spricht. Er begann sofort damit, den Text an einem geheimen Ort zu vervielfältigen, denn alle Veröffentlichungen, und seien sie auch nur eine Seite lang, die nicht durch die Zensur gegangen waren, waren damals streng verboten. Wir lebten in Euphorie und Freude und bemühten uns, die Gebote Mariens in die Tat umzusetzen. Wir träumten davon, so schnell wie möglich nach Medjugorje fahren zu können. Ich weiß nicht, wie meine Freundin Maria das geschafft hatte, jedenfalls hatte sie in der Zwischenzeit ein weiteres Buch über Medjugorje aufgetrieben, diesmal war es das französische Buch von Pater Svetozar Kraljevic: «Die Erscheinungen von Medjugorje». Sie übersetzte es innerhalb kurzer Zeit. Wir verbreiteten es genauso wie das erste heimlich, in einigen wenigen Exemplaren und begannen, die wenigen Artikel, die es in der ausländischen Presse über Medjugorje gab, sowie Photos und Videos zu sammeln. Maria, Stanislaw und ich wollten nach Medjugorje fahren, um für uns und unser Land zu beten, und vor allem, um Maria zu danken und uns an ihrer Gegenwart zu erfreuen. Gegen Ende des Sommers 1984, erfuhr Stanislaw von einer nicht allzu teuren Reise nach Budva, im Montenegro (Jugoslawien). Wir mußten einzeln die Visa beantragen. Ich bekam mein Visum als letzte, eine Stunde vor Ende der Anmeldefrist.

Als wir dort waren, sagten wir zum Reiseleiter, ohne daß die anderen etwas davon wußten, daß wir für zwei Tage nach Mostar zu Freunden fahren würden. Er war einverstanden und stellte keine weiteren Fragen. Wir fuhren am 4. Oktober in großer Hitze mit einem Bus los, der zum Bersten voll war. In Dubrovnik stiegen wir in einen anderen Bus um, der nach Mostar fuhr. Durch Abkürzungen kamen wir dann ans Ziel.

Wir waren eine Viertelstunde vor Beginn des Rosenkranzes in der Kirche. Wir knieten vor dem Altar nieder und vergaßen unsere Müdigkeit. Wir wußten, daß in etwa zehn Minuten die Heilige Jungfrau kommen würde, und das war das einzige, was zählte. Meine Freundin Maria drückte ihr Geschenk an ihre Brust: die beiden polnischen Bücher. Was für ein bewegendes Erlebnis war es, zum ersten Mal inmitten einer Menge von verschiedensprachigen Pilgern zu beten; auf die Ankunft der Seher und ihre Begegnung mit der Heiligsten Jungfrau zu warten! Das gehört zum Herzensgeheimnis eines jeden Einzelnen, aber es ist, als seien diese Geheimnisse all jenen gemeinsam, die im Glauben hierher kommen. Ich kann das nicht beschreiben. Es ist ganz einfach unbeschreiblich. Dann läuteten die Glocken und wir hörten zum ersten Mal dieses Lied: «Doslismo ti Majko Draga», das mein Mann später auf polnisch übersetzte. (...)

So entstand Zofias außergewöhnliche Mission, und kaum war sie in ihr Land zurückgekehrt, machte sie die Worte Mariens überall bekannt. Und sie verbreiteten sich wie ein Lauffeuer. Aber kehren wir zu ihrer Wallfahrt im Oktober 1984 und zu dem Ereignis zurück, das sie zu diesem unermüdlichen Apostel der Gospa werden ließ.

— Da wir keine Zeit hatten, auf beide Berge zu steigen, und es Freitag war (wieder ein 5. Oktober, dem Tag der Heimkehr Sr. Faustynas in den Himmel), beschlossen wir, den Kreuzweg auf dem Krizevac zu beten. Auf halbem Weg, als ich etwas hinter den anderen zurückgeblieben war, wurde ich plötzlich von der Barmherzigkeit unseres Vaters im Himmel ergriffen, der in seinem außerordentlichen Mitleiden mit seinen Kindern jeden Tag seit einigen Jahren die Mutter Seines einzigen Sohnes schickt, damit sie ihnen den Frieden, den Glauben, die Bekehrung und das Gebet, das Fasten und die Buße erklärt. Diese Offenbarung der Zärtlichkeit des Vaters und seiner Sorge um ums dauerte den Bruchteil einer Sekunde, die Zeit eines Augenzwinkerns. Es war eine überwältigende Erfahrung, die mich zutiefst erfüllte. Mein Herz war dem Vater begegnet! Das war am Nachmittag, bei der Vierten Station. Bei jeder Station sprachen wir neben anderen Gebeten auch das *Vaterunser.* Ich begriff, daß dieses erste und so schlichte Gebet der Christen nun in mir lebendig war, daß ich es mit Zärtlichkeit, Dankbarkeit und in Anbetung sprechen konnte... was ich noch nie zuvor gefühlt hatte. Und das dauert heute noch an! Es ist das größte Geschenk, das ich in Medjugorje bekommen habe, ein Geschenk, das ich nicht erwartet hatte, und das in mir die Hoffnung weckte, eines Tages auch den Heiligen Geist als Person kennenzulernen; eine Person, deren Gegenwart man spüren kann. Und das geschah dann neun Monate später! (...)

Nach dieser ersten Wallfahrt schrieb ich dem Heiligen Vater, was ich erlebt hatte, und was mir wesentlich erschien. Am Ende meines Briefes fügte ich hinzu, daß ich noch nie so glücklich und noch nie so hoffnungsvoll gewesen war wie in Medjugorje. Er antwortete mir eigenhändig mit unvorstellbarer Güte, daß er mir für diesen Brief danke, und daß ich immer an folgende Worte denken solle: «Am Ende wird mein Unbeflecktes Herz triumphieren.» Und diese Worte haben mir in den Schwierigkeiten sehr geholfen (erinnern wir uns an das damalige Polen). Jedesmal wenn ich aus Medjugorje zurückkam, fügte ich den Briefen, die mein Mann dem Heiligen Vater schrieb, ein paar Sätze hinzu.

Eines Tages reisten die Mitglieder der Redaktion der Zeitung, bei der mein Mann arbeitet, mit ihren Familien nach Rom. Aber ich fuhr da gerade nach Medjugorje! Meinem Mann war es etwas peinlich, daß ich ihn zu dem Treffen mit dem Heiligen Vater nicht begleitete, aber letzterer erriet sofort, wo ich war. Und mit einem breiten Lächeln sagte er, daß die Mutter Gottes ihm also Konkurrenz mache, aber daß er nicht den Anspruch habe, daraus als Sieger hervorzugehen. Dann beruhigte er meinen Mann und sagte ihm, daß ich das Richtige gewählt habe. Da Marek in Bezug auf Medjugorje Zweifel hatte, nützte er die Gelegenheit, um den Heiligen Vater zu befragen. Dieser gab ihm folgende Antwort:

«Es ist ein sehr wichtiges und sehr positives Geschehen.»

Heute setzt Zofia weiterhin ihr Leben dafür ein, daß die Stimme Mariens gehört wird, aber der Herr zeichnet ihr einen neuen Weg vor. In der Tat konnte sie bei ihrer letzten Wallfahrt nach Medjugorje wegen ihrer schwachen Gesundheit nicht mit den anderen zusammen den steinigen Weg des Krizevac hinaufsteigen. Sie beschloß also, im Tal zu beten. Sie setzte sich an einem Weinstock nieder, kehrte ihr Gesicht dem großen Betonkreuz zu und vereinigte ihr Herz mit dem Kreuzweg ihrer Freunde. Als sie so betete, prägte sich ihr ein Wort ein, wie ein Siegel in Wachs: «Von nun an wird es für dich das Kreuz sein!»

In der Tat geben ihr die Krankheiten, Operationen und anderen Prüfungen zu verstehen, daß sie auf dieser Erde Medjugorje mit ihren leiblichen Augen nicht wiedersehen wird. Aber das übernatürliche Licht, das von ihr ausgeht, wird immer stärker und sagt mehr aus als alle wagemutigen Unternehmungen, Vorträge und Bücher. Sie überquert alle Grenzen! Und für uns «gesunde, kleine Apostel» stellt Zofia eine der strahlendsten Siege der Ereignisse von Medjugorje in einem Menschenherzen dar.

Botschaft vom 25. September 1997

«Liebe Kinder! — Heute lade ich euch ein, daß ihr begreift, daß ihr ohne Liebe nicht begreifen könnt, daß Gott den ersten Platz in eurem Leben haben soll. Daher lade ich euch, meine lieben Kinder, alle ein, nicht mit menschlicher, sondern mit göttlicher Liebe zu lieben. So wird euer Leben schöner werden ohne Interesse. Ihr werdet begreifen, daß Gott sich aus Liebe auf einfachste Weise gibt. Meine lieben Kinder, betet, betet, betet, um meine Worte begreifen zu können, die ich euch aus Liebe gebe, und ihr werdet mit Liebe die anderen annehmen können und all denen verzeihen, die euch Böses angetan haben. Antwortet mit Gebet, denn das Gebet ist Frucht der Liebe zu Gott, dem Schöpfer. Danke, daß ihr meinem Ruf gefolgt seid!»

Botschaft vom 25. Oktober 1997

«Liebe Kinder! — Auch heute bin ich mit euch, und ich lade euch alle ein, euch zu erneuern, indem ihr meine Botschaften lebt. Meine lieben Kinder, das Gebet möge euer Leben werden, und ihr möget ein Beispiel für die anderen sein. Meine lieben Kinder, ich wünsche, daß ihr Träger des Friedens und der Freude Gottes in der heutigen friedlosen Welt werdet. Daher, meine lieben Kinder, betet, betet, betet. Ich bin mit euch, und ich segne euch mit meinem mütterlichen Frieden. Danke, daß ihr meinem Ruf gefolgt seid!»

Botschaft vom 25. November 1997

«Liebe Kinder! — Heute lade ich euch ein, eure christliche Berufung zu begreifen. Meine lieben Kinder, ich habe euch geführt und führe euch durch diese Zeit der Gnade, damit ihr euch eurer christlichen Berufung bewußt werdet. Die heiligen Märtyrer sind mit dem Zeugnis gestorben: "Ich bin ein Christ, und ich liebe Gott über alles!"

Meine lieben Kinder, auch heute lade ich euch ein, euch zu freuen und freudige Christen zu werden, verantwortlich und bewußt, daß Gott euch berufen hat, auf eine besondere Weise die freudig ausgebreiteten Hände gegenüber denen zu werden, die nicht glauben, daß sie durch das Beispiel eures Lebens den Glauben und die Liebe zu Gott bekommen. Daher betet, betet, betet, daß euer Herz sich öffne und für das Wort Gottes sensibel werde. Danke, daß ihr meinem Ruf gefolgt seid!»

Botschaft vom 25. Dezember 1997

«Liebe Kinder! — Auch heute freue ich mich mit euch, und ich lade euch alle zum Guten ein. Ich wünsche, daß jeder von euch nachdenkt und den Frieden in seinem Herzen trägt und sagt: "Ich möchte Gott an den ersten Platz in meinem Leben stellen." So, meine lieben Kinder, wird jeder von euch heilig werden. Meine lieben Kinder, sagt zu jedem: "Ich wünsche dir Gutes." Und er wird es dir mit Gutem vergelten und das Gute, meine lieben Kinder, wird im Herzen eines jeden Menschen wohnen. Heute abend, meine lieben Kinder, bringe ich euch das Gute meines Sohnes, der sein Leben gegeben hat, um euch zu retten. Daher, meine lieben Kinder, freut euch und streckt eure Hände zu Jesus hin, der nur das Gute ist! Danke, daß ihr meinem Ruf gefolgt seid!»

Botschaft vom 25. Januar 1998

«Liebe Kinder! — Heute lade ich euch alle von neuem zum Gebet ein. Nur durch das Gebet, liebe Kinder, wird sich euer Herz verändern und besser und feinfühliger für das Wort Gottes werden. Meine lieben Kinder, erlaubt dem Teufel nicht, daß er euch hin und her zerrt und mit euch macht, was er will. Ich lade euch ein, verantwortlich und entschieden zu sein und Gott jeden Tag im Gebet zu weihen. Die heilige Messe, meine lieben Kinder, soll nicht nur Gewohnheit, sondern das Leben für euch sein. Indem ihr jeden Tag die heilige Messe lebt, werdet ihr das Bedürfnis nach Heiligkeit spüren und in der Heiligkeit wachsen. Ich bin euch nahe und trete für jeden von euch vor Gott ein, damit Er euch Kraft gibt, euer Herz zu verändern. Danke, daß ihr meinem Ruf gefolgt seid.»

Botschaft vom 25. Februar 1998

«Liebe Kinder! — Auch heute bin ich mit euch, und ich lade euch alle erneut ein, mir durch eure Gebete näher zu kommen. Auf besondere Weise lade ich euch in dieser Zeit der Gnade zur Entsagung ein. Meine lieben Kinder, betrachtet und lebt durch eure kleinen Opfer die Passion und den Tod Jesu für jeden von euch. Nur wenn ihr Jesus näher kommt, werdet ihr Seine unermeßliche Liebe begreifen, die Er für jeden von euch hat. Durch das Gebet und eure Entsagung werdet ihr offener werden für die Gabe des Glaubens und der Liebe zur Kirche und zu den Menschen, die um euch sind. Ich liebe euch und segne euch. Danke, daß ihr meinem Ruf gefolgt seid.»

Botschaft vom 25. März 1998

«Liebe Kinder! — Auch heute lade ich euch zum Fasten und zur Entsagung ein. Meine lieben Kinder, entsagt dem, was euch hindert, Jesus näher zu sein. Auf besondere Weise lade ich euch ein: Betet, denn nur durch das Gebet werdet ihr euren Willen überwinden und den Willen Gottes auch in kleinsten Dingen entdecken können. Durch euer tägliches Leben, meine lieben Kinder, werdet ihr zum Beispiel werden, und ihr werdet bezeugen, daß ihr für Jesus lebt oder gegen ihn und seinen Willen. Meine lieben Kinder, ich wünsche, daß ihr zu Aposteln der Liebe werdet. Indem ihr liebt, meine lieben Kinder, werdet ihr als die Meinen erkannt werden. Danke, daß ihr meinem Ruf gefolgt seid.»

Botschaft vom 25. April 1998

«Liebe Kinder! — Heute lade ich euch ein, euch durch das Gebet Gott zu öffnen, wie sich die Blume den Morgenstrahlen der Sonne öffnet. Meine lieben Kinder, habt keine Angst. Ich bin mit euch und halte bei Gott Fürsprache für jeden von euch, damit euer Herz die Gabe der Umkehr annehme. Nur so, meine lieben Kinder, werdet ihr die Wichtigkeit der Gnade in diesen Zeiten begreifen, und Gott wird euch nahe sein. Danke, daß ihr meinem Ruf gefolgt seid.»

Botschaft vom 25. Mai 1998

«Liebe Kinder! — Heute lade ich euch ein, durch Gebet und Opfer, euch für das Kommen des Heiligen Geistes vorzubereiten. Meine lieben Kinder, dies ist die Zeit der Gnade, und daher rufe ich euch wieder auf, euch für Gott den Schöpfer zu entscheiden. Erlaubt Ihm, euch zu transformieren und zu ändern. Möge euer Herz vorbereitet sein alles, was der Heilige Geist für jeden von euch in seinem Plan hat, zu hören und zu leben. Meine lieben Kinder, erlaubt dem Heiligen Geist, euch auf dem Weg der Wahrheit und des Heiles zum ewigen Leben zu führen. Danke, daß ihr meinem Ruf gefolgt seid.»

Botschaft vom 25. Juni 1998

«Liebe Kinder! — Heute möchte ich euch danken, daß ihr meine Botschaften lebt. Ich segne euch alle mit meinem mütterlichen Segen und ich trage euch alle vor meinen Sohn Jesus. Danke, daß ihr meinem Ruf gefolgt seid.»

Botschaft vom 25. Juli 1998

«Liebe Kinder! — Heute, meine lieben Kinder, lade ich euch ein, durch das Gebet mit Jesus zu sein, um durch die Erfahrung des persönlichen Gebetes die Schönheit der Geschöpfe Gottes entdecken zu können. Ihr könnt weder vom Gebet sprechen, noch davon Zeugnis geben, wenn ihr nicht betet. Darum, meine lieben Kinder, bleibt in der Stille des Herzens mit Jesus, damit Er euch mit Seiner Liebe ändert und verwandelt. Meine lieben Kinder, dies ist für euch eine Zeit der Gnade. Nutzt sie für eure persönliche Umkehr, denn wenn ihr Gott habt, habt ihr alles. Danke, daß ihr meinem Ruf gefolgt seid.»

Botschaft vom 25. August 1998

«Liebe Kinder! — Heute lade ich euch ein, mir durch das Gebet noch näher zu kommen. Meine lieben Kinder, ich bin eure Mutter, ich liebe euch und ich wünsche, daß jeder von euch gerettet wird und so mit mir im Himmel sei. Deshalb, meine lieben Kinder, betet, betet, betet, bis euer Leben zum Gebet geworden ist. Danke, daß ihr meinem Ruf gefolgt seid.»

Botschaft vom 25. September 1998

«Liebe Kinder! — Heute rufe ich euch auf, meine Zeugen zu werden, indem ihr im Glauben eurer Väter lebt. Meine lieben Kinder, ihr sucht Zeichen und Botschaften und seht nicht, daß euch Gott mit jedem morgendlichen Sonnenaufgang zur Umkehr und zum Weg der Wahrheit und des Heiles aufruft. Ihr redet viel, meine lieben Kinder, aber ihr arbeitet wenig an eurer Umkehr. Deshalb kehrt um und beginnt meine Botschaften nicht mit euren Worten, sondern mit eurem Leben zu leben. So, meine lieben Kinder, werdet ihr die Kraft haben, euch für die aufrichtige Umkehr des Herzens zu entscheiden. Danke, daß ihr meinem Ruf gefolgt seid.»

Botschaft vom 25. Oktober 1998

«Liebe Kinder! — Heute lade ich euch ein, euch meinem Unbefleckten Herzen zu nähern. Ich lade euch ein, in euren Familien die Begeisterung der ersten Tage zu erneuern, als ich euch zum Fasten, zum Gebet und zur Umkehr aufgerufen habe. Meine lieben Kinder, ihr habt meine Botschaften mit offenem Herzen angenommen, obwohl ihr nicht wußtet, was das Gebet ist. Heute lade ich euch ein, euch mir vollkommen zu öffnen, damit ich euch verändern und zum Herzen meines Sohnes Jesu führen kann, so daß Er euch mit Seiner Liebe erfülle. Nur so, meine lieben Kinder, werdet ihr den wahren Frieden finden, den Frieden, den euch nur Gott gibt. Danke, daß ihr meinem Ruf gefolgt seid.»

Botschaft vom 25. November 1998

«Liebe Kinder! — Heute lade ich euch ein, daß ihr euch auf das Kommen Jesu vorbereitet. Besonders bereitet eure Herzen vor. Die heilige Beichte soll der erste Schritt der Umkehr für euch sein. Dann aber, liebe Kinder, entscheidet euch für die Heiligkeit. Eure Umkehr und Entscheidung für die Heiligkeit soll heute und nicht morgen anfangen. Meine lieben Kinder, ich lade euch alle auf den Weg des Heils ein und wünsche, euch den Weg zum Paradies zu zeigen. Daher, meine lieben Kinder, seid mein und entscheidet euch mit mir zur Heiligkeit. Meine lieben Kinder, nehmt das Gebet mit Ernst an und betet, betet, betet! Danke, daß ihr meinem Ruf gefolgt seid.»

Botschaft vom 25. Dezember 1998

«Liebe Kinder! — In dieser Weihnachtsfreude möchte ich euch mit meinem Segen segnen. Auf besondere Weise, meine lieben Kinder, gebe ich euch den Segen des kleinen Jesus. Möge Er euch mit Seinem Frieden erfüllen. Heute, meine lieben Kinder, habt ihr keinen Frieden und doch sehnt ihr euch danach. Deshalb, lade ich euch an diesem Tag mit meinem Sohn Jesus ein: betet, betet, betet, weil ihr ohne Gebet weder Freude, Frieden noch eine Zukunft habt. Sehnt euch nach Frieden und sucht ihn, denn Gott ist der wahre Frieden. Danke, daß ihr meinem Ruf gefolgt seid.»

Mirjanas jährliche Erscheinung

Die Seherin Mirjana Dragicevic-Soldo hatte am 18. März 1998 ihre regelmäßige jährliche Erscheinung. Die Gospa hörte nämlich am 25. Dezember 1982 auf, Mirjana täglich zu erscheinen. An diesem Tag hatte ihr die Gospa das letzte zehnte Geheimnis anvertraut und versprach ihr, daß sie ihr ganzes Leben lang immer am **18. März** eine Erscheinung haben wird. Und so war es auch dieses Jahr. Die Erscheinung dauerte etwa vier bis fünf Minuten. Die Gospa sprach ihr von den Geheimnissen, segnete alle Anwesenden und gab folgende Botschaft:

«Liebe Kinder! — Ich rufe euch dazu auf, mein Licht zu sein, so daß ihr alle erleuchtet, die im Dunkeln leben, daß ihr ihre Herzen mit Frieden, meinem Sohn, erfüllt. Danke, daß ihr meinem Ruf gefolgt seid.»

Ivankas jährliche Erscheinung

Ivanka hatte ihre jährliche Erscheinung. Am 7. Mai 1985 hatte sie die letzte tägliche Erscheinung mit den anderen Sehern. An dem Abend hat sie das 10. Geheimnis bekommen und die Muttergottes hat ihr gesagt, daß sie am nächsten Tag zu Hause bleiben soll. Die Erscheinung zu Hause dauerte eine ganze Stunde und Ivanka hat — wie Mirjana — die Zusage bekommen, daß sie einmal pro Jahr die Erscheinung haben wird, und zwar am **25. Juni**, also am Jahrestag.

Die erste jährliche Erscheinung für Ivanka war 1986 und seitdem erscheint ihr Maria einmal pro Jahr. Dieses Jahr hat Ivanka mit ihrer Familie zu Hause gebetet. Die Erscheinung dauerte zwischen sechs und sieben Minuten. Ivanka sagte, daß die Muttergottes freudig war. Ivanka hat Ihr alle Menschen empfohlen und die Muttergottes hat allen Ihren Segen erteilt. Die Muttergottes hat mit ihr auch über die Geheimnisse gesprochen und uns alle eingeladen, in dieser Zeit für die Familien zu beten, besonders für die Familien in denen es Kranke gibt. Maria hat uns aufgerufen, unsere Herzen zu öffnen und Ihrem Sohn für diese große Gnade zu danken. Am Ende hat Maria sich für die Gebete und Liebe bedankt. So bleibt für uns die Aufgabe, mehr für die Familien zu beten, mehr in den Familien zu beten und im Gebet an jene Familien zu denken, die von Krankheiten heimgesucht sind, besonders an die Familien mit kranken Kindern.

Jokovs letzte tägliche Erscheinung

Seit 12. September haben nur mehr drei Seher die täglichen Erscheinungen: Vicka, Marija und Ivan. Vicka hatte die 2. Pause dieses Jahr vom 20. Juli bis zum 6. September; seit dem 6. September hat sie wieder die täglichen Erscheinungen. Am 12. September hatte Jakov die letzte tägliche Erscheinung erhalten. Während seiner Reise in Amerika, übermittelte Jakov uns den folgenden Text aus Miami:

«Freitag, den **11. September**, während der regelmäßigen Erscheinung, sagte mir die Muttergottes, daß ich mich mit Gebet besonders auf die Erscheinung am nächsten Tag vorbereiten sollte, da Sie mir das 10. Geheimnis anvertrauen werde. Am Samstag, den 12. September, kam die Muttergottes um 11.15 Uhr (Lokalzeit). Als Sie kam, begrüßte Sie mich wie immer mit "Gelobt sei Jesus". Während Sie mir das 10. Geheimnis anvertraute, war Sie traurig. Mit einem sanften Lächeln sagte Sie dann zu mir:

"Liebes Kind! — Ich bin deine Mutter und ich liebe dich bedingungslos. Von heute an werde ich dir nicht mehr jeden Tag erscheinen, sondern nur zu Weihnachten, dem Geburtstag meines Sohnes. Sei nicht traurig, denn als Mutter werde ich mit dir sein und wie jede wahre Mutter, werde

ich dich nie verlassen. Und du, folge weiterhin dem Weg meines Sohnes, dem Weg des Friedens und der Liebe, und versuche, in dem Auftrag, den ich dir anvertraut habe, standhaft zu bleiben. Sei das Beispiel eines Mannes, der Gott und die Liebe Gottes erfahren hat. Laß die Menschen in dir immer ein Beispiel dafür sehen, wie Gott in den Menschen wirkt und wie Gott durch sie wirkt. Ich segne dich mit meinem mütterlichen Segen und danke dir, daß du meinem Ruf gefolgt bist."»

Jokovs jährliche Erscheinung

Nach der Erscheinung vom **25. Dezember**, die um 11.50 begann und 12 Minuten dauerte, schrieb Jakov: «Die Muttergottes kam froh. Sie begrüßte mich wie immer mit "Gelobt sei Jesus!" Sie sprach zu mir über die Geheimnisse und dann gab Sie mir diese Botschaft:

"Liebe Kinder! — Heute, am Geburtstag meines Sohnes, ist mein Herz mit unermeßlicher Freude, Liebe und Frieden erfüllt. Als eure Mutter wünsche ich, daß jeder von euch dieselbe Freude, Frieden und Liebe im Herzen fühlt. Darum habt keine Angst, euer Herz zu öffnen und euch vollkommen Jesus hinzugeben, weil Er nur auf diese Weise in euer Herz kommen und es mit Liebe, Frieden und Freude erfüllen kann. Ich segne euch mit meinem mütterlichen Segen."»

Jakov betete mit seiner Familie. Er bereitete sich auf die Erscheinung mit der Beichte und der Heiligen Messe vor. Nach der Erscheinung weinte er eine Weile.

Botschaft vom 25. Januar 1999

«Liebe Kinder! — Ich lade euch von neuem zum Gebet ein. Ihr habt keine Entschuldigung, daß ihr mehr arbeitet sollt, weil die Natur noch in tiefem Schlaf liegt. Öffnet euch im Gebet. Erneuert das Gebet in euren Familien. Setzt die Heilige Schrift an einen sichtbaren Platz in euren Familien, lest sie, betrachtet sie und lernt, wie Gott Sein Volk liebt. Seine Liebe zeigt sich auch in der heutigen Zeit, weil Er mich sendet, um euch auf den Weg des Heils zu rufen. Danke, daß ihr meinem Ruf gefolgt seid.»

Botschaft vom 25. Februar 1999

«Liebe Kinder! — Auch heute bin ich auf besondere Weise mit euch, indem ich das Leiden Jesu in meinem Herzen betrachte und lebe. Meine lieben Kinder, öffnet eure Herzen und gebt mir all das, was in ihnen ist: Freuden, Trauer, und jeden, auch den kleinsten Schmerz, damit ich sie Jesus darbringen kann, so daß Er mit Seiner unermeßlichen Liebe eure Trauer verbrenne und in die Freude Seiner Auferstehung verwandle. Darum rufe ich euch jetzt auf besondere Weise auf, meine lieben Kinder, eure Herzen dem Gebet zu öffnen, damit ihr durch das Gebet Freunde Jesu werdet. Danke daß ihr meinem Ruf gefolgt seid.»

Botschaft vom 25. März 1999

«Liebe Kinder! — Ich lade euch zum Gebet mit dem Herzen ein. Auf besondere Weise, meine lieben Kinder, lade ich euch ein, für die Umkehr der Sünder zu beten, für jene, die mein Herz und das Herz meines Sohnes Jesus mit dem Schwert des Hasses und täglichen Lästerung durchbohren. Beten wir, meine lieben Kinder, für all jene, die die Liebe Gottes nicht erfahren möchten, obwohl sie in der Kirche sind. Beten wir, daß sie sich bekehren, damit die Kirche in Liebe auferstehe. Nur mit der Liebe und mit dem Gebet, meine lieben Kinder, könnt ihr diese Zeit leben, die euch für die Umkehr gegeben ist. Stellt Gott auf den ersten Platz, dann wird der auferstandene Jesus euer Freund werden. Danke daß ihr meinem Ruf gefolgt seid.»

Botschaft vom 25. April 1999

«Liebe Kinder! — Auch heute lade ich euch zum Gebet ein. Meine lieben Kinder, seid frohe Träger des Friedens und der Liebe in dieser friedlosen Welt. Durch Fasten und Gebet gebt Zeugnis, daß ihr mein seid und meine Botschaften lebt. Betet und sucht! Ich bete und halte Fürsprache für euch bei Gott, damit ihr umkehrt, und euer Leben und Verhalten immer christlich sei. Danke, daß ihr meinem Ruf gefolgt seid.»

Botschaft vom 25. Mai 1999

«Liebe Kinder! — Auch heute lade ich euch ein, euch zu bekehren und fester an Gott zu glauben. Ihr, meine lieben Kinder, sucht den Frieden und betet auf verschiedene Weise, aber ihr habt Gott noch nicht euer Herz gegeben, damit Er es mit Seiner Liebe erfülle. Deshalb bin ich mit euch, um euch zu lehren und um euch der Liebe Gottes näher zu bringen. Wenn ihr Gott über alles liebt, wird es für euch leicht sein, zu beten und Ihm euer Herz zu öffnen. Danke, daß ihr meinem Ruf gefolgt seid.»

Botschaft vom 25. Juni 1999

«Liebe Kinder! — Heute danke ich euch, daß ihr meine Botschaften lebt und mit eurem Leben bezeugt. Meine lieben Kinder, seid stark und betet, damit das Gebet euch Stärke und Freude gebe. Nur so wird jeder von euch mein sein und ich werde euch auf dem Weg des Heiles führen. Meine lieben Kinder, betet und seid mit eurem Leben Zeugen meiner Gegenwart hier. Möge jeder Tag für euch ein freudvolles Zeugnis der Liebe Gottes sein. Danke, daß ihr meinem Ruf gefolgt seid.»

Botschaft vom 25. Juli 1999

«Liebe Kinder! — Auch heute freue ich mich mit euch und lade euch alle zum Gebet mit dem Herzen ein. Meine lieben Kinder, ich lade euch alle ein, mit mir hier Gott für alle Gnaden zu danken, die Er euch durch mich gibt. Ich wünsche, daß ihr begreift, daß ich hier nicht nur einen Ort des Gebets, sondern auch eine Begegnung der Herzen verwirklichen möchte. Ich wünsche, daß mein Herz, das Herz Jesu und euer Herz ein einziges Herz der Liebe und des Friedens werden. Deshalb, meine lieben Kinder, betet und freut euch über alles, was Gott hier tut, obwohl Satan Streit und Unfrieden provoziert. Ich bin mit euch und führe euch alle auf dem Weg der Liebe. Danke, dass ihr meinem Ruf gefolgt seid.»

Botschaft vom 25. August 1999

«Liebe Kinder! — Auch heute lade ich euch ein, Gott, den Schöpfer, in den Farben der Natur zu verherrlichen. Er spricht zu euch auch in der kleinsten Blume über Seine Schönheit und über die Tiefe der Liebe, mit der Er euch erschaffen hat. Meine lieben Kinder, möge das Gebet aus euren Herzen fließen wie frisches Wasser aus einer Quelle. Mögen die Weizenfelder zu euch über die Barmherzigkeit Gottes zu jedem Geschöpf sprechen. Darum, erneuert das Gebet der Danksagung für alles, was Er euch gibt. Danke, daß ihr meinem Ruf gefolgt seid.»

Botschaft vom 25. September 1999

«Liebe Kinder! — Auch heute rufe ich euch auf, Träger meines Friedens zu werden. Besonders jetzt, wenn man sagt, dass Gott weit entfernt ist, ist Er euch wahrlich noch nie näher gewesen. Ich lade euch ein, das Gebet in euren Familien durch das Lesen der Heiligen Schrift zu erneuern und Freude in der Begegnung mit Gott zu erfahren, der Seine Geschöpfe unendlich liebt. Danke, daß ihr meinem Ruf gefolgt seid.»

Stellungnahme des Vatikans hinsichtlich Medjugorje

In der «Akte Medjugorje» ist endlich eine Seite umgeblättert. Die gläubigen Katholiken befinden sich jetzt — was Medjugorje betrifft — auf die Position der Kirche verwiesen. Tatsächlich hat der Vatikan jüngst den klarsten Brief seit Beginn der Erscheinungen veröffentlicht.

Mgr. Aubry (der im Vorwort sein Zeugnis gibt) schrieb im Januar 1998 an Kardinal Ratzinger, um ihm grundsätzliche Fragen hinsichtlich der Haltung, die man gegenüber Medjugorje einnehmen sollte, zu unterbreiten. Bekannt war bereits

- daß das Ordinariat von Mostar seit 1986 nicht mehr mit dem Fall beauftragt war;

- daß sich die Kirche auf die Erklärung von Zadar bezog (1991);

- daß jeder Gläubige sich zur privaten Pilgerfahrt nach Medjugorje begeben darf;

- daß es noch kein definitives Urteil von kirchlicher Seite aus gab und daß die Kirche offenblieb für die weitere Forschung.

Aber da diese Punkte durch die höchste kirchliche Instanz nicht schwarz auf weiß dargelegt waren, behaupteten die Gegner Medjugorjes, der Kirche zu gehorchen wäre gleichbedeutend mit der Ablehnung der Erscheinungen und dem Abbruch der Wallfahrten.

Hier nun der vollständige Wortlaut der Antwort des Vatikans.

(Es folgt der Brief von Mgr Bertone)

CONGREGRATION
PRO DOCTRINA FIDEI

Vatikan, Palast des Hl. Offizius
Den 26. Mai 1998

Ihre Exzellenz Msgr. Gilbert Aubry
Bischof von Saint-Denis
auf der Insel Réunion

Exzellenz,

In Ihrem Brief vom 1. Januar 1998 stellen Sie dem Dikasterium verschiedene Fragen, die die Stellung des Heiligen Stuhls und des Bischofs von Mostar hinsichtlich der sog. «Erscheinungen» von Medjugorje wie auch die privaten Pilgerfahrten und die pastorale Fürsorge der Gläubigen, die sich nach Medjugorje begeben, betreffen.

In dieser Hinsicht — unter Berücksichtigung der Tatsache, daß ich es nicht für möglich halte, auf jede Ihrer Fragen zu antworten — möchte ich vor allem betonen, daß der Heilige Stuhl nicht die Gewohnheit hat, in erster Instanz eine eigene Stellungnahme einzunehmen. Deshalb hält sich das Dikasterium hinsichtlich der Glaubwürdigkeit der bewußten «Erscheinungen» einfach an das, was die Bischöfe von Ex-Jugoslawien in Zadar am 10. April 1991 erklärten; «... Aufgrund der bisherigen Untersuchungen kann man noch nicht bestätigen, daß es sich hier um übernatürliche Erscheinungen, Offenbarungen handelt.» Nach der Aufteilung Jugoslawiens in verschiedene unabhängige Staaten, fiele es nun auf die Mitglieder der Bischofskonferenz von Bosnien und Herzegowina, eventuell die Untersuchung dieser Angelegenheit erneut aufzunehmen und, gegebenenfalls, neue Erklärungen zu geben.

Was die Äußerung Seiner Exzellenz Msgr. Peric in einem Brief an den Generalsekretär der «Christlichen Familie» betrifft, in dem es heißt: «Meine Überzeugung und meine Stellung ist nicht nur "non constat de supernaturalitate" sondern ebenfalls auch "constat de non supernaturalitate" der Erscheinungen und Offenbarungen von Medjugorje», sollte man dies als eine persönliche Überzeugung des Bischofs von Mostar betrachten, der, als Ortsbischof, immer das Recht hat, das auszudrücken, was seine Meinung ist und bleibt.

Um schließlich auf die Pilgerfahrten nach Medjugorje zu sprechen kommen, die privater Natur sind, bleibt das Kongregat bei seiner Meinung, daß sie erlaubt sind, solange sie nicht als Anerkennung der gegenwärtigen Ereignisse betrachtet werden, die die Kirche noch prüfen muß.

In der Hoffnung, Ihnen eine zufriedenstellende Antwort zumindest auf die wichtigsten Fragen, die Sie dem Dikasterium gestellt haben, gegeben zu haben, verbleibe ich hochachtungsvoll

Msgr. Tarcisio Bertone
(Sekretär der "Kongregation",
geleitet von Kardinal Ratzinger)

Rezept für ein Fastenbrot

Hier eines der besten Rezepte für ein Fastenbrot. Aber vergessen wir nicht, daß die Qualität unseres Brotes zum großen Teil vom Typ des verwendeten Mehles abhängt. Man kann Vollkornmehl mit weißem Mehl vermischen.

Auf 1 kg Mehl kommen der Reihe nach:

- 3/4 Liter lauwarmes Wasser (ungefähr 37° C), mit 1 Teelöffel Zucker,
- 1 Teelöffel Backhefe,

gut mischen und dann hinzufügen:

- 2 Eßlöffel Öl,
- 1 Eßlöffel Salz,
- 1/4 Liter Haferflocken oder ähnliches Getreide,

dann alles mischen. Wenn der Teig zu flüssig ist, kann man noch ein wenig Mehl hinzufügen.

Den Teig mindestens 2 Stunden ruhen lassen (oder die ganze Nacht) bei konstanter Temperatur (nicht weniger als 25° C). Man kann den Teig mit einem feuchten Tuch bedecken.

Dann den Teig in gut eingefettete Formen füllen (maximal 4 cm hoch!). Nochmals 30 Minuten ruhen lassen.

Im vorgeheizten Ofen 50-60 Minuten bei 160° C backen.

Eine Idee: mehr Brot herstellen, um denen geben zu können, die nicht selber backen können, oder das Fasten vielleicht vergessen haben...

Die Gospa hat keine Einzelheiten angegeben, so kann jeder nach seinem Herzen und nach seiner Gesundheit frei entscheiden, wie er das Fasten leben will.

Ich danke allen, die mir ihr Zeugnis gegeben haben, damit Maria mehr geliebt werde. Aber die Geschichte geht weiter, daher rufe ich alle auf, die ein Zeugnis zu geben haben, mir zu schreiben. Denn nichts berührt die Herzen mehr, als schlichte, wahre Berichte, in denen der Finger Gottes sichtbar wird. Eine Gnade, die man mit anderen teilt, zieht viele weitere Gnaden nach sich! (Jeder kann selbstverständlich in seiner Muttersprache schreiben.)

Adresse:

Sr. Emmanuel, «Les Béatitudes», Postlagernd, 88266 Medjugorje, Bosnien-Herzegowina.

Wenn Sie bei den «Kindern von Medjugorje» mitmachen wollen, einer von Sr. Emmanuel gegründeten Vereinigung, die zum Ziel hat, der Heiligen Jungfrau bei ihren Friedensplänen zu helfen, dann fordern Sie Unterlagen bei folgender Adresse an:

«Kinder von Medjugorje», Mathilde Holtmann, Erblandstr. 4, D-48327 Saerbeck, Tel. 02574 / 1675.

Inhaltsverzeichnis

Um Medjugorje zu vertiefen

Bücher

Worte des Friedens, Die Botschaften Mariens in Medjugorje seit Beginn der Erscheinungen im Jahre 1981 bis 1996.
Parvis-Verlag, 280 Seiten, SFR 22.– DM 27.– öS 195.–

Medjugorje, der Krieg Tag für Tag, Lebensvolle Berichte aus der «heiligen» Geschichte von Medjugorje.
Sr. Emmanuel, Parvis-Verlag, 224 S., SFR 12.50 DM 15.– öS 110.–

Medjugorje und die Kirche, Äußerungen von Bischöfen und Persönlichkeiten, die klar darstellen warum sie an Medjugorje glauben.
Sr. Emmanuel, Parvis-Verlag, 32 Seiten, SFR 4.– DM 5.– öS 35.–

365 Tage mit Maria, Jeden Tag eine Botschaft von der Jungfrau Maria in Medjugorje. R. Lejeune, Parvis-Verlag, 128 Seiten, SFR 10.– DM 12.– öS 90.–

Medjugorje, Geschichte und Botschaft, Kurzfassung um sich einen schnellen Überblick über diese wunderbaren Ereignisse zu verschaffen. Mit zwei Novenen und verschiedene Gebete.
R. Lejeune, Parvis-Verlag, 128 S., SFR 12.– DM 14.– öS 100.–

Gnadengeschenke – Bekehrungen, Heilungen und Berufungen, die durch die Madonna in Medjugorje ausgeteilt werden.
P. Zimmermann, Parvis-Verlag, 176 Seiten, SFR 16.– DM 19.– öS 140.–

Medjugorje: 14 Jahre Erscheinungen, Alle wichtigen Ereignisse, die zwischen den Jahren 1994 und 1995 abgelaufen sind.
Pater R. Laurentin, Parvis-Verlag, 208 Seiten, SFR 12.50 DM 15.– öS 110.–

Ich schaute die Muttergottes, Gespräche mit der Seherin Vicka in Medjugorje. J. Bubalo, Miriam-Verlag, 254 Seiten, SFR 18.– DM 19.80 öS 150.–

Kinder, helft meinem Herzen zu gewinnen! Eine wunderbare Novene für Kinder mit Malbuch. Es wird die Geschichte von Unsrer Lieben Frau von Fatima und den Kindern erzählt, Parvis-Verlag, 56 Seiten, SFR 24.– DM 29.– öS 215.–

Das Gnadengeheimnis Mariens, vom Hl. Ludwig Maria Grignion von Montfort, Mirjam-Verlag, 157 Seiten, SFR 9.80 DM 10.80 öS 80.–

Katechismus der Katholischen Kirche, Kleinformat, Oldenburg-Verlag, SFR 25.– DM 24.80 öS 194.–

Diese sowie die in den Fußnoten angegebenen Bücher sind erhältlich beim:

Parvis-Verlag,
Versandbuchhandlung
CH-1648 Hauteville
Tel. 0041 (0) 26 915 93 93 Fax 0041 (0) 26 915 93 99.

Ton-Cassetten

Nr. 58: 10 Jahre Medjugorje, Pater Jozo gibt einen Rück- und Überblick über den Beginn der Erscheinungen und das Wirken Marias in der ganzen Welt.

Nr. 83: Medjugorje – oder der Geschmack an Gott, C. Auboyneau, der 1989 nach Medjugorje geführt wurde, erzählt seine eigene Bekehrung, um das Besondere in Medjugorje sichtbar zu machen.

Nr. 91: Die 24 Stunden der Gospa, In Medjugorje lädt uns Maria ein, ihr jeden Tag ein konkretes Opfer zu bringen. So können wir uns Schritt für Schritt von ihr formen lassen.

Nr. 105: Fatima - Medjugorje, Sr. Emmanuel erklärt die Botschaften der Gottesmutter und zeigt uns, wie man die Weihe zu Maria in unseren Alltag umsetzen kann.

Nr. 16: Heilung der Psyche, Nichts prägt uns so sehr wie negative Kindheitserinnerungen. Gott kann uns tiefste Heilung schencken, da seine Liebe auch die verborgensten Bereiche unserer Seele erfaßt.

Nr. 21: Yoga und Transzendentale Meditation, P. Daniel Ange stellt die Frage, ob dies mit der Nachfolge Jesu zu vereinbaren sei, indem er die religiösen Hintergründe aufzeigt.

Nr. 22: Das Charisma des hl. Josef, von P. Reiner Meyer. Der hl. Josef hatte die Gabe, Jesus und Maria zu betrachten und zu verstehen. Durch ihn ist es möglich, das Mysterium der Kirche neu und tiefer zu entdecken.

Nr. 37: Wenn der Tod uns scheidet, von Sr. Emmanuel. Angesichts des Todes eines geliebten Menschen bricht in uns die Frage auf: Warum gibt es den Tod?

Nr. 40: Heilung und Heiler, von Yves Villedieu. Viele Leute suchen heute Hilfe bei Heiler. Trotz mancher Besserung nach außen gibt es negative Folgen in der Tiefe. Was sind die Kennzeichen einer «negativen Heilung»?

Nr. 41: Von New Age zu Jesus, von Erika Lechner. Durch die Eucharistische Anbetung fällt das Licht der Wahrheit in ihr Herz, und es gelingt der Durchbruch zu einem neuen Leben.

Nr. 51: Leiden - Warum? von Yves Villedieu. Körperliches und seelisches Leiden bringt uns manchmal bis an den Abgrund. In diesem Schwindel der Angst verliert man leicht den Blick für die Pädagogik Gottes.

Diese sowie die in den Fußnoten angegebenen Cassetten mit Nr. sind zu bestellen bei:

Diakonia (Gemeinschaft der Seligpreisungen)
Haus Maria Mutter der Zärtlichkeit
Stiftsplatz 1
D-15898 Neuzelle Tel. 033652 / 7360

Es gibt noch weitere Kassetten. Sie können gerne den Katalog für den Diakonia Kassettendienst bestellen.

Pilgerreisen nach Medjugorje

Falls Sie Interesse haben an einer Pilgerfahrt teilzunehmen, hier einige Adresse aus dem deutschen Sprachraum:

Mathilde Holtman
Erblandstraße 4
D-48327 Saerbeck
Tel. 02574/1675
Fax 02572/7101

Leon u. Birgitt Dolenec
Deutsche Str. 10
D-44649 Herne
Tel. 02325/796281
oder 05247/3930

Friedbert Immler
Akamser Str. 5
D-87509 Eckarts
Tel. 08379/7662
Handy 0171/2012159

Hans u. Josefine Heich
Hauptplatz 1
D-55624 Oberhein
Tel. 06544/2424

Marlies Deutsch
Leharstr. 6
D-41517 Grevenbroich
Tel. 02181/282461

Radegund Jung
Bahnhofstr. 5
D-52159 Roetgen
Tel. 02471/2368

Thomas May
Oehmenhof
D-41542 Dormagen
Tel. 02133/80920

Medjugorje-Deutschland e.V.
Raingasse 5
D-89284 Beuren
Tel. 07302/4081

Medjugorjekreis-Köln
A.-Nobel-Str. 30
D-51145 Köln
Tel. 02203/35663

Niko-Reisen
Ettlingerstr. 37
D-76337 Waldbronn/KA
Tel. 07243/69343 Fax 65644

Schnall Busreisen
Hauptstr. 25
D-63934 Röllbach
Tel. 09372/20771 Fax 10176

M. E. Wacker
Kasinostr. 84
D-42651 Solingen
Tel. 0212/203822

Kordula Leidinger
Gartenstr. 20
D-66809 Nalbach
Tel. 06838/3264

Joachim Teiser
Fuldastr. 3
D-36119 Fulda
Tel. 06655/2012 Fax 4490

Franz Gollowitsch
Oed 60
A-8311 Markt Hartmannsdorf
Tel. 03114/5150 Fax 515041

Oase Maria Königin d. Friedens
Riedl 16
A-6173 Oberperfuß
Tel. 0532/81585 Fax 81584

René Schielin + Martina
Steindlberg 10
A-4710 Grieskirchen 10
Tel. 07248/64800

Pilgerfahrten nach Medjugorje
im 12. Bezirk
Postfach 5
A-1121 Wien
Tel. 01/8139340

Freund der Hl. Familie
Toni Mandl
Schulgarten 8
A-4152 Sarlensbach
Tel. 07283/82270

Joseph Schelbert
Drusberg Reisen
CH-8842 Unteriberg
Tel. 055/41280-40 Fax 87

Peter u. Silvia Keller-Waltisberg
Andlauerweg 5
CH-4144 Arlesheim
Tel. 061/7018141

Ischia Marie-Anne
7, Pont du Péage
F-67400 Illkirch
Tel. 03.88.66.17.80

Falls Sie selbst eine Fahrt organisieren möchten oder noch Frage haben melden Sie sich an folgende Adresse:

Gemeinschaft der Seligpreisungen
Haus St. Joseph
88266 Medjugorje Bosnien-Herzegowina
Tel. 00387/88651480 Fax 88651759